VOLKHARD KRECH

Georg Simmels Religionstheorie

Religion und Aufklärung
4

Mohr Siebeck

Religion und Aufklärung

Band 4

herausgegeben von der

Forschungsstätte
der Evangelischen Studiengemeinschaft
Heidelberg

Religion und Aufklärung

Band 4

herausgegeben von der

Forschungsstätte
der Evangelischen Studiengemeinschaft
Heidelberg

Volkhard Krech

Georg Simmels Religionstheorie

Mohr Siebeck

Volkhard Krech: 1984–1991 Studium der ev. Theologie, Philosophie und Soziologie in Heidelberg und Bielefeld; 1991–1995 wiss. Mitarbeiter an der soziologischen Fakultät der Universität Bielefeld; 1996 Promotion ebenda; seit 1995 Referent für Soziologie an der *Forschungsstätte der Evangelischen Studiengemeinschaft* in Heidelberg. Forschungsschwerpunkt: Religions- und Kultursoziologie.

meinen Eltern

Die Deutsche Bibliothek – CIP-Einheitsaufnahme

Krech, Volkhard:
Georg Simmels Religionstheorie / Volkhard Krech.
  - Tübingen : Mohr Siebeck, 1998
  (Religion und Aufklärung ; Bd. 4)
  ISBN 3-16-147031-1

© 1998 J. C. B. Mohr (Paul Siebeck) Tübingen

Das Werk einschließlich aller seiner Teile ist urheberrechtlich geschützt. Jede Verwertung außerhalb der engen Grenzen des Urheberrechtsgesetzes ist ohne Zustimmung des Verlags unzulässig und strafbar. Das gilt insbesondere für Vervielfältigung, Übersetzung, Mikroverfilmung und die Einspeicherung und Verarbeitung in elektronischen Systemen.

Das Buch wurde von Müller + Bass in Tübingen auf alterungsbeständigem Werkdruckpapier der Papierfabrik Niefern gedruckt und von der Großbuchbinderei Heinr. Koch in Tübingen gebunden.

ISSN 1436-2600

Vorwort

Die vorliegende Untersuchung stellt die überarbeitete Fassung einer Arbeit dar, die im Dezember 1996 von der soziologischen Fakultät der Universität Bielefeld als Dissertation angenommen worden ist. Wenngleich ein Text dem Autor zugerechnet wird, der für ihn zeichnet und verantwortlich ist, stellt er doch in der Regel nicht ausschließlich das Produkt einer einzelnen Person dar; so auch im vorliegenden Fall. Aus diesem Grund möchte ich folgenden, unmittelbar oder mittelbar an der Entstehung des Buches beteiligten Personen meinen Dank aussprechen.

Mein herzlicher Dank geht zunächst an Otthein Rammstedt und Hartmann Tyrell, mit denen ich während der gesamten Abfassung ausgiebig Gelegenheit hatte, weite Teile der Arbeit zu diskutieren; von ihren Kenntnissen und kritischen Einwänden konnte ich stets profitieren, auch wenn sie nicht immer ihren unmittelbar literarischen Niederschlag gefunden haben. Matthias Schlegel sei für das gemeinsame Studium des Simmelschen Werkes gedankt; seine genaue Lektüre »hart am Text« war mir in zahlreichen Diskussionen hilfreich, stets aufs neue eine Herausforderung und Anlaß zu zahlreichen Korrekturen meiner Argumenation. Weitere Gesprächspartner waren die Teilnehmer des von Otthein Rammstedt betreuten Simmel-Kolloquiums sowie verschiedene Editoren der *Georg Simmel-Gesamtausgabe*; besonders erwähnen möchte ich Klaus Christian Köhnke und Rüdiger Kramme. Des weiteren habe ich wichtige Anregungen durch die beiden von Otthein Rammstedt und Franz-Xaver Kaufmann erstellten Gutachten sowie durch die Disputation erhalten, an der neben den beiden Hauptgutachtern Hartmann Tyrell und Gerhard Wagner teilgenommen haben; allen vier Prüfern bin ich dankbar dafür, auf Schwachpunkte der Arbeit aufmerksam gemacht und mir auf diese Weise die Gelegenheit geboten zu haben, sie zu eliminieren. Außerdem möchte ich Salomon Besenstock nicht unerwähnt lassen, der, seit er von meinem Arbeitsvorhaben erfahren hat, mit mir einen regen Briefwechsel führt. Auch wenn ich mit seiner Position nicht übereinstimme und uns wohl unüberwindliche Differenzen trennen, waren mir seine kritischen Einwände immerhin insofern hilfreich, als sie zur Konturierung meiner eigenen Standpunkte dienten.

Die letzte Phase der Erstellung der Arbeit fiel mit meinem Eintritt in die *Forschungsstätte der Evangelischen Studiengemeinschaft* zusammen. Den

Mitgliedern des wissenschaftlichen Kollegiums sowie den übrigen Mitarbeiterinnen und Mitarbeitern des Hauses danke ich herzlich für die geduldige Rücksichtnahme und Unterstützung, die Arbeit in der nötigen Ruhe und in einer freundlichen Atmosphäre beenden zu können. Außerdem habe ich in Diskussionen mit Wolfgang Bock, Hans-Richard Reuter, Enno Rudolph, Johannes Schwerdtfeger und Heinz Wismann wichtige Anregungen erhalten, die sich an einigen Stellen der Argumentation widerspiegeln. Den Mitarbeiterinnen Rosa Kluge und Silke Riese gilt für die tatkräftige Unterstützung beim Korrekturlesen und bei der Herstellung der Druckvorlage ebenso mein herzlicher Dank.

Schließlich danke ich Frau Ute Gerhard-Teuscher und Herrn Pierre Aubenque dafür, daß sie im Namen des Kuratoriums der FEST die Gutachten zur Aufnahme in die Reihe *Religion und Aufklärung* erstellt haben.

Die Widmung aber drückt aus, wem ich am meisten zu verdanken habe.

Heidelberg, im Juli 1998 V.K.

Inhalt

Einleitung 1

Teil A
Simmels Religionstheorie im werkgeschichtlichen Kontext

I. *Die psychologische Schicht* 11
   1. Simmels psychologischer Ansatz 11
   2. Religion in psychologischer Perspektive 14
      a) Religion und das Problem der Begründung
         von Überzeugungen und Handlungen 17
      b) Religion und die Konstitution personaler Einheit 22

II. *Die soziologische Schicht* 26
   1. Simmels soziologischer Ansatz 27
   2. Religion in soziologischer Perspektive 34
      a) Religion im sozialen Differenzierungsprozeß 34
      b) Die Genese von Religion aus dem Bereich des Sozialen . . 57
      c) Religion in den Formen der Vergesellschaftung 66

III. *Die kulturwissenschaftliche Schicht* 86
   1. Simmels kulturwissenschaftlicher Ansatz 86
      a) Kulturwissenschaft als Lebensstilanalyse 87
      b) Kulturwissenschaft als Weltbildanalyse 91
      c) »Philosophische Kultur« 93
   2. Religion in kulturwissenschaftlicher Perspektive 94
      a) Der historische Kulturwert von Religion 95
      b) Der Kulturwert von Religion in der Moderne 109

IV. Die lebensphilosophische Schicht 119

   1. Simmels lebensphilosophisches Programm 120

   2. Religion in lebensphilosophischer Perspektive 142

      a) Religiosität und philosophische Erkenntnis 148
      b) Religiosität und Kunst 149
      c) Religiosität und Leben 151
      d) Religiosität und das »individuelle Gesetz« 155

V. Bilanz der werkgeschichtlichen Rekonstruktion 158

Teil B
Simmels Religionstheorie
im wissenschaftshistorischen Kontext

I. Quellen und Ort der Religionssoziologie Simmels 169

   1. Simmels Religionskonzept
      vor dem Hintergrund der Religionstheorien um 1900 170

   2. Illustrationsmaterial
      aus der christlichen Religionsgeschichte 175

   3. Inspirations- und Bezugsquellen
      des religionssoziologischen Ansatzes 181

   4. Der wissenschaftstheoretische Hintergrund
      des religionssoziologischen Ansatzes 190

   5. Das Verhältnis von Simmels und
      Durkheims Religionsverständnis 193

*II. Quellen und Ort
von Simmels kulturwissenschaftlichem Religionskonzept* 197

   1. Die Unterscheidung
      von objektiver Religion und subjektiver Religiosität 197

   2. Die Individuationsfunktion von Religion 201

   3. Das Verhältnis von Religion und Kultur 203

III. Quellen und Ort
  von Simmels lebensphilosophischem Religionskonzept   210

  1. Meister Eckhart als Quelle
     für Simmels lebensphilosophisches Religionskonzept   211

  2. Das zeitgenössische Interesse
     an der Mystik Meister Eckharts   222

Teil C
Simmels Religionstheorie im soziologischen Kontext

I. Der systematische Gehalt der Religionstheorie Simmels
   in soziologischer Perspektive   228

II. Simmels soziologischer Ansatz
    vor dem Hintergrund seiner Religionstheorie   245

III. Die Relevanz der Simmelschen Religionstheorie
     für die gegenwärtige Religionssoziologie   251

  1. Religion und Religiosität   252
  2. Religion und Individualität   255
  3. Religion und Gesellschaft bzw. Sozialität   262
  4. Religion und Leben   268

Siglen- und Literaturverzeichnis   277

Namenverzeichnis   297

Sachverzeichnis   302

Einleitung

Durch die gesellschaftliche und kulturelle Konjunktur religiöser Themen angeregt, ist auch die Soziologie in letzter Zeit wieder stärker mit Phänomenen der Religion befaßt.[1] Nachdem sich die Religionssoziologie in den fünfziger Jahren auf Kirchlichkeit konzentriert und so in Teilen zu einer speziellen Organisationssoziologie verengt hatte[2], wird seit einiger Zeit wieder hervorgehoben, »daß Religion als zentrale Dimension von Gesellschaft anzusehen ist«[3]. In der Folge wird in der soziologischen Theorie auch jenseits empirischer Einzelstudien erneut grundsätzlich nach dem Verhältnis von Religion und Gesellschaft gefragt. Zu denken ist hier für den deutschsprachigen Raum vor allem an die Arbeiten von Franz-Xaver Kaufmann, Thomas Luckmann, Niklas Luhmann und Joachim Matthes.[4] Eine theoretische Reorientierung aber bedingt eine Auseinandersetzung mit der Genese und Tradition der soziologischen Subdisziplin. Nur wenn Klarheit darüber gewonnen wird, wie es zu ihrer Entstehung gekommen ist, welche Absicht ihre Gründer verfolgten, welche Anlässe sie hervorbrachten und ihre Perspektiven, Methoden und Begrifflichkeiten bedingten – kurz: nur wenn die Geschichte der Disziplin aufgearbeitet wird und auf diese Weise ein ›historisches Bewußtsein‹ für die eigenen Fragestellungen entsteht, ist die Religionssoziologie in der Lage, ihren gegenwärtigen Standort (neu) zu bestimmen. Entsprechend zeichnen eine Reihe von Studien die klassischen religionssoziologischen Ansätze nach, um eine Neuorientierung der Disziplin von ihrer Genese her zu ermöglichen. Doch während sich die Wissenschaftsgeschichte zumeist auf die bekannten religionssoziologischen Klassiker wie Max Weber, Ernst Troeltsch und Émile Durkheim bezieht, wird Georg Simmels religionstheoretischer Ansatz dagegen gar nicht oder nur auf Einzelprobleme beschränkt rezipiert.

Auf der anderen Seite ist Simmels Status als ein soziologischer Klassiker mittlerweile unstritten. Im Unterschied zur europäischen und US-amerika-

---

[1] Als ein Indiz für die Wiederbelebung der religionssoziologischen Disziplin mag die Neugründung der Arbeitsgruppe Religionssoziologie in der DGS auf dem Frankfurter Soziologentag 1990 gelten, die mittlerweile vom Konzil der DGS auf dem Haller Kongreß für Soziologie 1995 in den Stand einer Sektion erhoben worden ist.

[2] Vgl. dazu die Kritik von Th. LUCKMANN, Neuere Schriften zur Religionssoziologie, in: *Kölner Zeitschrift für Soziologie und Sozialpsychologie* 12, 1960, 315–326.

[3] J. MATTHES, Artikel Religionssoziologie, in: W. FUCHS et al. (Hg.), *Lexikon zur Soziologie*, 3., völlig neu bearb. u. erw. Aufl. 1994, 555.

[4] Dennoch bemängelt Demosthenes Savramis, daß es in der Religionssoziologie »an theoretischer Orientierung mangelt«; vgl. D. SAVRAMIS, Religionssoziologie, in: G. REINHOLD (Hg.), *Soziologielexikon*, München u. Wien 1991, 480ff., hier: 483.

nischen Nachkriegssoziologie, die diesen Platz Max Weber und Émile Durkheim vorbehalten hatte und in der Hauptsache auf deren Ansätze zurückgriff, kamen Simmels zahlreiche und vielfältige Wirkungen auf zentrale Themen der Soziologie, etwa auf die Rollen-, Konflikt- und Gruppensoziologie, erst in den 60er und 70er Jahren zu deutlicherem Bewußtsein.[1] In jüngster Zeit, etwa seit Mitte der 80er Jahre, erfährt Simmels Denken eine erneute Renaissance, deren Ausdruck wie Motor nicht zuletzt die gegenwärtig laufende Gesamtausgabe seines Œuvres ist.[2] Inzwischen gewinnt Simmel als Vordenker auch für aktuelle Themenfelder soziologischer Analyse zunehmend an Bedeutung; so kann auf ihn beispielsweise die Kultursoziologie als einen der ersten Lebensstilanalytiker zurückgreifen.[3] Über Anregungen auf mikro- und mesosoziologischem Gebiet hinaus wird zwischenzeitlich ebenfalls deutlicher denn zuvor, daß Simmel nicht zuletzt als Klassiker sozialer Differenzierung sowie der Analyse ihres Korrelates, nämlich des modernen und in jüngster Zeit (wieder) aktuell gewordenen Individualisierungsprozesses, gelten muß und somit auch auf gesellschaftstheoretischer Ebene Wirkungen zeitigt.[4] Kurzum: Simmel ist von einem

---

[1] Vgl. O. RAMMSTEDT, Soziologie und/oder Kulturwissenschaft. Georg Simmels theoretische Zugänge zum Gesellschaftlichen, in: B. SCHÄFERS (Hg.), *Soziologie in Deutschland. Entwicklung – Institutionalisierung und Berufsfelder – Theoretische Kontroversen*, Opladen 1995, 99–107, hier: 104ff.

[2] Vgl. *Georg Simmel-Gesamtausgabe*, hgg. von O. RAMMSTEDT, Frankfurt a. M. 1989ff.

[3] Vgl. z. B. G. SCHULZE, *Die Erlebnisgesellschaft. Kultursoziologie der Gegenwart*, Frankfurt a. M. – New York 1992. Zur großen Nähe zwischen der kultursoziologischen Untersuchung Schulzes und Simmels soziologischem Ansatz vgl. M. KANDLER, Rezension zu Gerhard Schulze, *Erlebnisgesellschaft. Kultursoziologie der Gegenwart*, in: *Simmel Newsletter* 3, 1993, 170–173, der zu dem berechtigten Schluß kommt, daß »mit der *Erlebnisgesellschaft* eine Studie [vorliegt], die den Prozeß der soziologischen Forschung im Sinne Simmels weitergeführt hat« (174). Daß Simmel auch von seinen Zeitgenossen als ein Wegbereiter kultursoziologischer Forschung angesehen worden ist, zeigt das Urteil von Georg Lukács in seinem Nachruf aus dem Jahre 1918: »Eine Soziologie der Kultur, wie sie von Max Weber, Troeltsch, Sombart und anderen unternommen wird, ist – so sehr sie alle auch methodisch von ihm abweichen mögen – doch nur auf dem von ihm geschaffenen Boden möglich geworden.« G. LUKÁCS, Georg Simmel (1918), in: K. GASSEN und M. LANDMANN (Hg.), *Buch des Dankes an Georg Simmel. Briefe, Erinnerungen, Bibliographie*, Berlin 1958, 171–176, hier: 175. Zu Simmels Bedeutung im Rahmen der klassischen Kultursoziologie vgl. jetzt ausführlich K. LICHTBLAU, *Kulturkrise und Soziologie um die Jahrhundertwende. Zur Genealogie der Kultursoziologie in Deutschland*, Frankfurt a. M. 1996.

[4] Vgl. U. SCHIMANK, *Theorien gesellschaftlicher Differenzierung*, Opladen 1996. In bezug auf die Individualisierungstheorie will ihm die gegenwärtige Soziologie diesen Platz allerdings, so scheint es mir jedenfalls, nicht einräumen. Ulrich Becks *Risikogesellschaft. Auf dem Weg in eine andere Moderne*, Frankfurt a. M. 1986, basiert zwar wesentlich auf der Individualisierungstheorie, nimmt aber nur äußerst sporadisch auf Simmel Bezug, obgleich dessen gesamtes Werk von *wesentlichen* Einsichten in den modernen Individualisierungsprozeß durchzogen ist und er daher neben, zum Teil aber auch vor Émile Durkheim als klassischer Analytiker und Theoretiker der Individualisierung gelten muß.

spät entdeckten Klassiker der Soziologie zu einem *frühen* Analytiker und Theoretiker moderner soziologischer Themen avanciert.[1]

Was für die Soziologie im allgemeinen gilt, trifft – wie gesagt – noch nicht in gleichem Maße auf die Religionssoziologie im besonderen zu. Über lange Zeit behaupteten ausschließlich Max Weber und Émile Durkheim, teilweise auch Ernst Troeltsch, den Platz als ›Gründungsväter‹ der Religionssoziologie, während Simmels Beiträge zur soziologischen Analyse religiöser Sachverhalte – wenn überhaupt – nur zögernd zur Kenntnis genommen wurden.[2] In der gegenwärtigen Religionssoziologie wird auf Simmel kaum Bezug genommen, geschweige denn mit seinem Ansatz gearbeitet. Demgegenüber verstehen sich die folgenden Untersuchungen als ein Beleg für die Behauptung, daß Simmels Doppelstellung als eines soziologischen Klassikers und *zugleich* aktuellen Soziologen auch für das Terrain der Religionssoziologie zutrifft. Diese Themenstellung impliziert eine dreifache Perspektive. Das primäre und hauptsächliche Interesse gilt der Absicht, einen Beitrag zur Simmel-Forschung zu leisten, ist es doch bis *dato* eine noch weitgehend unerledigte Aufgabe, seine Religionstheorie vor dem Hintergrund seines *gesamten* Werkes zu rekonstruieren und auf diese Weise in ihrer Vielschichtigkeit zu ›entdecken‹. Sodann geht es darum, die wissenschaftshistorischen und geistesgeschichtlichen Linien nachzuzeichnen, die einen Einfluß auf die Genese und Konzeption der Simmelschen Religionstheorie gehabt haben; auf diese Weise läßt sich auch ihre besondere Stellung im religionswissenschaftlichen Kontext der Jahrhundertwende

---

[1] Vgl. O. RAMMSTEDT, *Die aktuelle Bedeutung von Simmels Soziologie,* Manuskript Bielefeld.

[2] So findet Simmel beispielsweise in Talcott Parsons' Artikel »The Theoretical Development of the Sociology of Religion« (in: T. PARSONS, *Essays in Sociological Theory Pure an Applied,* New York 1949, 52–66) keine Berücksichtigung. Eine der wenigen Ausnahmen stellt Karl Dunkmann dar, der in seinem Kapitel »Soziologie der Religion« im von ihm herausgebenen *Lehrbuch der Soziologie und Sozialphilosophie* Simmel einen entsprechenden Platz in der religionssoziologischen Klassik einräumt; vgl. K. DUNKMANN, Soziologie der Religion, in: K. DUNKMANN (Hg.), *Lehrbuch der Soziologie und Sozialphilosophie,* Berlin 1931, 285–307, hier: 285: Die Soziologen haben »bisher, zumal in Deutschland, mit nur wenigen Ausnahmen kaum Fühlung mit religiösen Problemen genommen. Zu den Ausnahmen zählen Georg Simmel, Max Weber und Ferd. Tönnies«. Als Monographie über Simmels Religionssoziologie ist lediglich die von Joachim Wach betreute Dissertation von G. LOOSE, *Die Religionssoziologie Georg Simmels,* Diss. Leipzig 1933, zu nennen. Außerdem wird der Versuch, die Bedeutung von Simmels Religionssoziologie herauszustellen, von S. SÉGUY, Aux enfances de la sociologie des religions: Georg Simmel, in: *Archives de Sociologie des Religions* 17, 1964, 5–11, und V. DREHSEN, Religion – der verborgene Zusammenhalt der Gesellschaft: Emile Durkheim und Georg Simmel, in: K. W. DAHM, V. DREHSEN u. G. KEHRER, *Das Jenseits der Gesellschaft. Religion im Prozess sozialwissenschaftlicher Kritik,* München 1975, 57–88, unternommen. Der Simmelschen Religionssoziologie in erkenntnistheoretischer Perspektive widmet auch H. J. HELLE, *Soziologie und Erkenntnistheorie bei Georg Simmel,* Darmstadt 1988, ein Kapitel.

ermitteln. Schließlich machen es sich die folgenden Untersuchungen zur Aufgabe, den Simmelschen Ansatz auf seine Relevanz für die gegenwärtige Religionssoziologie hin zu befragen.

(1) Die Simmel-Forschung hat dessen Religionstheorie bislang – jedenfalls im Vergleich zu anderen Themen – weitgehend vernachlässigt. Das Meinungsbild ist von der Auffassung dominiert, die exemplarisch bei Max Frischeisen-Köhler zum Ausdruck kommt: »Freilich, eine eigene [...] Religionsphilosophie hat Simmel nicht gegeben, nicht einmal Beiträge dazu.«[1] Und entsprechend heißt es bei Siegfried Kracauer, daß Simmel das »weite Gebiet der religiösen Fragen und Ergebnisse [...] nur wenig durchpflügt«[2] habe. Als Grund führt er die Beschaffenheit seines Wesens an, »das zweifellos religiöser Instinkte und Bedürfnisse bar gewesen ist«[3]. Letzteres ist aufgrund des bekannten biographischen Materials nicht eindeutig zu widerlegen, aber auch nicht zu belegen.[4] Die zuerstgenannten Urteile hingegen scheinen mir unhaltbar zu sein. Selbst wenn man konzediert, daß Simmel keine Religionstheorie im Sinne eines ausgearbeiteten Systems hinterlassen hat, würde sich die Simmel-Forschung um einige meines Erachtens zentrale Erkenntnisse über Genese und Substanz des Simmelschen Œuvres bringen, ließe sie seine religionsbezogenen Arbeiten außer acht. Von diesen abzusehen, hieße den Fehler zu begehen, Quantum und Stellenwert gleichzusetzen.

Daß Simmels Werk eine zwar implizite, aber dennoch konsistente Religionstheorie birgt – und mehr noch: daß sie im gesamten Werk einen nicht unerheblichen Platz einnimmt, will der erste Teil meiner Untersuchungen zeigen. Die Frage nach einem einheitlichen Religionsverständnis an das Werk Georg Simmels zu stellen, erscheint allerdings auf den ersten Blick dem Gegenstand gegenüber unangemessen. Der Verdacht liegt nahe, daß ein allzu gewaltsam systematisch ausgerichtetes Interesse an Texte angelegt wird, die sich gegen eine Vereinheitlichung sperren. Wie das facettenreiche Denken des transdisziplinär arbeitenden Autors im ganzen, so zeichnen sich auch seine Arbeiten zum Thema Religion durch einen fragmentari-

---

[1] M. FRISCHEISEN-KÖHLER, Georg Simmel, in: *Kant-Studien* 24, 1920, 1–51, hier: 36.
[2] S. KRACAUER, Georg Simmel, in: *Logos* 9, 1920, 307–338, hier: 311.
[3] Ebd.
[4] An äußeren Daten wissen wir nur, daß Simmels Vater vom Judentum zum Katholizismus übergetreten ist, Simmel selbst aber nach seiner Mutter evangelisch getauft wurde, sich kirchlich trauen ließ und während des ersten Weltkrieges aus der Kirche ausgetreten ist. Landmann zufolge bedeutete die Lösung von der Kirche »indessen nicht eine Rückkehr zum Judentum, sondern entsprang lediglich dem Bedürfnis nach weltanschaulicher Ungebundenheit« (M. LANDMANN, Bausteine zur Biographie, in: K. GASSEN und M. LANDMANN (Hg.), *Buch des Dankes,* 12). Was Simmels religiöse Haltung angeht, so vertritt Margarete Susman die Auffassung, daß »die allertiefste Grundlage« von Simmels Denken die Mystik war; vgl. M. SUSMAN, *Die geistige Gestalt Georg Simmels*, Tübingen 1959, 8, und das dritte Kapitel des zweiten Teils meiner Untersuchung.

schen und heterogenen Charakter aus. Fragestellungen und Zugriffe wechseln häufig, einzelne Phänomene aus dem Bereich der Religion werden gleichsam phänomenologisch umkreist; eine einheitliche, konsistente Theorie scheint an keiner Stelle beabsichtigt. Entsprechend widmet sich die Sekundärliteratur dem Religionsverständnis Simmels größtenteils aus nur je einer Rezeptionsperspektive; entweder wird der philosophische Ansatz herausgearbeitet oder die Rezeption stellt ausschließlich auf die soziologische Analyse ab.[1] Damit wird der Eindruck, daß Simmels Arbeiten und Herangehensweisen unverbunden nebeneinander stehen, zu einem sicheren Urteil erhoben. Daß dieser Schein jedoch trügt und daß vielmehr die unterschiedlichen Ansätze erst zusammen Simmels Religionsverständnis ausmachen, wird im ersten Teil meiner Untersuchungen zu zeigen sein.

---

[1] Als Arbeiten, die sich ausschließlich mit Simmels Religionsphilosophie befassen, sind in chronologischer Reihenfolge ihres Erscheinens zu nennen: Die von Georg Wobbermin betreute Dissertation von W. KNEVELS, *Simmels Religionstheorie,* Leipzig 1920; H. MÜLLER, *Lebensphilosophie und Religion bei Georg Simmel,* Berlin 1960; P.-O. ULLRICH, *Immanente Transzendenz. Georg Simmels Entwurf einer nach-christlichen Religionsphilosophie,* Frankfurt a. M. – Bern 1980, sowie C.-F. GEYER, Georg Simmel. Eine Religion der Immanenz, in: *Zeitschrift für philosophische Forschung* 45/2, 1991, 186–208. Im Rahmen eigener religionsphilosophischer Ansätze verhandeln – mehr oder minder ausführlich – folgende Autoren Simmels Religionsphilosophie: F. K. SCHUMANN, *Religion und Wirklichkeit. Kritische Prolegomena zu einer Religionsphilosophie,* Leipzig 1913, 99–145; H. SCHOLZ, *Religionsphilosophie,* Berlin ²1922, 265–273; M. SCHELER, *Vom Ewigen im Menschen,* Bern und München 1933 (Orig. 1921), 521–523; G. WOBBERMIN, *Systematische Theologie nach religionspsychologischer Methode*; erster Band: *Die religionspsychologische Methode in Religionswissenschaft und Theologie*; zweiter Band: *Das Wesen der Religion*; dritter Band: *Wesen und Wahrheit des Christentums,* Leipzig 1913–1925, hier: Bd. 2, 441–445; T. BOHLIN, *Das Grundproblem der Ethik. Über Ethik und Glauben,* Uppsala 1923, 342–386; A. LEWKOWITZ, *Religiöse Denker der Gegenwart. Vom Wandel der modernen Lebensanschauung,* Berlin 1923; J. P. STEFFES, *Religionsphilosophie,* Kempten – München 1925, 115f.; R. JELKE, *Religionsphilosophie,* Leipzig 1927, 127; H. LEISEGANG, *Deutsche Philosophie im XX. Jahrhundert,* Breslau 1928, 101–102; H. STRAUBINGER, *Einführung in die Religionsphilosophie,* Freiburg i. Br. 1929, 53–55; O. BAUHOFER, *Das Metareligiöse. Eine kritische Religionsphilosophie,* Leipzig 1930, 198–200; H. LEISEGANG, *Religionsphilosophie der Gegenwart,* Berlin 1930, 71f.; G. NIEMEIER, *Die Methoden und Grundauffassungen der Religionsphilosophie der Gegenwart,* Stuttgart 1930, 161–165; K. LEESE, *Die Krisis und Wende des christlichen Geistes. Studien zum anthropologischen und theologischen Problem der Lebensphilosophie,* Berlin 1932; G. WÜNSCH, *Wirklichkeitschristentum. Über die Möglichkeit einer Theologie des Wirklichen,* Tübingen 1932, 119; J. HESSEN, *Religionsphilosophie,* 2. Bd., *System der Religionsphilosophie,* München – Basel ²1955, Bd. 2, 243–246; E. PRZYWARA, Gott. Fünf Vorträge über das religionsphilosophische Problem, in: DERS., *Religionsphilosophische Schriften* (Schriften, Bd. II), Einsiedeln 1962, 245–372. Zum Stellenwert Simmels in religionssoziologischer Perspektive vgl. die oben genannte Literatur. Die Arbeit von Drehsen bildet innerhalb der Sekundärliteratur insofern eine Ausnahme, als der Autor bestreitet, »daß sich Simmels Werk vorschnell in die Schubladen der historischen Wissenschaftsdisziplinen einzwängen ließe«. Im Gegenteil konstatiert er: »Nicht in der institutionellen Abgrenzung, sondern in der jeweils besonderen Perspektive besteht für ihn die Verschiedenheit der Disziplinen.« DREHSEN, Religion, 72.

(2) Wenn die werkgeschichtlich-immanente Rekonstruktion der Simmelschen Religionstheorie auch den Hauptteil ausmacht, wollen sich die Untersuchungen dennoch nicht darauf beschränken. Sie verstehen sich darüber hinaus als ein Beitrag zur Geschichtsschreibung der Religionsforschung im allgemeinen und der Religionssoziologie im besonderen. Obgleich Simmels Werk religionssoziologische Themen nicht in gleichumfänglicher Weise erörtert, wie es die Arbeiten seiner Zeitgenossen Max Weber, Ernst Troeltsch und Émile Durkheim tun, kann und muß Simmel dennoch als einer der ›Gründungsväter‹ der Religionssoziologie gelten. Um diese Einschätzung plausibel zu machen, kontextuiere ich in einem zweiten Teil die Simmelsche Religionstheorie innerhalb der zeitgenössischen religionswissenschaftlichen Forschung. Dabei geht es um die Rekonstruktion einiger von Simmel benutzten Quellen der Religionsforschung sowie um Parallelen mit und Differenzen zu anderen Ansätzen. Sein religionstheoretischer Ansatz eignet sich deshalb so gut zur exemplarischen Behandlung der Frage nach den Konstitutionsbedingungen der Religionssoziologie, weil er im Kontext seines gesamten Werkes Religion auch, aber eben nicht nur unter soziologischen Aspekten verhandelt hat; Religion wird ebenso im Rahmen historischer, psychologischer, philosophischer und ästhetischer Erörterungen thematisiert. Gerade in diesem Umstand liegen Erkenntnismöglichkeiten für die Beantwortung der Frage nach der Genese der religionssoziologischen Perspektive in Abgrenzung zu anderen mit Religion befaßten Disziplinen.

(3) Schließlich wollen die vorliegenden Untersuchungen nicht nur ›archivarische‹ Soziologiegeschichte betreiben, sondern sind ebenso an der Frage nach der Aktualität der Simmelschen Religionssoziologie interessiert. Diese Frage zu stellen, drängt sich schon allein deshalb auf, weil die Individualisierungsdebatte mittlerweile auch Einzug in die religionssoziologische Theoriebildung und Empirie gehalten hat. Was läge daher näher, als das Religionsverständnis des ›Soziologen und Philosophen der Individualität‹ für diese Debatte zu Rate zu ziehen? Außerdem geht es um die Frage, ob ein lebensphilosophisch grundiertes Religionskonzept einen Erkenntnisgewinn gegenüber heutigen religionssoziologischen Ansätzen birgt.

Zu diesem Zweck ist es jedoch zunächst notwendig, die behauptete Einheit der Simmelschen Religionstheorie aufzuzeigen. Wenn der dritte Teil meiner Untersuchung die heterogenen, aber vielfältig miteinander verflochtenen Ansätze in soziologischer Perspektive zu vereinen versucht, so stellt diese Absicht meines Erachtens keinen Soziologismus dar, gegen den sich Simmel häufig verwahrt hat. Die kulturwissenschaftliche und die lebensphilosophische Schicht des Simmelschen Werkes sollen im Gegenteil die soziologische Perspektive einerseits anreichern und andererseits zeigen, auf welchen nicht-soziologischen Prämissen, etwa erkenntnistheoretischer und anthropologischer Art, soziologisches Denken basiert und welche philosophischen Implikationen es birgt.[1] Die außersoziologischen Bedingungen und Konsequenzen soziologischen Arbeitens transparent zu machen und zu reflektieren, gehört im übrigen nicht nur zu den Aufgaben der Soziologiegeschichte, sondern ermöglicht auch die Verortung der gesamten Disziplin im Rahmen kultureller Selbstverständigung.

---

[1] Zum Einfluß philosophisch-anthropolgischen Denkens auf die Soziologie vgl. K.-S. Rehberg, »Philosophische Anthropologie« und die »Soziologisierung« des Wissens vom Menschen. Einige Zusammenhänge zwischen einer philosophischen Denktradition in Deutschland, in: *Kölner Zeitschrift für Soziologie und Sozialpsychologie*, Sonderheft 23, 1981, 160–198.

Teil A
Simmels Religionstheorie im werkgeschichtlichen Kontext

Die Absicht, Simmels Verhandlung religiöser Sachverhalte und sein daraus resultierendes Religionsverständnis zu rekonstruieren, kann nicht im ›luftleeren Raum‹, also ohne Berücksichtigung des gesamten Werkes erfolgen. Dies ist allein schon deshalb unmöglich, weil zahlreiche Äußerungen zu Themen der Religion auf viele seiner Schriften verstreut sind. Vor allem aber verbietet sich das Absehen vom gesamten Werkzusammenhang, weil Gegenstand und Ansatz oder, wenn man so will, Inhalt und Form, wie wohl in jedem Werk, so auch im Falle des Simmelschen, unlösbar miteinander verknüpft sind. Und da im Denken des Autors kein Ansatz – weder auf soziologischem noch auf philosophischem Terrain – auszumachen ist, der exklusiv für den Gegenstand der Religion entwickelt oder gar reserviert worden wäre, erscheint der Rekurs auf das gesamte Werk unumgänglich.[1] Die Verortung der Simmelschen Religionstheorie im werkgeschichtlichen Kontext wiederum schließt zwangsläufig die Frage nach der Einheit des Simmelschen Œuvres ein, die zu den zentralen und immer wieder verhandelten Gegenständen der Simmel-Forschung gehört. In der Regel wird diese Frage beantwortet, indem man die Werkgeschichte in verschiedene Zeitspannen unterteilt. Es waren zunächst Hermann Schmalenbach, Max Frischeisen-Köhler und Siegfried Kracauer, die in ihren Nachrufen auf Simmel eine dreiteilige Phaseneinteilung vorgenommen haben.[2] Diesen Vorschlag hat dann Michael Landmann aufgegriffen und weiterentwickelt.[3]

---

[1] Dieser Umstand trifft im übrigen auf die Rekonstruktionen aller von Simmel behandelten Themen zu; für den Fall seiner Kunstphilosophie vgl. etwa U. Faath, *Mehr-als-Kunst. Zur Kunstphilosophie Georg Simmels*, Würzburg 1998, die überzeugend nachweist, daß Simmels Ästhetik nur vor dem Hintergrund seiner allgemein-philosophischen Grundannahmen zu verstehen ist.

[2] Vgl. Frischeisen-Köhler, Georg Simmel, H. Schmalenbach, Simmel, in: *Sozialistische Monatshefte* 25, 1919, 283–288, und Kracauer, Georg Simmel.

[3] Zur Arbeit bzw. Auseinandersetzung mit dem dreiteiligen Phasenmodell vgl. weiterhin E. Troeltsch, *Der Historismus und seine Probleme*, Tübingen 1922, 572ff.; H. Bohner, *Untersuchungen zur Entwicklung der Philosophie Georg Simmels*, Diss. Freiburg i. Br. 1930; H. Gerson, *Die Entwicklung der ethischen Anschauung bei Georg Simmel*, Diss. Berlin 1932; H. Müller, *Georg Simmel als Deuter und Fortbilder Kants*, Diss. Leipzig 1935; P. Honigs-

Dem Phasenmodell Landmanns zufolge durchläuft Simmels Denken drei Stadien: ein positivistisches (bis 1900), ein durch werttheoretische, transzendentallogische und vor allem kulturphilosophische Überlegungen geprägtes (1900 bis etwa 1908) sowie ein lebensphilosophisches Stadium.[1] Wie jedes Ordnungsraster birgt allerdings auch diese Einteilung die Gefahr, ›unterkomplex‹ zu sein und die Heterogenität des Gegenstands zu verkürzen. Damit ist der Sachverhalt gemeint, daß im Denken Simmels bereits vor der dritten Phase lebensphilosophische Motive auszumachen sind, daß sich soziologische Fragestellungen noch im Spätwerk finden und daß sich schließlich große Teile des Œuvres als ein – soziologisch angereicherter – Beitrag zu demjenigen Unternehmen verstehen läßt, das Simmel 1911 als »philosophische Kultur« bezeichnet. Selbstverständlich hat auch Landmann die Gefahr gesehen, mit einer chronologisch gehaltenen Einteilung der synchronen Vielschichtigkeit des Simmelschen Werkes nicht in angemessener Weise Rechnung tragen zu können.[2] Die Philosophie folgt eben nicht – gleichsam in einer Art von Neuanfang – auf die Soziologie[3], sondern beide Herangehensweisen sind vom Frühwerk bis zur *Lebensanschauung* korrelativ – und das heißt eben: unlösbar – aufeinander bezogen.[4] Allerdings läßt sich von zeitlich mehr oder minder genau fixierbaren Arbeitsschwerpunkten und der wechselnden Dominanz verschiedener Ansätze sprechen. Vom Drei-Phasen-Modell angeregt, unterscheide ich im folgenden *analytisch* zwischen der Soziologie im engeren Sinne, die mit der psychologischen Perspektive korreliert, der Kulturwissenschaft und der Lebensphilosophie. Die genannten Ansätze lassen sich zwar schwerpunkt-

---

HEIM, Simmel, in: *Handwörterbuch der Sozialwissenschaften*, Bd. 9, Tübingen 1956, 270–272; L. A. COSER, *Masters of sociological Thought. Ideas in historical and social Context*, New York 1971; zusammenfassend H.-J. DAHME, *Soziologie als exakte Wissenschaft. Georg Simmels Ansatz und seine Bedeutung in der gegenwärtigen Soziologie*, 2 Bde., Stuttgart 1981, hier: Bd. 2, 248ff.

[1] Vgl. M. LANDMANN, Einleitung, in: G. Simmel, *Das individuelle Gesetz. Philosophische Exkurse*, hgg. und eingeleitet von M. LANDMANN. Neuausgabe mit einem Nachwort von K. CH. KÖHNKE, Frankfurt a. M. 1987, 7–29, hier: 7f., und DERS., Georg Simmel. Konturen seines Denkens, in: H. BÖHRINGER und K. GRÜNDER (Hg.), *Ästhetik und Soziologie um die Jahrhundertwende: Georg Simmel*, Frankfurt a. M. 1976, 3–17.

[2] Vgl. Formulierungen wie etwa: »Lebensphilosophie [ist] bei Simmel zugleich Kulturphilosophie.« LANDMANN, Einleitung, 9; oder: »Von Anfang bis zuletzt behandelte er auch Themen der Soziologie.« DERS., a.a.O., 8. Im übrigen hat Landmann, worauf Köhnke in seinem Nachwort zum *individuellen Gesetz* (256) zurecht hinweist, wesentlich zur »Überwindung linearer Simmel-Bilder und klischeehafter Zuordnungen« beigetragen.

[3] So z. B. L. VON WIESE, *Soziologie. Geschichte und Hauptprobleme*, Berlin 1967, 124.

[4] Diese Auffassung wird nachdrücklich von J. SCHWERDTFEGER, Auf der Suche nach dem Individualitätskonzept Georg Simmels, in: G. BOEHM und E. RUDOLPH (Hg.), *Individuum. Probleme der Individualität in Kunst, Philosophie und Wissenschaft*, Stuttgart 1994, 122–150, vertreten und auf die Rekonstruktion des Simmelschen Verständnisses von Individualität angewandt.

mäßig jeweils einer der drei behaupteten Phasen zuordnen, ziehen sich aber alle durch die gesamte Werkgeschichte hindurch und sind darin stets voneinander abhängig. Wenn ich im folgenden Simmels Auffassung von Psychologie, sein soziologisches, kulturwissenschaftliches und lebensphilosophisches Programm als Rahmen für die Rekonstruktion seines Religionsverständnisses skizziere, beschränke ich mich nicht jeweils auf eine der drei Werkphasen. Statt dessen beabsichtige ich, die jeweilige durch einen der drei Ansätze bestimmte *Schicht* der *gesamten* Werkgeschichte freizulegen. Dabei sind die analytisch separierten Schichten in einem aufeinander aufbauenden Verhältnis zu sehen. Ihre wechselseitige Bezogenheit aufeinander wird daher stets aufs neue zu berücksichtigen sein. Wenn man von der Einheit des Simmelschen Religionsverständnisses oder gar der Einheit seines Œuvres sprechen will, muß man die analytisch separierten Schichten des Werkes zwangsläufig wieder auf ihre gegenseitige Abhängigkeit hin befragen; dies wird unter anderem Aufgabe des dritten Teiles meiner Untersuchungen sein. Und schließlich sei mit Nachdruck betont, daß der im folgenden gewählte Rekonstruktionsmodus, der bei der Psychologie und Soziologie beginnt und über den kulturwissenschaftlichen Ansatz zur Lebensphilosophie führt, allenfalls ein chronologisches ›Prius‹, keinesfalls aber ein systematisches ›Prä‹ bedeutet. Bereits die soziologischen Fragen des jungen Simmel implizieren oder beinhalten gar philosophische Aspekte, die gleichsam entelechisch in späteren kulturwissenschaftlichen und lebensphilosophischen Arbeiten zur Entfaltung gebracht beziehungsweise angereichert werden. Die gewählte Abfolge der analytisch separierten Ansätze ist lediglich darstellungs- und argumentationstechnischen Gründen geschuldet, erhält ihre Plausibilität jedoch dadurch, daß die Soziologie, wie gesagt, ihren Schwerpunkt in der frühen Werkphase hat, die Kulturwissenschaft zentral in der mittleren Phase auszumachen ist und die Lebensphilosophie im letzten Stadium der Werkgeschichte zur vollen Ausprägung gelangt.[1]

---

[1] Wenn man so will, folgt der Rekonstruktionsmodus Simmels »individuellem Gesetz«, demzufolge in der Entwicklungsgeschichte eines Individuums dasjenige Gestalt wird, was in ihm bereits angelegt ist. Die Darstellung folgt somit gewissermaßen dem auf einer an der *Forschungsstätte der Evangelischen Studiengemeinschaft* abgehaltenen Simmel-Tagung im Herbst 1994 gemachten Vorschlag Klaus Christian Köhnkes, die Werkgeschichte Simmels biographisch zu lesen.

I. Die psychologische Schicht

Eine der Schwierigkeiten, einen Zugang zu Simmels Werk zu finden, besteht darin, daß es sich gegen eine eindeutige Zuordnung zu einer Disziplin im heute gewohnten Sinne sperrt. Von Anfang seiner wissenschaftlichen Tätigkeit an arbeitet Simmel – gleichsam transdisziplinär – auf den verschiedensten Gebieten. Neben der Philosophie interessieren ihn ebenso die Geschichtswissenschaft auf materialer und methodologischer Ebene, kunsttheoretische Probleme sowie die Soziologie, zu deren disziplinären Konturierung vor allem der junge Simmel beitragen will.[1] Im Zusammenhang der sozialwissenschaftlichen Perspektive werden immer wieder auch psychologische Sachverhalte erörtert. Freilich lassen sich Psychologie, Philosophie und Soziologie im Werk Simmels nicht immer trennscharf voneinander abgrenzen. Zum einen war die Psychologie um die Jahrhundertwende – und so auch beim hier verhandelten Autor – in weiten Teilen noch integraler Bestandteil der Philosophie. Zum anderen changieren Simmels Erörterungen häufig zwischen der psychologischen und der soziologischen Perspektive.[2] Allerdings läßt sich im Denken Simmels eine »psychologische Schicht« ausmachen, deren analytische Separierung auch ein tieferes Verständnis seines soziologischen und philosophischen Ansatzes ermöglicht.

1. Simmels psychologischer Ansatz

Gegenstand der Psychologie ist die individuelle Psyche. Simmel wendet sich allerdings gegen die Auffassung, daß es sich bei der menschlichen Psyche um eine einheitliche Substanz mit homogenen Inhalten handelt. Vielmehr stellt das Seelenleben ein Konglomerat aus häufig diskrepanten Emp-

---

[1] Vgl. dazu jetzt K. CH. KÖHNKE, *Der junge Simmel in Theoriebeziehungen und sozialen Bewegungen*, Frankfurt a. M. 1996.

[2] So stellt etwa die *sociale Differenzierung* »soziologische und psychologische Untersuchungen« dar, wie ihr Untertitel lautet. Des weiteren vereint die *Moralwissenschaft* die Disziplinen Psychologie, Sozialwissenschaft und Geschichte (10). Und schließlich bezeichnet Simmel einige Aufsätze, die in die *große Soziologie* eingehen, als psychologische bzw. sozialpsychologische Arbeiten; vgl. die Aufsätze »Psychologie der Diskretion«, »Das Geheimnis. Eine sozialpsychologische Skizze«, »Ueber das Wesen der Sozial-Psychologie«, »Psychologie des Schmuckes« und »Treue. Ein sozialpsychologischer Versuch«.

findungen, Vorstellungen, Trieben und Handlungsmotiven dar. Zwischen »den Gedanken eines Kindes und denen eines Mannes, zwischen unsern theoretischen Überzeugungen und unserm praktischen Handeln, zwischen den Leistungen unserer besten und denen unserer schwächsten Stunden bestehen so viele Gegensätze, daß es absolut unmöglich ist[,] einen Punkt zu entdecken, von dem aus dies alles als harmonische Entwicklung einer ursprünglichen Seeleneinheit erschiene«[1]. Was es jedoch erlaubt, von einer psychischen Einheit zu sprechen, ist die Tatsache, daß die unterschiedlichen Inhalte innerhalb des Seelenlebens in Wechselwirkung, in einer höchst engen »funktionellen Beziehung« stehen.[2] Mit dieser formalen Bestimmung der Psyche zusammenhängend, geht Simmel von der anthropologischen Annahme aus, daß der Mensch ein Unterschiedswesen ist.[3] Wie »wir nie die absolute Größe eines Reizes, sondern nur seinen Unterschied gegen den bisherigen Empfindungszustand wahrnehmen, so haftet auch unser Interesse nicht an denjenigen Lebensinhalten, die von jeher und überall die verbreiteten und allgemeinen sind, sondern an denen, durch die sich jeder von jedem unterscheidet«[4]. Erkennen ist also nur auf der Basis von Unterscheidungen möglich. Zugleich aber besteht – ebenfalls auf anthropologischer Ebene – das Bedürfnis nach Vereinheitlichung des Unterschiedenen, so daß von einem »Doppelbedürfnis unseres Geistes, einerseits nach Zusammenfassung, andrerseits nach Unterscheidung«[5], gesprochen werden kann.

Diese psychologischen Erkenntnisse sind auch für die Soziologie und Philosophie relevant. Der Grund des teilweise engen Zusammenhangs der drei Disziplinen liegt für Simmel vor allem darin, daß zwischen individualpsychologischen und soziologischen Sachverhalten eine Analogie existiert. Die Nähe beider Disziplinen zur Philosophie gründet darin, daß die Parallelen dem entsprechenden Exkurs in der *großen Soziologie* zufolge sozialphilosophischer Natur sind, weil *»ihr Inhalt nicht die Erkenntnis der Gesellschaft, sondern die eines allgemeinen Zusammenhanges ist, der an der sozialen Form nur eines seiner Beispiele findet«*[6]. Unter dem Aspekt der Analogie stellt sich die Frage, wie »Gesellschaft« und »Individuum« ihre gegenseitigen Verähnlichungen zustande bringen. Um diese für die Sozio-

---

[1] *Über sociale Differenzierung* (im folgenden zitiert als SD), 128. Die Abkürzungen insgesamt richten sich nach dem von K. Ch. Köhnke verfaßten *Integrierten Titel-, Stichwort- und Siglenverzeichnis zur Georg Simmel-Gesamtausgabe* (Beiträge der Georg Simmel-Gesellschaft Nr. 3.1), Bielefeld 1989; die von mir verwendeten Siglen sind zu Beginn des Literaturverzeichnisses gesondert aufgeschlüsselt.

[2] Vgl. SD, 129.

[3] Vgl. SD, 137, und *Soziologie* (im folgenden zitiert als SOZ), 316, 657.

[4] SD, 137.

[5] SOZ, 855.

[6] Vgl. den »Exkurs über die Analogie der individualpsychologischen und der soziologischen Verhältnisse«, in: SOZ, 850–855; zitiert 850.

I. Die psychologische Schicht

logie relevante Frage zu beantworten, bedarf es der psychologischen Perspektive. Die Psychologie hat die Aufgabe, »die individuellen Willensakte, Gefühle und Urteile zu analysieren«[1] und die »*allgemeine Kombinatorik psychischer Elemente*« und »*regelmäßig sich wiederholende Verhältnisformen zwischen solchen*«[2] herauszuarbeiten. Simmel geht davon aus, daß die Psyche als solche aus einem kontinuierlichen Bewußtseinsstrom besteht, der dann vom Bewußtsein in einzelne gegeneinander abgegrenzte Elemente zerlegt wird.[3] Diese zu einzelnen Erlebnissen, Gefühlszuständen, Vorstellungen und Interessen gleichsam substantialisierten Elemente stehen innerhalb des Bewußtseins in einem steten Konflikt. »*Wir können kaum irgend einen Entschluß fassen, irgend eine Überzeugung gewinnen, ohne daß ein wie immer rudimentärer, wenig bewußter, schnell abgemachter Widerstreit von Motiven und Reizen vorangegangen wäre: unser ganzes Seelenleben ist davon durchzogen.*«[4] Trotz dieser inneren Konflikte erfährt sich das Bewußtsein aber als eine Einheit. Eine solche Einheitserfahrung wird dadurch ermöglicht, daß die voneinander abgegrenzten psychischen Elemente in Erfahrungsschemata gebracht werden, beispielsweise in das Verhältnis »*der Vereinigung und der Ausschließung, des Dominierens und des Nachgebens, der Nachahmung und der Organisierung*«[5]. Und an dieser Stelle wird die eine Seite des Zusammenhanges von »Individuum« und »Gesellschaft« deutlich. Die von den inneren Erfahrungen des Subjekts ausgebildeten Schemata wirken nämlich »*für seine äußeren Erfahrungen als Apriori ..., als die Form, in welche das Material des Gegebenen aufgenommen und der gemäß es gedeutet wird*«[6]. Um soziale Prozesse verstehen zu können, werden die im Bewußtsein ausgebildeten Formen zu einem gewissen Teil auf interindividuelle Vorgänge übertragen. Auf der anderen Seite bildet das einzelne Bewußtsein die organisierenden Schemata nicht durch sich selbst. Da die einzelnen psychischen Elemente gewissermaßen zu selbständigen Wesen werden, die von sich aus wirken und leiden, nimmt Simmel an, »*daß grade zu dieser Objektivierung und Veranschaulichung des inneren Lebens das Bild der Individuen um jedes Individuum herum uns angeregt haben*«[7]. Dies muß allein deshalb der Fall sein, weil sich die Schemata, die an psychischen Prozesse angelegt werden, nicht individuell unterscheiden, sondern – zum mindesten innerhalb eines Kulturkreises – gleichartig sind. Für diesen Fall gilt Simmels heuristischer Grundsatz: »*Wo sich gleiche Erscheinungen an äußerlich in Berührung stehenden Individuen zeigen, ist*

---

[1] EMI, 10.
[2] SOZ, 850.
[3] Vgl. SOZ, 854.
[4] SOZ, 852.
[5] SOZ, 853.
[6] SOZ, 851f.
[7] SOZ, 854.

von vornherein eine gemeinsame Ursache anzunehmen.«[1] Das Bewußtsein wird gleichsam zu einer inneren Bühne, auf der psychische Elemente in Analogie zu sozialen Prozessen miteinander interagieren. Die Formungen auf bewußtseinsmäßiger und sozialer Ebene vollziehen sich somit in wechselseitiger Abhängigkeit. »*Das Äußere wird durch das Innere, das Innere aber durch das Äußere gestaltet und verstanden.*«[2] Folglich konstituieren sich auch die Einheiten von »Individuum« und »Gesellschaft« nur durch wechselseitigen Bezug aufeinander. »*Die uns unmittelbar nicht ergreifbare, nicht ausdrückbare Einheit des Individuums und der Gesellschaft offenbart sich darin, daß die Seele das Bild der Gesellschaft und die Gesellschaft das Bild der Seele ist.*«[3] Daß sich der Einzelne als Individuum wahrnehmen kann, basiert also auf gesellschaftlichen Erfahrungen, wie umgekehrt die Einheit sozialer Zusammenschlüsse nur auf der Basis innerpsychischer Differenzierungs- und Vereinheitlichungserfahrungen begreifbar ist.[4] Von daher stehen auch die Erkenntnisse von Psychologie und Soziologie in einem gegenseitigen Abhängigkeitsverhältnis, so daß die folgenden religionspsychologischen Sachverhalte auch für Simmels Religionssoziologie relevant sind und *vice versa*.

2. Religion in psychologischer Perspektive

Bereits das Einleitungskapitel der *socialen Differenzierung* gibt Aufschluß darüber, wie Religion in psychologischer Perspektive zu begreifen ist. Im Rahmen der Erörterung der erkenntnistheoretischen Grundlagen der Soziologie führt Simmel unter anderem den unterschiedlich konstruierbaren Zusammenhang von religiösem Glauben und niedrigem geistigem Niveau als Beispiel für die Unmöglichkeit an, eine unilineare, monokausale wissenschaftliche Erklärung für in Frage stehende Sachverhalte zu geben: »[D]aß der Glaube an gewisse religiöse Dogmen die Ursache geistiger Unselbständigkeit und Verdummung wird, ist mit nicht schlechteren Gründen und Beispielen bewiesen, wie das umgekehrte, daß die geistige Unzulänglichkeit der Menschen eigentlich die Ursache sei, die sie zum Glauben an überirdische Dinge greifen ließ.«[5] Wenn Simmel den Glauben an religiöse Dogmen

---

[1] SD, 134.
[2] SOZ, 853; vgl. auch SD, 136: Für die psychischen Vorgänge müssen wir uns »an die Vorstellungen äußerer Sinne halten, wenn wir uns ihre Bewegungen, Reibungen, quantitativen Verhältnisse etc. zum Bewußtsein bringen wollen«.
[3] SOZ, 855.
[4] Diese Analogie bedeutet freilich nicht eine Eins-zu-eins-Abbildung psychischer und sozialer Vorgänge. Vielmehr ermöglichen erst die Schematisierungen und Formungen im einen Bereich ein Verständnis der Vorgänge im anderen.
[5] SD, 120.

und den Grad an kognitiver Kompetenz zwar in ihrer Relation insoweit variieren läßt, als beide Elemente einmal Ursache, einmal Folge sein können, so scheint er den religiösen Glauben gleichwohl sehr eng an geistige Unselbständigkeit zu binden; denn gerade die uneindeutige Relationierung suggeriert auf den ersten Blick eine um so festere Verknüpfung beider Elemente – wenn auch nicht als kausale Beziehung, so doch im Sinne eines Wechselwirkungsverhältnisses. Es entsteht der Eindruck, als hege Simmel die Auffassung, daß mit religiösem Glauben, sei es als Ursache, sei es als Folge – und das heißt aber: *per se* – intellektuelle Inkompetenz einhergehe. Die Möglichkeit etwa einer Kombination von religiösem Glauben mit einem *hohen* Grad an geistiger Selbständigkeit scheint ausgeschlossen zu sein. Daß Simmel den angesprochenen Zusammenhang jedoch nicht für einen prinzipiellen und universalgültigen hält, ist zunächst daraus zu ersehen, daß er nicht den religiösen Glauben im allgemeinen, sondern nur »gewisse religiöse Dogmen« mit geistiger Unselbständigkeit ins Verhältnis setzt. Sodann und vor allem aber würde die universalgültige Beziehung zwischen religiösem Glauben und intellektuell niedrigem Niveau dem weiteren Argumentationszusammenhang widersprechen, geht es Simmel doch gerade darum, die bloß *relative* Gültigkeit psychologischer (und metaphysischer) Aussagen aufzuzeigen. Nicht nur die Richtung einer Relation, sondern auch die Verknüpfung selbst als Inhalt eines psychologischen Urteils hängt davon ab, welche empirischen Tatsachen besonders akzentuiert und verallgemeinert werden. Simmel betont, daß die Allgemeinbegriffe psychischer Funktionen – etwa auch der Begriff der Religiosität – so abstrakt sind und eine solche Fülle von Nuancen umfassen, »daß je nach der Betonung der einen oder der andern ganz verschiedene Folgen aus dem der Bezeichnung nach identischen Affect hervorgehen können«[1]. Folglich sind es immer nur bestimmte Arten von religiösen Vorstellungen, die mit einer ebenso bestimmten Art von intellektueller Unselbständigkeit in einem nach beiden Richtungen hin möglichen Verhältnis stehen.

Wenn Simmel die Berechtigung beider einander entgegengesetzten Richtungen der Erklärung von Religion behauptet, so ist mit der erkenntnistheoretischen Argumentation folglich auch die *universale* Gültigkeit von Religionstheorien, die Glaube und Wissen in das eine oder andere Verhältnis setzen, in Zweifel gezogen. Allerdings geht es in diesem Kontext nur sekundär um den Wahrheitsgehalt einzelner Religionstheorien. Das übergeordnete Anliegen ist vielmehr die Frage nach der prinzipiellen Möglichkeit wissenschaftlich-begrifflicher Erfassung von empirischen Erscheinungen, und damit eben auch von religiösen Sachverhalten. Aufgrund der erkenntnistheoretischen Einsicht, daß psychologische Begriffe einen psychischen Vorgang aus dem komplizierten seelischen Gefüge isolieren und

---
[1] Ebd.

immer nur *a potiori*, das heißt nach ihrem quantitativen Gewicht beziehungsweise ihrem Grad an Bewußtheit, einseitig betonen, konstatiert Simmel die Unmöglichkeit psychologischer Gesetze.[1] Dennoch spricht er psychologischen Aussagen (neben metaphysischen) nicht ihren wissenschaftlichen Status ab: »Wenn sie auch nicht exakte Erkenntnis sind, so sind sie doch Vorläufer derselben. Sie orientieren doch einigermaßen über die Erscheinungen und schaffen die Begriffe, durch deren allmähliche Verfeinerung, Wiederauflösung und Zusammenfügung nach anderen Gesichtspunkten eine immer größere Annäherung an die Wahrheit erreicht wird.«[2] Dementspechend kann der Begriff der Religiosität zahlreiche Nuancierungen umfassen und wird in seiner Verwendung – je nach Erkenntnisinteresse – immer bestimmte Inhalte einseitig herausheben, doch kann er durchaus zur Bildung wissenschaftlicher Erkenntnis beitragen.[3] In diesem Sinne gehört Religiosität neben anderen psychologischen Begriffen zu den Grundlagen, auf deren Basis sich soziologische Erkenntnis konstituieren kann. Es bleibt also festzuhalten, daß der Begriff der Religiosität – im später zu explizierenden Unterschied zu objektiver Religion – eine psychologische Kategorie ist; Religiosität gehört zu den Trieben und damit zu den Inhalten sozialer Prozesse.

Auf welche Weise Religion in psychologischer Perspektive an der Konstitution von Individualität und an den psychischen Motiven für Interaktionen beteiligt ist, ist immer wieder Gegenstand von Simmels Beobachtungen; so vor allem in denjenigen Passagen der *Moralwissenschaft*, in denen das Verhältnis von Moral und Religion thematisiert wird. Das Grundanliegen dieser Monographie ist, ethische Vorstellungen im Unterschied zu normativ ausgerichteten Ethikentwürfen auf ihren empirisch-sozialen Ursprung hin zu untersuchen. Insofern ist die *Moralwissenschaft* an der deskriptiv-soziologischen Perspektive ausgerichtet. Dem Analogieverhältnis sozialer und psychischer Vorgänge gemäß kommen aber auch immer wieder psychologische Sachverhalte zur Sprache. In bezug auf die Thematisierung von Religion sind vor allem zwei Problemkreise von Inter-

---

[1] Vgl. SD, 122f. Damit nimmt Simmel Max Webers Konzept der Kulturwissenschaften vorweg, das Erkenntnis stets an den kulturellen Kontext mit seinen Relevanzen und Bedeutungen knüpft. Siehe dazu vor allem Simmels *Probleme der Geschichtsphilosophie* (im folgenden zitiert als PG) und *Lebensanschauung* (im folgenden zitiert als LBA), 58; zum Verhältnis von Simmel und Weber vgl. A. CAVALLI, Max Weber und Georg Simmel: Sind die Divergenzen wirklich so groß?, in: G. WAGNER und H. ZIPPRIAN (Hg.), *Max Webers Wissenschaftslehre. Interpretation und Kritik*, Frankfurt a. M. 1994, 224–238, sowie K. LICHTBLAU, Kausalität oder Wechselwirkung? Max Weber und Georg Simmel im Vergleich, in: G. WAGNER und H. ZIPPRIAN (Hg.), a.a.O., 527–562.

[2] SD, 123. In dieser Vorläuferfunktion der Metaphysik für exakte Wissenschaft kann man eine Reminiszenz an Auguste Comtes Drei-Stadien-Gesetz sehen.

[3] Zur Begriffsbildung vgl. auch SD, 195, und *Schopenhauer und Nietzsche* (im folgenden zitiert als SHN), 358ff.; zur Unterscheidung zwischen Begriff und Idee vgl. SHN, 274.

esse: a) Das Problem der Begründung von Überzeugungen und Handlungen; b) die Konstitution personaler Einheit.

a) Religion und das Problem der Begründung von Überzeugungen und Handlungen

Als ein wesentlicher Bestandteil der *Kritik der ethischen Grundbegriffe* ist die Unterscheidung zwischen der logischen und der psychologischen Ebene von Vorstellungen und Handlungen auszumachen. Auf rationaler Ebene lassen sich die geistigen Funktionen von Erkennen und Wollen nicht auf einen letzten Grund zurückführen; sie sind prinzipiell unabschließbar, und konkrete Überzeugungen und Handlungen haben von daher nicht *per se* Unbedingtheits- und Notwendigkeitscharakter. Die gleichwohl nötige Begründungs- und Abschlußleistung ist nur auf psychologischer Ebene möglich, und an dieser Stelle kommt Religion ins Spiel. Zu Beginn des ersten Kapitels der *Moralwissenschaft* führt Simmel die mangelnde rationale Begründbarkeit des Sollens und seinen daraus folgenden Absolutheits- und Unbedingtheitscharakter als »eine der tiefsten Analogieen des religiösen mit dem sozial-sittlichen Verhalten« an: »Was der Frömmigkeit den besonders sittlichen Charakter giebt, ist das Handeln ›um Gotteswillen‹; wie wir der Allgemeinheit gegenüber nur um ihrer selbst willen pflichtvoll handeln, ohne einen darüber hinausgehenden Grund dazu im Bewusstsein zu haben, so wird durch jene religiöse Gesinnung die teleologische Kette an einem nur durch sich selbst gerechtfertigten Gliede abgeschnitten; das Bezeichnende des sittlichen Handelns: keinen Grund zu haben, ist hier der Form nach vollkommen vorhanden.«[1] Bei der religiösen Ethik handelt es sich um eine Art von »ethischer Ontologie«, nach der die Befolgung sittlicher Vorschriften ohne weiteres aus dem Begriff Gottes folgt.[2] Die Unbegründetheit und den daraus resultierenden Unbedingtheitscharakter des Sollens erklärt Simmel psychologisch: »Nicht logisch, sondern nur psychologisch kann ein Geschehen zu dem Charakter schlechthin unbedingter Notwendigkeit kommen, wenn jene höheren Stufen, von denen es seine Notwendigkeit logisch zu Lehen trägt, ins Unbewusste sinken, und die von ihnen geschaffene Nothwendigkeit gleichsam als ihre Erbschaft im Bewusstsein zurücklassen.«[3] Eine an sich zweckmäßige Handlung nimmt also dann den Charakter schlechthin unbedingter Notwendigkeit an, wenn die Bedingungen, unter denen die Handlung als zweckmäßig erscheint, nicht mehr (beziehungsweise noch nicht) ins Bewußtsein treten. Zugleich aber *muß* das Geltung beanspruchende Gesollte den psychologischen Ent-

---
[1] *Einleitung in die Moralwissenschaft*, Bd. I (im folgenden zitiert als EMI), 35f.
[2] Vgl. EMI, 36.
[3] EMI, 37f.

stehungsgrund seines Unbedingtheitscharakters verdunkeln, weil es andernfalls seine unbezweifelbare Objektivität verlieren würde; denn »die objektive Wahrheit einer Vorstellung wird uns leicht zweifelhaft, wenn wir die psychologische Genesis erkennen, durch welche sie im Bewusstsein entstanden ist, ihre logischen *Gründe* sind verdächtig, wenn wir statt auf sie nur auf psychologische *Ursachen* für das Auftauchen der Ueberzeugung zurückzugehen brauchen«[1].

Diese Überlegungen führen zu der These, daß der Unbedingtheitscharakter einer sittlichen Handlung »nur der Ausdruck dafür sei, dass eine anderweitige Erklärung der Handlung noch nicht gefunden«[2] beziehungsweise aus dem Blick geraten ist. Dem Gewöhnungsprozeß kommt in diesem Zusammenhang insofern eine große Bedeutung zu, als die soziale Zweckmäßigkeit eines Handelns auf die Dauer zu routinierten, nicht mehr hinterfragten Konventionen führt: »Wie die Vielheit und Verzweigtheit unsrer Beziehungen zur Allgemeinheit den Grund bildet, aus dem ihre Sitten und Normen uns mit der Würde eines sittlichen Sollens in ihre Kreise zwingen: so verwächst ein oft geübtes Thun mit allen möglichen Theilen und Funktionen unsrer Persönlichkeit und gewinnt dadurch eine dunkle Macht, eine nicht mehr zu zergliedernde Triebkraft, die in demselben Maasse das Gefühl eines stärkeren Sollens auswirkt, als sie unerklärlicher ist.«[3] Sobald die Motive einer Handlung unbewußt geworden sind, nimmt der ursächliche Trieb sofort »die mystische Gewalt der causa sui, des Ursachlosen,«[4] an. Simmel sieht zu diesem Sachverhalt wiederum eine Parallele auf religiösem Gebiet: »Unser Verhalten zu Gott wird erst dann das reinste sittliche, wenn wir uns der Gründe, aus denen unser Sollen ihm gegenüber fliesst, nicht mehr bewusst sind, seien diese nun die gröberen der Furcht und Hoffnung, oder die feineren der Abhängigkeit oder der Wesenseinheit. […] Der Trieb, uns dem hinzugeben, was uns als göttliches Wesen und göttlicher Wille vorschwebt, wird erst dann zum eigentlichen und vollständigen Sollen, wenn er nicht mehr von einer immerhin bezweifelbaren Ursache ausgeht oder einem Zwecke dient, […] wenn er also mit einem Worte für das Bewusstsein ursachlos geworden ist.«[5] Darüber hinaus ist der Gottesbegriff selbst auf die Tatsache des Unerklärlichen zurückzuführen: »Weil man gegen das Unerkannte sich nicht schützen kann, weil wir nur durch das Erkennen die Dinge beherrschen lernen, die unerkannt uns als herrische Mächte gegenüber stehen, bildet sich die Verehrung, die Vergöttlichung für jenes Geistige heraus, das nur ein Name für das Unbekannte ist. Man findet

---

[1] EMI, 38.
[2] EMI, 40.
[3] EMI, 42f.
[4] EMI, 43.
[5] EMI, 43f.

häufig, dass das Wort der Naturvölker für Gott unterschiedslos auf ein unbegreifliches Ding wie auch auf eine Person, deren Kräfte unbegreiflich sind, angewandt wird.«[1]

Die Bedeutung der Religion für Moral hält Simmel im Falle des vermittelnden Zustandes zwischen dem Sollen als der innerlich empfundenen Pflicht und dem Müssen als dem äußeren physischen oder sozialen Zwang für besonders groß; dort also, wo die sozial bedingten moralischen Forderungen Unbedingtheitscharakter annehmen: »Die sozial nützliche Handlung wird, um ihren Vollzug zu sichern, mit der Würde des religiösen Gebotes bekleidet; ihre Nützlichkeit fällt durch Veränderung der Umstände fort; da sie aber nun einmal in die Sphäre des Religiös-Sittlichen erhoben ist, bleibt sie geboten, indem die Ursache dieser Erhebung in Vergessenheit geräth. Nun verliert auch die religiöse Autorität ihre innerliche und äusserliche Kraft und Bedeutung; trotzdem aber bleibt jene Vorschrift noch immer als sittliche bestehen, unter Vernachlässigung auch jener Mittelursache, die sie dazu gemacht hat.«[2] Als Beispiele für diesen Sachverhalt dienen dem Autor rituelle Gebote wie das jüdische Verbot, Schweinefleisch zu essen[3], die Anbetung von schädlichen Tieren[4], das christliche Monogamiegebot[5] sowie der sittliche Wert des Fastens[6].

Die Auffassung, daß die soziale Zweckmäßigkeit eines bestimmten Handelns durch dessen Einkleidung in ein religiöses Gebot beziehungsweise die Integration in die religiöse Vorstellungswelt chiffriert wird und das Handeln auf diese Weise den Charakter der unbedingten Notwendigkeit erhält, entspricht dem Anliegen der *Moralwissenschaft*, die ethischen Verhältnisse auf ihren empirisch-sozialen Ursprung hin zu untersuchen. Diese Absicht tritt besonders deutlich in denjenigen Abschnitten zutage, in denen das Verhältnis des Sollens zur objektiven Wirklichkeit verhandelt wird.[7] Simmel zeichnet in diesem Zusammenhang die Entstehung der moralischen Inhalte als eine Entwicklung von Verhaltensnormen aus den gesellschaftlichen Anforderungen heraus nach. Was die Einzelpersönlichkeit als Sollen

---

[1] EMI, 45. Mit dieser Beobachtung ist ein Sachverhalt thematisiert, den die Systemtheorie heute als Funktion der Religion beschreibt, nämlich Unvertrautes in Vertrautes zu überführen; vgl. nur N. LUHMANN, *Funktion der Religion*, Frankfurt a. M. 1977, und DERS., *Ökologische Kommunikation. Kann die moderne Gesellschaft sich auf ökologische Gefährdungen einstellen?* Opladen 1986, 183–192.
[2] EMI, 64f.
[3] Vgl. EMI, 65.
[4] Vgl. EMI, 72.
[5] Vgl. ebd.
[6] Vgl. ebd. Daß Simmel im übrigen Religion auf dem Gebiet des Sittlichen gerade dort wirken sieht, wo es um die Vermittlung von Sollen und Müssen geht, wirft ein Licht auf die Bedeutung, die Religion für den Sozialisationsprozeß zwischen sozialer Integration und personaler Individuierung hat. Dieser Zusammenhang wird uns weiter unten noch beschäftigen.
[7] Vgl. EMI, 73ff.

empfindet, ist Ausdruck des »sozialen Ganzen ..., das ihr die Wirklichkeit seiner Lebensformen als Sollen vorschreibt«[1]. In dieser sozial-genetischen Perspektive formuliert er: »In viel höherem Maasse, als es bewusst zu sein pflegt, hat die Thatsächlichkeit des Seins Einfluss auf die Idealbildung.«[2] Zur Illustration dieser These führt Simmel unter anderem das Leidensideal des Christentums als der »Religion der Armen und Gedrückten, der Mühseligen und Beladenen«[3] an, das eine Überhöhung tatsächlicher Verhältnisse bedeute. Nicht nur einzelne Gebote also werden religiös geformt und dadurch überhöht, sondern auch die Idealbildung als solche bringt Moral und Religion in ein enges Verhältnis.

Auf der anderen Seite steht der Erklärung moralischer Normen aus den Erfordernissen der objektiv-sozialen Wirklichkeit die Tatsache gegenüber, daß sich das Sollen selbst nicht auf diese Weise legitimieren kann. Simmel führt den logischen Widerspruch an, in den etwa metaphysische Spekulation führt, sobald sie ethische Forderungen in dem der Weltanschauung zugrunde gelegten metaphysischen Prinzip selbst *per definitionem* realisiert sieht.[4] Behauptungen dieser Art führen zwangsläufig in die Aporie, daß »zwar der logischen Konsequenz nach ein ideales Verhalten der Dinge und Menschen als wirklich behauptet, die praktische Forderung aber so gestaltet [wird], als sei es durchaus nicht wirklich«[5]. Ein solcherart inkonsequentes Verhältnis von Sein und Sollen entdeckt Simmel unter anderem auch auf religiösem Gebiet, »z.B. in dem Gebote, dem Willen Gottes gemäss zu handeln, während der Wille Gottes schon durch sich selbst jedes Geschehen in der Welt bestimmt – eine Schwierigkeit, für die der Freiheitsbegriff mehr ein Ausdruck als ein Ausweg ist«[6]. In ähnlich paradoxer Weise verlangt das Ideal der Askese, dasjenige zu vernichten, was doch schon zuvor *per definitionem* zum Nichts ausgerufen worden ist, nämlich die Welt. Aus der Einsicht, daß der logische Schluß von der Wirklichkeit auf das Sollen in Widersprüche führt, zieht Simmel die Konsequenz, daß auch eine monokausale sozial-genetische Erklärung des Sollens der Ergänzung bedarf. Zwar bleibt er in metaphysikkritischer Absicht bei der Aussage, daß das Sollen »doch nur aus den Beziehungen der Menschen untereinander seinen Inhalt empfängt«[7]. Dennoch muß es sich bei der Idealbildung nicht um eine bloße Spiegelung der sozialen Verhältnisse handeln. Eine deskriptiv-formale Bestimmung des Sollens hat vielmehr zu berücksichtigen, daß gerade auch ein negatorisches Verhältnis zur objektiven Wirklichkeit

---

[1] EMI, 74.
[2] EMI, 77.
[3] Ebd.
[4] Vgl. EMI, 78ff.
[5] EMI, 79.
[6] EMI, 80.
[7] EMI, 84.

vielfach den Inhalt moralischer Forderungen bestimmt: »[N]eben dem Wirklichen und seinem Reize steht das Verlorene und das noch nicht Gewonnene und gewinnt gerade aus seinem Nichtsein eine Macht und Anziehung.«[1] Während auf einem nach der Seite der Individualität noch undifferenzierten sozialen Niveau das typisch soziale Verhalten für den Einzelnen zum Sollen wird[2], kommt im Verlauf des Differenzierungsprozesses auch »das Interesse für das Abweichende, Aparte, Individuelle«[3] auf. Die Überlegungen zum Verhältnis von Sein und Sollen münden in die Einsicht, daß das Sollen »ebenso an die Wirklichkeit geknüpft, wie es von ihr gelöst ist«[4]. Für unsere Frage nach dem Simmelschen Religionsverständnis ist nun entscheidend, daß er die historische Tatsache, »dass Religionen gerade in den Zeiten der Verfolgung oft besonders wachsen«[5], auf den zweiten Relationsmodus von Sein und Sollen zurückführt. Dem ambivalenten Charakter des Sollens gegenüber der Wirklichkeit des Seins entsprechend, stellen religiös legitimierte Normen nicht nur die Überhöhung der sozialen Wirklichkeit dar, sondern erhalten eine Anziehungskraft auch und gerade aus ihrem Negationspotential.[6]

Abgesehen von der prinzipiellen Frage der Begründbarkeit stehen Überzeugungen und Handlungen auch in einem steten Konkurrenzverhältnis; zahlreiche divergierende Vorstellungen und Handlungsoptionen liegen in einem Wettstreit. Daß hier nur zum Teil Ausgleichs- und Synthetisierungsversuche erfolgen, ist in psychologischer Perspektive auf das anthropologisch gegebene Differenzierungsbedürfnis zurückzuführen. Dieser Sachverhalt wird im Kapitel der *socialen Differenzierung* über das »sociale Niveau« deutlich, in dem sich Simmel dem Differenzierungsinteresse *unterhalb* der funktionalen, auf der Ebene der segmentär-individualisierenden Differenzierung zuwendet. Sich von anderen zu unterscheiden, ist dem Autor zufolge von weit größerem Interesse als die Gleichheit mit ihnen. »Die Differenzierung gegen andere Wesen ist es, was unsere Thätigkeit großenteils herausfordert und bestimmt; auf die Beobachtung ihrer Verschiedenheiten sind wir angewiesen, wenn wir sie benutzen und die richtige Stellung unter ihnen einnehmen wollen.«[7] Die Wertschätzung der Diffe-

---

[1] EMI, 86; vgl. auch EMI, 124: »Das Sollen ist ein so rein formaler Begriff, dass es sich keinem Inhalt versagen kann«, folglich auch keinen kontrafaktisch gesetzten Normen.
[2] Vgl. EMI, 84f.
[3] EMI, 86.
[4] EMI, 91.
[5] EMI, 87.
[6] Entschränkt man das Negationspotential von Religion von der historischen Situation der Häresie, so findet sich in der Simmelschen Auffassung religiös legitimierter Normen eine Parallele zu einer der Funktionsbestimmungen von Religion, die Franz-Xaver Kaufmann als Funktion der »Weltdistanzierung« bezeichnet; vgl. F.-X. KAUFMANN, *Religion und Modernität. Sozialwissenschaftliche Perspektiven,* Tübingen 1989, 88.
[7] SD, 200.

renz hat allerdings allein *psychologische* Gründe, so daß eine Abgrenzung häufig auch dort vorgenommen wird, wo eigentlich kein *sachlicher* Grund dazu vorliegt.[1] Für diesen Sachverhalt dient ein Beispiel aus der Religionsgeschichte als Analogie: »Bis zu welchem Grade ... die Vorstellung der Verschiedenheit die Gleichheit verdunkeln kann, zeigt vielleicht kein Beispiel lehrreicher, als die konfessionalistischen Streitigkeiten zwischen Lutheranern und Reformierten, namentlich im 17. Jahrhundert. Kaum war die große Absonderung gegen den Katholicismus geschehen, so spaltet sich das Ganze um der nichtigsten Dinge willen in Parteien, die man oft genug äußern hört: man könne eher mit den Papisten Gemeinschaft halten, als mit denen von der andern Konfession!«[2] Das Bedürfnis nach Unterscheidung ist also die psychologische Ursache für den sozialen Sachverhalt der Abgrenzung und Individualisierung auch auf religiösem Gebiet.

b) Religion und die Konstitution personaler Einheit

Mit dem Problemkreis der Normierungsbedingungen sittlichen Handelns zusammenhängend, ist Religion aus psychologischer Warte auch an der Konstitution des *einheitlichen* moralischen Subjekts als Basis für soziale Interaktionen beteiligt. Vor dem Hintergrund der komplementären Verhältnisbestimmung von Egoismus und Altruismus, der stets auszugleichenden Beziehung zwischen einem empirischen Ich und einem empirischen Du sowie des daraus resultierenden Doppelverhältnisses von Teil und Ganzem werden im dritten Kapitel der *Moralwissenschaft* die beiden ethischen Grundbegriffe Schuld und Verdienst erörtert. Simmel versteht den Begriff des Verdienstes gleichsam als »die Rückseite, das Korrelativ des Sollens«; er »bedeutet, dass Andere mir gegenüber etwas thun sollen, bedeutet den Anspruch an die Ordnung der Dinge, mir etwas zu gewähren, nachdem ich etwas zum Vortheil ihrer gethan habe«.[3] Der mit dem Begriff des Verdienstes implizierte Kraftaufwand wiederum setzt einen zu überwindenden Widerstand voraus, den Simmel in der Versuchung durch eine als unsittlich disqualifizierte Tat identifiziert; in diesem Sinne interpretiert er die Versuchungsgeschichten, die sich an Religionsstifter wie Jesus, Buddha und Zarathustra geheftet haben.[4] Der Ursprung der Vorstellung von der Versuchung erklärt sich daraus, daß »die Forderungen der Sittlichkeit, insbesondere die sozialen Ansprüche an den Einzelnen sich nicht in durchgängiger Harmonie mit dem persönlichen Interesse vollziehen«, daß eine »altruistische Handlung unzählige Male nur durch Aufgeben und

---

[1] Vgl. SD, 201.
[2] SD, 200f.
[3] EMI, 210f.
[4] Vgl. EMI, 212.

Niederkämpfen egoistischer Antriebe möglich war«.[1] Vor diesem Hintergrund ist es verständlich, »wie sich an die Vorstellung des sittlichen Thuns ein Schatten von Schmerz, Aufopferung und Ueberwindung heften konnte«[2]. Einen wesentlichen Beitrag zur Entstehung dieser sittlich höherstehenden Vorstellung von der Verdienstlichkeit sieht Simmel in der Lehre Jesu: Im Vergleich zum Stoizismus und Neuplatonismus war es »eine ganz neue Idee, die er durch seine Lehre und sein Leben in die Welt setzte, dass das Leiden und die Erniedrigung nothwendige Durchgangspunkte für die Gewinnung der höchsten Ziele, ja sogar für die Herstellung der Mittel wären, welche uns subjektiv erst zur Gewinnung dieser Ziele dienen sollen. Das Leiden wurde so die letzte auf Erden erklimmbare Staffel der Leiter, welche zum Höchsten führte.«[3] Nicht die Vorstellung des Verdienstes an sich also ist das Entscheidende, sondern erst das subjektive Wertmoment dieser Vorstellung besitzt die geschilderte Sprengkraft: »Die Demuth, das Verfolgtwerden, der Tod selbst erhielten durch das Christenthum eine ungeahnte ethische Weihe; indem es von vornherein die irdische Glücksfolge des Glaubens von sich abwies, vermied es die Gefahr der Kontrole an der Erfahrung, die jeder Lehre einer diesseitigen Harmonie von Tugend und Glückseligkeit droht.«[4] Die Entwicklung der zunehmenden Verinnerlichung der Verdienstvorstellung kulminiert im Wertstandpunkt der Askese, die Entsagung und Schmerzzufügung als sittlichen Selbstzweck erachtet. Diesen Sublimierungsprozeß, »der den Werth eines Endzwecks auf das zu ihm erforderliche Mittel überträgt«[5], ist zunächst psychologischer Natur, zeitigt jedoch soziale Folgen. Die in der Kirche institutionalisierte Forderung des asketischen Opfers etwa hat ihren Grund darin, daß die Aufopferung für eine Person oder ein Prinzip zur Folge hat, uns innerlich immer fester an eben diese zu binden: »Je mehr Opfer wir für eine Sache gebracht, ein je grösseres Kapital sozusagen wir in sie gesteckt haben, desto grösser ist auch unser Interesse an ihr; indem wir unser Persönliches ihr hingeben, schmelzen wir uns gewissermassen in sie ein, negiren die Schranke zwischen uns und ihr.«[6] Das Entscheidende an diesem Vorgang ist auch hier das subjektive Moment der Internalisierung, so daß die eine Folgehandlung motivierenden und begleitenden Gefühle Effekte der vorausgehenden, äußerlich gebotenen Handlungen sind. Diese Sichtweise führt zu der Aussage, »dass wir nicht nur die asketisch religiösen Opfer bringen, weil wir Gott lieben[,] sondern dass wir ihn auch lieben, unser Gefühl an ihn binden, weil wir ihm – aus dogmatischen, eudämonistischen, welchen Grün-

---

[1] EMI, 212f.
[2] EMI, 213.
[3] Ebd.
[4] EMI, 214.
[5] EMI, 216.
[6] EMI, 215.

den immer, – solche Opfer bringen«[1]. Als Belege für diese Auffassung führt Simmel die Phänomene des Fastens und der Virginität an. Ausgehend von dem religionsgeschichtlichen Argument, daß sich der Ursprung des Fastens von den religiösen Opfern herleitet, sieht er den ursprünglichen Sinn des christlichen Fastens darin, »den Fastenden als den Herrscher über sein Irdisches erscheinen zu lassen«, woraus sich in der Zeit Tertullians ein für sich bestehender religiöser Wert des Fastens herausbildete: »Es wird zum unmittelbaren Gradmesser der Vollkommenheit[,] und man behauptet, Fasten und Essen verhielten sich wie Heil und Unheil.«[2] In gleicher Weise interpretiert Simmel die Enwicklung der Vorstellung von der Virginität: Ursprünglich ein Mittel, das besser zum ungehinderten göttlichen Dienst befähigt, wurde die geschlechtliche Enthaltsamkeit und die Abtötung des Fleisches bald zum Endzweck.[3] Schließlich belegt Simmel seine Auffassung über die Entwicklung der Askese an der Geschichte des indischen Pessimismus, im Verlaufe deren die zunächst als Erlösungsmittel fungierenden körperlichen Entbehrungen schließlich zum Endzweck wurden.[4]

Wie gezeigt, geht das Argument von den äußeren Bedingungen einer sittlichen Forderung aus und beschreibt die Entwicklung der Vorstellung des Verdienstes aufgrund der Überwindung von (zunächst äußeren, dann innerlich empfundenen) Widerständen als Resultat eines Internalisierungsprozesses. Die Folge dieser Entwicklung ist zum einen der gesteigerte Bindungsgrad des Individuums an die Person, Gruppe oder Sache, für die es Opfer bringt. Zugleich, und darin liegt die Pointe der Simmelschen Argumentation, geht mit der als Verdienst empfundenen Überwindung von Widerständen eine »Steigerung unseres Selbstgefühles« einher. »Es mag sein, dass das Gefühl von Kraft, das uns aus der Überwindung von Widerstand quillt, eine Steigerung der Persönlichkeit mit sich bringt [...]: so scheint das Besiegen eines inneren Widerstandes ein Gefühl seelischer Erweiterung mit sich zu bringen.«[5]. Sozialisierungs- und Individuierungsprozeß gehen bei dem sozialen Sachverhalt der Aufopferung somit Hand in Hand. Da der Individuierungsprozeß im Sinne der Konstitution eines moralischen Subjekts ein spätes Stadium der kulturellen Entwicklung darstellt, kann Simmel in den ursprünglich religiös konnotierten Vorstellungen von Verdienst, Versuchung und Schuld eine Etappe auf dem Weg zur gegenwärtigen Kultur erkennen: »Es ist vielleicht eine sehr verdichtete Gattungserfahrung über den Weg, der zu unserer Kulturhöhe nöthig war, wenn wir Sünde und Versunkenheit als die nothwendigen Vorstufen der höchsten Sittlichkeit

---

[1] EMI, 216.
[2] EMI, 217.
[3] Vgl. ebd.
[4] Vgl. EMI, 218.
[5] EMI, 219f.

ansehen.«[1] Verdienst beziehungsweise Gesinnung als die konfliktfreie Form der Sittlichkeit[2] stellen Resultate eines Sublimierungsprozesses dar, im Verlaufe dessen zunächst in der Regel religiös legitimierte Forderungen internalisiert werden und sich sodann durch Gewöhnung auf gleichsam »sittlicher Instinktebene« als Gefühl sedimentieren; ein Prozeß, der sich sowohl phylogenetisch als auch ontogenetisch vollzieht.[3]

---

[1] EMI, 222.
[2] Vgl. EMI, 225ff.
[3] Vgl. EMI, 235; zum Prozeß der Gefühlsbildung insgesamt vgl. EMI, 231ff.

II. Die soziologische Schicht

Im Jahre 1898 erscheint Georg Simmels Aufsatz »Zur Soziologie der Religion« in der *Neuen Deutschen Rundschau*.[1] Sieht man von dem 1892 pseudonym publizierten Artikel »Etwas vom Spiritismus« ab[2], so ist diese Abhandlung die erste eigenständige Arbeit des Autors, die ausschließlich mit dem Thema Religion befaßt ist – und dies zudem aus explizit soziologischer Perspektive.[3] Allerdings hat Simmel zu diesem Zeitpunkt bereits mehr als eineinhalb Jahrzehnte wissenschaftlich-publizistischer Tätigkeit hinter sich, und wie ein Blick in die früheren Arbeiten zeigt, ist sein religionssoziologischer Aufsatz durch zahlreiche Überlegungen vorbereitet. Aus diesem Grund setzt die werkgeschichtliche Rekonstruktion der soziologischen Befassung mit Religion bereits bei Simmels Frühwerk an. Der im folgenden gewählte Rekonstruktionsmodus ist darum bemüht, die soziologische Schicht des Simmelschen Religionsverständnisses freizulegen. Daher sind die nachstehenden Ausführungen nicht immer in streng diachroner Perspektive gehalten.[4]

---

[1] Im folgenden zitiert als SozRel. Dem Aufsatz liegt ein Vortrag zum Thema »Soziologie des religiösen Wesens« zugrunde, den Simmel im Winter 1897 vor dem sozialwissenschaftlichen Studentenverein in Berlin gehalten hat. Diesen Hinweis verdanke ich Klaus Christian Köhnke, Berlin. Der Aufsatz ist 1909/10 in amerikanischer Übersetzung erschienen; vgl. »A contribution to the sociology of religion«.

[2] Vgl. XSpi.

[3] Im selben Jahr erscheint auch der erste Band der *Année sociologique*, die von Anfang an eine Sparte »sociologie religieuse« vorsieht. Der zweite Jahrgang (1899) enthält dann neben dem von Durkheim verfaßten Vorwort mit einem Plädoyer für eine Soziologie der Religion auch seinen Aufsatz »De la définition des phénomènes religieux« (im folgenden zitiert in der deutschen Übersetzung: É. Durkheim, Zur Definition religiöser Phänomene, in: J. Matthes, *Religion und Gesellschaft: Einführung in die Religionssoziologie,* Reinbek bei Hamburg 1967, 120–141), sowie den von Hubert und Mauss verfaßten »Essai sur la nature et la fonction du sacrifice«. Nimmt man alle genannten Sachverhalte zusammen, so spricht mit Hartmann Tyrell einiges dafür, 1898 und 1899 als die »Geburtsjahre« der Religionssoziologie anzusehen; vgl. H. Tyrell, Von der »Soziologie *statt* Religion« zur Religionssoziologie, in: V. Krech und H. Tyrell (Hg.), *Religionssoziologie um 1900*, Würzburg 1995, 79–127, hier: 90ff.

[4] Zur Entstehungsgeschichte und zeitlichen Einordnung der einzelnen Teile der *Moralwissenschaft* vgl. jetzt detailliert Köhnke, *Der junge Simmel*; zur Entstehungsgeschichte der einzelnen Kapitel der *Soziologie* vgl. O. Rammstedt, Editorischer Bericht, in: G. Simmel, *Soziologie. Untersuchungen über die Formen der Vergesellschaftung,* hgg. von O. Rammstedt (Gesamtausgabe Bd. 11), Frankfurt a. M. 1992, 877–905, und ders., Programm und Voraussetzungen der »Soziologie« Simmels, in: *Simmel Newsletter* 2, 1992, 3–21.

Simmel beginnt seine wissenschaftlich-publizistische Beschäftigung mit religiösen Sachverhalten auf dezidiert soziologischer Ebene, sowie im übrigen auch sein gesamtes Frühwerk von soziologischen Fragen dominiert ist. Der Versuch, seine soziologische Analyse von Religion zu rekonstruieren, kann nicht umhin, den Kontext des gesamten soziologischen Ansatzes zu berücksichtigen. Dies vor allem deshalb, weil sich Simmels Konzept einer formalen Soziologie – zumindest in ihrer programmatischen Form – gegen die Ausdifferenzierung in Subdisziplinen sperrt, und zwar aus – noch zu erläuternden – systematischen Gründen. Wenn von einer Religionssoziologie Simmels gesprochen werden kann, so nur in dem Sinne, daß er sein soziologisches Verfahren unter anderem auf den Bereich der Religion anwendet. Um diese Art von Religionssoziologie zu verstehen, zeichne ich vorab eine – notwendig verkürzende – Skizze des allgemein-soziologischen Programms.[1]

1. Simmels soziologischer Ansatz

In seinen konzeptuellen Arbeiten ist Simmel bekanntlich darum bemüht, die Soziologie als Einzelwissenschaft zu begründen und sie von anderen Disziplinen durch die Bestimmung einer eigenen Methode sowie eines eigenständigen Objektbereiches hinreichend zu unterscheiden.[2] Hinsichtlich dieses Versuchs sind werkgeschichtlich zwei Anläufe zu unterscheiden, nämlich (a) das Einleitungskapitel der *socialen Differenzierung* von 1890 und (b) der Aufsatz »Das Problem der Sociologie« von 1894 sowie ihre Synthese und Modifikationen in der *großen Soziologie* von 1908 und in den *Grundfragen der Soziologie* von 1917.

a) In der *socialen Differenzierung* wendet sich Simmel zunächst gegen einen singulären und allumfassenden Gesellschaftsbegriff, den er für eine

---

[1] Die folgende Skizze beschränkt sich darauf, die groben erkenntnistheoretischen und methodischen Linien des soziologischen Konzepts Simmels nachzuzeichnen, um den im weiteren rekonstruierten soziologischen Zugriff auf Phänomene der Religion verständlich zu machen. Zur Soziologie-Konzeption Simmels vgl. auch P. E. SCHNABEL, *Die soziologische Gesamtkonzeption Georg Simmels. Eine wissenschaftshistorische und wissenschaftstheoretische Untersuchung*, Stuttgart 1974, DAHME, *Soziologie als exakte Wissenschaft*, B. NEDELMANN, Strukturprinzipien der soziologischen Denkweise Georg Simmels, in: *Kölner Zeitschrift für Soziologie und Sozialpsychologie* 32, 1980, 559–573, S. HÜBNER-FUNK, *Georg Simmels Konzeption von Gesellschaft*, Köln 1982, sowie H. J. BECHER, *Georg Simmel. Die Grundlagen seiner Soziologie*, Stuttgart 1971.

[2] Vgl. vor allem das erste Kapitel der *socialen Differenzierung* von 1890, den 1894 publizierten Aufsatz »Das Problem der Sociologie« (im folgenden zitiert als PSoc), das erste Kapitel der *großen Soziologie* von 1908 sowie das erste Kapitel der 1917 erschienenen *Grundfragen der Soziologie* (im folgenden zitiert als GFSOZ).

»mystische Einheit« hält.[1] Statt dessen hat es im Rahmen der »modernen Geistesbildung« gerade darum zu gehen, solcherart platonische Allgemeinbegriffe als »bloß subjective Gebilde« zu entlarven und ihre Auflösung in die Summe der allein realen Einzelerscheinungen voranzubringen.[2] In erkenntnistheoretischer Perspektive kann folglich nicht von einer – gleichsam ontologisch gegebenen – Gesellschaftseinheit gesprochen werden, aus deren einheitlichen Charakter sich Beschaffenheiten, Beziehungen und Wandlungen der Teile ableiten ließen. Vielmehr finden sich umgekehrt »Beziehungen und Thätigkeiten von Elementen, auf Grund deren dann erst die Einheit ausgesprochen werden darf«[3]. Von hier aus stellt sich dann aber die Frage, wer oder was als geschlossene Elemente gelten darf, die sich wechselseitig beeinflussen und auf diese Weise Gesellschaft konstituieren. Betreibe man die Reduktion auf elementare Teile konsequent, müßte auch die Rede vom Individuum als einer im strikten Sinne des Wortes unteilbaren Einheit verworfen werden, denn in entwicklungsgeschichtlicher Sicht ist der Mensch lediglich »die Summe und das Produkt der allermannichfaltigsten Faktoren«[4]. An dieser Stelle führt Simmel jedoch ein heuristisches und (wissenschafts-)pragmatisches Argument an, das uns bereits aus der Skizze des psychologischen Ansatzes bekannt ist. Von einer relativen Objektivität der Vereinheitlichung kann nämlich dort gesprochen werden, wo einzelne Teile miteinander in *Wechselwirkung* stehen.[5] Da im Sinne eines regulativen Weltprinzips letztlich davon auszugehen ist, daß alles mit allem in irgendeiner Wechselwirkung steht, gehört zur Aufgabe einer wissen-

---

[1] Vgl. SD, 131, 134. Mit dieser Kritik schließt Simmel an die Überlegungen von Ludwig Gumplowicz an, der sich bereits dagegen ausgesprochen hat, *die* Gesellschaft als Analogie zum biologischen Organismus zu verstehen; vgl. dazu DAHME, *Soziologie als exakte Wissenschaft*, 353ff., CH. F. GÖRLICH, Gruppe, soziale, in: *Historisches Wörterbuch der Philosophie*, Bd. 3, Basel 1974, 929–933, hier: 930, und P. KAUP, Gesellschaft, in: *Historisches Wörterbuch der Philosophie*, Bd. 3, Basel 1974, 459–466, hier: 259.

[2] Vgl. SD, 126. Eine Absicht, die ihm bereits unter seinen Zeitgenossen vielfach den – allerdings unberechtigten – Vorwurf eines ›soziologischen Atomismus‹ eingebracht hat; vgl. etwa J. S. MACKENZIE, Rezension von Georg Simmel, Einleitung in die Moralwissenschaft, in: *Mind* 1, 1892, 544–551, hier: 545, F. MEINECKE, Rezension von Georg Simmel, Die Probleme der Geschichtsphilosophie, in: *Historische Zeitschrift* 73, 1894, 71–73, hier: 71, D. KOIGEN, Georg Simmels soziologischer Rationalismus, in: *Archiv für Sozialwissenschaft und Sozialpolitik* 31, 1910, 908–924, hier: 913, und C. BOUGLÉ, The Sociology of Georg Simmel, in: L. A. COSER (Hg.), *Georg Simmel*, Englewood Cliffs, N.J. 1965, 58–63 (franz. Original 1912), hier: 63.

[3] SD, 131.

[4] SD, 127. Dieses Argument kehrt in den folgenden Arbeiten immer wieder. Mit dieser Sichtweise liefert Simmel entscheidende Argumente gegen denjenigen Ansatz in der Soziologie, der sich im Anschluß an Max Weber als »methodologischer Individualismus« formiert hat und sich derzeit wieder, etwa in der Rational-Choice-Theorie, einer gewissen Konjunktur erfreut.

[5] Vgl. SD, 129.

II. Die soziologische Schicht

schaftlichen Perspektive die Erkenntnis, welche Zusammenfassung zweckmäßig ist, »um durch ihre isolierte Behandlung gegenüber den Wechselwirkungen jedes derselben mit allen andern Wesen eine hervorragende Aufklärung zu versprechen«[1]. Die Elemente, aus denen sich Gesellschaft zusammensetzt, brauchen folglich nicht reale Einheiten zu sein. Sie sind aber »für die höheren Zusammenfassungen so zu behandeln, weil jedes im Verhältnis zum andern einheitlich wirkt«[2]. Und entsprechend »kommt es auch für die sociologische Betrachtung nur sozusagen auf die empirischen Atome an, auf Vorstellungen, Individuen, Gruppen, die als Einheiten wirken, gleichviel ob sie an und für sich noch weiter teilbar sind«[3]. In diesem Sinne benutzt Simmel die beiden Termini »Gesellschaft« und »Individuum« als regulative Begriffe, die zusammengenommen den Gegenstandsbereich der Soziologie ausmachen und von daher auch nur als komplementäres Begriffspaar zu verwenden sind.[4] Insofern beide Begriffe regulativen Charakter haben und stets aufeinander verweisen, sind sie immer nur als relative Einheiten zu verstehen: »Ein in sich völlig geschlossenes Wesen, eine absolute Einheit ist die Gesellschaft nicht, so wenig wie das menschliche Individuum. Sie ist gegenüber den realen Wechselwirkungen der Teile nur sekundär, nur Resultat, und zwar sowohl sachlich wie für die Betrachtung.«[5] Folglich ist die Gesellschaft als Name für die Summe der Wechselwirkungen zwischen den einzelnen sozialen Elementen auch »kein einheitlich feststehender, sondern ein gradueller Begriff«[6]. Darin liegt im übrigen auch der Grund, warum die Soziologie ihre Grundbegriffe nicht taxonomisch fixieren kann[7], keine unumstößlichen Gesetze aufzustellen in der Lage ist[8] und letztlich immer ein notwendig unabgeschlossenes Unter-

---

[1] SD, 130.
[2] SD, 131.
[3] Ebd.
[4] Vgl. SOZ, 860: »Das Individuum und die Gesellschaft sind [...] *methodische Begriffe* – sei es, daß sie das Gegebene der Ereignisse und Zustände unter sich aufteilen, sei es, daß sie dessen Einheit, die wir unmittelbar nicht erfassen können, unter zwei verschiedene Gesichtspunkte rücken.« Zum kantischen Hintergrund dieses Konzeptes von Soziologie vgl. K. SCHRADER-KLEBERT, Der Begriff der Gesellschaft als regulative Idee. Zur transzendentalen Begründung der Soziologie bei Georg Simmel, in: Soziale Welt 19, 1968, 97–118.
[5] SD, 130.
[6] SD, 131.
[7] Vgl. SD, 117.
[8] Vgl. SD, 123ff. Diese Auffassung hat Simmel später allerdings revidiert. So besteht etwa den *Grundfragen der Soziologie* zufolge eine der Aufgaben der allgemeinen Soziologie darin, der Frage nachzugehen, »ob sich etwa in den geschichtlichen Entwicklungen der allerverschiedensten Art, die sich nur in ihrem Getragensein durch je eine Gruppe begegnen, ein gemeinsames Gesetz finden läßt, ein nur auf diese Tatsache zurückführbarer Rhythmus« (GFSOZ, 24); vgl. zu dieser Entwicklung der soziologischen Konzeption Simmels auch DAHME, *Soziologie als exakte Wissenschaft*, 431f.

nehmen bleiben muß, will es auch Phänomene sozialer Emergenz miteinbeziehen.[1]

Ist der Gegenstandsbereich auf diese Weise positiv umrissen, wobei sich der Leser allerdings »mit einer nur ungefähren Umgrenzung des Gebiets begnügen«[2] muß, so gilt es ferner, ihn gegen die Objekte der anderen, mit der Soziologie konkurrierenden Geistes- und Sozialwissenschaften abzugrenzen. Hierbei wendet sich Simmel ganz im Sinne der Kritik am älteren singulären Gesellschaftsbegriff zunächst gegen die soziologistische Auffassung von der Soziologie als einer Universalwissenschaft von allem, was in der als ebenso universal verstandenen Gesellschaft geschieht. Einerseits ist die Erkenntnis der Wirksamkeit gesellschaftlicher Kräfte in allem historischen Geschehen zum regulativen Prinzip für sämtliche Geisteswissenschaften geworden. Andererseits wäre die Soziologie in diesem universalwissenschaftlichen Sinne »nichts als ein zusammenfassender *Name* für die Totalität der modern behandelten Geisteswissenschaften«[3]. Die soziologische Betrachtungsweise bliebe in dieser Auffassung auf eine Erkenntnis-

---

[1] Es geht Simmel vor allem darum, die Sozialformen nicht als »feste, überindividuelle Gebilde« zu analysieren, sondern »Gesellschaft im status nascens« zu beschreiben; vgl. SOZ, 33. Folglich unterscheidet er sehr verschiedene Grade der Vergesellschaftung: »von der ephemeren Vereinigung zu einem Spaziergang bis zur Familie, von allen Verhältnissen ›auf Kündigung‹ bis zu der Zusammengehörigkeit zu einem Staat, von dem flüchtigen Zusammen einer Hotelgesellschaft bis zu der innigen Verbundenheit einer mittelalterlichen Gilde«; SOZ, 18. Deshalb kann und will sich die *große Soziologie* von 1908 auch nicht als ein abgeschlossenes System verstehen. In diesem Sinne schreibt Simmel: »So sind die Kapitel dieses Buches der Methode nach als Beispiele, dem Inhalte nach nur als Fragmente dessen gedacht, was ich für die Wissenschaft von der Gesellschaft halten muß.« SOZ, 31, Anm. 1. Zu Beginn des Aufsatzes über »Die Gesellschaft zu zweien«, der in leicht veränderter Form in die große Soziologie eingegangen ist, ist das Interesse Simmels an der Emergenz des Sozialen wohl am deutlichsten formuliert: »Wenn die soziologische Wissenschaft den Folgen der Tatsache gilt, daß der einzelne Mensch nicht allein auf der Welt ist, sondern durch das Mitdasein anderer bestimmt wird – so darf ihr Blick sich nicht auf die großen Kollektivgebilde beschränken, die durch die Politik und die Wirtschaft, durch das Recht und die Kirche, durch die Familie und die allgemeine Kultur umschrieben sind. Sondern er muß sich auch auf die feineren, flüchtigeren aber in tausend Verwebungen unser Leben bestimmenden Beziehungen richten, die sich zwischen Person und Person entspinnen, oft fallengelassene, wieder aufgenommene, wieder anders verlaufende Fäden, an denen schließlich die innere Lebendigkeit und Festigkeit unseres Daseins mit andern haftet.« Gft, 348. In diesem Sinne ist auch die Interpretation von DAHME, *Soziologie als exakte Wissenschaft*, 354, gehalten: »Für Simmel ist Gesellschaft nicht mehr prinzipiell der höchste und letzte Begriff für eine soziale Einheit, sondern kann immer wieder als Ausgangspunkt für die Formierung neuer Gesellschaften aus anderen Gesellschaften genutzt werden.« Daß Dahme als, zwar empirische, aber doch letzte Einheit die Weltgesellschaft anführt, scheint mir allerdings im Widerspruch zur Auffassung Simmels zu stehen. Die Ebene der letzten Einheit ist für Simmel Gegenstand metaphysischer Spekulation und konkretisiert sich in der Idee der Menschheit; vgl. das Schlußkapitel der *großen Soziologie*.
[2] SD, 117.
[3] PSoc, 52.

methode, ein heuristisches Prinzip beschränkt. Die Spezifik des soziologischen Gegenstands herauszuarbeiten, durch den sich neben der Methode die Soziologie als Einzelwissenschaft erst konstituiert, macht sich der 1896 publizierte programmatische Aufsatz »Das Problem der Sociologie« zur Aufgabe. In diesem Sinne ist er gegenüber der *socialen Differenzierung* als ein zweiter, ergänzender Versuch zu verstehen, ein Konzept von der Wissenschaft des Sozialen zu entwerfen.[1]

b) Die Charakteristik des soziologischen Gegenstandsbereiches liegt in der Bestimmung dessen, »was an der Gesellschaft ›Gesellschaft‹ ist«, wie Simmel 1894 im Aufsatz »Das Problem der Sociologie« etwas paradox anmutend formuliert.[2] Der scheinbare Widerspruch löst sich jedoch auf, wenn man sich die unterschiedlichen Bedeutungen der beiden im Zitat angeführten Gesellschaftsbegriffe vergegenwärtigt. Während der erste Gesellschaftsbegriff als Zusammenfassung aller gesellschaftlich-geschichtlichen Daten gemeint ist, handelt es sich beim zweiten, in Anführungszeichen gesetzten Gesellschaftsbegriff um eine Abstraktion. Das Abstraktionsverfahren ist für die Gegenstandskonstitution jeder Einzeldisziplin grundlegend, denn: »*Jede* Wissenschaft zieht aus der Totalität oder der erlebten Unmittelbarkeit der Erscheinungen eine Reihe oder eine Seite unter Führung je eines bestimmten Begriffs heraus.«[3] Ein solcher Begriff ermöglicht es, die Qualitäten und Funktionen aus der Totalität der Dinge »herauszulösen und in all ihrem Vorkommen an den realen Dingen nach methodischen Zusammenhängen zu erfassen«[4].

Das Abstraktionsverfahren wird anhand der Unterscheidung von Form und Inhalt präzisiert, die Simmel als eine analytische und als ein »Gleichnis« verstanden wissen will.[5] Auf der Basis dieser Unterscheidung bestimmt sich als Aufgabe der Soziologie, aus den empirischen allgemeingesellschaftlichen Sachverhalten dasjenige zu abstrahieren, »was die Gesellschaft im Innersten zusammenhält«, um ein Faust-Zitat abzuwandeln, eben die »Formen der Vergesellschaftung« herauszuarbeiten. Diese Formen stellen bestimmte Weisen dar, in denen Individuen, entweder einzelne Per-

---

[1] Vgl. RAMMSTEDT, Soziologie und/oder Kulturwissenschaft, 100: »›Das Problem der Sociologie‹ wird für Simmel zur programmatischen Schrift«; zur Entwicklung des soziologischen Konzepts Simmels vgl. ausführlich RAMMSTEDT, Editorischer Bericht, und DERS., Programm und Voraussetzungen der »Soziologie« Simmels.
[2] PSoc, 57.
[3] GFSOZ, 14.
[4] SOZ, 16.
[5] Vgl. SOZ, 17. In der *großen Soziologie* hebt Simmels hervor, daß auch Form und Inhalt »nur relative Begriffe, Kategorien der Erkenntnis zur Bewältigung der Erscheinungen und ihrer intellektuellen Organisierung [sind], so daß ebendasselbe, was in irgend einer Beziehung, gleichsam von oben gesehen, als Form auftritt, in einer andern, von unten gesehen, als Inhalt bezeichnet werden muß«; SOZ, 492.

sonen oder Kollektiveinheiten[1], typischerweise wechselseitig aufeinander wirken.[2] Daß die Formen der Vergesellschaftung in der empirischen Wirklichkeit stets nur an den Inhalten des sozialen Lebens realisiert werden, steht für Simmel ebenso außer Frage, wie grammatische Regeln nur innerhalb der konkreten Rede Gestalt annehmen.[3] Folglich muß die Soziologie ein Verfahren entwickeln, mittels dessen sie aus der Empirie des sozialen Lebens die typischen Formen der sozialen Wechselwirkung abstrahieren kann. Diese Abstraktionsleistung erbringt die Methode der Analogiebildung.[4] Mit Hilfe der »Analogie des methodischen Betrachtens«[5], die weder ein metaphysisches noch ein rein analytisches Verfahren ist, stellt die Soziologie an empirischen Sachverhalten ihr Gesellschaft-Sein im engeren Sinn heraus, das heißt die Formen der sozialen Wechselwirkung. »An gesellschaftlichen Gruppen, welche ihren Zwecken und ihrer ganzen Bedeutung nach die denkbar verschiedensten sind, finden wir dennoch die gleichen formalen Verhaltungsweisen der Individuen zueinander. Über- und Unterordnung, Konkurrenz, Nachahmung, Arbeitsteilung, Parteibildung, Vertretung, Gleichzeitigkeit des Zusammenschlusses nach innen und des Abschlusses nach außen und unzähliges Ähnliches findet sich an einer staatlichen Gesellschaft wie an einer Religionsgemeinde, an einer Verschwörerbande wie an einer Wirtschaftsgenossenschaft, an einer Kunstschule wie an einer Familie.«[6] Dem Analogie-Schluß kommt also die heuristische Funktion zu, an heterogenen Erscheinungen das formal Gleicharti-

---

[1] Vgl. SOZ, 806: Der Trieb zur Individualisierung macht nicht immer an den Grenzen der Einzelpersönlichkeit halt, sondern ist »etwas Allgemeineres, Formaleres ..., das auch eine Gruppe als ganze, den Einzelnen gerade als deren Element ergreifen kann«.

[2] Das Programm einer »formalen« Soziologie haben bekanntlich Alfred Vierkandt und Leopold von Wiese aufgenommen und – allerdings modifiziert – weitergeführt; vgl. etwa A. VIERKANDT, Programm einer formalen Gesellschaftslehre, in: *Kölner Vierteljahreshefte für Sozialwissenschaften* 1, H. 1, 1921, 56–66, L. VON WIESE, Zur Methodologie der Beziehungslehre, in: *Kölner Vierteljahreshefte für Sozialwissenschaften* 1, 1921, 47–55, sowie L. VON WIESE und H. BECKER, *Systematic Sociology. On the basis of the Beziehungslehre and Gebildelehre*, New York 1932. DAHME, *Soziologie als exakte Wissenschaft*, 368, bemerkt zurecht, daß die Rezeptionsgeschichte der Simmelschen »formalen« Soziologie zum großen Teil anders und weniger mißverständlich verlaufen wäre, wenn man statt auf die Unterscheidung von Form und Inhalt stärker auf den Wechselwirkungsbegriff als zentralen Bestandteil der Simmelschen Soziologie-Konzeption rekurriert hätte. Vgl. als Beispiel einer mißverstandenen Rezeption der »formalen« Soziologie R. ARON, *Die deutsche Soziologie der Gegenwart*, Stuttgart 1953. Mit dem Wechselwirkungsbegriff greift Simmel Dahme zufolge auf Herbert Spencer und Paul von Lilienfeld zurück; vgl. DAHME, *Soziologie als exakte Wissenschaft*, 382. Zur Kontextuierung des Wechselwirkungsbegriffs in der geisteswissenschaftlichen Tradition vgl. P. CHRISTIAN, *Einheit und Zwiespalt. Zum hegelianisierenden Denken in der Philosophie und Soziologie Georg Simmels*, Berlin 1978, 110ff.

[3] Vgl. GFSOZ, 27.

[4] Vgl. z.B. SD, 121, 136; SOZ, 26f., 34; PHG, 196 et passim.

[5] SOZ, 34.

[6] SOZ, 21.

II. Die soziologische Schicht

ge, nämlich die typischen Arten der Vergesellschaftung als das *tertium comparationis* zu erkennen, die sich an den verschiedensten Inhalten realisieren können. Auf diese Weise kann jeder empirische Sachverhalt als ein soziologisches Objekt, nämlich auf seine soziale Dimension hin analysiert werden, ohne doch in dieser Perspektive zugleich vollständig beschrieben zu sein.[1] Der Methode der Analogiebildung entsprechend, stellen die jeweils angeführten Fälle keine Konkretion der abstrakten soziologischen Ausführungen dar, sondern weisen eine *strukturelle Entsprechung* zu dem in Frage stehenden soziologischen Sachverhalt im engeren Sinn auf.

Auf der Basis der analytischen Unterscheidung zwischen Form und Inhalt empirischer Sachverhalte, mittels des erkenntnisleitenden Analogieverfahrens sowie durch die gesteigerten Reflexionspotentiale des Geistes[2] ist es möglich, »aus der Fülle vorhandener Wissenschaften und bewährter Theorieen heraus die Umrisse, Formen und Ziele«[3] der Soziologie zu bestimmen. Die Soziologie steht also in einem solchen Verhältnis zu anderen Wissenschaften, daß diese jener das Material bereitstellen, um es mit eigener Methode zu einem eigenen Objekt zu gestalten.[4] Insofern ist die Soziologie eine Wissenschaft sozusagen »zweiter Potenz«, wie Simmel formuliert, sie schafft »neue Synthesen aus dem, was für jene schon Synthese ist«[5]. Sie unterscheidet sich von den anderen Einzelwissenschaften durch einen neuen Standpunkt für die Betrachtung bekannter Tatsachen und die Definition eines eigenen Objektbereiches.[6] Simmel legt größten Wert darauf, daß es sich bei der Soziologie als einer »Spezialwissenschaft« nicht um eine Zusammenfassung der einzelnen Sozialwissenschaften handelt.[7] Wenn die Soziologie also unter anderem auch an die Religionswissenschaft, zum Beispiel an der »Systematik der kirchlichen Organisation«[8] oder an die »Geschichte der Religionen«[9] anknüpft, so nur in dem Sinne, daß letztere das Material bereitstellt, aus der die Soziologie die sozialen Formen abstrahieren kann. Das Unternehmen der formalen Soziologie sperrt sich folglich gegen eine Differenzierung in heute übliche Subdisziplinen. Zugleich aber

---

[1] Diese Konzeption bewahrt Simmel davor, einem rigiden Soziologismus zu verfallen, und hat für sein Religionsverständnis, wie noch zu zeigen sein wird, eine zentrale Bedeutung.
[2] Simmel spricht von einer »höheren Bewußtheit des modernen Geistes«; vgl. SD, 116.
[3] SD, 116. DAHME, *Soziologie als exakte Wissenschaft*, 356, führt dieses Zitat als Beleg für Simmels Kritik an der älteren Soziologie an. Ich bin dagegen der Auffassung, daß an dieser Stelle das Verhältnis der Soziologie als einer »eklektischen Wissenschaft« zu anderen Disziplinen gemeint ist.
[4] Zu denjenigen Wissenschaften, die der Soziologie das Material bereitstellen, zählt Simmel auch die Religionswissenschaft; vgl. SOZ, 14.
[5] SD, 116.
[6] Vgl. SOZ, 16.
[7] Vgl. SOZ, 22.
[8] Ebd.
[9] SOZ, 26.

betreibt Simmel ebenso angewandte Soziologie, indem er die soziologische Perspektive im engeren, nämlich »formalen« Sinn auf die einzelnen kulturellen Teilbereiche wie Recht, Politik, Wissenschaft, Wirtschaft, Kunst und eben auch Religion bezieht.

2. Religion in soziologischer Perspektive

Wenn im folgenden versucht wird, Simmels Beitrag zu einer Religionssoziologie zu rekonstruieren, so lese ich die soziologischen Arbeiten – jedenfalls was die ›formale Soziologie‹ betrifft – gleichsam gegen den Strich. Die Leitfrage dabei ist, wie und mit welchem Erkenntnisgewinn Religion in den soziologischen beziehungsweise unter anderem soziologisch gehaltenen Arbeiten thematisch wird. Da Simmel sein soziologisches Unternehmen mit einer Untersuchung über den gesellschaftlichen Differenzierungsprozeß startet und noch die *große Soziologie* teilweise davon bestimmt ist, wird in einem ersten Schritt der Frage nachzugehen sein, wie Religion in der Perspektive sozialer Differenzierung zum Gegenstand soziologischer Analyse wird (a). Zweitens hat es darum zu gehen, Simmels Versuch einer eigenständigen Religionssoziologie zu rekonstruieren, der im 1898 erschienenen Aufsatz »Zur Soziologie der Religion« unternommen wird und noch die Basis für die Monographie über Religion von 1906 beziehungsweise 1912 darstellt (b). Das Kapitel abschließen wird die Behandlung der Frage, welcher Erkenntnisgewinn eine formal-soziologische Perspektive auf Religion birgt (c).

a) Religion im sozialen Differenzierungsprozeß

Dem skizzierten soziologischen Programm gemäß analysiert Simmel religiöse Sachverhalte in der *socialen Differenzierung* unter der Perspektive des komplementären Begriffspaares »Individuum« und »Gesellschaft«; beides sind relationale Einheiten, die sich erst durch Wechselwirkung aufeinander konstituieren. Dieser Wechselwirkungsprozeß vollzieht sich als Differenzierung und Individualisierung zugleich. Wie das Begriffspaar »Individuum« und »Gesellschaft«, so sind auch die beiden Prozesse Differenzierung und Individualisierung korrelativ aufeinander bezogen. Wechselwirkung kann es nur geben, wenn es mehrere differenzierte ›Einheiten‹ gibt, die gegenseitig aufeinander Einfluß ausüben; und voneinander differenzierte Einheiten wiederum implizieren ihre ausgebildete Individualität. Um ein genaueres Verständnis von dem zu erlangen, was Simmel unter »Vergesellschaftung« vesteht, ist es nötig, sich das erkenntnistheoretische Axiom zu vergegenwärtigen, demzufolge »Vergesellschaftung« ein *Bewußtseinsphänomen* darstellt: Sozialisiert sind nur diejenigen Elemente,

II. Die soziologische Schicht

die sich als individualisierte ihrer *Teilhabe* an einem »Socialgebilde« *und der Wechselwirkung mit anderen Individuen bewußt* sind und ihr Handeln an diesem Bewußtsein ausrichten.[1] Nicht daß es die soziale Dimension an sich nicht bereits vor deren Reflexivwerden gegeben habe. Für Simmel ist klar, »daß, was der Sache nach das Erste ist, für unsere Erkenntnis das Letzte ist«[2]. Die Sozialität steht also zeitlich vor der Individualisierung, ja umfaßt sie sogar, sie wird aber erst mit der Ausprägung von Individualität als ihrem Korrelat wahrnehmbar. Das, was Simmel als »Vergesellschaftung« bezeichnet, meint das Bewußtwerden sozialer Eingebundenheit und ist entsprechend dem Differenzierungsbedürfnis des menschlichen Geistes nur auf der Basis der *wahrgenommenen* und *thematisierten* kategorialen Polarität von Individualität und Sozialität möglich. Diese Kategorien wiederum sind nicht zeitlos in Geltung, sondern stellen Abstraktionen aus historischen Erfahrungen dar.[3] Zusammen mit dem Verfahren der Analogiebildung gibt dieses Verständnis von Vergesellschaftung den Grund dafür ab, warum Religion zum Gegenstand soziologischer Beobachtungen werden kann. Denn als Argument, warum Simmel häufig Analogien aus dem Bereich von Politik und Religion anführt, gibt er an, daß die beiden Instanzen (neben der Familie) Gebiete darstellen, auf denen »das Socialgebilde als solches früh in das Bewußtsein getreten ist«[4]. Neben Politik und Familie ist es also Religion, welche die »höhere Bewußtheit des modernen Geistes«[5] und die damit einhergehende Ausbildung der soziologischen Perspektive ermöglicht hat. Vor diesem Hintergrund werden religiöse Sachverhalte differenzierungstheoretisch unter dem Aspekt des relationalen Verhältnisses zwischen »Individuum« und »Gesellschaft« thematisch (1). Mit diesem Wechselwirkungsverhältnis hängen zwei weitere Gesichtspunkte zusammen: zum einen die organisatorische Entwicklung von Religion im Rah-

---

[1] Für Simmel besteht kein Zweifel, »daß alle gesellschaftlichen Vorgänge und Instinkte ihren Sitz in Seelen haben, daß Vergesellschaftung ein psychisches Phänomen ist«; SOZ, 35. Was als der generelle Begriff der Vergesellschaftung auf seine Bedingungen geprüft werden soll, ist etwas Erkenntnis- bzw. Wissensartiges, nämlich »das Bewußtsein, sich zu vergesellschaften oder vergesellschaftet zu sein«; SOZ, 47. Dieses Verständnis von Vergesellschaftung bedeutet jedoch nicht, daß die Soziologie psychische Prozesse zum Gegenstand hat. Sie kann vielmehr das »seelische Geschehen als solches ganz außer acht lassen und die Inhalte desselben, wie sie sich unter dem Begriff der Vergesellschaftung anordnen, für sich verfolgen, zerlegen, in Beziehung setzen«; SOZ, 37.
[2] SD, 137; vgl. auch SD, 117.
[3] Vgl. SD, 136ff. Die Gegenständlichkeit des »Soziologischen« geht also mit dem reflexiven, am Kategorienpaar »Individuum« und »Gesellschaft« orientierten Strukturierungsprozeß einher.
[4] SD, 138. Religion ist also ein »evolutionärer Frühstarter«.
[5] SD, 116.

men zunehmender Differenzierung (2) und zum anderen das Korrelationsverhältnis von Individualisierungs- und Universalisierungsprozeß (3).[1]

(1) Religion unter dem Aspekt des Korrelationsverhältnisses zwischen »Individuum« und »Gesellschaft«

Da sich das Kollektive nur über die wahrgenommene Differenz zum Individuellen ins Bewußtsein bringt, sich das Individuelle jedoch im Laufe der Geistes- und Sozialgeschichte erst spät (nämlich in der Renaissance[2]) vollständig herausgebildet hat, geht Simmel bei seinen Untersuchungen in der *socialen Differenzierung* von den Positionen des Einzelnen aus, »wie sie ihm durch diejenige Wechselwirkung mit den anderen bereitet werden, die ihn mit diesen zu einem socialen Ganzen zusammenschließt«[3]. Diese am *Resultat* des Differenzierungs- und Individualisierungsprozesses orientierte Perspektive behält Simmel auch bei, wenn es um das Prinzip der Vereinheitlichung heterogener Elemente durch die Konfrontation mit einem Dritten geht. In diesem Zusammenhang wird die einheitsstiftende Funktion von Religion thematisiert, und zwar sowohl hinsichtlich des Individuums (Konstitution von personaler Identität) als auch für die Gruppen- und Organisationsbildung (Sozialintegration).

Die einheitsstiftende Funktion tritt zum einen bei der Konstitution von Personalität auf. Gemäß der phylogenetischen und ontogenetischen Priorität des Sozialen gegenüber dem Individuellen versteht Simmel Personalität als ein soziales Produkt. Innerhalb des Individuums »ist dasjenige, was man Einheit der Persönlichkeit nennt, keineswegs die Grundlage des Wesens, aus der nun die Einheit des Verhaltens gegenüber Menschen und Aufgaben folgte, sondern umgekehrt hat oft erst die praktische Notwendigkeit für die verschiedenen Seelenkräfte, sich einem Dritten gegenüber gleich zu verhalten, innere Beziehungen und Vereinheitlichungen unter ihnen zur Folge«[4]. Als Analogie zu diesem sozialen Prozeß der Persönlichkeitskonstitution führt Simmel die Funktion der Gottesidee an, die verschiedenen Seiten eines Menschen zu einer einheitlichen Persönlichkeit zu integrieren: »So gewinnt zum Beispiel ein Mensch, der von widersprechenden Neigun-

---

[1] Eine Leitlinie, die sich durch die *sociale Differenzierung* zieht, ist die Unterscheidung zwischen der Differenzierung im Nacheinander (Evolution, Arbeitsteilung, funktionale Differenzierung) und der im Nebeneinander (Individualisierung, segmentäre Differenzierung). Die evolutionäre Perspektive orientiert sich u. a. an der Entwicklung von kleinen zu großen Kreisen. Meine eigene Einteilung folgt dieser Unterscheidung nicht, sondern nimmt eine Systematisierung der religionssoziologisch relevanten Passagen vor.

[2] Vgl. SD, 178: »Die Renaissancezeit in Italien bildete einerseits die vollkommene Individualität aus, andererseits die weit über die Grenzen der engeren socialen Umgebung hinausgehende Gesinnung und Gesittung«; vgl. auch SOZ, 815f.

[3] SD, 138.

[4] SD, 152.

gen und Leidenschaften erfüllt ist, den etwa sinnliche, intellektuelle, ethische Triebe nach ganz verschiedenen Seiten reißen, die Einheitlichkeit seines Wesens dadurch, daß die religiöse Idee über ihn kommt; indem die verschiedenen Seiten seiner Natur sich gleichmäßig dem fügen, was als göttlicher Wille für jede derselben offenbart ist, und so in das gleiche Verhältnis zu der Gottesidee treten, entsteht eben hierdurch eine Einheitlichkeit unter ihnen, die ihnen ursprünglich vollkommen fremd war.«[1]

Zum anderen wirkt die einheitsstiftende Funktion von Religion im Bereich der Gruppen- und Organisationsbildung. Wiederum auf der Basis des heuristischen Verfahrens der Analogiebildung wendet sich Simmel dem genetischen Zusammenhang von Religion und sozialen Prozessen zu und beschreibt die »unermeßliche socialisierende Wirkung der Religion«[2]. Im Rahmen der Erörterung der Frage, »wie das gemeinsame Verhalten zu einem Dritten den kollektivistischen Zusammenhalt bewirkt und stärkt«[3], führt er die Sekte der Herrnhuter an: »Zu Christus, den sie als den unmittelbaren Herrn ihrer Gemeinde ansehen, hat jedes Mitglied ein ganz individuelles, man könnte sagen, ein Herzensverhältnis; und dies führt zu einem so unbedingten Zusammenschluß der Mitglieder der Gemeinde, wie er in keiner anderen zu finden ist.«[4] Dieser Fall ist Simmel zufolge deshalb erwähnenswert, »weil jenes Verhältnis des Einzelnen zu dem zusammenhaltenden Prinzip ein rein persönliches ist, eine Verbindung zwischen ihm und Christus herstellt, die von keiner anderen gekreuzt wird, und dennoch die bloße Thatsache, daß diese Fäden alle in Christus zusammenlaufen, sie gewissermaßen nachträglich verwebt«[5]. Dieses Beispiel aus der christlichen Religionsgeschichte generalisiert Simmel zu der Aussage über die Vergesellschaftungsfunktion der Religion: »Und im Grunde beruht die unermeßliche socialisierende Wirkung der Religion überhaupt wesentlich auf der Gemeinsamkeit des Verhältnisses zum höchsten Prinzip; gerade das specifische Gefühl, aus dem man gern die Religion herleitet, das der Abhängigkeit, ist ganz besonders geeignet, unter den in gleicher Weise von ihm Erfüllten Religion, d.h., nach der alten, wenn auch sprachlich falschen Deutung, Verbindung zu stiften.«[6] Religion übt also, wie dieses Beispiel zeigt, durch den Bezug zum höchsten Prinzip eine sozialintegrative Funktion aus.

Vor dem Hintergrund des Korrelationsverhältnisses von »Gesellschaft« und »Individuum« wird Simmel die quantitative Ausprägung von sozialen

---

1 SD, 152f.
2 SD, 153.
3 Ebd.
4 Ebd.
5 Ebd.
6 Ebd.

Kreisen zum Gradmesser der Kultur.[1] Als Maßstab fungiert die ausreichende Menge an Kreisen, um jeder Charakterseite einer mannigfach veranlagten Persönlichkeit eine soziale Anbindung zu ermöglichen. Ist dieser Umstand gegeben, ist der Ausgleich von Kollektivismus und Individualismus realisiert, denn einerseits wird die Gruppenzugehörigkeit gefördert und andererseits die Individualität durch die je spezifische Kombination der Kreise garantiert.[2] Die Ausbalancierung von Freiheit und Bindung des Individuums ist dann gegeben, »wenn die Socialisierung, statt die heterogenen Bestandteile der Persönlichkeit in einen einheitlichen Kreis zu zwingen, vielmehr die Möglichkeit gewährt, daß das Homogene aus heterogenen Kreisen sich zusammenschließt«[3]. Als Beispiele für diese Balance führt Simmel Fälle aus dem politischen und dem religiösen Bereich an: »[S]o sehen wir z. B. in Ländern mit großer politischer Freiheit ein besonders stark ausgebildetes Vereinsleben, in religiösen Gemeinschaften ohne starke hierarchisch ausgeübte Kirchengewalt eine lebhafte Sektenbildung u.s.w.«[4] Dieses Argument läßt sich zu der Aussage generalisieren, daß sich der Differenzierungsprozeß zunächst quantitativ vollzieht und heterogene Elemente zusammenfaßt, später dann aber auf eine qualitative Ebene umschlägt, indem das Verschiedene herausdifferenziert wird und der Zusammenschluß in der Sachdimension erfolgt.[5] Die Vereinigung des sachlich Homogenen aus heterogenen Kreisen stellt innerhalb des Differenzierungsprozesses die höhere Entwicklungsstufe dar.[6]

Wie sich das Korrelationsverhältnis von »Individuum« und »Gesellschaft« auf den Bereich der Religion auswirkt, wird auch aus einigen Abschnitten der *Moralwissenschaft* ersichtlich. Ethisch gewendet, führt die Relation der beiden Größen zu der Frage, welches von den beiden Prinzipien des Egoismus und Altruismus eine Vorrangstellung besitzt. Dem Gesamtduktus der *Moralwissenschaft* gemäß geht es darum, die beiden Begriffe der klassischen und neueren Ethik auf rein deskriptiver Basis zu analysieren. Bei der formalen Bestimmung der beiden Moralprinzipien kommt Simmel zu dem Schluß, daß es keine vorrangige Stellung des einen vor dem anderen gibt, weder in naturwissenschaftlich-evolutionstheoretischer[7] noch in logisch-erkenntnistheoretischer[1] noch in empirischer

---

[1] Vgl. SD, 239, und SOZ, 464.
[2] Vgl. SD, 244.
[3] SD, 247.
[4] SD, 246f.; vgl. auch SOZ, 488f. In der *Moralwissenschaft* hebt Simmel allerdings hervor, daß das Gleichgewicht zwischen Individualität und sozialen Anforderungen nicht nach einer objektiven Proportion abzumessen ist, sondern sich durch diejenige Relation bestimmt, in der beide Elemente *einem bestimmten Zweck* am besten dienen (vgl. EMI, 59).
[5] Vgl. SD, 247.
[6] Vgl. SD, 253.
[7] Vgl. EMI, 92ff.

Hinsicht². Es ist vielmehr »überhaupt ein völlig vergebliches Bemühen, aus dem Begriff des Handelns irgend einen bestimmten Inhalt desselben, ob egoistischer oder anderer Art, herauspressen zu wollen«³. Bei allen ethischen Problemen handelt es sich vielmehr um das Verhältnis eines empirischen Ich zu einem empirischen Du, und eben darin gründet das ganze Problem von Egoismus und Altruismus.⁴ Zwischen den beiden ethischen Begriffen besteht ebenso ein Korrelationsverhältnis, wie es bei den Begriffen »Individuum« und »Gesellschaft« der Fall ist. Für unseren Zusammenhang ist interessant, daß Simmel als Analogie zu der Feststellung, daß die beiden ethischen Begriffe nur im Gegensatz zueinander einen Sinn haben und der Begriff Egoismus andernfalls ein leeres Wort bliebe, den Pantheismus anführt. In der monistischen Vorstellung des Pantheismus nämlich ist der Begriff Gottes ein bloßer Name, »denn nur durch den Gegensatz von Gott und Welt kann der erstere Begriff einen spezifischen Sinn erhalten, während es eine blosse Verdoppelung der Bezeichnung ist, wenn man die Gesammtheit möglicher Existenz Gott nennt«⁵; eine Tautologie, auf die im übrigen jeder Monismus führt. Entsprechend können monistische Vorstellungen wenig zu realen Erkenntnissen beitragen, eben wie etwa der Pantheismus »als Vergottung der Welt oder als Verweltlichung Gottes aufgefasst werden« kann⁶. Auch hier gilt es, dem Differenzierungsbedürfnis zu genügen. An einem Punkt allerdings weist der monistische Pantheismus mit dem dualistischen Monotheismus eine Verwandtschaft auf; dort nämlich, wo das Ich im metaphysischen Sinn einerseits das gute Prinzip repräsentiert, andererseits jedoch mit sittlichen Forderungen konfrontiert wird, die gerade als außer ihm stehend empfunden werden. Simmel schließt hier an seine Erörterungen des aufkommenden logischen Widerspruchs metaphysischer Spekulation an, sobald sie ethische Forderungen in dem der Weltanschauung zugrunde gelegten metaphysischen Prinzip selbst *per definitionem* realisiert sehen.⁷ In einer einheitlichen metaphysischen Perspektive des Pantheismus kann aus dieser Zwischenstellung des Ich ebenso gut darauf geschlossen werden, daß das individuelle Prinzip als solches das Böse darstellt.⁸ Diese Ausführungen sieht Simmel als einen Beleg dafür an, daß der Ichbegriff einen rein formalen Charakter haben muß und in deskriptiver Perspektive ohne jede inhaltliche Bestimmung zu handhaben ist.⁹

---
[1] Vgl. EMI, 129ff.
[2] Vgl. EMI, 133ff.
[3] EMI, 131.
[4] Vgl. EMI, 133.
[5] EMI, 130.
[6] EMI, 132.
[7] Vgl. EMI, 78ff.
[8] Vgl. EMI, 136.
[9] Vgl. EMI, 136f. und 164ff.

Um die Auffassung zu illustrieren, daß in konkreten Handlungen »die Herausbildung von Egoismus und Altruismus keineswegs mit einem Wort auszumachen« ist[1], nennt Simmel unter anderem Beispiele aus der Geschichte der christlichen Ethik. So können etwa christliche Märtyrer insofern gegen die universale Geltung der von der Priorität des Egoismus ausgehenden goldenen Regel angeführt werden, als sie ihren Peinigern dasjenige antaten, dessen Gegenteil sie sich selbst angetan wünschten.[2] Auch die Geschichte des Judentums weist Fälle auf, in denen die Geltung des egoistischen oder des altruistischen Moralprinzips nicht eindeutig auszumachen ist beziehungsweise die einen Umschlag von dem einen in das andere Prinzip zeigen. Beispielsweise führt Simmel die religionsgeschichtliche Entwicklung vom jüdischen Henotheismus zum Monotheismus an, der schließlich in den christlichen Glauben mündete, daß alle Menschen Brüder seien; die Erhebung der Juden über die anderen im Henotheismus führte auf dem Umwege der christlichen Spielart des Monotheismus also zur Gleichheit mit ihnen.[3] Den jüdischen Wohltätigkeitssinn, der sich zunächst auf den internen solidarischen Zusammenhalt angesichts äußerer Bedrohung beschränkte und sich später auch auf Andersgläubige erweiterte, interpretiert Simmel im Sinne eines Umschlags vom Gruppenegoismus zum Altruismus.[4] Schließlich sieht er die Mischung von egoistischen und altruistischen Motiven im Falle religiöser Unduldsamkeit und Bekehrungssucht realisiert: »[D]as reinste Interesse für das Seelenheil der Mitmenschen, die heiligste und selbsteloseste Liebe zu ihnen kann dazu ganz ebenso mitwirken wie die teuflischste Herrschsucht, die unerträglichste Anmaassung, die borrnierteste Unfähigkeit, irgend einen Widerspruch zu ertragen«.[5]

Wie Simmel die Bedeutung der Religion im Falle des vermittelnden Zustandes zwischen dem Sollen als der innerlich empfundenen Pflicht und dem Müssen als dem äußeren physischen oder sozialen Zwang herausstellt[6], so entdeckt er bei der Analyse des Begriffs der Pflicht gegen sich selbst erneut »eine tiefe Beziehung und Analogie des sozialen Verhaltens zum religiösen«[7]. Zunächst sind in soziologischer Perspektive die gegen uns selbst empfundenen Pflichten als sekundäre Erscheinungen zu verstehen: »Das Gefühl verpflichtet zu sein, entsteht zweifellos zu allererst aus dem Zwange, den ein Einzelner oder eine Gesammtheit auf das Individuum ausübt.«[8] Das Bewußtsein von Pflicht basiert wesentlich auf dem Dualis-

---

[1] EMI, 133f.
[2] Vgl. EMI, 140f.
[3] Vgl. EMI, 150f.
[4] Vgl. EMI, 151.
[5] EMI, 159.
[6] Vgl. das vorangehende Kapitel meiner Untersuchung.
[7] EMI, 175.
[8] EMI, 173.

mus zwischen eigenem und altruistischem Interesse und ist somit erst ein Phänomen der höheren Kultur. Die Entstehung des Bewußtseins von der Pflicht gegen sich selbst erklärt sich auf der Basis eines dialektischen Prozesses von Sozialisierung und Individuierung: »Je mehr wir einerseits die Allgemeinheit in unsere Vorstellung aufnehmen und uns mit ihr solidarisch verbunden fühlen, je mehr andrerseits das Gefühl der Persönlichkeit tiefer und weiter wird, desto weniger bedarf es der Verpflichtung durch äussere Momente, desto mehr repräsentirt sich die soziale Gruppe in unserem eigenen Bewusstsein und lässt die Pflicht, die sie uns auferlegt, als solche erscheinen, deren Erfüllung wir uns selbst schuldig sind.«[1] Innerhalb dieser Entwicklung läßt sich der »Grad sittlicher Kultur an dem Maasse bestimmen, in die äusseren Verpflichtungen die psychologische Form der Pflicht gegen uns selbst annehmen, so dass wir dem Werth und der Würde unserer eigenen Person das schuldig zu sein glauben, was ursprünglich nur sozialer Zwang und dann soziale Verpflichtung war«[2]. Und genau in diesem Prozeß der Internalisierung äußeren Zwangs sieht Simmel eine Analogie zwischen sozialem und religiösem Verhalten. Er zeichnet die Entwicklung der religiösen Ethik als einen Sublimierungsprozeß nach, infolge dessen sich die Vorstellung eines willkürlich befehlenden Gottes, der den Menschen gebieterisch gegenübersteht, in die Idee eines höchsten geistigen Prinzips transformiert, dem gegenüber wir alle verpflichtet sind. Am Ende dieser Entwicklung widerspräche der Mensch seinem eigenen Wesen, wenn er den Geboten Gottes nicht gehorchen würde. Diesen »Wendepunkt« der religiösen Ethik, »in dem Gott aus der Wesensfremdheit uns gegenüber in eine Art Identität mit uns tritt«[3], sieht Simmel in der Vorstellung realisiert, daß wir aus Liebe zu Gott seine Gebote erfüllen sollen: »Mit der Idee der Liebe zu Gott ist die Vorstellung entthront, dass wir ihm um seiner Macht willen gehorchen. Wir lieben ihn, weil er die Eigenschaften besitzt, die uns in uns selbst als die edelsten und besten erscheinen. So stellt sich der Gehorsam Gott gegenüber mehr und mehr als Pflicht gegen uns selbst heraus.«[4] Auf der Basis dieser Analogie schließt Simmel auf den Übergang zwischen der sozialen und der Selbstverpflichtung, der sich mit der sublimierten ethischen Gottesvorstellung abzeichnet: »Es ist schon eine Verinnerlichung, wenn die Pflichten, deren Erfüllung die soziale Gruppe äußerlich erzwingt, religiöse Form gewinnen.«[5] Deshalb auch stellt die Gottesvorstellung, in der sich die Sittlichkeit des Individuums manifestiert, bereits eine sehr hohe Stufe der moralischen Entwicklung dar.[6] Die Entwicklung

---
[1] EMI, 174.
[2] EMI, 175.
[3] Ebd.
[4] Ebd.
[5] Ebd.
[6] Vgl. EMI, 176.

der Verpflichtung nimmt von der sozialen Gruppe, die einen äußeren Zwang ausübt, ihren Ausgang und führt über die Projektion der Verpflichtung auf ein göttliches Prinzip schließlich zur Vorstellung eines Ich, »dem wir handelnd gegenüberstehen, und dem gegenüber dieses Handeln ebenso an Normen gebunden ist, wie Gott und anderen Personen gegenüber«[1]. Religion ist also an dem phylogenetischen Prozeß der Herausbildung des Pflichtbewußtseins wesentlich beteiligt.

Diese phylogenetische Perspektive ergänzt Simmel um eine ontogenetische. Im Laufe seiner Entwicklung summiert das Ich einzelne Vorstellungen und Handlungen und tritt auf diese Weise dem praktischen Ich mit seinen konkreten Handlungsanforderungen gegenüber. Diese Aufsplittung des Ich ermöglicht auf ontogenetischer Ebene den Begriff der Pflicht gegen sich selbst.[2] Simmel führt in diesem Zusammenhang den Begriff der Würde an. Ihre Erhaltung erscheint als Pflicht gegen sich selbst, denn »sie bedeutet, dass die einzelne Vorstellung, die theoretische wie die praktische, ein Maass und eine Richtung haben, die durch den gesammten Inhalt der Persönlichkeit angegeben und ihm angemessen sind und an deren Stelle ganz abweichende als würdige gefordert werden, wenn die übrige Persönlichkeit eine andere ist«[3]. Von dieser metaethischen Perspektive aus schließt Simmel auf das eigentümliche Doppelverhältnis, in dem sich jedes Individuum, sei es als Einzelpersönlichkeit, sei es als eine soziale Gruppe, mit einem höheren sozialen Kreis befindet: »dass der Einzelne einerseits einem Ganzen zugehört und Theil desselben ist, andrerseits aber doch selbständig ihm gegenübersteht«[4]. Dieses Doppelverhältnis bildet gleichsam den Nukleus einer Sozialisationstheorie, die auf den beiden Polen von Vergesellschaftung und Individuierung basiert und für die Einzelpersönlichkeit wie für Gruppen gilt: »[D]ie Beschaffenheit und die Ziele jeglicher Gesammtheit würden demnach ein unter die Kategorie des Sollens fallendes Verhalten für das Individuum normiren, gleichviel ob dieses Individuum schon aus vielerlei Personen besteht, die nur als Einheit innerhalb eines grösseren Kreises wirken, oder ob es ein einzelner Mensch innerhalb einer Gruppe, oder ein Vorstellungskomplex gegenüber der Gesammtheit des Vorstellens, oder eine einzelne praktische Vorstellung gegenüber einer Vorstellungsgruppe ist.«[5]

---

[1] Ebd.
[2] Vgl. EMI, 177.
[3] Ebd.
[4] EMI, 178.
[5] Ebd.

II. Die soziologische Schicht

*(2) Die organisatorische Entwicklung von Religion
angesichts des fortschreitenden Differenzierungsprozesses*

Im Bereich der organisatorischen Entwicklung von Religion angesichts des fortschreitenden Differenzierungsprozesses lassen sich bei Simmels Thematisierung religiöser Sachverhalte folgende Teilaspekte unterscheiden: (a) Die Korrelation zwischen Gruppengröße beziehungsweise -struktur, Beschaffenheit des Integrationsmediums und Integrationsgrad; (b) die Unterscheidung von Kirche und Sekte; (c) Arbeitsteilung auf dem Gebiet der Religion; (d) Religion im Rahmen funktionaler Differenzierung.

*(a) Die Korrelation zwischen Gruppengröße beziehungsweise -struktur,
Beschaffenheit des Integrationsmediums und Integrationsgrad*

Das zweite Kapitel der *socialen Differenzierung* »Über Kollektivverantwortlichkeit« setzt mit der Beobachtung ein, daß der solidarische Zusammenhang zwischen einem sozialen Aggregat und den in ihm zusammengefaßten Individuen desto größer ist, je kleiner die Gruppe und je einfacher die »idealen und realen Kräfte« sind, die die Gemeinschaft zusammenbindet.[1] Als eine »Analogie« aus der »Geschichte der Religionen« zur behaupteten Korrelation zwischen Gruppengröße beziehungsweise -struktur, Beschaffenheit des Integrationsmediums und Integrationsgrad führt Simmel die mit der Ausbreitung des Christentums verbundene Änderung auf organisatorischer Ebene an: »Die kleinen Gemeinden des Urchristentums hatten einen verhältnismäßig geringen Besitz an Dogmen; aber sie wurden durch diese in Zusammenhänge gebracht, die, von unzerreißbarer Stärke, jeden an jeden unbedingt banden. In demselben Maße, in dem der Kreis des christlichen Glaubens sich äußerlich erweiterte, wuchs auch der Dogmenbesitz und verminderte sich zugleich die solidarische Zugehörigkeit des Einzelnen zur Gemeinde.«[2] Der individualisierenden Differenzierung korrespondiert der Umstand, daß das soziale Niveau gegenüber dem des Einzelnen stets geringer ist. Diesen Sachverhalt erklärt Simmel dadurch, daß eine Masse nur aufgrund möglichst einfacher Vorstellungen einheitlich handeln kann.[3] Einfachheit wiederum bedeutet angesichts der Kompliziertheit der sozialen Verhältnisse ein großes Maß an Radikalität der Idee als des Integrationsmediums, weil sie zahlreiche andere negieren muß. Vor dem Hintergrund dieser Argumente ist für Simmel ersichtlich, »weshalb gerade diejenigen Religionen, die alle Vermittlung, alle Aufnahme andersartiger Bestandteile am schroffsten und einseitigsten von sich abweisen, die

---

[1] Vgl. SD, 140.
[2] SD, 140f.
[3] Vgl. SD, 206.

größte Herrschaft über die Gemüter der Masse erlangten«[1]. Die scheinbar entgegenstehende Behauptung, daß religiöse Gemeinschaften, je geringer ihr dogmatischer Besitz, um so kleiner seien und daß der Umfang des Glaubens im direkten Verhältnis zu der Zahl der Bekenner stehe, sieht Simmel als eine Bestätigung der von ihm aufgestellten Regel an: »Denn auf religiösem Gebiet stellt gerade Einheit und Einfachheit sehr viel größere Ansprüche an Vertiefung des Denkens und Fühlens als bunte Fülle, wie denn auch die scheinbare Differenziertheit des Polytheismus dem Monotheismus gegenüber als die primitive Stufe auftritt.«[2] Der Zusammenhang von Gruppengröße, Beschaffenheit des Integrationsmediums und Integrationsgrad wird ebenfalls in der bei Simmel angelegten Unterscheidung von Sekte und Kirche deutlich.

(b) Die Unterscheidung von Kirche und Sekte
Die Unterscheidung von Kirche und Sekte ist bekanntlich von Max Weber und Ernst Troeltsch in die Religionssoziologie eingeführt worden. Allerdings ist sie auch in Simmels soziologischen Arbeiten latent enthalten, und zwar unter differenzierungstheoretischen Gesichtspunkten. Im dritten Kapitel der *socialen Differenzierung*, das mit der Ausdehnung der Gruppe und der Ausbildung der Individualität befaßt ist, führt Simmel die »sociale Ordnung des Quäkertums« als Illustration für dasjenige Korrelationsverhältnis an, »das sich an den Umfang der socialen Kreise knüpft und die Freiheit der Gruppe mit der Gebundenheit des Individuums zu verbinden pflegt«[3]: »Als Ganzes, als Religionsprinzip von dem extremsten Individualismus und Subjektivismus, bindet es [sc. das Quäkertum] die Gemeindeglieder in höchst gleichförmige, demokratische, alle individuellen Unterschiede möglichst ausschließende Lebens- und Wesensart; dafür mangelt ihm aber jedes Verständnis für die höhere staatliche Einheit und ihre Zwecke, sodaß die Individualität der kleineren Gruppe einerseits die der Einzelnen, andrerseits die Hingabe an die große Gruppe ausschließt«[4]; auf eine kurze Formel gebracht: Die Quäker sind »individuell nur im Gemeinsamen, aber social gebunden im Individuellen«[5]. Gemäß dem Korrelationsverhältnis von »Individuum« und »Gesellschaft« geht Simmel bei dieser Charakterisierung davon aus, »daß in jedem Menschen ceteris paribus gleichsam eine unveränderliche Proportion zwischen dem Individuellen

---
[1] Ebd. Diese Beobachtung greift Simmel auch in der *großen Soziologie* auf: »Gerade wo große Massen in Bewegung gesetzt werden – in politische, soziale, religiöse –, zeigen sie einen rücksichtslosen Radikalismus, einen Sieg der extremen Parteien über die vermittelnden.« SOZ, 69.
[2] SD, 206.
[3] SD, 175.
[4] SD, 174; vgl. auch SOZ, 798.
[5] SD, 174; vgl. auch SOZ, 798.

und dem Socialen besteht, die nur die Form wechselt«[1]. Allerdings braucht sich dieses Korrelationsverhältnis nicht unbedingt unter den Mitgliedern einer Gruppe zu realisieren. Der Despotismus aus der politischen und der Religionsgeschichte dient als Illustration für den Fall, in dem »die Erweiterung des Kreises ... mit der Ausbildung der Persönlichkeit nicht für die Angehörigen des Kreises selbst in Zusammenhang [steht], wohl aber mit der Idee einer höchsten Persönlichkeit, an die gleichsam der individuelle Wille abgegeben wird, die dafür, wie in anderer Beziehung die Heiligen, Stellvertretung übernimmt«[2]. Als Beispiele führt Simmel neben der Entwicklung vom Republikanismus zum Despotismus den Übergang vom Polytheismus zum Monotheismus beziehungsweise Atheismus sowie die Korrelation von Herrschaftshierarchie in der katholischen Kirche und Mangel an Individualität ihrer Mitglieder an.[3] Zusammenfassend hält Simmel die engere Gruppe, wie zum Beispiel die zuvor angeführte soziale Ordnung der Quäker, für eine »mittlere Proportionale zwischen der erweiterten und der Individualität ..., so daß jene, in sich geschlossen und keines weiteren Faktors bedürfend, das gleiche Resultat der Lebensmöglichkeit ergiebt, das aus dem Zusammen der beiden letzteren hervorgeht. [...] In kleineren Gemeinwesen bedarf es nicht jener Abtrennung des öffentlichen Rechts vom privaten, weil das Individuum in ihnen inniger mit dem Ganzen verbunden ist.«[4]

Die Vereinheitlichung einer bereits differenzierten Masse wiederum hält Simmel nur durch den Rekurs auf das allen Gemeinsame für möglich. Den allen gemeinsamen Bereich bestimmt er als den des Gefühls. Weil das Gefühl dem Denken gegenüber die phylogenetisch niedrigere Stufe ist, »wird

---

[1] SD, 173; an anderer Stelle (PhHft, 141) spricht Simmel dagegen vom tragischen Dualismus zwischen dem Eigenleben des Individuums und dem gesellschaftlichen Ganzen; vgl. auch SozÄ, 206f.; BgrTrK, 136f.; KAGOE, 122; SOZ, 56f., 227f.; REL 1906, 23; REL, 86ff. Mit dieser Bestimmung des Menschen als des *homo duplex* nimmt Simmel wesentliche Einsichten des Jahre später von George Herbert Mead entwickelten Identitätskonzeptes voraus, das bekanntlich das Selbst in die beiden Bestandteile »Me« und »I« unterteilt, wobei das gesellschaftliche »Me« stets dem Individuierungsfaktor »I« vorausgeht; vgl. G. H. MEAD, *Geist, Identität und Gesellschaft aus der Sicht des Sozialbehaviorismus*. Mit einer Einleitung hgg. von CH. W. MORRIS, Frankfurt a. M. ⁹1993, vor allem die Seiten 177–271. Zu Simmels anthropologischem Konzept vgl. R. MAHLMANN, *Homo Duplex. Die Zweiheit des Menschen bei Georg Simmel*, Würzburg 1983, und W. PH. WIESEHÖFER, *Der unmetaphysische Mensch. Untersuchungen zur Anthropologie im Frühwerk Georg Simmels*, Diss. Tübingen 1975. Das gesellschaftstheoretische Korrelat dieser anthropologischen Bestimmung bildet folgende, in der *großen Soziologie* von 1908, 433, getroffene Aussage: »Alle Arten der Vergesellschaftung schieben das Individualisierungs- und Sozialisierungsbedürfnis innerhalb ihrer Formen oder auch ihrer Inhalte hin und her, als würde der Forderung eines beharrenden Mischungsverhältnisses durch Einsetzung von qualitativ immer wechselnden Größen genügt.«

[2] SD, 180.
[3] Vgl. SD, 179f.
[4] SD, 181.

sich eine Menge viel eher in primitiven Gefühlen und durch dieselben zusammenfinden, als durch abstraktere Verstandesfunktionen«[1]. Im Zusammenhang dieser massenpsychologischen Argumentation führt Simmel abermals die Quäker an, die ihm als Beispiel für die Gefühlsintensivierungen bei Versammlungen dienen: »Obgleich die Innerlichkeit und der Subjektivismus ihres religiösen Prinzips eigentlich jeder Gemeinsamkeit des Gottesdienstes widerstreitet, findet diese dennoch statt, indessen oft so, daß sie stundenlang schweigend zusammensitzen; und nun rechtfertigen sie diese Gemeinsamkeit dadurch, daß sie uns dienen könne, uns dem Geiste Gottes näher zu bringen: da dies aber für sie nur in einer Inspiration und nervösen Exaltation besteht, so muß offenbar das bloße, auch schweigende Beieinandersein die letztere begünstigen. Ein englischer Quäker am Ende des 17. Jahrhunderts beschreibt ekstatische Erscheinungen, die an einem Mitglied der Versammlung vorgehen, und fährt fort: In Kraft der Verbindung aller Glieder einer Gemeinde zu *einem* Leibe teile sich häufig ein solcher Zustand eines Einzelnen allen mit, sodaß eine ergreifende fruchtbare Erscheinung zu Tage gefördert werde, die schon viele dem Vereine unwiderstehlich gewonnen habe.«[2]

Die Attraktion religiöser Gemeinschaften besteht zwar primär, aber nicht ausschließlich in emotionaler Hinsicht. Auch auf theoretischem und praktischem Gebiet sind größere religiöse Gruppen in der Lage, das Individuum an sich zu binden, und zwar aufgrund ihres objektiven Charakters. Simmel zufolge entsteht die Objektivität einer sozialen Allgemeinheit zum einen dadurch, daß sich in dieser eine große Zahl subjektiver Vorstellungen vereinen und ihre Differenzen somit gegenseitig nivellieren.[3] Zum anderen bilden die auf diese Weise zur Objektivität verdichteten Vorstellungen die Kriterien, an denen sich für den Einzelnen Wahrheit oder Irrtum von theoretischen oder praktischen Überzeugungen messen läßt.[4] Der Grund für den Objektivitätscharakter der sozialen Allgemeinheit liegt jedoch in erster Linie auf praktischem Gebiet: Sollte sich der Einzelne bei Verfolgung seiner Zwecke gegen eine Allgemeinheit richten, so würden ihm damit zugleich auch in jeder anderen Beziehung orientierende Normen verlustig gehen. Somit stellt sich das subjektive Gefühl der Sicherheit im theoretischen wie ethischen Bereich als der »Ausdruck für die Übereinstimmung mit einer Gesamtheit und für das Getragensein durch sie« dar.[5] Aus diesem Zusammenhang erhellt auch die Anziehungskraft des Dogmatischen: »[W]as sich uns als Bestimmtes, Unanzweifelbares und zugleich als allgemein

---

[1] SD, 210.
[2] SD, 212.
[3] Vgl. SD, 221.
[4] Vgl. SD, 222.
[5] SD, 223.

Geltendes giebt, gewährt an und für sich eine Befriedigung und einen inneren Halt, dem gegenüber der Inhalt des Dogmas relativ gleichgültig ist.«[1] In der absoluten Sicherheit als dem Korrelat der Übereinstimmung mit der Gesamtheit sieht Simmel einen der wesentlichen Gründe für die Attraktion der katholischen Kirche. Indem sie dem Individuum eine universale und allgemeingültige Lehre bietet, »appelliert sie in stärkstem Maß an das sociale Element im Menschen und läßt den Einzelnen in der sachlichen Bestimmtheit des Glaubens zugleich alle Sicherheit gewinnen, die in der Übereinstimmung mit der Gesamtheit liegt; und umgekehrt, weil sich Objektivität und Wahrheit mit der Annahme durch die Gesamtheit deckt, gewährt die Lehre, von der die letztere gilt, allen Rückhalt und alle Befriedigung der ersteren«[2]. In diesem Zusammenhang führt Simmel das Zitat eines der »höchsten Würdenträger der katholischen Kirche« an, demzufolge die innigsten und nützlichsten Anhänger der katholischen Kirche immer Menschen gewesen seien, die eine schwere Sünde oder einen großen Irrtum hinter sich hatten. Simmel hält diese Einschätzung deshalb für plausibel, weil jemand nach einem großen Irrtum sehr empfänglich sei für alles, was sich ihm als unfehlbare Wahrheit darbiete; mit anderen Worten: »[D]as subjektive individualistische Prinzip hat sich ihm als so unzulänglich erwiesen, daß er nun das Niveau sucht, auf dem ihm die Übereinstimmung mit der Gesamtheit Sicherheit und Ruhe gewährt.«[3]

Der Unterschied zwischen Sekte und Kirche besteht also zum einen darin, daß sich die Sekte eher über sozialpsychologische Mechanismen bildet, die Kirche dagegen ihre Mitglieder eher in der Sachdimension durch einen gemeinsamen Dogmenbesitz bindet. Zum anderen stellt sich das Korrelationsverhältnis von Individuellem und Sozialem in beiden Sozialformen von Religion unterschiedlich dar. Während Angehörige von Sekten »individuell nur im Gemeinsamen, aber social gebunden im Individuellen« sind, wie Simmel am Beispiel der Quäker verdeutlicht, haben die Mitglieder der Kirche ihre Individualität voll ausgebildet und sind sozial gebunden im Gemeinsamen.[4]

(c) Religiöse Arbeitsteilung
Nachdem Simmel die Steigerung der Individualität durch Erweiterung der sozialen Kreise erörtert hat, wendet er sich dem Zusammenhang zwischen Ausdehnung und Differenzierung der Gruppe zu. In diesem Kontext führt er erneut die Entwicklung des Urchristentums zur alten Kirche als ein Bei-

---

[1] Ebd.
[2] Ebd.
[3] SD, 224.
[4] Dieser Sachverhalt leitet zum dritten Abschnitt dieses Kapitels über, der den Zusammenhang von Individualisierung und Universalisierung behandelt; vgl. Seite 55.

spiel für die Notwendigkeit an, daß sich eine im Wachsen begriffene soziale Einheit differenzieren muß: »Nachdem z.B. in der frühesten christlichen Gemeinde eine vollkommene Durchdringung des Lebens mit der religiösen Idee, eine Erhebung jeder Funktion in die Sphäre derselben geherrscht hatte, konnte bei der Verbreitung auf die Massen eine gewisse Verflachung und Profanierung nicht ausbleiben; das Weltliche, mit dem sich das Religiöse mischte, überwog jetzt quantitativ zu sehr, als daß der hinzugesetzte religiöse Bestandteil ihm sofort und ganz hätte sein Gepräge aufdrücken können. Zugleich aber bildete sich der Mönchsstand, für den das Weltliche vollkommen zurücktrat, um das Leben ausschließlich sich mit religiösem Inhalt erfüllen zu lassen. Das Einssein von Religion und Leben zerfiel in weltlichen und religiösen Stand, – eine Differenzierung innerhalb des Kreises der christlichen Religion, die zu ihrem Weiterbestande durchaus erforderlich war, wenn sie die ursprünglichen engen Grenzen überschreiten sollte.«[1]

Allerdings handelt es sich bei diesem Differenzierungsprozeß nicht um eine unilineare Entwicklung. Vielmehr kann er auch wieder rückgängig gemacht werden, wie Simmel im letzten Kapitel der *socialen Differenzierung* aufzeigt. Dem Differenzierungsprozeß kann, falls im Sinne des Prinzips der Kraftersparnis nötig, auch eine Entwicklung hin zur Entdifferenzierung folgen. Die zwischen Differenzierung und Fusion changierende Zweckmäßigkeit nach dem Prinzip der Kraftersparnis erweist sich neben dem militärischen vor allem auf religiösem Gebiet. Auch an dieser Stelle dient Simmel die christliche Religionsgeschichte als Anschauungsmaterial. Er setzt bei der Entwicklung des Urchristentums zur alten Kirche an und beschreibt den Prozeß der »Arbeitsteilung«, im Verlaufe dessen sich der Priesterstand herausbildete. Diese Differenzierung wurde dann in der Reformation wieder aufgehoben, denn »sie gab dem Einzelnen die Beziehung zu seinem Gott wieder, die der Katholizismus von ihm abgelöst und in einem Zentralgebilde zusammengeschlossen hatte; die Religionsgüter wurden von neuem jedem zugänglich, und die irdischen Verhältnisse, Haus und Herd, Familie und bürgerlicher Beruf, erhielten eine religiöse Weihe oder wenigstens die Möglichkeit zu ihr, die die frühere Differenzierung von ihnen getrennt hatte«[2]. Die vollständige Entdifferenzierung ist schließlich in denjenigen Freikirchen vollzogen, »in denen überhaupt kein besonderer Priesterstand mehr existiert, sondern jeder, je nachdem der Geist ihn treibt, predigt«[3]. Simmel interpretiert den Verlauf der christlichen Religionsgeschichte – dem Duktus des fünften Kapitels der *socialen Differenzie-*

---

[1] SD, 192f.
[2] SD, 273.
[3] Ebd.

II. Die soziologische Schicht

rung gemäß – anhand des Prinzips der Kraftersparnis.[1] Das Zölibat, das Klosterleben und die dogmatische Hierarchie ermöglichten es der katholischen Kirche zunächst, alles geistige Leben in einem bestimmten Stand zu monopolisieren. Durch diese Differenzierung konnten die vorhandenen geistigen Kräfte gegenüber der Umwelt bewahrt werden. Der positive Effekt verkehrte sich jedoch im Verlauf der weiteren Christentumsgeschichte in sein Gegenteil, indem die Zentralisierung aller geistigen Kräfte im geistlichen Stand auf die Dauer – vor allem wegen des Zölibats – zu einer »negativen Zuchtwahl« führte. Die skizzierte Entwicklung ist ein Beispiel für den Fall, »daß die Konzentration der Kräfte auf ein arbeitsteilig bestimmtes Glied zunächst zwar eine Stärkung, dann aber auf dem Umwege über die Gesamtverhältnisse des Organismus eine Schwächung eben dieses bewirkt«[2]. Trotzdem sieht Simmel in jener Arbeitsteilung, verbunden mit dem Dogmatismus der Lehre, das Prinzip der Kraftersparnis in Geltung: »Vielleicht war damals die geistige Kraft der Völker in ihren älteren Bestandteilen zu erschöpft, in ihren jüngeren zu barbarisch, um bei voller Freiheit zur Entwicklung jedes geistigen Triebes tüchtige Gebilde hervorzubringen; es war vielmehr günstig, daß ihr Auskeimen verhindert oder beschnitten und dadurch die Säfte konzentriert wurden.«[3] Angesichts der veränderten Lage im Geistesleben der Renaissance realisierte sich das Prinzip der Kraftersparnis im Rückgängigmachen jener Arbeitsteilung in der Reformation. Die religiöse Praxis konnte zu diesem Zeitpunkt wegen der hinreichend differenzierten Kultur auf die Priesterinstitution weitgehend verzichten, und an ihre Stelle trat das unmittelbare Gebet des Gläubigen zu Gott sowie das individuelle Gewissen. Auf diese Weise »wurde die Gesamtheit der innerlichen und äußerlichen Religiosität vereinfacht und durch Rückgewähr der herausdifferenzierten religiösen Qualitäten an den Einzelnen die Kraft gespart, die der zu ihrer Bewährung nötige Umweg über das Zentralorgan gekostet hatte«[4].

Daß sich eine »kraftsparende Rückbildung der Differenzierung« paradigmatisch in religiösen Verhältnissen realisiert, verdeutlicht Simmel neben den angeführten Sachverhalten an Beispielen von Wiedervereinigungsversuchen unter differenzierten Konfessionen. Ein solches Unternehmen ist nur möglich, wenn die Differenzen zur Sache der persönlichen Überzeugung jedes einzelnen Mitgliedes werden und dadurch ihre »gruppenbildende Macht« verlieren.[5] Als Beispiele für diesen Sachverhalt führt Simmel die Aussöhnungsversuche Pauls III. gegenüber den Lutheranern und die evan-

---

[1] Vgl. zum folgenden SD, 273ff.
[2] SD, 274.
[3] Ebd.
[4] SD, 275.
[5] Vgl. SD, 275f.

gelische Union zwischen Lutheranern und Reformierten in Preußen an. In diesen Fällen waren die »scheidenden Fragen [...] keine entscheidenden mehr; sie waren wieder an das Gewissen des Einzelnen zurückgegangen und hatten dadurch den gemeinsamen Grundgedanken die Möglichkeit gegeben, die vorangegangene Differenzierung wieder aufzuheben«[1]. Das Prinzip der Kraftersparnis ist hier insofern verwirklicht, »als das religiöse Zentralgebilde von solchen Fragen und Angelegenheiten entlastet wird, die der Einzelne am besten für sich allein ordnet, und entsprechend der Einzelne nicht mehr durch die Autorität seiner Konfession genötigt ist, mit dem, was ihm richtig erscheint, noch eine Anzahl Glaubensartikel außer den Hauptsachen in Kauf zu nehmen, die ihm persönlich überflüssig sind«[2]. Der durch religiösen Pluralismus gekennzeichneten kulturellen Lage korrespondiert also ein religiöser Individualisierungsprozeß.[3] Simmel hält diesen Sachverhalt zugleich für eine Bestätigung der im dritten Kapitel der *socialen Differenzierung* entfalteten Argumentation, derzufolge der Weg der Entwicklung von der kleineren Gruppe einerseits zur größeren, andererseits zur Individualisierung führt.

(d) Funktionale Differenzierung
Der internen Differenzierung gemäß der Arbeitsteilung korrespondiert eine externe, das heißt die Trennung anderer gesellschaftlicher Bereiche von der Religion. Diesen Sachverhalt expliziert Simmel am Beispiel des Verhältnisses von Religion und Wissenschaft sowie Religion und Moral. Im Zusammenhang mit der nötigen Differenzierung einer wachsenden Einheit thematisiert er das Konkurrenzverhältnis zwischen Kirche und Wissenschaft: »Solange ... die Kirche zugleich als Quelle und Behüterin von Erkenntnis galt und gilt, hat die in ihr erstandene Wissenschaft sich schließlich doch immer in irgendwelche Opposition zu ihr gesetzt; es kam zu den entgegengesetztesten Ansprüchen, die Wahrheit über ein bestimmtes Objekt auszumachen.«[4] Auch an dieser Stelle argumentiert Simmel differenzierungstheoretisch: »Erst wenn beide sich vollkommen sondern, können sie sich vollkommen vertragen. Erst die differenzierende Übertragung der Erkenntnisfunktion an andere Organe als die der religiösen Funktionen ermöglicht ihr Nebeneinanderbestehen bei jenem Angewachsensein beider, das in einer umfänglichen Gruppeneinheit besteht.«[5] In diesem Sinne ist auch Simmels Beitrag zu einer Umfrage über »Religiöse Grundgedanken und moderne Wissenschaft« gehalten. Zunächst konstatiert er, daß das

---

[1] SD, 276.
[2] Ebd.
[3] Eine Beschreibung, die wesentliche Einsichten gegenwärtiger religionssoziologischer Forschungen vorwegnimmt. Ich komme darauf im dritten Teil meiner Untersuchung zurück.
[4] SD, 193.
[5] Ebd. Zum Verhältnis von Religion und Wissenschaft vgl. auch SozRel, 286.

Festhalten an einzelnen überlieferten religiösen Inhalten für viele Menschen unmöglich geworden ist. Dies allerdings nicht so sehr aufgrund einzelner wissenschaftlicher Ergebnisse, sondern eher wegen der ›allgemeinen wissenschaftlich-intellektualistischen Stimmung der Zeit‹.[1] Auf der anderen Seite wäre es aber völlig falsch, »die inneren Bedürfnisse, die bisher von solchen Inhalten befriedigt worden sind, zugleich mit diesen für ausgelöscht zu halten«[2]. Eine Koexistenz beider Kulturgebiete ist dann gewährleistet, wenn man begreift, daß beide »ein geistiges Verhalten gegenüber Welt und Leben«[3] darstellen. »Versteht man [...] die Religiosität als eine Form, in der die menschliche Seele lebt und sich das Dasein erfaßt [...] – so kann ersichtlich ein Konflikt mit der Wissenschaft überhaupt nicht stattfinden.«[4] Zur wissenschaftlichen Religionskritik kommt es erst, wenn die religiöse Form weiterhin besondere Inhalte mit erkenntnismäßigem Charakter produziert und sich auf diese Weise mit theoretischem Denken in Konkurrenz setzt. Solange die religiösen Inhalte »Vorstellungen konkreter Realitäten bleiben, Objektivierungen des religiösen Seins, die außerhalb desselben liegen, solange wird die Kritik ihnen auf den Fersen sein«[5]. Ein religiöses Weltbild enthält Simmel zufolge »keine *Erkenntnisse* der Dinge, Erlebnisse, Schicksale, sondern eine Ordnung ihrer nach eignen Werten und Bedürfnissen, eine eigne Reaktion des Gefühles auf sie, eine eigne, unmittelbar in sie hineingelebte Sinngebung«[6]. Für die »Evolution des religiösen Wesens« kommt es somit darauf an, sich von den überkommenen und angesichts der modernen Geisteslage nicht mehr haltbaren Inhalten zu lösen und sich auf die spezifische Formung von Erleben und Handeln zu konzentrieren. »Wenn die Religion nicht eine Summe von Behauptungen, sondern ein bestimmtes So-Sein der Menschen ist, und erst *dadurch* eine Charakterisierung und Rangierung der Weltinhalte, so ist sie der Wissenschaft so wenig widerlegbar, wie überhaupt ein Sein widerlegt werden kann.«[7]

Wie sich im Laufe der gesellschaftlichen Entwicklung Wissenschaft von der Religion emanzipiert hat, so haben sich auch Religion und Moral voneinander differenziert. Im Rahmen der Erörterungen der mit der Ausdehnung des sozialen Kreises einhergehenden veränderten Bewertung der sittlichen Qualifikation bestimmter Handlungen schließt Simmel in der *socialen Differenzierung* an seine knappe Skizze der Ausbreitung des Christentums an. Wenn etwa die Herrschaftsausweitung der Kirche auch auf die

---

[1] Vgl. RelGrg, 366f.
[2] RelGrg, 367.
[3] RelGrg, 368.
[4] Ebd.
[5] RelGrg, 369.
[6] Ebd.
[7] Ebd.

profanen Lebensgebiete im Mittelalter als Unrecht disqualifiziert wird, kann die Anschuldigung mit dem Hinweis auf die Tradition abgewiesen werden, so daß sich die Schuld auf diejenigen verlagert, die diese Tradition ausgebildet haben.[1] Simmels Argument ist nun, daß die ausschließlich religiös geprägte Sittlichkeit im Urchristentum kein schuldhaftes Verhalten darstellte, »weil in den kleinen urchristlichen Gemeinden die vollkommene Durchdringung des Lebens mit der religiösen Idee, die Hingabe alles Seins und Habens an das christliche Interesse eine durchaus sittliche, für den Bestand jener Gemeinden unentbehrliche Anforderung war, die auch den Kulturinteressen solange unschädlich blieb, als es noch anderweitige, hinreichend große Kreise gab, die sich der Besorgung der irdischen Dinge widmeten«[2]. Die sittliche Qualität von Handlungen, die sich auf einen bestimmten Kreis beziehen, ändert sich erst mit der Ausdehnung des Kreises, im Beispiel aus der christlichen Religionsgeschichte also mit der Verbreitung der christlichen Religion: »[W]ürde diejenige Lebensform, die in der kleinen Gemeinde zu rechte bestand, sich über die Gesamtheit des Staates erstrecken, so würde damit eine Reihe von Interessen verletzt, die für durchaus unentbehrlich, deren Verdrängung durch die kirchliche Herrschaft für unsittlich gehalten wird.«[3] Die Beziehung von Religion und Moral ist also abhängig vom Differenzierungsgrad der Kultur, und die Trennung von Religion und Moral ist ein Resultat des modernen Differenzierungsprozesses. »So gewinnen wir auch in den feinsten Beziehungen des Seelenlebens manche innere und äußere Freiheit, wenn wir ein sittlich nötiges Handeln und Fühlen bei Andren von ganz anderen Vorbedingungen abhängig sehen, als sie bei uns mit jenem verbunden waren; dies gilt z.B. in hohem Maße von den ethischen Beziehungen der Religion, an welche letztere sich manche Menschen deshalb gebunden fühlen, weil alte psychologische Gewohnheit ihre sittlichen Impulse stets an religiöse knüpfte; da bringt denn erst die Erfahrung, daß auch religiös ganz anders gesinnte Menschen in ganz gleichem Maße sittlich sind, die Befreiung von jener Zentralisierung des ethischen Lebens und die Verselbständigung des letzteren mit sich.«[4]

---

[1] Vgl. SD, 159f.
[2] SD, 160.
[3] Ebd.
[4] SD, 252f.; vgl. auch SOZ, 505: »Für den einzelnen Menschen ist seine Religion in der Regel *die* Religion, eine andre kommt für ihn überhaupt nicht in Betracht. Hat er seine Moral auf die speziellen Vorstellungen dieser Religion gegründet und macht dann die überzeugende Erfahrung, daß eine ebenso beschaffene, ebenso echte und wertvolle Sittlichkeit bei andern Individuen aus völlig andern religiösen Ideen abgeleitet ist, so wird er wohl nur in seltenen Fällen schließen: also ist die Moral nur mit der religiösen Stimmung überhaupt, mit dem, was allen Religionen gemeinsam ist, verknüpft. Er wird vielmehr eher den weitgehenden Schluß ziehen: also hat Moral überhaupt nichts mit Religion zu tun; er wird daraus die Autonomie

II. Die soziologische Schicht

Diesen Beobachtungen entsprechend, geht Simmel am Ende des ersten Bandes der *Moralwissenschaft* von dem Resultat des Differenzierungsprozesses aus, demzufolge Religion und Moral voneinander unabhängig geworden sind, und knüpft damit, wie bereits erwähnt, an Überlegungen aus der *socialen Differenzierung* an.[1] Die Simmelsche Fassung des Differenzierungsprozesses mißt jedoch der Religion insofern eine große Bedeutung für den sittlichen Fortschritt bei, als sie »das eigentlich Verantwortliche in den Willen und die Gesinnung legt« und »die für die Sittlichkeit entscheidenden Momente in erhöhtem Maasse auf das Individuum übertrug«.[2] Die »Metempsychose der sozialen Forderung in die religiöse«[3] wirkt also in Form der »Metempsychose des sittlichen Inhaltes«[4] auf die soziale Ebene zurück. Unter der erkenntnistheoretisch geleiteten Annahme, daß die religiöse Form oftmals nur die sekundäre Einkleidung eines sozialen Inhalts darstellt, sowie aufgrund der differenzierungstheoretisch geleiteten Beobachtung, daß sich Form und Inhalt verselbständigen können[5], kommt Simmel zu dem Schluß, »dass sowohl die moralisch-sozialen Wirkungen ohne die Religion als auch die Religion ohne jene bestehen kann«[6]. Die Anerkennung der kulturgeschichtlichen Leistung von Religion bei gleichzeitiger Diagnose ihrer Depotenzierung führt zu einer Art von Säkularisierungstheorie im Sinne eines Transformationsprozesses, in dem die ehemalige Dynamik der Religion im Hegelschen Doppelsinn aufgehoben wird: »Die Religion hat uns Empfindungen gelehrt gegen Welt und Menschen, soziale Zusammenschlüsse hervorgebracht, Kräfte in uns entwickelt, die ohne sie schwerlich wären ausgebildet worden, die in ihrem Werthe und ihrer Wirkung bleiben, wenn religiöser Inhalt und Vehikel längst veraltet und verfallen ist.«[7] Gemäß der Differenzierungsperspektive vertritt Simmel die Auffassung, daß ein prinzipieller Zusammenhang zwischen Religion und Moral nicht vertretbar ist. Die Behauptung, daß alle Sittlichkeit nur aus der Religion zu schöpfen sei, basiert ausschließlich auf dem (von Simmel freilich als legitim erachteten) Wertaxiom, das religiöse Gebot als das allein sittliche anzusehen.[8]

---

der Moral gewinnen, nicht etwa das logisch mindestens ebenso Gerechtfertigte, sie mit dem zurückbehaltenen *Allgemeinen* der Religion zu verknüpfen.«
[1] Vgl. SD, 159f., 252f.
[2] EMI, 427.
[3] EMI, 426.
[4] Die »Metempsychose des sittlichen Inhaltes« beschreibt Simmel im Zusammenhang der Erörterung des Pflichtbegriffs; vgl. EMI, 174, sowie die im vorangehenden Kapitel meiner Untersuchung angeführte Beobachtung, derzufolge die Pflicht gegenüber sich selbst durch Internalisierung der Erfordernisse der sozialen Gruppe entsteht.
[5] Vgl. EMI, 425.
[6] EMI, 427.
[7] Ebd.
[8] Vgl. EMI, 430f.

Unter der Maßgabe einer wechselseitigen Erhellung von Gegenwart und Vergangenheit[1] hat der in den letzten Passagen des ersten Bandes der *Moralwissenschaft* angedeutete Säkularisierungsprozeß aber auch seine Schattenseiten. Im zweiten Band führt Simmel den Pessimismus und das »Gefühl der Leere und Werthlosigkeit des Lebens« als die Signatur der modernen Kultur an.[2] Die Genese dieses Zustandes erklärt er mit der »seit langem vorbereiteten Revolutionirung der Idealbildung«: Sowohl in inhaltlicher wie in formaler Hinsicht »kommen uns die unerschütterlichen Lebenswerthe, die sicheren Zielpunkt gewährenden Ideale abhanden«[3]. Inhaltlich ist dieser Prozeß auf den Umstand zurückzuführen, daß »der Glaube mehr und mehr abstirbt und die Kritik die unbefangene Hingabe an die traditionellen Ideale politischer, religiöser, persönlicher Art zerstört«[4]. Formal gründet die Orientierungslosigkeit in der Entwicklung der modernen Gesellschaft, in deren Folge »das schnelle Tempo und der unruhige Rhythmus des modernen Lebens es gewissermaassen nicht zu dem festen Aggregatzustand solcher Ideale kommen läßt«[5]. Zugleich aber, und darin liegt die Pointe der Simmelschen Zeitdiagnose, ist mit den absoluten Endzwecken nicht auch das Bedürfnis nach ihnen weggefallen.[6] Simmel beschreibt seine Gegenwart als eine Zeit des Übergangs und diagnostiziert einen gleichsam habituellen Überhang der Orientierungsmuster, die sich noch nicht den veränderten realen Lebensbedingungen angepaßt haben: »Die psychischen Funktionen gehen vermöge fest gewordener Gewöhnung noch eine Weile weiter, erleiden aber, weil jenes nothwendige Glied fehlt, Störungen, Ablenkungen, Rückschläge, die sich im deutlicheren oder dunkleren Bewusstsein als ungestilltes Bedürfen, leeres Sehnen und Streben spiegeln.«[7] Diese zeitdiagnostischen Einsichten ziehen sich durch das gesamte Werk Simmels

---

[1] Vgl. PHG, 109: »Sucht man das Verständnis der Gegenwart in politischen, sozialen, religiösen und sonstigen Kulturhinsichten, so wird es nur auf historischem Weg zu gewinnen sein, also durch Erkenntnis und Verständnis der Vergangenheit.«

[2] *Einleitung in die Moralwissenschaft*, Bd. II (im folgenden zitiert als EMII), 30.

[3] Ebd.

[4] Ebd.

[5] Ebd.

[6] Vgl. ebd. Zum Begriff des Endzwecks vgl. auch EMI, 106f.: »Dass ... überhaupt ein Endzweck gesetzt wird und welcher, hat mit der Vernunft als Denkkraft gar nichts zu thun [...]. [...] Statt dass also der Vernunftcharakter eines gewissen praktischen Verhaltens den Ursprung desselben bezeichnete, ist er vielmehr nur ein Werthbegriff, nichts als der Ausdruck einer gewissen Schätzung dieses Verhaltens.« Im übrigen erlangt ein Ideal den Charakter eines Endzwecks, indem man ihm eine nicht zu überbietende Monopolstellung zuschreibt, was allerdings Simmel zufolge keinesfalls unbedingt nötig ist; vgl. auch HPH, 150: »Der Irrtum scheint nur darin zu liegen, daß man den Endzweckcharakter des einen Ideals daran bindet, daß man ihn jedem anderen verweigert. So arm ist weder das Reich der Ideen, noch die menschliche Natur.«

[7] EMII, 30.

und werden uns – im Zusammenhang des kultur- und lebensphilosophischen Ansatzes – noch beschäftigen.

(3) Religion angesichts des Korrelationsverhältnisses von Individualisierung und Universalisierung

Im fünften Kapitel der *socialen Differenzierung* »Über die Kreuzung socialer Kreise« geht Simmel dem Individualisierungseffekt durch Partizipation an mehreren sozialen Kreisen nach, wobei das Individuum und die sozialen Kreise, an denen es teilhat, in einem wechselseitigen Steigerungsverhältnis stehen. Die Persönlichkeit gibt sich an den sozialen Kreis hin und verliert sich in ihn, um dann wieder ihre Eigenart zurückzugewinnen. Dieses Steigerungsverhältnis ist ein zweckmäßiges, aber kein kausales: »An ihrem Ursprung ist sie nur der Kreuzungspunkt unzähliger socialer Fäden und wird zur Individualität durch die Besonderheit der Quanten und Kombinationen, in denen sich die Gattungselemente in ihr zusammenfinden. Schließt sie sich nun mit der Mannichfaltigkeit ihrer Triebe und Interessen wieder an sociale Gebilde an, so ist das sozusagen ein Ausstrahlen und Wiedergeben dessen, was sie empfangen, in analoger, aber bewußter und erhöhter Form.«[1] Im Zusammenhang der Erörterungen über die Möglichkeit der Individualisierung einer Person durch spezifische Kombinationen der Teilhabe an sozialen Kreisen kommt Simmel auf diejenige Kreuzungsvariante sozialer Kreise zu sprechen, in der ein Einzelner oder Gruppen von Interessen beherrscht werden, die einander entgegengesetzt sind; eine Konfliktart, welche die spätere Soziologie rollentheoretisch beschreibt.[2] Das Verhalten, sich zu gleicher Zeit entgegengesetzten Parteien anzuschließen, liegt für Individuen insbesondere dann nahe, wenn die Kultur vom politischen Parteileben beherrscht wird. In diesem Fall bestimmen Parteiungen auch das gesamte andere Kulturleben, so daß der Einzelne, um nicht zur Gänze von nur einer Partei bestimmt zu werden, auf anderen Gebieten, etwa auf dem Feld der ästhetischen oder religiösen Überzeugungen, sich weiteren Gruppierungen anschließen wird. Für diesen Fall führt Simmel die politischen und religiösen Verhältnisse Irlands an: »Heute fühlten sich die Protestanten Englands und Irlands verbunden gegen den gemeinsamen Religionsfeind ohne Rücksicht auf die Landsmannschaft, morgen waren die Protestanten und Katholiken Irlands gegen den

---

[1] SD, 241.
[2] Vgl. im Anschluß an Simmel zuerst R. HEBERLE, The Sociology of Georg Simmel. The Forms of social Interaction, in: H. E. BARNES (Hg.), *Introduction to the History of Sociology*, Chicago 1948, 249–273; zum Einfluß Simmels auf die Rollentheorie vgl. U. GERHARDT, Georg Simmels Bedeutung für die Geschichte des Rollenbegriffs in der Soziologie, in: H. BÖHRINGER u. K. GRÜNDER (Hg.), *Ästhetik und Soziologie um die Jahrhundertwende: Georg Simmel*, Frankfurt a. M. 1976, 71–89.

Unterdrücker ihres gemeinsamen Vaterlandes verbunden ohne Rücksicht auf Religionsverschiedenheit.«[1]

In der Konsequenz führt das Korrelationsverhältnis zwischen Individuellem und Sozialem, wie es sich in der engeren Gruppe zeigt, zur komplementären Beziehung zwischen extremem Individualismus und der Idee der Menschheit, die sich in der Lehre von der formalen Gleichheit aller Menschen realisiert: »[J]e mehr statt des Menschen als Socialelementes der Mensch als Individuum und damit diejenigen Eigenschaften, die ihm bloß als Menschen zukommen, in den Vordergrund des Interesses treten, desto enger muß die Verbindung sein, die ihn gleichsam über den Kopf seiner socialen Gruppe hinweg zu allem, was überhaupt Mensch ist, hinzieht und ihm den Gedanken einer idealen Einheit der Menschenwelt nahe legt.«[2] Simmel erklärt diesen Sachverhalt zunächst historisch damit, daß gewisse Epochen der Sozialgeschichte, die durch außergewöhnliche Ungleichheit gekennzeichnet sind, Reaktionen nach zwei Seiten hin auslösten, nämlich »sowohl nach der Seite des Rechts der Individualität, wie nach der der allgemeinen Gleichheit«[3]. Den systematischen Grund des Korrelationsverhältnisses von extremem Individualismus und Menschheitsidee sieht er darin, daß durch die metaphysisch begründete Form der Individualität eine formale Gleichheit aller geschaffen werde, denn »gerade wenn jeder etwas Besonderes ist, ist er insoweit jedem andern gleich«.[4] Für unseren Zusammenhang ist zentral, daß Simmel als eine der wesentlichen Quellen der Vorstellung von der allgemeinen Gleichheit das christliche Dogma »vom absoluten Ich, von der persönlichen unsterblichen Seele« ausmacht.[5] Das ausgeprägte Bewußtsein vom Wesen und Wert der Individualität konnte deshalb zur Idee der Gleichheit aller führen, »weil die empirischen Unterschiede, die man im Inhalte der Seelen vorfindet, gegenüber ihren ewigen

---

[1] SD, 244.

[2] SD, 181. Die Quellen der »Idee der Menschheit« liegen in der europäischen Aufklärung, die wiederum in der Transzendentalphilosophie Kants kulminiert. Aber auch Comte fundiert seine Soziologie auf den Gedanken einer allgemeinen Menschheit; vgl. auch P. NATORP, *Religion der Vernunft innerhalb der Grenzen der Humanität. Ein Kapitel zur Grundlegung der Sozialpädagogik*, Freiburg i. Br. 1894, 15. In die metaphysische Spekulation über die Idee der allgemeinen Menschheit münden auch die Untersuchungen über die Formen der Vergesellschaftung im letzten Kapitel der *großen Soziologie*. An dieser Stelle weist Simmel im übrigen erneut eine große Nähe zur Meadschen Gesellschaftstheorie auf, welche die Möglichkeit der Ausprägung von Individualität an die Bedingung knüpft, sich auf eine höhere Gemeinschaft als die vorgefundene soziale Bezugsgruppe zu beziehen; vgl. MEAD, *Geist, Identität und Gesellschaft*, 210f. Bekanntlich knüpft Jürgen Habermas in seiner Gesellschaftstheorie an diese Überlegungen sein Konzept der korrelativen Bestimmung von »idealer Kommunikationsgemeinschaft« und »Individuierung« an; vgl. J. HABERMAS, *Theorie des kommunikativen Handelns*, Band 2: Zur Kritik der funktionalistischen Vernunft, Frankfurt a. M. 1988, 147ff.

[3] SD, 182.

[4] SD, 183.

[5] Ebd.

und absoluten Qualitäten, in denen sie gleich sind, nicht in Betracht kommen«[1]. So sieht Simmel denn auch den »socialistischen Charakter des Urchristentums« vor allem in der »negativen und absoluten Gleichgiltigkeit« begründet, »die die ersten Christen alledem gegenüber empfanden, was sonst Unterschiede unter den Menschen ausmacht – und zwar gerade wegen des absoluten Wertes der Einzelseele«.[2]

b) Die Genese von Religion aus dem Bereich des Sozialen

1898, also in der Spätphase der ersten, primär soziologisch gehaltenen Werkperiode publiziert Simmel den Aufsatz »Zur Soziologie der Religion«, der Religion nicht mehr nur als einen Sachverhalt unter anderen verhandelt, sondern einen explizit religionssoziologischen Ansatz entfaltet. Da in den Artikel Teile aus der 1892/93 erschienenen *Einleitung in die Moralwissenschaft* eingegangen sind[3], sei zunächst der Kontext der entsprechenden Passagen skizziert.

Im vierten und letzten Kapitel des ersten Bandes der *Moralwissenschaft* verhandelt Simmel den Begriff der Glückseligkeit. Nach Erörterungen über Utilitarismus und Eudämonismus wendet sich der Autor schließlich der in den normativen Ethiken verhandelten Frage nach dem Verhältnis von Tugend und Glückseligkeit zu. Gemäß der deskriptiven Anlage der gesamten Untersuchung geht Simmel davon aus, daß auch der ideelle Zusammenhang beider Größen keine sachlich bedingte Notwendigkeit ist, sondern besonderer historischer Bedingungen bedarf; damit richtet er sich gegen die transzendentalphilosophisch begründete Ethik Kants.[4] Nachdem vier der sechs möglichen Verhältnisbestimmungen durchgegangen worden sind[5], wendet sich Simmel, bevor er schließlich der Relation bloß zufälliger Koinzidenz den Vorzug gibt[6], der Idee eines Dritten zu, aus dem sich beide Größen entfalten, nämlich Ästhetik beziehungsweise Religion. Mit der Möglichkeit der ästhetischen Verknüpfung von Tugend und Glückseligkeit spielt Simmel – ohne sie jedoch explizit zu nennen – auf die Philosophie Arthur Schopenhauers an.[7] Die zweite Variante, den Glauben nämlich, »daß die

---

[1] Ebd.
[2] Ebd.
[3] Vgl. den Abschnitt aus »Zur Soziologie der Religion«, GSG 5, 281, Z. 12, bis 283, Z. 20, mit der Passage aus der *Einleitung in die Moralwissenschaft* I, GSG 3, 422, Z. 38, bis 424, Z. 38.
[4] Vgl. EMI, 376.
[5] I. Tugend und Glückseligkeit sind nur verschiedene Ausdrücke für dieselbe Sache (vgl. EMI, 381ff.); II. Tugend ist die Ursache der Glückseligkeit (vgl. EMI, 383ff.); III. Glückseligkeit ist die Ursache des sittlichen Verhaltens (vgl. EMI, 404ff.); IV. Tugend und Glückseligkeit stehen in einem negativen Kausalverhältnis zueinander (vgl. EMI, 409ff.).
[6] Vgl. EMI, 441.
[7] Vgl. EMI, 412ff.

Religion die Vermittlerin zwischen Tugend und Glückseligkeit sei«, hat die praktische Philosophie Kants als den prominentesten Ausdruck dieser Variante zum Hintergrund. Was das Verhältnis von Religion und Moral im allgemeinen angeht, so steht für Simmel außer Zweifel, »dass es sittlich ist, den Geboten Gottes zu folgen, weil im Allgemeinen jede soziale Gruppe sich ihren Gott so konstruirt, dass er befiehlt, was sie als das sozial Zuträgliche erkennt«[1]. Religion ist also, jedenfalls in ihrer moralischen Ausprägung, ein Produkt, das aus sozialen Erfordernissen hervorgegangen ist. Entsprechend ist der Begriff Gottes »nur die substanziirte Idee eines Urquells der sittlichen Gebote, die der Einzelne als Thatsache vorfindet«[2]. Diese sozial-genetische Auffassung von Religion wird mit der Beobachtung einer »tiefgreifende[n] Analogie zwischen dem Verhalten zur Allgemeinheit und dem Verhalten zu Gott«[3] begründet. Als einen Beleg für die behauptete Analogie führt Simmel das bereits häufiger genannte Gefühl der Abhängigkeit an: »[D]as Individuum fühlt sich an ein Allgemeineres, Höheres gebunden, aus dem es fliesst und in das es fliesst, dem es sich hingiebt, aber von dem es auch Hebung und Erlösung erwartet, von dem es verschieden und doch auch mit ihm identisch ist.«[4] Für Simmel steht es fest, daß sich solcherart Empfindungen der gläubigen Seele Gott gegenüber auf das Verhältnis zurückführen lassen, das der Einzelne zu seiner Gattung besitzt, und zwar sowohl zu der vergangenen als auch zur zeitgenössischen Generation, denn: »Wir sind von der Gesellschaft gleichermaassen wie sie sich in der Zeit und wie sie sich im Raume ausdehnt, abhängig.«[5] Aus der Beschaffenheit der religiösen Vorstellung, daß eine geklärte Gottesidee ihr Wesen im Zusammenschluß aller Gegensätze des Seins und Sollens hat und alle inneren Lebensinteressen der Gläubigen in ihm ihren Ursprung und zugleich ihre Einheit finden, zieht Simmel den Schluß, daß man »nun ohne Weiteres die soziale Gesammtheit an seine [sc. Gottes] Stelle setzen«[6] kann.

Auf diese Ausführungen kommt Simmel im zweiten Band der *Moralwissenschaft* zurück. Am Ende des ersten Kapitels, das den kategorischen Imperativ ausführlich erörtert, zieht er Analogien zwischen dem erkenntnistheoretischen und dem soziologischen Realismus beziehungsweise Nominalismus und führt verschiedene Kombinationen zwischen dem theoretischen und dem ethischen Realismus beziehungsweise Nominalismus an. In diesem Zusammenhang bezeichnet er »die Hypostasirung der sozialen Kräfte in Gott« als den »Höhepunkt des soziologischen Begriffsrealismus«, zu dem die Position eines theoretischen Realismus der sozialen Begriffe al-

---
[1] EMI. 422.
[2] Ebd.
[3] EMI, 422f.
[4] EMI, 423.
[5] Ebd.
[6] EMI, 424.

lerdings nicht zwangsläufig kommen müsse. Um die objektiven Gebilde wie Sprache, Religion, Erkenntnis, Recht, Moral und Staat als von den Individuen unabhängige Einheiten zu erkennen, reicht es, sie als das Apriori anzusehen, »das alle erfahrungsmässigen Bethätigungen des Individuums erst möglich macht«[1]. Bleibt man bei einer Verhältnisbestimmung von Religion einerseits und sozialen Prozessen beziehungsweise Moral andererseits im Sinne einer Analogie, kann man an der Unterschiedenheit der Bereiche festhalten und zugleich aber die Genese von Religion aus dem Bereich des Sozialen nachzeichnen. Dies tut der im folgenden behandelte Aufsatz »Zur Soziologie der Religion«.

Mit der Aufnahme von Teilen aus der *Moralwissenschaft* in den religionssoziologischen Aufsatz von 1898 ist eine gewisse Kontinuität mit der vorangehenden Monographie gegeben, und man kann den frühen, explizit religionssoziologischen Ansatz in der methodologischen Tradition der »kausalgenetische[n] Erklärung des scheinbar Kohärenten und Autonomen und Kritik spekulativer, für Realitäten genommener Begriffe«[2] sehen. Mit dem Versuch, »aus Aeußerungen des sozialen Lebens, die ganz jenseits aller Religion liegen, dennoch für diese ein Verständniß zu gewinnen«[3], ist eindeutig eine genetische Herleitung der Religion aus dem Sozialen intendiert. Diese Absicht ist jedoch nur in Grenzen positivistisch, eher pragmatisch und schon gar nicht soziologistisch zu nennen, denn Simmel lehnt es erklärtermaßen ab, die ›Ursprungsfrage‹ von Religion monokausal zu beantworten.[4] Eine solche Absicht würde sein Soziologie-Konzept unterlaufen, demzufolge das Soziale an empirischen Sachverhalten ein Substrat und damit ein Element unter anderen darstellt. Entsprechend wird die Frage nach dem Wahrheitsgehalt von Religion ausdrücklich von der soziologischen Analyse unterschieden. So wird einerseits in religionssoziologischer Perspektive das Soziale als ein Entstehungsfaktor für Religion benannt. Andererseits aber koppelt Simmel die aus dem Bereich des Sozialen herausdifferenzierte Religion als eine autonome Vorstellungswelt von ihrem Entste-

---

[1] EMII, 127.
[2] LANDMANN, Einleitung, 7.
[3] SozRel, 266.
[4] Vgl. ebd. und 284. Die kulturgeschichtliche Ursprungsfrage im Sinne der Suche nach einem monokausalen historischen Ursprung von Religion, wie sie das 19. Jahrhundert häufig gestellt hat, lehnt Simmel überhaupt ab. Statt dessen gibt er, wie noch zu zeigen sein wird, als Ursprung von Religion soziale Wechselwirkungsverhältnisse an, aus denen stets aufs neue Religion entsteht; zur Ursprungsfrage von Religion vgl. auch SOZ, 15: Mit der soziologischen Methode ist es »nicht mehr möglich, die historischen Tatsachen [...] aus dem Einzelmenschen, seinem Verstande und seinen Interessen heraus zu erklären«, wo dies nicht gelingt, sogleich zu metaphysischen oder magischen Ursachen zu greifen [...]; in die Religionsgebilde braucht sich nicht mehr die Erfindung schlauer Priester und die unmittelbare Offenbarung zu teilen usw. Vielmehr glauben wir jetzt die historischen Erscheinungen aus den Wechselwirkungen und dem Zusammenwirken der Einzelnen zu verstehen.«

hungsgrund ab. Mit dieser Entschränkung wird es Simmel möglich, eine genetische Herleitung vorzunehmen und gleichzeitig eine in bezug auf die Geltungsfrage neutrale Position einzunehmen, derzufolge mit einer religionssoziologischen, empirisch gehaltenen Untersuchung weder der objektive Wahrheitswert noch der subjektive Gefühlswert tangiert werde.[1] Allerdings deutet Simmels erkennbar negativ konnotierte Bezeichnung religiöser Ideen als »Phantasievorstellungen« beziehungsweise »wunderliche[.] und abstruse[.] religiöse[.] Vorstellungen«[2] auf Residuen einer positivistisch-empiristischen Einstellung. Ebenso scheint eine aufklärerisch orientierte evolutionstheoretische Perspektive durch, wenn er vermutet, daß die religiösen Ideen »ihre Macht in den menschlichen Verhältnissen garnicht hätten erlangen können, wenn sie nicht die bloße Formel oder Verkörperung schon vorher vorhandener Verhältnißformen wären, für die das Bewußtsein *nur noch keinen geschickteren Ausdruck* gefunden hat«[3].

Als methodisches Instrumentarium für die Herleitung der Religion aus sozialen Phänomenen dienen Simmel folgende drei Bestandteile seiner Erkenntnistheorie und Soziologiekonzeption:

(1) Die Unterscheidung zwischen Form und Inhalt, um Religiosität als eine Bewußtseinskategorie sui generis, als eine allgemein menschliche Form von den Inhalten des sozialen Lebens heraussondern und ihre Wirkung auf Prozesse der Vergesellschaftung als Gegenstand soziologischer Analyse bestimmen zu können;

(2) die Anwendung des Differenzierungsparadigmas, um die Ausdifferenzierung der Religion als eines kulturellen Teilbereiches aus gesellschaftlichen Prozessen nachzeichnen zu können;

(3) das Verfahren der Analogiebildung, um auf die als religiös bezeichneten sozialen Formen als einen der »Ursprünge« von Religion schließen zu können.

Ad (1) Religionssoziologisch gewendet, besagt die analytisch gesetzte Differenz zwischen Form und Inhalt, daß sich unter den Formen, welche die auf bestimmten Zwecken, Ursachen und Interessen als der »Materie des sozialen Lebens«[4] basierenden Interaktionen zwischen Individuen annehmen, auch eine befindet, »die man nur als die religiöse bezeichnen kann«[5].

---

[1] Vgl. SozRel, 266f., 285f.; siehe auch PHG, 10: Ebenso wie eine soziologische Analyse nicht den Wahrheitsgehalt religiöser Vorstellungen tangiert, steht auch die »Bedeutsamkeit […] der Religion […] ganz jenseits der Frage nach den Wegen ihrer historischen Verwirklichung«.

[2] SozRel, 272.

[3] SozRel, 115 (meine Hervorhebung).

[4] SozRel, 268.

[5] SozRel, 269. An dieser Stelle unterscheidet Simmel noch nicht (hinreichend) zwischen der religiösen Form auf der einen und sozialen Formen auf der anderen Seite. Er scheint dieses Ungenügen selbst erkannt zu haben, wenn er die Bezeichnung »religiös« als eine be-

II. Die soziologische Schicht

Die Beschaffenheit der religiös genannten Form ist gekennzeichnet durch eine »eigenartige Mischung von selbstloser Hingabe und eudämonistischem Begehren, von Demuth und Erhebung, von sinnlicher Unmittelbarkeit und unsinnlicher Abstraktion«[1]. Als Resultat der religiösen Formung der Sozialbeziehungen benennt Simmel einen »bestimmte[n] Spannungsgrad des Gefühles, eine specifische Innigkeit und Festigkeit des inneren Verhältnisses, eine Einstellung des Subjektes in eine höhere Ordnung, die es doch zugleich als etwas Innerliches und Persönliches empfindet«[2]. Diese Beschreibung zielt nicht auf eine nur sozialpsychologisch oder gar rein psychologisch beschränkte Dimension, stellt doch das individuelle Bewußtsein den Ort für die Synthese aus individuellen Interessen und den Sozialformen, in denen sie realisiert werden, dar und ist somit Träger der interindividuellen Wechselwirkungen.[3]

Ad (2) Die Auffassung, daß Religion als »selbständiger Lebensinhalt, als ein Gebiet eigenster Begrenzung«[4] in ihrem »Ursprung« auf bestimmten sozialen Beziehungsformen basiert, macht die Annahme eines Differenzierungsprozesses nötig. Alle eigenständigen Gebilde wie Recht, Wissenschaft, Wirtschaft, Moral, Kunst und eben auch Religion »treten zunächst gleichsam versuchsweise, keimhaft, in Verwebung mit anderen Formen und Inhalten auf; aber in diesen unausgebildeten Stadien müssen wir sie aufsuchen, um sie in ihren höchsten und selbständigen zu begreifen«[5]. Bei

---

schreibt, »die den Namen des reifen Gebildes für seine Anfänge und Vorbedingungen vorwegnimmt« (ebd.). An anderer Stelle des Aufsatzes gibt Simmel als Grund für die Bezeichnung der Beschaffenheit bestimmter Beziehungen der Sozialelemente die »Analogie mit anderwärts bestehender Religiosität« an (SozRel, 271). Das konstatierte Analogieverhältnis sollte aber Anlaß dazu geben, zwischen der religiösen Form und sozialen Formen auch terminologisch zu unterscheiden. In späteren Arbeiten (vor allen BERel und REL) hat Simmel diese terminologische Unklarheit bereinigt, indem er Religiosität als eine kategoriale Bewußtseinsform bestimmt und somit den weiteren allgemein-erkenntnistheoretischen Formbegriff von einem engeren soziologischen unterscheidet. Der Unterschied zwischen der religiösen Form und den soziologischen Formen scheint mir im übrigen auch der Grund dafür zu sein, warum Simmel den Aufsatz »Zur Soziologie der Religion« nicht in die *große Soziologie* aufgenommen hat.

1 SozRel, 269.
2 Ebd.
3 Nur am Rande sei hier noch einmal daran erinnert, daß für Simmel Vergesellschaftung überhaupt ein sich ausschließlich am individuellen Bewußtsein manifestierender und an diese Instanz gebundener Vorgang ist; vgl. dazu meine Ausführungen zu Simmels Soziologiekonzeption am Anfang dieses Kapitels.
4 SozRel, 268.
5 SozRel, 267. Die heutige Soziologie spricht von ausdifferenzierten gesellschaftlichen Teilbereichen bzw. in systemtheoretischer Diktion von gesellschaftlichen Teilsystemen. Darin liegt jedoch – zum mindesten aus Sicht des Simmelschen soziologischen Konzeptes – insofern ein »soziologistischer Reduktionismus«, als Religion in dieser Begrifflichkeit als ein *ausschließlich* sozialer Sachverhalt verstanden wird, während Simmel die sozialen Bestandteile »objektivierter Gebilde« neben ihre Inhalte stellt und zwischen der Sozial- und der

diesem Differenzierungsprozeß geht Simmel davon aus, daß prinzipiell jede Form jeden Inhalt formen kann: Die »Wechselbeziehungen, die das Leben der Gesellschaft ausmachen, erheben sich immer auf Grund bestimmter Zwecke, Ursachen, Interessen; und indem diese letzteren, gleichsam die Materie des sozialen Lebens, beharren, können die Beziehungsformen, in denen sie verwirklicht werden, sehr verschieden sein – wie andererseits die gleiche Form und Art der sozialen Wechselwirkung die mannigfaltigsten Inhalte in sich aufnehmen kann«[1]. Anhand von Beobachtungen der antiken Gesetzgebungspraxis hegt Simmel die Vermutung, »daß die nothwendige Ordnung der Gesellschaft vielfach von einer ganz undifferenzirten Form ausgegangen wäre, in der die moralischen, die religiösen, die juristischen Sanktionen noch in ungeschiedener Einheit geruht hätten«[2]. Aufgrund der prinzipiell beliebigen Kombinationsmöglichkeiten von Form und Inhalt können im Verlaufe des Prozesses zunehmender Differenzierung einzelne Stadien der gesellschaftlichen Entwicklung durch die Dominanz einer Form, beispielsweise der religiösen, geprägt sein: »eben derselbe Inhalt, der vorher und nachher von anderen Formen der Beziehung zwischen Menschen getragen wird, nimmt in einer Periode die Form der religiösen Beziehung an«[3]. Der Differenzierungsprozeß mündet schließlich in das Stadium, in dem jede Form für sich und parallel zu anderen sämtliche Lebensinhalte zu einer autonomen und geschlossenen Welt zu bilden in der Lage ist: »Die ganze Geschichte des gesellschaftlichen Lebens wird von diesem Prozeß durchzogen: daß die unmittelbar gegenseitigen Bestimmungen der Individuen, mit denen ihr Zusammenleben beginnt, zu gesonderten und selbständigen Organen aufwachsen.«[4] Aber auch in dem Zustand der solchermaßen differenzierten Gesellschaft ist ihre Einheit durch die Möglichkeit garantiert, »daß der gleiche Inhalt in vielerlei Formen, die gleiche Form an vielerlei Inhalten sich auslebt. [...] Daß die einzelne Form des Lebens [...] ihre Verbindung mit einem einzelnen Inhalt überlebt, und sich auch dem neuen ungeändert leiht; daß der einzelne Inhalt seinen wesentlichen Bestand durch eine Fülle einander ablösender Formen hindurchtreten kann –

Sachdimension unterscheidet. Dabei hat sich die formale Soziologie auf die Erfassung der Sozialdimension zu beschränken; die Sachdimension entzieht sich ihrer Sichtweise und ist Gegenstand der Philosophie.

[1] SozRel, 268f.; vgl. auch HPH, 20. In NlTb, 4f., erfährt das Form-Inhalt-Verhältnis eine transzendierende Wendung: »Der Reichtum der Form ist, daß sie eine Unendlichkeit von Inhalten aufnehmen kann; der Reichtum des Inhalts, daß er in eine Unendlichkeit von Formen eingehen kann. Wo beide Unendlichkeiten sich treffen, entsteht das endliche Gebilde – und darum umschweben sie jedes Sein, das als geformter Inhalt betrachtet wird und machen ein jedes zum Symbol des Unendlichen.«
[2] SozRel, 270.
[3] Ebd.
[4] SozRel, 271.

das eben läßt die Continuität im historischen Geschehen nicht abreißen.«[1] Simmels Differenzierungsparadigma ist also im ganzen von einer Entwicklungsperpektive bestimmt, derzufolge die Entwicklung von der undifferenzierten Einheit über die differenzierte Vielheit zur differenzierten Einheit fortschreitet.[2] Vor diesem Hintergrund kann auch Religion als autonomes und geschlossenes Gebilde mit eigenen idealen Inhalten und Institutionen als das Ergebnis eines Differenzierungsprozesses verstanden werden, der in religiös konnotierten Sozialbeziehungen seinen Ausgang nimmt.

Ad (3) Da die gesamte Argumentation auf dem Analogieverfahren basiert, das heißt sich an ihm sowohl die Plausibilität der Unterscheidung von Form und Inhalt erweist als auch die Anwendung des Differenzierungsparadigmas legitimiert, verwendet Simmel den größten Teil des Aufsatzes auf seine Durchführung. Der soziologisch beschreibbare Vorgang, im Verlauf dessen sich die Religion aus dem Bereich des Sozialen herausdifferenziert und sich ihm gegenüberstellt, wird anhand dreier Analogien zwischen Religion und Vergesellschaftungsprozessen verfolgt: anhand des Glaubens, des Begriffs der Einheit sowie Analogien zwischen den moralischen Beziehungen des Individuums zu seiner Gruppe und dem Verhältnis zu seinem Gott.

Simmel hält bereits den für die zwischenmenschlichen Verhältnisse konstitutiven Glauben für religiös; dies allerdings nicht in dem Sinne, daß den interindividuellen Relationen Religion zugrunde liege. Vielmehr unterstellt er, daß der praktische Glauben als eine soziale Beziehungsform zum religiösen Glauben der Religion aufsteigt: »In dem Glauben an Göttliches hat sozusagen der reine Prozeß des Glaubens sich verkörpert, losgelöst von seiner Bindung an einen sozialen Gegenpart, aus dem subjektiven Glaubensprozeß wächst hier umgekehrt erst sein Objekt heraus.«[3]

Das zweite Phänomen, anhand dessen Simmel seine These vom Herausdifferenzierungsprozeß religiöser Vorstellungen aus sozialen Verhältnissen expliziert, ist der Begriff der Einheit. Dieser wird zunächst und vor allem auf dem Gebiet des Sozialen thematisch, denn: »Indem alles soziale Leben

---

[1] SozRel, 273.
[2] In dieser Auffassung von Entwicklung – allerdings auch nur an diesem Punkt – weist Simmel eine Nähe zu Spencers Evolutionstheorie auf; vgl. auch DAHME, *Soziologie als exakte Wissenschaft*, 473ff. Im übrigen lehnt Simmel die Evolutionstheorie, worauf RAMMSTEDT, Soziologie und/oder Kulturwissenschaft, 104, hinweist, seit 1890 als »spekulativ philosophische Vorgehensweise« ab.
[3] SozRel, 275. In der *großen Soziologie* von 1908 knüpft Simmel die Autorität einer Persönlichkeit an den Glauben und das Vertrauen des der Autorität Unterworfenen; für die Formen der Über- und Unterordnung überhaupt sind Glauben und Vertrauen konstitutiv; vgl. SOZ, 162f.

Wechselwirkung ist, ist es eben damit Einheit.«[1] Die Gens, die Gruppe, die Familie, überhaupt jeder Zweckverband ist das Produkt sozialer Einheitsbildung. Simmel zufolge findet diese Einheit »ihre reine und gleichsam von aller Materie gelöste Darstellung in der Idee des Göttlichen«[2]. Die Gottesvorstellungen, sei es in der monotheistischen, sei es in der polytheistischen Ausprägung, stellen demnach Projektionen sozialer Beziehungsformen dar. Anhand knapper religionsgeschichtlicher Beispiele zeigt Simmel, »daß die inter-individuellen Formen des sozialen Lebens vielfach den religiösen Vorstellungen ihren Inhalt geben«[3].

Schließlich thematisiert Simmel die Analogien zwischen den moralischen Beziehungen des Einzelnen zu seiner Gruppe und dem Verhältnis des Individuums zu seinem Gott und nimmt damit – teilweise sogar im Wortlaut – diesbezügliche Überlegungen aus dem ersten Band der *Moralwissenschaft* auf. Das Gemeinsame beider Relationen identifiziert er in einem als tentativ beschriebenen Abhängigkeitsgefühl: »Das Individuum fühlt sich an ein Allgemeines, Höheres gebunden, aus dem es fließt, aber von dem es auch Hebung und Erlösung erwartet, von dem es verschieden und doch auch mit ihm identisch ist.«[4]

Die Pointe der Simmelschen Variante des Differenzierungsparadigmas liegt meines Erachtens in folgenden drei Punkten:

(1) Der Differenzierungsprozeß ist in der Sichtweise Simmels kein unilinearer. Vielmehr wirkt das autonome Gebilde der Religion auf die interaktionelle Ebene, aus der es sich entwickelt, auch wieder zurück: »Ist diese Verselbständigung und Substantialisirung der Religion erst erfolgt, so wirkt sie von sich aus auf die unmittelbaren psychischen Verhältnisse der Menschen untereinander zurück und giebt ihnen die nun bewußte und benannte Färbung der Religiosität. Damit giebt sie ihnen aber nur zurück, was sie ihnen ursprünglich selbst verdankt.«[5] Mit dieser Verhältnisbestimmung von Vergesellschaftung und Religion als Wechselwirkung ist eine Position bezeichnet, die jenseits der Alternative von Materialismus oder Idealismus liegt. Während die materialistische Auffassung sämtliche Inhalte des historischen Lebens ausschließlich aus ökonomischen Prozessen und deren Bedingungen herleitet, die idealistische Position dagegen alle Kulturinhalte als Manifestation des schon an sich existierenden objektiven Geistes versteht, geht Simmel davon aus, daß alle kulturellen Objektivationen »in den Beziehungen zwischen Menschen ihren Ursprung haben«[6] (gegen den idealistischen Realismus), daß aber »der gleiche Inhalt in vielerlei For-

---

[1] SozRel, 277.
[2] Ebd.
[3] SozRel, 278.
[4] SozRel, 281.
[5] SozRel, 272.
[6] SozRel, 274.

II. Die soziologische Schicht

men, die gleiche Form an vielerlei Inhalten sich auslebt«[1] (gegen den materialistischen Reduktionismus).

(2) Die differenzierungstheoretische Perspektive Simmels sieht von der Ursprungsfrage im Sinne einer historischen Entstehungstheorie auf phylogenetischer Ebene ab und schränkt den Geltungsbereich der soziologischen Analysen ein: »Den historischen Hergang der Religionsschöpfung können sie nicht beschreiben, sondern nur eine ihrer vielen Quellen aufweisen.«[2] Simmel legt großen Wert darauf, daß der »Ursprung« von Religion in ihrer Wirksamkeit liegt und somit an keinen historischen Moment gebunden ist. Religion ist »als seelische Wirklichkeit ja kein fertiges Ding, keine feste Substanz, sondern ein lebendiger Prozeß, den, bei aller Unerschütterlichkeit überlieferter Inhalte, doch jede Seele und jeder Augenblick selbst hervorbringen muß«[3]. Der Grund für die besondere Wirkung der Religion liegt gerade in der Anforderung, »das religiös Gegebne fortwährend in den Fluß des Gefühles zu ziehen«[4]. Die Einschränkung der genetischen Erklärungskraft aus soziologischer Perspektive kehrt sich bei näherem Blick in ihr gerades Gegenteil um. Indem Religion nicht nur als ein einmal entstandenes und fortan nur noch tradiertes Produkt, sondern als ein stets neu hervorzubringender Sachverhalt verstanden wird, gibt »es in diesem Sinne wirklich ›Ursprünge‹ der Religion ..., deren Auftreten und Wirksamkeit lange nach der Zeit des ›Ursprunges‹ der Religion liegt«[5]. Beide Aspekte der differenzierungstheoretischen Sichtweise Simmels eröffnen interessante Perspektiven auf das Verhältnis von sozialer Emergenz und Institutionalisierung, Konstitution und Reproduktion von Religion.

(3) Indem Simmel den Differenzierungsprozeß als Herausbildung der Religion aus dem Bereich des Sozialen im engeren Sinne versteht, deckt er zwar einen der »Ursprünge« von Religion in sozialen Interaktionen auf, läßt die Inhalte des verobjektivierten Kulturgebildes aber keinesfalls in sozialen Sachverhalten aufgehen: »Wenn es gelingt, das Zustandekommen der Religion als eines Ereignisses im Leben der Menschen aus den inneren Bedingungen eben dieses Lebens zu begreifen, so ist insoweit das Problem noch gar nicht berührt, ob die sachliche, außerhalb des menschlichen Den-

---

[1] SozRel, 273. Dieses gegen den materialistischen Reduktionismus gewendete Argument nimmt Simmel in seiner *Philosophie des Geldes* auf. Ihre Absicht ist es erklärtermaßen, »dem historischen Materialismus ein Stockwerk unterzubauen, derart, daß der Einbeziehung des wirtschaftlichen Lebens in die Ursachen der geistigen Kultur ihr Erklärungswert gewahrt wird, aber eben jene wirtschaftlichen Formen selbst als das Ergebnis tieferer Wertungen und Strömungen, psychologischer, ja, metaphysischer Voraussetzungen erkannt werden« (PHG, 13).
[2] SozRel, 284.
[3] SozRel, 284f.
[4] SozRel, 285.
[5] Ebd.

kens gelegne Wirklichkeit das Gegenstück und die Bestätigung jener psychischen Wirklichkeit enthalte oder nicht.«[1] Mit einer solchen Verhältnisbestimmung von Religion und Sozialität deutet sich bereits an dieser Stelle der Zusammenhang von soziologischer und religionsphilosophischer Perspektive an: Während die Soziologie den Ausdifferenzierungsprozeß von Religion in formal-sozialer Hinsicht beschreibt, Religion also genetisch erklärt, kann sich die Philosophie in der Sachdimension metaphysischen Fragen widmen. Und von einem Konvergenzpunkt beider Perspektiven aus kann den Rückwirkungen religiöser Vorstellungen auf soziale Prozesse nachgegangen werden.

In diesem Sinne ist auch die Religionsschrift von 1906 beziehungsweise 1912 gehalten, denn ihr Gerüst basiert auf dem religionssoziologischen Aufsatz.[2] Da sie jedoch – in der Fassung der zweiten Auflage – auch auf spätere religionsphilosophische Aufsätze rekurriert und folglich eine systematisierende Integration der vier Schichten der Religionstheorie Simmels auf soziologischer Basis vornimmt, erfolgt ihre Interpretation zu Beginn des dritten Teils meiner Untersuchung.

c) Religion in den Formen der Vergesellschaftung

Hatte Simmel in seinem religionssoziologischen Aufsatz von 1898 Religiosität noch als eine soziale Form zu fassen versucht, so wurde ihm spätestens aufgrund erkenntnistheoretischer Überlegungen deutlich, daß sie eine generellere Kategorie ist, in der der menschliche Geist neben anderen prozediert. Folglich ist sie keine soziale Form im engeren, formalsoziologischen Sinn. Allerdings lassen sich gewisse soziale Formen ausmachen, die als »religiöse Halbprodukte«, als »religioid« zu bezeichnen sind, insofern sie Analogien mit den Wirkungen der religiösen Kategorie aufweisen.[3] Im folgenden geht es darum, welcher Erkenntnisgewinn die Untersuchung religiöser Sachverhalte unter dem Aspekt der Formen der Vergesellschaftung birgt, wie sie Simmel in der *großen Soziologie* von 1908 anstellt. Die Rekonstruktion hält sich allerdings nicht an die an einzelnen sozialen Formen orientierte Kapiteleinteilung (mit Ausnahme des letzten) und nimmt auch auf ihre Entstehungszeit keine Rücksicht. Dies zum einen deshalb, weil nicht in allen Kapiteln Religion thematisch wird. Zum anderen und vor allem aber deshalb, weil die *formale Soziologie* gleichsam gegen den Strich gelesen werden muß, um die ihr implizite *Religionssoziologie* freilegen zu

---

[1] Ebd.
[2] Vgl. das Variantenverzeichnis und M. BEHR, V. KRECH, G. SCHMIDT, Editorischer Bericht, in: Georg Simmel, *Philosophie der Mode (1905). Die Religion (1906/²1912). Kant und Goethe (1906/³1916). Schopenhauer und Nietzsche (1907)*, hgg. von M. BEHR/V. KRECH/G. SCHMIDT (Georg Simmel-Gesamtausgabe, Bd. 10), Frankfurt a. M. 1995, 409–421, hier: 412.
[3] Vgl. REL, 61.

können. Die Rekonstruktion übernimmt die bereits bei der Behandlung der *socialen Differenzierung* angelegten Ordnungskriterien, um Kontinuitäten, aber auch Modifikationen und Brüche gegenüber der älteren soziologischen Monographie herausarbeiten zu können.

(1) Religion unter dem Aspekt des Korrelationsverhältnisses zwischen »Individuum« und »Gesellschaft«

Gemäß dem komplementären Verhältnis von Differenzierung und Vereinheitlichung bildet das Korrelat der kirchlichen Einheitsbestrebung, das unter anderem Gegenstand des Kapitels »Über- und Unterordnung« ist, die Abgrenzung nach außen. Die Erörterung der Formen des Streites, des Kampfes und der Konkurrenz ermöglichen ein genaueres Verständnis des segmentär-individualisierenden Differerenzierungsprozesses, den Simmel bereits in der *socialen Differenzierung* behandelt hat. Im Kapitel über Streit hebt der Autor zunächst hervor, daß auch der Kampf – entgegen der gewöhnlichen Auffassung – eine Vergesellschaftungsform darstellt, denn er ist »eine Synthese von Elementen ..., ein Gegeneinander, das mit dem Füreinander unter *einen* höheren Begriff gehört«[1]. Im Laufe der Begründung dieser Auffassung kommt Simmel auf das Phänomen zu sprechen, daß der Streit um so stärker ist, je größere Gemeinsamkeiten die verfeindeten Parteien hegen; ein Sachverhalt, der im wesentlichen auf der »soziologischen Unterschiedsempfindlichkeit« beruht.[2] Simmels Einschätzung zufolge geben kirchliche Verhältnisse für diesen Umstand »mit die stärksten Beispiele, weil in ihnen die kleinste Divergenz wegen ihrer dogmatischen Fixierung sogleich eine logische Unversöhnlichkeit erhält: wenn überhaupt Abweichung da ist, so ist es begrifflich gleichgültig, ob sie groß oder klein ist«[3]. Als Fallbeispiel für diesen Formtypus führt Simmel die bereits in der *socialen Differenzierung* genannten konfessionalistischen Streitigkeiten zwischen Lutheranern und Reformierten im 17. Jahrhundert sowie die Aversion der römisch-katholischen Kirche gegen die Altkatholiken an. Eine besondere Variante der Form des Konflikts auf gleicher Basis stellt derjenige Fall dar, in dem die Entzweiung primäre Absicht und der Konflikt dementsprechend ein sekundäres Phänomen ist. Der Renegat ist der Prototyp dieser Konstellation: »Die Vorstellung des ehemaligen Übereinstimmens wirkt hier noch so stark, daß der jetzige Gegensatz unendlich viel schärfer und erbitterter ist, als wenn von vornherein überhaupt keine Beziehung bestanden hätte«; und um des Zweckes der abweichenden Position

---
[1] SOZ, 284. Mit dieser Auffassung ist Simmel bekanntlich zu einem Vorreiter der soziologischen Konflikttheorie geworden; vgl. etwa L. A. Coser, *Theorie sozialer Konflikte*, Neuwied am Rhein und Berlin 1965.
[2] Vgl. SOZ, 316, 657 und bereits SD, 130: »Der Mensch ist ein Unterschiedswesen«.
[3] SOZ, 311.

willen »führt der theoretische oder religiöse Abfall zu einer gegenseitigen Verketzerung in jeglicher ethischen, persönlichen, inneren oder äußeren Hinsicht, deren es garnicht bedarf, wenn die genau gleiche Differenz sich zwischen Fremden abspielt«[1]. Als Fallbeispiele dienen Simmel wiederum Beziehungen zwischen einander verwandten und fremden Konfessionen. An dieser Stelle wird deutlich, daß die sozialisierende Kraft der Religion nicht nur im Sinne der Homogenisierung zu verstehen ist. Vielmehr können religiöse Überzeugungen auch eine entzweiende Wirkung besitzen. Im Sinne des Simmelschen Verständnisses von Konflikt ist die sozialisierende Funktion aber auch in diesem Falle wirksam, weil sie die konfligierenden Parteien in eine starke Wechselwirkung versetzt und sie damit gegenseitig aneinander bindet. Eine der Kampfformen mit der größten vergesellschaftenden Wirkung stellt die Konkurrenz dar: »[S]ie zwingt den Bewerber, der einen Mitbewerber neben sich hat und häufig erst hierdurch eigentlicher Bewerber wird, dem Umworbenen entgegen- und nahezukommen, sich ihm zu verbinden, seine Schwächen und Stärken zu erkunden und sich ihnen anzupassen, alle Brücken aufzusuchen oder zu schlagen, die das eigne Sein und Leisten mit jenem verbinden könnten.«[2] Neben dieser sozialen Funktion im formalen Sinne wirkt das Prinzip der Konkurrenz auch auf inhaltlicher Ebene, nämlich wertsteigernd, »da sie, vom Standpunkt der Gruppe aus gesehen, subjektive Motive als Mittel darbietet, um objektive soziale Werte zu erzeugen und, vom Standpunkt der Partei, die Produktion des objektiven Wertvollen als Mittel benutzt, um subjektive Befriedigung zu gewinnen«[3]. Diese Zweck-Mittel-Verkehrung zwischen einer umfassenden Einheit und dem Individuum erläutert Simmel anhand der Analogie des Verhältnisses zwischen Gott und Mensch, die sich jeweils Mittel für unterschiedliche Zwecke sind. Während für die Idee des göttlichen Weltplanes die Endzwecke des einzelnen Menschen nur Mittel sind, um das absolute Endziel zu realisieren, ist umgekehrt für das religiöse Subjekt die transzendente Wirklichkeit wiederum nur ein Mittel für seinen Zweck: »[S]ein Wohlergehen auf Erden oder sein Heil im Jenseits, das Glück ruhiger, erlöster Vollkommenheit oder ekstatischer Gotterfülltheit sucht es durch den Gott, der ihm dies alles vermittle«.[4] Die Zweck-Mittel-Verkehrung zwischen einer umfassenden Einheit und dem Individuum, die im Verhältnis zwischen Gott und Mensch ihren prägnantesten Ausdruck findet, ist ein notwendiges Verfahren, um einen Ausgleich der Interessen

---

[1] SOZ, 316. Während Simmel das Renegatentum im Kapitel über den Streit unter konfliktsoziologischen Aspekten analysiert, stellt er in seinem Exkurs über Treue und Dankbarkeit als Korrelat zur äußeren Abgrenzung die außerordentliche Bindungskraft des Renegaten an seine neue Gruppe heraus; vgl. SOZ, 657f.
[2] SOZ, 327.
[3] SOZ, 325f.
[4] SOZ, 326, Anm. 1.

zwischen der Gesellschaft und dem Einzelnen zu ermöglichen: »Das Tun des Einzelnen wird normiert und vorgespannt, um die rechtlichen und sittlichen, die politischen und kulturellen Verfassungen der Menschen zu tragen und zu entwickeln; was aber im ganzen nur dadurch gelingt, daß die eigenen eudämonistischen und sittlichen, materiellen und abstrakten Interessen des Individuums sich jener überindividuellen Werte als Mittel bemächtigen.«[1] Wenn es um die subjektive Aneignung objektiver Inhalte geht, hat das Konkurrenzprinzip auf sozialstruktureller Ebene auch eine individualisierende Wirkung, denn Konkurrenz braucht individuelle Wahlmöglichkeit. Zunehmende Individualisierung verstärkt wiederum die Konkurrenz, und zwar nicht nur auf wirtschaftlichem und politischem Gebiet, sondern in sämtlichen gesellschaftlichen Bereichen: »Je mehr der Liberalismus außer in die wirtschaftlichen und die politischen auch in die familiären und geselligen, die kirchlichen und freundschaftlichen, die Rangordnungs- und allgemeinen Verkehrsverhältnisse eingedrungen ist, das heißt also: je weniger diese vorbestimmt und durch allgemeine historische Normen geregelt, je mehr sie dem labilen, von Fall zu Fall sich herstellenden Gleichgewicht oder den Verschiebungen der Kräfte überlassen sind – desto mehr wird ihre Gestaltung von fortwährenden Konkurrenzen abhängen; und der Ausgang dieser wiederum in den meisten Fällen von dem Interesse, der Liebe, den Hoffnungen, die die Konkurrenten in verschiedenem Maße in dem oder den Dritten, den Mittelpunkten der konkurrierenden Bewegungen, zu erregen wissen.«[2] Für unseren Zusammenhang ist relevant, daß Simmel die Liberalisierungs- und damit zusammenhängenden Pluralisierungstendenzen auch auf dem Gebiet religiöser Überzeugungen und Organisationen diagnostiziert und – wenn auch indirekt in allgemein kultureller Hinsicht – die Folgen des Konkurrenzprinzips beschreibt: »Mit der kulturellen Steigerung der Intensität und Kondensierung der Lebensinhalte muß der Kampf um dieses kondensierteste aller Güter, die menschliche Seele, immer größeren Raum einnehmen und damit die zusammenführenden Wechselwirkungen, die seine Mittel wie seine Ziele sind, ebenso vermehren wie vertiefen.«[3] Nicht nur die bereits angeführte Individualisierung im Sinne zunehmender Entscheidungsfreiheit also, sondern auch ein inhaltlicher Subjektivierungsprozeß ist eine Folge zunehmender Konkurrenz: Das Selbst wird durch seine Rolle als Entscheidungsträger gestärkt und avanciert im Prozeß der Zweck-Mittel-Verkehrung zugleich zum zentralen *Gegenstand* konkurrierender religiöser Überzeugungen.

Während religiöse Sozialgebilde, wie die vorangehenden Abschnitte zeigen, nach außen auf dem Konkurrenzprinzip basieren, schließen sie nach

---
[1] Ebd.
[2] SOZ, 329.
[3] SOZ, 330.

innen das Konkurrenzverhältnis gerade aus. Innerhalb der religiösen Gemeinde »richten sich ... parallele Bestrebungen Aller auf ein für Alle gleiches Ziel, allein zu einer Konkurrenz kommt es nicht, weil die Erreichung dieses Zieles durch den einen nicht den andern von ihm ausschließt. Zum mindesten nach der christlichen Vorstellung ist in Gottes Hause Platz für Alle.«[1] Selbst der Prädestinationsglauben läßt den aktiven Wettbewerb nicht aufkommen, weil aufgrund der Vorherbestimmung das Wesentliche der Konkurrenz fehlt, nämlich die gleichen Chancen für alle und die unterschiedlichen Leistungen als Grund für Gewinn und Verlust. Da der Besitz des Heilsgutes von der nicht beeinflußbaren göttlichen Macht abhängt, kann es bei der Gnadenwahl zwar zu Neid, nicht jedoch zum Wettbewerb um das Heilsgut kommen. Folglich besteht eine im Vergleich zu Wettbewerbsbedingungen größere Distanz und Gleichgültigkeit der Gläubigen gegeneinander.[2] Zwar kommt es innerhalb der religiösen Gruppe häufig zu einer Art von Wetteifer um das Heilsgut beziehungsweise darum, sich des Seelenheils zu vergewissern; dieser Umstand führt zu einer Leistungssteigerung, etwa bei den Gebotserfüllungen und verdienstlichen Werken, bei Devotionen und Askese, Gebeten und Spenden. Von Konkurrenzbedingungen im eigentlichen Sinne kann hier aber deshalb nicht die Rede sein, weil das begehrte Heilsgut nicht knapp ist und deshalb der Gewinn, nur weil er dem einen zufällt, dem anderen nicht versagt bleiben muß.[3] Wie für alle auf bloßer Rezeptivität basierenden Vereinigungen gilt auch für die religiöse Gruppe: »Insofern das Ziel, dem die Mitglieder eines Kreises als solche zustreben, die religiöse, d.h. unbeschränkte und von ihrer Relation

---

[1] SOZ, 334; dieses Argument führt Simmel bereits in SozRel, 279, in HlSle, 113, und REL, 82, an.

[2] Vgl. SOZ, 334f.

[3] Vgl. SOZ, 335f. Vgl. auch den Schluß des »Exkurses über soziale Begrenzung«, SOZ, 702; an dieser Stelle kehrt das Argument unter der Perspektive des fehlenden Ausschlusses wieder: Am Reich Gottes kann »jeder teilhaben und es *ganz* besitzen ..., ohne den Besitz des Andern dadurch zu verkürzen«. In etwas anderer Form kehrt das Argument von der Konkurrenzlosigkeit in der Religion im »Exkurs über die Soziologie der Sinne« der *großen Soziologie* wieder: »Daß alle Menschen gleichzeitig den Himmel sehen können und die Sonne, das ist, wie ich glaube, ein wesentliches Moment des Zusammenschlusses, den jede Religion bedeutet. Denn jede wendet sich irgendwie, ihrem Ursprung oder ihrer Ausgestaltung nach, an den Himmel oder die Sonne, hat irgend eine Art von Beziehung zu diesem Allumschließenden und Weltbeherrschenden. Daß ein Sinn, der in der Praxis des Lebens so exklusiv ist, wie das Auge, der selbst das gleichzeitig Erblickte durch die Verschiedenheit des Augenpunktes für jeden irgendwie modifiziert, nun doch einen Inhalt hat, der absolut nicht exklusiv ist, der sich jedem gleichmäßig darbietet, den Himmel, die Sonne, die Gestirne – das muß auf der einen Seite jenes Transzendieren aus der Enge und Besonderheit des Subjekts nahelegen, das jede Religion enthält, und trägt oder begünstigt auf der andern das Moment des Zusammenschlusses der Gläubigen, das gleichfalls jeder Religion eignet.« SOZ, 731.

untereinander unabhängige, Möglichkeit des Gewährtwerdens besitzt, wird der Kreis keine Konkurrenz ausbilden.«[1]

Im Zusammenhang des Exkurses zum Phänomen der Überstimmung erörtert Simmel den »unversöhnlichen und tragischen Dualismus zwischen dem Eigenleben des Individuums und dem des gesellschaftlichen Ganzen«[2]. Infolge dieses Dualismus braucht der Begriff der Majorität eine ideelle Begründung, um den Vorgang der Überstimmung nicht als bloße Vergewaltigung der Minorität erscheinen zu lassen. Die Charakteristik dieses demokratischen Grundproblems zeichnet Simmel abermals anhand der christlichen Religionsgeschichte nach. Zunächst hebt er die große Bedeutung des individuellen Gewissens bereits für das frühe Christentum hervor, die jedoch mit den aus äußeren wie inneren Gründen notwendigen Einheitsbestrebungen der kirchlichen Organisation in einen prinzipiell unlösbaren Konflikt trat. Eine faktische Unterwerfung ließ sich nur durch die Annahme herbeiführen, daß Gott, das höchste Prinzip also, immer auf der Seite der Majorität ist. Für unseren Zusammenhang ist nun entscheidend, daß Simmel in dieser »theo-politischen« Legitimationsfigur einen Prototyp für alle Abstimmungsvorgänge sieht: »Dieses Motiv durchzieht, als unbewußt grundlegendes Gefühl oder irgendwie formuliert, die ganze spätere Entwicklung der Abstimmungsformen.«[3] Auch an dieser Stelle also dient Simmel religionsgeschichtliches Material dazu, die Charakteristik einer Sozialform herauszuarbeiten.

(2) Die organisatorische Entwicklung von Religion angesichts des fortschreitenden Differenzierungsprozesses

Im folgenden behalte ich die Systematik bei, die ich an die Thematisierung von Religion in der *socialen Differenzierung* angelegt habe. Allerdings gibt Simmel in der *großen Soziologie* die Perspektive auf Differenzierung im Nacheinander auf und beschränkt sich auf die Differenzierung im Nebeneinander, so daß die evolutionstheoretischen Gesichtspunkte der religiösen Arbeitsteilung und der funktionalen Differenzierung nicht mehr aufgegriffen werden.

---

[1] SOZ, 336.
[2] SOZ, 228. Hier kehrt das bereits in der *Moralwissenschaft* thematisierte Verhältnis von Teil und Ganzem wieder. Doch während es dort als eine weitgehend unproblematische Beziehung thematisiert wurde, bezeichnet es Simmel in der *Soziologie* als einen »unversöhnlichen und tragischen Dualismus«. Diese veränderte Einschätzung verdankt sich um 1900 einsetzenden kulturphilosophischen Überlegungen, auf die ich im folgenden Kapitel eingehen werde.
[3] SOZ, 226.

(a) Die Korrelation zwischen Gruppengröße beziehungsweise -struktur, Beschaffenheit des Integrationsmediums und Integrationsgrad

Im dritten Kapitel der *Soziologie*, das die Formen der Über- und Unterordnung analysiert, wird erneut deutlich, was mit der bereits in der *socialen Differenzierung* und in der *Moralwissenschaft* angeführten »unermeßlichen socialisierenden Wirkung der Religion«[1] gemeint ist und welch großer Stellenwert religionsgeschichtlichem Material bei die Herausarbeitung sozialer Formen zukommt. Simmel unterscheidet drei Arten der Über- und Unterordnung: Überordnung kann ausgeübt werden »von einem Einzelnen, von einer Gruppe, von einer objektiven, sei es sozialen, sei es idealen Macht«[2]. Vor allem die erste Art der Über- und Unterordnung, die Einherrschaft, hat »eine sehr entschiedene Vereinheitlichung der Gruppe zur Folge«[3]. Die Homogenisierung ist auf zwei Wegen möglich. Zum einen kann sich eine bereits bestehende Gruppe unter eine Person, etwa unter einen gemeinsam bestimmten und akklamierten Führer, unterordnen. Zum anderen kann sich eine Gruppe aber auch erst *durch* die Unterordnung unter eine Person als eine Einheit konstituieren. Für unsere Themenstellung ist nun zentral, daß Simmel die Form der Über- und Unterordnung unter einen Einzelnen sowie ihre beiden Unterarten anhand von Analogien aus der Religionsgeschichte herausarbeitet: »Die Soziologie der Religionen ist dadurch prinzipiell differenziert, ob eine Vereinigung der Individuen einer Gruppe statthat, die den gemeinsamen Gott als das Symbol und die Weihe ihrer Zusammengehörigkeit gleichsam aus dieser hervorwachsen läßt – wie es in vielen primitiven Religionen der Fall ist –, oder ob die Gottesvorstellung erst ihrerseits die sonst nicht oder nur knapp zusammenhängenden Elemente in eine Einheit zusammenbringt.«[4] Die zweite Art findet Simmel im Christentum im allgemeinen sowie in den christlichen Sekten im besonderen realisiert, die »ihr besonderes und besonders starkes Band in dem absolut subjektiven und mystischen Verhältnis zu der Person Jesu finden, das jeder Einzelne als Individuum und insoweit völlig unabhängig von jedem anderen und von der Gemeinsamkeit besitzt«[5]. Aber auch vor dem Christentum hat bereits das Judentum dieses Formprinzip verwirklicht.[6] Nach dieser Beobachtung führt Simmel Fälle des

---

[1] Vgl. SD, 153.
[2] SOZ, 168.
[3] Ebd.
[4] SOZ, 168f.
[5] SOZ, 169. Simmel denkt hier sehr wahrscheinlich an die Herrnhuter Brüdergemeinde, deren formale Struktur er bereits in der *socialen Differenzierung*, 153, in ähnlicher Weise beschrieben hat.
[6] Simmel gibt folgende Behauptung wieder: »[I]m Gegensatz zu den gleichzeitig entstandenen Religionen, wo die Verwandtschaft zunächst jeden Genossen mit jedem anderen und dann erst das Ganze mit dem göttlichen Prinzip verbindet, würde dort das gemeinsame –

mittelalterlichen Feudalismus an, an denen sich dieses Formprinzip ebenfalls manifestiert. Der Autor ist offensichtlich der Ansicht, daß diese spezifische Art der Über- und Unterordnung erstmals im Bereich der Religion verwirklicht worden ist, wenn er schreibt: »Diese formale Struktur zu *wiederholen*, hatte der mittelalterliche Feudalismus auf Grund der vielverflochtenen persönlichen Abhängigkeiten und ›Dienste‹, häufige Gelegenheit.«[1] Das Verfahren der Analogiebildung zum Zwecke der Herausarbeitung sozialer Formen erweist sich auch hier wieder als äußerst fruchtbar: »Wie in jenem religiösen Falle ist die Unterordnung unter eine individuelle Potenz hier [sc. in den Fällen der feudalen Unterordnung] nicht, was sie in vielen, besonders den politischen Fällen ist, eine Folge oder der Ausdruck einer bestehenden organischen oder Interessengemeinschaft, sondern die Überordnung des *einen* Herrn ist umgekehrt die Ursache einer sonst nicht erreichbaren, durch keine sonstige Beziehung angelegten Gemeinsamkeit.«[2]

Die Form der Über- und Unterordnung durch eine individuelle Macht wirkt in besonderem Maße integrierend, wenn es sich um eine »höhere Instanz« handelt. Die sozialisierende Wirkung der »höheren Instanz« wird erneut an der christlichen Gottesvorstellung demonstriert, so daß abermals die enorme sozialisierende Wirkung der Religion offensichtlich wird und zu vermuten steht, daß diese Analogie aus der Religionsgeschichte auch die soziologische Erörterung des »Begriffes der ›höheren Instanz‹«[3] stimuliert hat: »Wenn man der christlichen Religion nachrühmt, daß sie die Seelen zur ›Friedfertigkeit‹ stimme, so ist der soziologische Grund davon sicher das Gefühl der gemeinsamen Unterordnung aller Wesen unter das göttliche Prinzip. Der christliche Gläubige ist davon durchdrungen, daß über ihm und jedem beliebigen Gegner – mag dieser selbst gläubig sein oder nicht – jene höchste Instanz steht, und dies rückt ihm die Versuchung zur gewaltsamen Messung der Kräfte fern. Der christliche Gott kann ein Band so weiter Kreise sein, die von vornherein in seinem ›Frieden‹ befaßt sind, gerade weil er so unermeßlich hoch über jedem Einzelnen steht und der Einzelne an ihm in jedem Augenblick mit jedem andren zusammen seine ›höhere Instanz‹ hat.«[4] Eine solche höhere Instanz ist als Integrationsmedium um so nötiger, je zahlreicher und heterogener die zu koordinierenden Elemente sind, je größer der zu vereinheitlichende Kreis ist. Auch für diesen soziologischen Sachverhalt dient der christliche Gottesbegriff als Anschauungsmaterial: »Für die sozialisierende Bedeutung der Religion großer Kreise ist es offenbar sehr wichtig, daß Gott sich in einer bestimmten Distanz

---

d.h. einen jeden unmittelbar betreffende – Vertragsverhältnis zu Jehova als die eigentliche Kraft und Sinn der nationalen Zusammengehörigkeit empfinden.« SOZ, 169.
[1] SOZ, 168 (meine Hervorhebung).
[2] SOZ, 169f.
[3] Vgl. SOZ, 173ff.
[4] SOZ, 175.

von den Gläubigen befindet. Die unmittelbare, sozusagen lokale Nähe mit den Gläubigen, in der sich die göttlichen Prinzipien aller totemistischen und fetischistischen Religionen, aber auch der altjüdische Gott befinden, machen eine derartige Religion ganz ungeeignet, weite Kreise zu beherrschen. Die ungeheure Höhe des christlichen Gottesbegriffs ermöglichte erst die Gleichheit der Ungleichen vor Gott; die Distanz gegen ihn war so unermeßlich, daß die Unterschiede zwischen den Menschen daran verlöschten.«[1] Trotz oder vielmehr: gerade wegen dieser Nivellierung war zugleich eine intime Nähe jedes Einzelnen zur göttlichen Instanz möglich, denn in der »Nähe der *Herzens*beziehung zu ihm [...] lebten diejenigen Seiten des Menschen, in denen vorausgesetztermaßen alle Unterschiede der Menschen schwinden, die aber zu dieser Reinheit und diesem Eigenleben erst durch die Einwirkung jenes höchsten Prinzips und der Beziehung zu ihm gleichsam auskristallisierten«[2]. Daß sich zwischen der vereinheitlichenden Distanz Gottes und der unmittelbaren Beziehung des einzelnen Gläubigen zu ihm dennoch die Organisation der katholischen Kirche etablieren und das Christentum auf diese Weise zur Weltreligion werden konnte, war nur dadurch möglich, »daß sie *diese* Unmittelbarkeit noch unterbrach und, indem sie sich selbst dazwischenschob, Gott auch in *dieser* Beziehung dem Einzelnen für sich allein unerreichbar hoch rückte«[3].

Wie stark die Bindungskraft im Falle der Unterordnung unter eine einzige höhere oder höchste Instanz ist, wird an der Differenz zwischen Polytheismus und Monotheismus deutlich. Im Anschluß an die Erörterung feudaler Vasallenverhältnisse fährt Simmel fort: »Eine formal ähnliche Lage schafft der Polytheismus für das religiöse Subjekt. Obgleich dieses sich von einer Mehrheit göttlicher Mächte beherrscht weiß, so kann es doch – vielleicht nicht ganz logisch klar, aber auf dieser Stufe psychologisch tatsächlich – sich von dem unzugänglichen oder ohnmächtigen Gotte zu einem andern, chancenreicheren wenden; noch im heutigen Katholizismus sagt der Gläubige oft dem einen Heiligen ab, der seine besondere Adoration nicht belohnt hat, um diese einem andern zu widmen – obgleich er die weiterwirkende Macht auch jenes über ihn prinzipiell nicht leugnen könnte. Insofern das Subjekt mindestens eine gewisse Wahl zwischen den In-

---

[1] SOZ, 201. Dieser religionsgeschichtliche Sachverhalt dient Simmel an anderer Stelle zur Veranschaulichung der synthetisierenden Potenz des Christentums, die auf einer gewissen Distanz zwischen den zu vereinigenden Elementen einerseits und dem Interesse, das sie vereinigt, andererseits beruht: »[G]egenüber den Stammes- und nationalen Gottheiten hat der weltumfassende Gott des Christentums einen unendlichen Abstand von den Gläubigen, es fehlen ihm ganz die mit der Sonderart des Einzelnen verwandtschaftlichen Züge; dafür kann er aber auch die heterogensten Völker und Persönlichkeiten zu einer unvergleichlichen religiösen Gemeinsamkeit zusammenfassen.« SOZ, 366.
[2] SOZ, 201f.
[3] SOZ, 202.

stanzen über ihm hat, gewinnt es jeder gegenüber, ja für sein Gefühl vielleicht ihrer Gesamtheit gegenüber eine gewisse Unabhängigkeit, die ihm da versagt bleibt, wo die gleiche Summe religiöser Abhängigkeit in einer einzigen Gottesvorstellung sozusagen unentrinnbar vereinigt ist.«[1]

(b) Die Unterscheidung von Kirche und Sekte
Vor diesem Hintergrund ist Religion auch Thema des letzten Kapitels der *Soziologie* über »Die Erweiterung der Gruppe und die Ausbildung der Individualität«, in das abermals Teile aus der *sozialen Differenzierung* eingegangen sind.[2] Ausgangspunkt des Kapitels ist nicht mehr ein einzelner Begriff, sondern der Satz: Die »Individualität des Seins und Tuns erwächst, im allgemeinen, in dem Maße, wie der das Individuum sozial umgebende Kreis sich ausdehnt«[3]. Heuristischer Ausgangspunkt ist, wie in der *sozialen Differenzierung,* der Grundgedanke, »daß in jedem Menschen ceteris paribus gleichsam eine unveränderliche Proportion zwischen dem Individuellen und dem Sozialen besteht«[4]. Diesen Sachverhalt bringt Simmel in folgendes Schema: »[D]ie Elemente des differenzierten Kreises sind undifferenziert, die des undifferenzierten Kreises differenziert.«[5] Der Fall der Undifferenziertheit in einer differenzierten Gruppe wird – wie bereits in der *sozialen Differenzierung* – am Fall der sozialen Ordnung des Quäkertums exemplifiziert. Präziser als in der älteren Arbeit spricht der Autor allerdings in der *Soziologie* von einem »Quantum der Tendenz zur Individualisierung und der zur Undifferenziertheit …, das durch die persönlichen, geschichtlichen, gesellschaftlichen Umstände bestimmt ist und das gleiche bleibt, mag es sich an der rein persönlichen Gestaltung oder an der sozialen Gemeinschaft, der die Persönlichkeit angehört, zur Geltung bringen«[6]. Aus dieser Auffassung folgt die Annahme einer doppelten Existenz: »einmal als Individuum innerhalb des sozialen Kreises, mit fühlbarer Abgrenzung gegen dessen übrige Mitglieder, dann aber auch als Mitglied dieses Kreises, in Abgrenzung gegen das, was ihm nicht angehört«[7]. Gemäß dem oben angeführten Schema wird, um ein bestimmtes Maß des Bedürfnisses nach Individualisierung abzudecken, »die gesteigerte Individualisierung innerhalb der Gruppe … mit einer herabgesetzten Individualisierung der Gruppe

---

[1] SOZ, 211. An dieser Stelle wird erneut deutlich, wie Simmel mittels des Analogieverfahrens aus religionshistorischen Sachverhalten auf soziale Formen schließt.
[2] Vgl. das Variantenverzeichnis zur *großen Soziologie* sowie RAMMSTEDT, Editorischer Bericht, 877.
[3] SOZ, 791f.
[4] SOZ, 797; zum heuristischen Charakter dieser Aussage vgl. SOZ, 800.
[5] SOZ, 797f.
[6] SOZ, 799.
[7] Ebd.

selbst zusammengehen«[1]. Auf den Bereich religiöser Sozialgebilde angewandt, bedeutet dieser Sachverhalt, daß die kirchliche Organisation ein großes Maß an Individualisierung ihrer Mitglieder ermöglicht, während die Sekte, wie der Fall der Quäker illustriert, selbst eine differenzierte Sozialform ist und ihre Mitglieder im geringeren Maße individuell differenziert sind. Generell versteht Simmel die Sekte – wie den Adel, die Zunft, die Familie, den Verein und die politische Partei – als eine soziologische Form des Zusammenschlusses von Individuen, die sich zwischen diese Elemente als Einzelwesen und einen großen, die Sekte selbst einschließenden Kreis einschiebt.[2]

Gegenüber der *socialen Differenzierung* nimmt Simmel in der *Soziologie* über die angeführte Präzisierung hinaus zwei Ergänzungen vor, von denen hier zunächst die erste von Interesse ist. Und zwar unterscheidet er zwischen zwei Bedeutungen des Individualitätsbegriffs und greift damit Überlegungen aus dem 1901 publizierten Aufsatz »Die beiden Formen des Individualismus« auf.[3] Vor dem Hintergrund dieser Differenz entspricht der oben angeführte Sachverhalt der quantitativen Bedeutung des Individualitätsbegriffs. Individualität in diesem Sinne meint »die Freiheit, die Selbstverantwortlichkeit, die dem Menschen in weiten und bewegten sozialen Umgebungen zukommt, während die kleinere Gruppe im doppelten Sinne die ›enge‹ ist – nicht nur nach ihrem Umfange, sondern nach der Beengung, die sie dem Individuum antut, der Kontrolle, die sie über dieses ausübt, dem geringen Radius der Chancen und der Bewegtheiten, die sie ihm gestattet«[4]. Die andere Bedeutung des Individualitätsbegriffs ist qualitativer Art. Individualität in diesem Sinne meint den Sachverhalt, »daß der einzelne Mensch sich von den andern einzelnen unterscheide, daß sein Sein und sein Tun nach Form oder Inhalt oder beiden nur ihm allein zukomme, und daß dieses Anderssein einen positiven Sinn und Wert für sein Leben besitze«[5]. Für Simmels Argumentationszusammenhang ist entscheidend, daß die Vergrößerung des Kreises, welcher der quantitative Individualitätsbegriff entspricht, auch die qualitative Variante begünstigt.[6] Auf die latent angelegte Unterscheidung von Sekte und Kirche bezogen, bedeutet dieser Sachverhalt, daß in der Sekte eher die quantitative Individualität vorherrscht, während in der Kirche die qualitative Individualität ihrer Mitglieder zur Ausprägung gelangt.

Im zweiten Kapitel, das die »quantitative Bestimmtheit« als Form analysiert und ihrer Bedeutung für soziale Aggregationen nachgeht, führt Sim-

---

[1] Ebd.
[2] Vgl. SOZ, 816.
[3] Vgl. FoIs.
[4] SOZ, 811.
[5] Ebd.
[6] Vgl. SOZ, 812.

mel als ein Beispiel für Gruppenbildungen, die auf eine kleine Mitgliederzahl beschränkt bleiben muß, unter anderem die Sekten der Waldenser, der Mennoniten und der Herrnhuter an: »Wo das Dogma etwa den Eid, den Kriegsdienst, die Bekleidung von Ämtern verbietet; wo ganz persönliche Angelegenheiten, die Erwerbstätigkeit, die Tageseinteilung, ja die Eheschließung der Regulierung durch die Gemeinde unterliegen; wo eine besondere Kleidung die Gläubigen von allen anderen abheben und als zusammengehörig anzeigen soll; wo die subjektive Erfahrung von einem unmittelbaren Verhältnis zu Jesus den eigentlichen Kitt der Gemeinde ausmacht – da würde ersichtlich die Ausdehnung auf große Kreise das zusammenhaltende Band sprengen, das zu erheblichem Teile eben in ihrer Ausnahme- und Gegensatzstellung gegenüber größeren beruht.«[1] Simmel hält den Anspruch dieser Sekten, das ursprüngliche Christentum zu repräsentieren, für nicht unberechtigt und führt ein bereits aus der *socialen Differenzierung* bekanntes Argument an: Das Urchristentum war aufgrund der noch undifferenzierten Einheit von Dogma und Lebensform nur in kleinen Gemeinden innerhalb großer umgebender möglich. Diese dienten den Christen dazu, ihre praktischen Lebensbedürfnisse zu befriedigen und zugleich dazu, sich von ihnen abzugrenzen und sich dadurch ihrer Eigenart bewußt zu werden. Aufgrund dieser Konstellation ist es für Simmel auch verständlich, daß das Christentum als Staatsreligion nicht nur seinen »soziologischen Charakter«, sondern auch seine Inhalte völlig ändern mußte.[2] Auf der anderen Seite drängt der religiöse Trieb zur Vergemeinschaftung, weil sich die Erhobenheit und Vergeistigung der religiösen Stimmung »erst aus der Mischung vieler Beiträge, unter gegenseitiger Auslöschung ihres individuellen Sondercharakters, über den Einzelnen – oder: den Einzelnen über sich selbst – erhebt«[3]. Zudem erhalten religiöse Inhalte, Symbole und Institutionen erst durch die Gruppe ihren objektiven Charakter.[4]

Von großer Bedeutung auch für die Religionsgeschichte und die Unterscheidung von Kirche und Sekte ist die qualitative Differenz zwischen der Zwei- und der Dreizahl. Im Rahmen der Beobachtung, daß die zweigliedrige Beziehung aufgrund des Dualismus zu den schärfsten Konflikten führen kann, gibt Simmel die Behauptung Voltaires über die politische Nützlichkeit des religiösen Pluralismus wieder: »[Z]wei rivalisierende Sekten in-

---
[1] SOZ, 66.
[2] Vgl. ebd.
[3] SOZ, 92. An anderer Stelle führt Simmel einige Beispiele von Vorschriften für die Mindestzahl religiöser Gruppenbildung aus der Religionsgeschichte als einen Beleg für die Annahme an, daß die »Kraft, Konzentriertheit und Stabilität der religiösen Gemeinschaftsstimmung ... in diesen Fällen ... erst von einer gewissen Mitgliederzahl an, die sich gegenseitig hält und hebt, erwartet [wird]«; SOZ, 158.
[4] Vgl. SOZ, 73: »Der Charakter des Überpersönlichen und Objektiven [...] entstammt gerade der *Vielheit* der irgendwie wirksamen individuellen Elemente.«

nerhalb eines Staates erzeugten unvermeidlich Unruhen und Schwierigkeiten, wie sie durch zweihundert niemals entstehen könnten.«[1] Entsprechend teilt sich das öffentliche Leben in erregten Zeiten in einen Dualismus, nach dem Motto: wer nicht für mich ist, der ist gegen mich.[2] Die Binarität des Entweder-Oder führt zu einem Radikalismus, der gerade für Massenbewegungen charakteristisch ist. Dieser Radikalismus basiert einerseits auf der Einfachheit der Ideen und andererseits auf einem leidenschaftlichen Umfassungsgefühl dem Ganzen gegenüber, das Toleranz, eine Mittelstellung und erst recht Indifferenz ausschließt; der aus dem Anspruch auf das Ganze resultierende Radikalismus drängt auf ein entschiedenes Ja oder Nein. Als Beispiel für diese Konstellation führt Simmel die Jesus-Bewegung an: »Der Radikalismus, mit dem Jesus diese Entscheidung formuliert, ruht auf einem unendlich starken Gefühl der einheitlichen Zusammengehörigkeit aller derer, an die seine Botschaft gekommen ist. Daß es dieser gegenüber nicht nur ein bloßes Annehmen oder Ablehnen, sondern sogar nur ein Annehmen oder Bekämpfen gibt – das ist der stärkste Ausdruck für die unbedingte Einheit der Dazugehörigen und das unbedingte Draußenbleiben der nicht dazu Gehörigen: der Kampf, das Wider-mich-sein, ist immer noch eine entschiedene *Beziehung*, verkündet noch eine stärkere innerliche, wenngleich pervers gewordene Einheit, als das indifferente Danebenstehen und das vermittelnde Halb-und-halb-tum.«[3]

Während die Zweizahl also die erste Synthese und Vereinheitlichung, zugleich aber auch die erste Scheidung und Antithese darstellt, bedeutet die Rolle des Dritten Übergang, Versöhnung und Verlassen des absoluten Gegensatzes.[4] Als Vermittler fungiert im Bereich der Religion etwa die Vorstellung von der unsichtbaren Kirche, »die alle Gläubigen durch die für alle gleiche Beziehung zu dem einen Gott in eine Einheit zusammenschließt«[5]. Vermittlungsfunktionen zwischen weltlichen und kirchlichen Belangen können auch religiöse Würdenträger wahrnehmen, so zum Beispiel in früherer Zeit Bischöfe, die bei Konflikten zwischen dem weltlichen Herrscher ihres Sprengels und dem Papst intervenieren konnten.[6] Die Vermittlerrolle der Kirche hat schließlich dazu geführt, daß sie im hohen Mittelalter in die Position des Dritten als des *Tertius gaudens* gelangt ist. Zum einen hat sie dieses Formprinzip innerhalb ihrer eigenen Struktur früh ausgebildet und

---

[1] SOZ, 118.
[2] Vgl. SOZ, 121.
[3] SOZ, 122.
[4] Vgl. SOZ, 124.
[5] SOZ, 125. Im 1905 erschienenen Aufsatz »Die Gegensätze des Lebens und der Religion« vertritt Simmel die weitergehende Position, daß Religion insgesamt eine »versöhnende«, empirische Gegensätze ausgleichende Funktion hat; vgl. dazu die beiden folgenden Kapitel meiner Untersuchung.
[6] Vgl. SOZ, 130.

ihre auf Rom zentrierte hierarchische Organisation auf diese Weise nach innen gefestigt.[1] Zum anderen haben die Streitigkeiten unter weltlichen Mächten des Mittelalters wesentlich dazu beigetragen, die Machtstellung der katholischen Kirche zu erzeugen oder zu steigern.[2] Umgekehrt erscheint es unter dem Aspekt der zahlenmäßig bestimmten Formprinzipien plausibel, daß politische Instanzen die religiöse Gruppenbildung unter gewissen Umständen zu unterbinden trachten.[3]

Das Konkurrenzprinzip bringt es mit sich, daß religiöse Gruppen zum einen häufig untereinander im Streit liegen und zum anderen Kulturbereiche bekämpfen, die mit der Religion konkurrieren. Die katholische Kirche etwa befand sich von je her in diesem zweifachen Kampfzustand: »gegen den ganzen Komplex mannigfaltiger Lehrmeinungen, die zusammen das Ketzertum bilden, und gegen die Lebensinteressen und -potenzen neben ihr, die ein von ihr irgendwie unabhängiges Machtgebiet beanspruchen«[4]. Den Erfolg der katholischen Kirche, ihre geschlossene Einheitsform zu erlangen und zu bewahren, führt Simmel auf ihre Integrationsfähigkeit potentieller Abweichler zurück. Sobald diese jedoch den Abfall vollzogen hatten, bekämpfte sie die Dissidenten mit äußerster Härte.[5] Er faßt diesen

---

[1] Vgl. SOZ, 139: »Mit großem Nachdruck haben die römischen Bischöfe schon in der Entwicklung bis zu Leo d. Gr. dies ganze Formprinzip ausgebildet, indem sie streitende Parteien innerhalb der Kirche nötigten, ihnen die Stellung der ausschlaggebenden Macht einzuräumen. Schon früh nämlich hatten die Bischöfe, die mit andern in dogmatischen oder sonstigen Zerwürfnissen standen, sich um Unterstützung an den römischen Amtsbruder gewandt [...]. Infolgedessen blieb auch der jeweilig zweiten Partei nichts übrig, als sich gleichfalls an den römischen Bischof zu wenden [...]. Dadurch erwirkte dieser sich selbst die Prärogative und Tradition einer entscheidenden Instanz. Was man die soziologische Logik der Situation der drei, von denen zwei im Streit liegen, nennen könnte, hat sich hier nach der Seite des Tertius gaudens hin mit besonderer Reinheit und Intensität entwickelt.«

[2] Vgl. SOZ, 142: »Bei den ewigen Unruhen und Streitigkeiten in den großen und kleinen politischen Bezirken mußte die einzige und stabile Macht, die sowieso schon von jeder Partei verehrt oder gefürchtet wurde, eine mit nichts vergleichbare Prärogative gewinnen. [...] Je gewaltsamer und namentlich länger andauernd der Kampf von Parteien ihre Positionen schwanken läßt, desto überlegener, respektierter und chancenreicher wird, ceteris paribus, Festigkeit und Beharren *rein als formale Tatsache* die Position eines Dritten gestalten. Von dieser allenthalben beobachtbaren Konstellation gibt es wohl kein gigantischeres Beispiel als eben die katholische Kirche.«

[3] Simmel nennt beispielsweise das Argument des Plinius gegenüber Trajan, »die Christen seien gefährlich, weil sie eine Genossenschaft bildeten; im übrigen aber seien sie völlig harmlos«; SOZ, 144. An anderer Stelle führt er den Sachverhalt an, daß in England der conventicle act unter Karl II. alle religiösen Versammlungen in einem Hause von mehr als fünf Personen unter Strafe stellte; vgl. SOZ, 156.

[4] SOZ, 355.

[5] Vgl. ebd. Siehe auch SOZ, 595f., Anm. 1: »Die katholische Kirche hat zu allen Zeiten die Tendenz gehabt, auch die unsicheren Kantonisten, die Ketzer oder der Sezession Verdächtigen, doch noch so lange wie möglich als ganz selbstverständlich zu ihr gehörig zu behandeln, über das, was jene von ihr trennte, hinwegzugehen, als ob es nicht gesagt wäre, in dem Au-

Sachverhalt unter die Formel »Elastizität der Form«, die für die Selbstherhaltung sozialer Formen konstitutiv ist.[1] Für den Fall der katholischen Kirche gewährleisteten zum Beispiel die Mönchsorden diese Dehnbarkeit der Organisation, »durch welche sich die hier wie in allen Religionen auftauchenden mystischen oder fanatischen Impulse in einer der Kirche unschädlichen, ihr unbedingt eingeordneten Art ausleben konnten«[2]. Da der Protestantismus in dogmatischer Hinsicht zeitweilig viel intoleranter war, kam es bei ihm entsprechend oft zu Absonderungen und Absplitterungen von seiner Einheit.[3] Die mangelnde Einheit des Protestantismus erklärt Simmel

---

genblick aber, wo das nicht mehr angeht, nun auch den Ketzer, den Dissidenten, mit absoluter Entschiedenheit und ohne irgend ein Kompromiß oder ohne irgend welche Übergangserscheinungen auszustoßen. Diese Praxis schließt einen großen Teil der Macht und der Klugheit der katholischen Kirche ein: die ungeheure Weitherzigkeit, solange es noch möglich ist, den Dissidenten in sich zu bewahren, und umgekehrt die radikale Abstoßung seiner, sobald dies eben nicht mehr möglich ist. Sie hat dadurch die Vorteile eines maximalen Umfanges mit denen einer scharfen Begrenzung vereinigt.«

[1] Vgl. SOZ, 355. Zur Elastizität sozialer Formen im allgemeinen vgl. 670ff.; dort demonstriert Simmel die Bedeutung der Elastizität für die Selbsterhaltung einer sozialen Gruppe wiederum am Beispiel der Organisation der alten Kirche: »Die ersten Gemeinden bewahrten den Geist ihrer Gemeinschaft in einer außerordentlichen Strenge und Reinheit, die kein (sic!) Kompromiß mit sittlich Unzulänglichen oder in den Verfolgungen einmal Abgefallenen kannte; dieser Stabilität des Gesamtlebens entsprach eine vollkommen gleichmäßige Beschaffenheit der Mitglieder in sittlicher und religiöser Beziehung. Allein die vielfachen Abfälle in der Zeit der Verfolgungen zwangen die Kirche schließlich doch, von der Unbedingtheit ihrer Forderungen abzulassen und einer ganzen Skala mehr oder weniger vollkommener Persönlichkeiten die Mitgliedschaft einzuräumen. Die innere Differenzierung aber bedeutete zugleich eine wachsende Elastizität und Nachgiebigkeit der Kirche als ganzer; diese neue Technik ihrer Selbsterhaltung, mit der sie schließlich den wechselvollen Verhältnissen zu allen möglichen Lebensmächten genügen lernte, schloß sich an jenes Durchbrechen ihrer inneren Gleichartigkeit an, an die Toleranz, mit der sie ihren Elementen eine unbegrenzte Mannigfaltigkeit von Wertstufen einzunehmen gestattete. Es ist interessant, daß die Zeitlosigkeit des kirchlichen Prinzips sich technisch ebensowohl in unabbiegbarer Starrheit wie in grenzenloser Biegsamkeit realisiert. Die Selbsterhaltung der Kirche steht gleichsam in so abstrakter Höhe, daß sie sich ganz unpräjudiziert des einen wie des andern Mittels bedienen kann.« SOZ, 678.

[2] SOZ, 355. Der »Elastizität der Form« korrespondiert gelegentlich ein ideeller oder rechtlich bzw. sozial normierter Anspruch auf *universale* Integration; vgl. dazu SOZ, 446: »Trotz der tatsächlichen quantitativen Abgrenzung jeder wirklichen Gemeinschaft, gibt es doch eine erhebliche Reihe solcher, deren innere Tendenz die ist: wer nicht ausgeschlossen ist, ist eingeschlossen. Innerhalb gewisser politischer, religiöser, standesmäßiger Peripherien wird ein Jeder, der bestimmten äußeren, meistens nicht willensmäßigen, sondern mit seiner Existenz gegebenen Bedingungen genügt, ohne weiteres als ›dazugehörig‹ gerechnet. [...] das Extrem bildet der Anspruch einer Kirche, eigentlich die Gesamtheit des Menschengeschlechtes zu umfassen, so daß nur historische Zufälle, sündhafte Verstocktheit oder eine besondere Absicht Gottes irgendwelche Wesen von dem ideell auch für sie geltenden religiösen Verbande ausschlösse.«

[3] Vgl. SOZ, 355. Simmel wird an dieser Stelle die rege Sektenbildung und das Aufkommen zahlreicher Denominationen im Bereich des Protestantismus im Sinn haben.

mit dem Umstand, daß er keine eigentlichen Häretiker hat, während das Einheitsbewußtsein der katholischen Kirche durch die Tatsache der Häresie und durch das kriegerische Verhalten gegen sie entschieden gestärkt worden ist: »An der Unversöhnlichkeit des Gegensatzes gegen die Ketzerei haben sich die mannigfaltigen Elemente der Kirche immer gleichsam orientieren und, trotz mancher auseinanderführender Interessen, auf ihre Einheit besinnen können.«[1] Das Beispiel ist Ausdruck des allgemeinen Sachverhaltes, daß die Einheit einer Gruppe häufig verloren geht, wenn sie keinen Gegener mehr hat.[2] Dieser Umstand ist im übrigen auch der Grund dafür, warum etwa die verfolgten Nonkonformisten und Independenten während der konfessionalistischen Streitigkeiten in England so häufig das Entgegenkommen der anglikanischen Kirche und ihre Duldung abgelehnt haben; andernfalls hätten sie die auf Opposition basierende innere Geschlossenheit verloren.[3]

(3) Individualisierung und Universalisierung

Ein besonderes Gewicht kommt der Thematisierung von Religion im Kapitel über die Kreuzung sozialer Kreise zu. Teile dieses Abschnitts der *großen Soziologie* hat Simmel seiner *socialen Differenzierung* entnommen. Allerdings erweitert er die kurze Passage über die religiösen und politischen Kämpfe in Irland im Zusammenhang der *großen Soziologie* um ein Vielfaches.[4] Als Beispiel für den Sachverhalt, daß ein Einzelner im Schnittpunkt zweier Kreise stehen kann, die sich ansonsten einander entgegenstehen, führt Simmel jetzt die Religionszugehörigkeit *im allgemeinen* an; er bezeichnet sie unter der Bedingung der für die Weltgeschichte unermeßlich wichtigen Lösung der Religion von der stammesmäßigen, nationalen oder lokalen Bindung als das »bedeutendste und zugleich charakteristischste Beispiel«[5] für den in Rede stehenden Sachverhalt. In beiden Fällen, sowohl im Falle der Stammes- oder Nationalreligion als auch im Falle der universalistischen Weltreligion, sieht Simmel das Wesen der Religion realisiert. Im ersten Fall verschafft sich das religiöse Motiv in der Einheit von Glaubens- und Gruppenzugehörigkeit und der Verschmelzung des Gottes mit den Interesssen der politischen Gruppe Geltung. Aber auch im zweiten Fall erkennt der Autor die Wirksamkeit des religiösen Motivs, dort nämlich, »wo es gerade gegenüber allen Verknüpfungen aus andern Motiven heraus unabhängig und kräftig genug ist, die Gleichgläubigen über alle Ver-

---

[1] SOZ, 359.
[2] Vgl. ebd. Auch an dieser Stelle erweist sich Simmel als ein Vordenker der Konfliktsoziologie; zum gruppeninternen Homogenisierungseffekt durch einen äußeren Gegner vgl. Coser, *Theorie sozialer Konflikte,* 103ff.
[3] Vgl. SOZ, 358f.
[4] Vgl. zum folgenden SOZ, 480–485.
[5] SOZ, 480.

schiedenheiten ihrer sonstigen Bindungen hinweg zusammenzuschließen«[1]. Für den Zusammenhang der soziologischen Argumentation ist von entscheidender Bedeutung, daß die zuletztgenannte religiöse Verfassung eine eminent individualistische, zugleich aber auch eine über andere soziale Grenzen hinweg sozialisierende ist: »[D]ie religiöse Stimmung hat sich aus dem Halt gelöst, den sie aus dem Verwachseinsein mit dem ganzen Komplex sozialer Verbindungen gewann, und indem sie sich auf die individuelle Seele und ihre Verantwortlichkeit zurückzieht, schlägt sie nun wie aus dieser heraus die Brücke zu anderen, nur in dieser, aber vielleicht in keiner andern Hinsicht Gleichqualifizierten.«[2] Hierin ist für Simmel der Grund zu sehen, warum das Christentum – »seinem reinen Sinne nach eine ganz individualistische Religion«[3] – universale Verbreitung finden konnte. Im übrigen begreift er diese soziologische Bedeutung der Religion als die Spiegelung ihres ganz allgemeinen Doppelverhältnisses zum Leben und greift damit bereits in der *Philosophie des Geldes* angestellte Überlegungen auf, die dann im 1904/05 erschienenen Aufsatz »Die Gegensätze des Lebens und der Religion« explizit werden: Religion »steht einmal allen Inhalten unsrer Existenz gegenüber, ist das Gegenstück und Äquivalent des Lebens überhaupt, unberührbar seinen säkularen Bewegungen und Interessen; und ein andermal nimmt sie doch wieder Partei unter den Parteien dieses Lebens, über das sie sich prinzipiell erhoben hatte, wird ein Element neben all seinen andern Elementen, verflicht sich in Vielheit und Wechsel von Beziehungen innerhalb seiner, die sie soeben noch abgelehnt hatte«[4]. Die Loslösung des religiösen Individuums von allen sonstigen sozialen Bindungen ermöglicht zugleich die Berührung seines religiösen Interessenkreises mit allen möglichen anderen Keisen, und die auf diese Weise entstehenden Kreuzungen »dienen wiederum zur soziologischen Heraushebung und Determinierung der Individuen wie der religiösen Gruppen«[5]. Für diesen Sachverhalt führt Simmel zahlreiche religionsgeschichtliche Beispiele an, unter anderem auch den bereits in der *socialen Differenzierung* erwähnten Fall der irischen Katholiken in England. Im Anschluß daran kommt Simmel – wie in der *socialen Differenzierung* – auf die Ausbildung des öffentlichen Geistes zu sprechen. Indem er jedoch die angeführte Ergänzung vornimmt, erscheint die Entwicklung der christlichen Religionsgeschichte in der Fassung der *großen Soziologie* als eine Quelle oder zum mindesten als Prototyp für die Ausbildung des öffentlichen Geistes. Individualität ist ein konstitutiver Bestandteil des öffentlichen Geistes, weil er die Privatsphäre

---

[1] SOZ, 481.
[2] Ebd.
[3] Ebd.
[4] SOZ, 481f.
[5] SOZ, 482.

als sein Korrelat bedingt. Insofern aber das Christentum als Universalreligion zugleich maßgeblichen Anteil an der Konstitution von Individualität hat, bildet sie auch eine der wesentlichen Grundlagen für die Entstehung von Öffentlichkeit, durch die »eine gleichmäßige Annäherung an das Ideal des Kollektivismus wie des Individualismus geboten«[1] wird.

Die historische Genese der Komplementarität zwischen Individualismus und Kosmopolitismus verdeutlicht Simmel am Beispiel der stoischen Lehre: »[D]ie Sprengung der engeren sozialen Bande, in jener Epoche nicht weniger durch die politischen Verhältnisse wie durch theoretische Überlegung begünstigt, schob den Schwerpunkt des ethischen Interesses einerseits nach dem Individuum hin, andrerseits nach jenem weitesten Kreise, dem jedes menschliche Individuum als solches angehört.«[2] In dieser historischen Konstellation konkretisierte sich das allgemeine Prinzip, demzufolge die Vereinheitlichung in einem großen Ganzen das, wenngleich vorübergehende, Mittel zur Individualisierung und ihrem Bewußtwerden war. Insoweit stimmen die Ausführungen mit denen der *sozialen Differenzierung* überein. Im weiteren Zusammenhang, nämlich anhand der ergänzenden Beispiele, die Simmel im Anschluß an den »Exkurs über den Adel« zur Erläuterung des hier in Rede stehenden Sachverhaltes anführt, wird überdies deutlich, warum er der christlichen Weltanschauung und ihrer kirchlichen Organisation einen maßgeblichen Anteil an der Herausbildung neuzeitlicher Individualität und zugleich an der Konstitution von Öffentlichkeit als deren Kompliment zuschreibt: Abgesehen von der sachlichen Disposition zur Individualisierung stellt sie in ihrer ökumenischen Dimension – neben der Geldwirtschaft[3] – den historisch größten, weil weltumspannenden Kreis dar, der aufgrund seiner Weite ein größtmögliches Maß an Individualisierung freisetzte. Dieser Sachverhalt wird an der Differenz zwischen Polytheismus und Monotheismus besonders deutlich. Den Polytheismus kennzeichnet Simmel als eine Religionsform, die vieles von den Zügen der ›engeren Gruppe‹ trägt: »Die Kulte setzten sich meistens mit scharfen, in-

---

[1] SD, 244.
[2] SOZ, 814f.
[3] Simmel führt zunächst die Geldwirtschaft als das »größte weltgeschichtliche Beispiel ... für die Korrelation zwischen der sozialen Erweiterung und der individuellen Zuspitzung des Lebens« an; SOZ, 831, bezeichnet aber wenig später die christliche Religionsgeschichte ebenfalls als »das größte geschichtliche und zugleich metaphysische Beispiel für die hier behauptete Korrelation«; SOZ, 843. Daß beide Größen denselben Status einnehmen können, liegt an dem bereits in der *Philosophie des Geldes* analysierten Sachverhalt, daß an die Stelle Gottes in der Moderne das Geld getreten ist; vgl. PHG, 305ff. Der entscheidende Unterschied, auf den ich im folgenden näher eingehen werde, besteht darin, daß das Christentum im Gegensatz zur Geldwirtschaft, neben der faktischen auch eine metaphysische Dimension besitzt. Zur neueren Diskussion des Verhältnisses zwischen Geld und Gott aus theologischer Sicht vgl. F. WAGNER, *Geld oder Gott. Zur Geldbestimmtheit der kulturellen und religiösen Lebenswelt*, Stuttgart 1984, mit Bezug auf Simmel 60ff.

nerlichen wie lokalen Grenzen gegeneinander ab, die Kreise der Gläubigen waren zentripetal, oft gleichgültig, oft feindselig gegeneinander; die Götter selbst waren oft aristokratisch rangiert, mit komplizierten Über- und Unterordnungen und getrennten Wirksamkeitssphären.«[1] Diesen Zustand grenzt er von dem zu Beginn unserer Zeitrechnung im Gebiet der klassischen Kultur aufkommenden Monotheismus ab. Die Herrschaft nur noch eines einzigen und persönlichen Gottes bedeutet gemäß der behaupteten Korrelation zwischen der sozialen Erweiterung und der individuellen Zuspitzung des Lebens, »daß die Schranken zwischen den Kreisen der Gläubigen fielen, daß ein Hirt und eine Herde wurde, daß im Religiösen ein ›großer Kreis‹ entstand, dessen Mitglieder in völligem Nivellement, in der ›Gleichheit vor Gott‹ standen«[2]. Mit der Homogenisierung auf religiösem Terrain fiel zugleich die Bindung der Religion an bestimmte politische Gruppen fort; ein Differenzierungsprozeß, den Simmel bereits an anderen Stellen beschrieben hat. Mit der Erweiterung des religiösen Kreises entstand zugleich »das religiöse Individuum mit seiner unbedingten Selbstverantwortlichkeit, die Religiosität des ›Kämmerleins‹, die Unabhängigkeit von jeglicher Bindung an Welt und Menschen gegenüber der einen, die in der unabgelenkten, unvermittelten Beziehung der Einzelseele zu ihrem Gott gegeben war – zu dem Gotte, der darum nicht weniger, ja gerade deshalb der ›ihre‹ war, weil er gleichmäßig der Gott aller war«[3]. Mit Hilfe des Korrelationsschemas ist Simmel in der Lage, die Individualität der nivellierten großen Allgemeinheit als das »Gegenbild der absoluten und einheitlichen Persönlichkeit des Gottes«[4] zu verstehen.

Als Folge der Korrelationsbeziehung zwischen Individualisierung und Universalisierung formuliert Simmel: »[J]e mehr statt des Menschen als Sozialelementes der Mensch als Individuum und damit diejenigen Eigenschaften, die ihm bloß als Menschen zukommen, in den Vordergrund des Interesses treten, desto enger muß die Verbindung sein, die ihn gleichsam über den Kopf seiner sozialen Gruppe hinweg zu allem, was überhaupt Mensch ist, hinzieht und ihm den Gedanken einer idealen Einheit der Menschenwelt nahe legt.«[5] Allerdings unterliegt diese metaphysische Idee

---

[1] SOZ, 836f.
[2] SOZ, 837.
[3] Ebd.
[4] Ebd; ein Sachverhalt, der uns im Zusammenhang mit Simmels Kulturwissenschaft noch beschäftigen wird. Diese Entwicklungsform des Christentums wiederholt sich dem Autor zufolge an der Politik des Katholizismus. Bereits in der alten Kirche gab es die Tendenz zur Bildung gesonderter Kreise, scharfer Rang- und Interessenabgrenzungen, eine Aristokratie des Klerus über den Laienstand. Gegen diese Sonderbildungen agierte dann Gregor VII. und wurde darin duch das Zölibat unterstützt. Diese Bestrebung nahm schließlich der Jesuitismus auf; vgl. SOZ, 837f.
[5] SOZ, 840.

historischen Beschränkungen. Zwar hat das Christentum die Individualisierungstendenz der einzelnen Persönlichkeit maßgeblich befördert und damit die Idee der Menschheit wesentlich vorangebracht. Auch kommen in der christlichen Religionsgeschichte beide Formen des Individualismus zum Zuge: einerseits die quantitative Individualität, die sich in dem Anteil der christlichen Weltanschauung an der Formulierung und Durchsetzung der Menschenrechte manifestiert[1]; andererseits die qualitative Individualität, die sich in der christlichen Überzeugung vom ›unschätzbaren Wert der Einzelseele‹ sowie in der Vorstellung der Persönlichkeit Gottes Ausdruck verschafft. Dennoch hat auch das Christentum als Weltreligion seine Grenzen; dort nämlich, wo »am Christentum die absolute Konzentrierung aller Werte auf die Seele und ihr Heil herausgehoben und dabei doch das Band verkannt wird, das hiermit zwischen dem Christentum und der Gesamtheit aller menschlichen Existenzen geknüpft wird, dieser auf die ganze Menschheit ausgehende Vereinheitlichungs- und Angleichungsprozeß (wie abgestuft auch die Gleichheit sei) vielmehr an der Zugehörigkeit zur Kirche seine harte Schranke findet – wie etwa Zwingli erklärte, daß alle Orden, Sekten, Sondervereinigungen usw. fortfallen müßten, weil alle Christenmenschen Brüder seien – aber eben nur *diese*«[2]. Abgesehen von diesen historischen und sozialen Beschränkungen ist das Gleichheitsideal »durch nichts mehr gefördert worden, als durch die christliche Lehre von der unsterblichen und unendlich wertvollen Seele«[3]. In der Perspektive ihres Gottes gegenüber ist die Seele auf sich allein gestellt und folglich in ihrer metaphysischen Individualität der einzige absolute Wert des Daseins. Darin aber ist sie jeder andern gleich, denn in bezug auf das Ewige und Transzendente nivellieren sich die empirischen Differenzen der Menschen. Die Einzelnen sind nicht mehr bloße Summe ihrer Eigenschaften, sondern ein jeder wird durch Persönlichkeit, Freiheit und Unsterblichkeit zu einer absoluten Einheit. In dieser Interpretation »bietet die Soziologie des Christentums das größte geschichtliche und zugleich metaphysische Beispiel für die hier behauptete Korrelation: die von allen Bindungen, von allen historischen, um irgendwelcher Zwecke willen gebildeten Beziehungen freie Seele, im absoluten Für-sich-Sein nur den jenseitigen Mächten zugewandt, die für alle dieselben sind, bildet mit allen andern zusammen ein homogenes, alles Beseelte restlos einschließendes Sein; die unbedingte Persönlichkeit und die unbedingte Erweiterung des Kreises der ihr gleichen sind nur zwei Ausdrücke für die Einheit dieser religiösen Überzeugung«[4].

---

[1] Vgl. dazu auch G. JELLINEK, *Die Erklärung der Menschen- und Bürgerrechte. Ein Beitrag zur modernen Verfassungsgeschichte*, Leipzig 1895.
[2] SOZ, 841.
[3] SOZ, 843.
[4] SOZ, 843f.

III. Die kulturwissenschaftliche Schicht

Da sich die von 1901 an erscheinenden religionsphilosophischen Arbeiten nur vor dem Hintergrund der allgemeinen Kulturwissenschaft[1] Simmels angemessen interpretieren lassen, sei den folgenden Ausführungen eine – wiederum knappe – Skizze der ›kulturwissenschaftlichen Schicht‹ im Werk Simmels vorangestellt.[2]

1. Simmels kulturwissenschaftlicher Ansatz

Die zahlreichen und heterogenen Themen, die Simmel als Kulturwissenschaftler verhandelt, lassen sich in folgende drei Bereiche unterteilen, die sich in den einzelnen Arbeiten freilich überlappen und nur analytisch zu separieren sind: (1) Lebensstilanalyse, (2) Weltbildanalyse, (3) »Philosophische Kultur«.

---

[1] Den Terminus Kulturwissenschaft verwende ich im folgenden als Oberbegriff, der neben kulturphilosophischen Arbeiten im engeren Sinne auch religionsphilosophische und ästhetische Schriften Simmels umfaßt und mit seinem Programm der »philosophischen Kultur« über eine Philosophie *der* Kultur hinausgeht. Zur Bezeichnung der Arbeiten Simmels nach 1900 als Kulturwissenschaft vgl. RAMMSTEDT, Soziologie und/oder Kulturwissenschaft, 103: »›Kulturwissenschaft‹ läßt sich das nennen, was Simmel als praktische Philosophie nach 1900 treibt«; vgl. auch K. CH. KÖHNKE, Soziologie als Kulturwissenschaft: Georg Simmel und die Völkerpsychologie, in: *Archiv für Kulturgeschichte* 72, 1990, 223–232. Zur Kulturphilosophie als einer Philosophie der Kultur um 1900 siehe dagegen W. PERPEET, Kulturphilosophie, in: *Archiv für Begriffsgeschichte* XX, 1976, 42–99, sowie W. PERPEET, Kulturphilosophie um die Jahrhundertwende, in: H. BRACKERT und F. WEFELMEYER (Hg.), *Naturplan und Verfallskritik. Zu Begriff und Geschichte der Kultur,* Frankfurt a. M. 1984, 364–409. Perpeet subsumiert Simmels Ansatz allerdings unter den allgemeinen Begriff »Kulturphilosophie« und wird damit der Differenz zum Simmelschen Unternehmen im Sinne einer »philosophischen Kultur« nicht gerecht; vgl. DERS., Kulturphilosophie um die Jahrhundertwende, 382f.

[2] Vgl. zum folgenden vor allem die programmatischen Texte zum Kulturbegriff, namentlich den zweiten Abschnitt des sechsten Kapitels der *Philosophie des Geldes* bzw. »Persönliche und sachliche Kultur« (1900; im folgenden zitiert als PeSlK), »Vom Wesen der Kultur« (1908; im folgenden zitiert als WsK), »Michelangelo. Ein Kapitel zur Metaphysik der Kultur« (1910; im folgenden zitiert als Mi), »Der Begriff und die Tragödie der Kultur« (1911; im folgenden zitiert als BgrTrK), »Die Krisis der Kultur« (1916; im folgenden zitiert als KrK), »Wandel der Kulturformen« (1916; im folgenden zitiert als WdlKfo) sowie »Der Konflikt der modernen Kultur. Ein Vortrag« (1918; im folgenden zitiert als KMK).

a) Kulturwissenschaft als Lebensstilanalyse

Simmels Kulturwissenschaft will »Lebensstilanalyse« betreiben. So widmet sich beispielsweise das sechste und letzte Kapitel der *Philosophie des Geldes* dem Thema »Stil des Lebens«. Als Instrumentarium zur Analyse von modernen Lebensstilen dient die Unterscheidung von objektiver und subjektiver Kultur: »Der ganze Stil des Lebens einer Gemeinschaft hängt von dem Verhältnis ab, in dem die objektiv gewordene Kultur zu der Kultur der Subjekte steht.«[1] Wie aber kommt Simmel zu dieser Unterscheidung und was genau ist unter den beiden Größen »objektive« und »subjektive Kultur« zu verstehen?

Im Rahmen der Arbeiten zur *Philosophie des Geldes*[2] ist Simmel mit dem Problem konfrontiert worden, daß sich die kulturellen Objektivationen verselbständigen und sich den Menschen mit eigener Autonomie gegenüberstellen, obgleich sie sämtlich ihren Ursprung in der menschlichen Tätigkeit haben. Wird das Zweckhandeln zunächst als bewußte Wechselwirkung zwischen Subjekt und Objekt beschrieben[3], so zeigt Simmel im weiteren Verlauf seiner Untersuchung am Beispiel des Geldes auf, daß das Mittel zum Endzweck werden kann[4]. Dieser von ihm »Metempsychose des Endzwecks« genannte Prozeß wird wesentlich durch Arbeitsteilung und zunehmende Technisierung ausgelöst: »Mit steigendem Wettbewerbe und steigender Arbeitsteilung werden die Zwecke des Lebens immer schwerer zu erreichen, d. h. es bedarf für sie eines immer höheren Unterbaues von Mitteln. Ein ungeheurer Prozentsatz der Kulturmenschen bleibt ihr Leben lang in dem Interesse an der Technik, in jedem Sinne des Wortes befangen; die Bedingungen, die die Verwirklichung ihrer Endabsichten tragen, beanspruchen ihre Aufmerksamkeit, konzentrieren ihre Kräfte derart auf sich, daß jene wirklichen Ziele dem Bewußtsein völlig entschwinden, ja, oft genug schließlich in Abrede gestellt werden.«[5] In kulturtheoretischer Hinsicht erörtert Simmel diese Problematik im zweiten Abschnitt des sechsten Kapitels der *Philosophie des Geldes*, der auch als Vorabdruck unter dem Titel »Persönliche und sachliche Kultur« erschienen ist.[6]

Simmel grenzt den Kulturbegriff zunächst von dem der Natur ab und versteht Kultur im weitesten Sinne als die Summe all jener Bereiche, »die

---

[1] PHG, 628.
[2] Zur Entstehungsgeschichte der *Philosophie des Geldes* vgl. D. P. Frisby und K. Ch. Köhnke, Editorischer Bericht, in: Georg Simmel, *Philosophie des Geldes*, hgg. von D. P. Frisby und K. Ch. Köhnke (Gesamtausgabe Bd. 6), Frankfurt a. M. 1989, 725–729.
[3] Vgl. PHG, 256.
[4] Vgl. PHG, 292ff.
[5] PHG, 297.
[6] Vgl. PHG, 618–649 und Frisby/Köhnke, a.a.O., 728.

das Verhältnis des Menschen zu anderen und zu sich selbst«[1] formen. Zwar führt er an keiner Stelle eine vollständige Aufzählung der Bereiche an, die zu den objektiven Kulturgebilden zu rechnen sind, jedoch kann aus den sporadischen Nennungen folgende Summe gezogen werden: Alltagspraxis (Lebenswelt), Wissenschaft (Erkenntniswelt)[2], Kunst, Religion, Moral, Recht, Wirtschaft und Technik.[3] Für diese objektiven Kulturgebilde, die Simmel häufig auch Zweckreihen nennt[4], sind die folgenden zwei Gesichtspunkte charakteristisch. Zunächst untersteht jedes dieser Gebilde einem »autonomen Ideal«[5], das ihren Inhalten eine sachliche Bedeutung verleiht, einen internen Zusammenhang unter den einzelnen Elementen stiftet und jedes Gebilde somit zu innerer Geschlossenheit führt. Sodann hat die Eigengesetzlichkeit jeder in sich geschlossenen Zweckreihe zur Folge, daß die einzelnen Kulturgebilde scharf voneinander getrennt sind: »Die Kategorien, unter die die einzelnen Erscheinungen gebracht werden, um damit Erkenntnis, ihren Normen und Zusammenhängen, anzugehören, sind mit Entschiedenheit gegeneinander abgegrenzt, geben sich oft erst an diesem Gegensatz wechselseitig ihren Sinn, bilden Reihen mit diskontinuierlichen Stufen.«[6] In dieser differenztheoretischen Sichtweise ist klar: »[D]as Kunstwerk fragt nur nach seiner Vollendung an dem Maßstab rein künstlerischer Forderungen, die wissenschaftliche Forschung nur nach der Richtigkeit ihrer Ergebnisse, das wirtschaftliche Produkt nur nach seiner zweckdienlichsten Herstellung und seiner einträglichsten Verwertung.«[7]

---

[1] PHG, 618. Mit dieser Definition ist ein Beleg dafür gegeben, daß Simmels Kulturwissenschaft auch die Soziologie einschließt.

[2] Das Erkennen als ein eigenständiges Kulturgebiet teilt sich in die einzelnen exakten Wissenschaften einerseits und die philosophische Spekulation andererseits. In jedem Falle aber gehört die Formung des »Daseinsstoffes« durch Begriffe zur Welt der Erkenntnis; vgl. *Das individuelle Gesetz* (im folgenden zitiert als IGz), 175f.

[3] In der *Lebensanschauung* unterteilt Simmel die Kulturgebiete in »ideale Welten« einerseits und »relative Totalitäten, Bezirke geringeren Umfanges« (88) andererseits. Zu den idealen Welten im reinen und allumfassenden Sinn rechnet Simmel nur Wissenschaft, Kunst und Religion. Ich komme auf diese Unterscheidung im Kapitel über Simmels Lebensphilosophie zurück.

[4] Vgl. PHG, 254ff. et passim.

[5] PHG, 619.

[6] Ebd.

[7] WsK, 369. Damit befindet sich Simmel in der Nähe Rickerts, der ebenfalls einen Eigensinn der kulturellen Wertsphären konstatiert. In diesem Zusammenhang ist auch Wilhelm Dilthey zu nennen, der Alois Hahn zufolge zu den Schöpfern der Theorie der sozialen Differenzierung gehört; vgl. A. HAHN, Verstehen bei Dilthey und Luhmann, in: *Annali di Sociologia* 8, I, 1992, 421–441, hier: 428f., und H. TYRELL, Von der »Soziologie statt Religion« zur Religionssoziologie, in: V. KRECH und H. TYRELL (Hg.), *Religionssoziologie um 1900*, Würzburg 1995, 79–127, hier: 93. Zu Dilthey in soziologiehistorischer Perspektive vgl. nur H. JOHACH, *Handelnder Mensch und objektiver Geist. Zur Theorie der Geistes- und Sozialwissenschaften bei Wilhelm Dilthey*, Meisenheim 1974, und DERS., Diltheys Philosophie des Subjekts und die Grundlegung der Geistes- und Sozialwissenschaften. Zur Aktualität der

III. Die kulturwissenschaftliche Schicht

In den nach eigengesetzlichen Maßgaben prozedierenden Zweckreihen geht Kultur *ihrer Idee nach* jedoch keinesfalls auf. Die angeführten Gebilde formen zwar die Lebensinhalte, stellen vom Standpunkt des übergeordneten Kulturideals aber nur die Kulturinhalte dar, die ihrerseits von einer sie umfassenden, eben der kulturellen, Reihe geformt werden. Kultur kann zwar niemals »ohne einen Inhalt rein formell an sich selbst verlaufen; allein darum ist sie mit diesem Inhalt noch nicht identisch«[1]. Nicht schon die innerhalb der Zweckreihen der einzelnen Kulturgebilde gelegene sachliche Bedeutung stellt einen Kulturwert dar. Beispielsweise die »großen Reihen der künstlerischen und der sittlichen, der wissenschaftlichen und der wirtschaftlichen Produktion« sind vielmehr erst dann Kulturwerte, wenn sie über ihren immanenten Endzweck hinaus in die Kulturreihe eingestellt werden und somit eine »Bedeutung für die Gesamtentwicklung der einzelnen Individuen und ihrer Summe« gewinnen[2]. Aus diesem Verständnis von Kultur ergibt sich eine doppelte Bedeutung ihres Begriffs, nämlich objektive und subjektive Kultur. Während objektive Kultur »die Dinge in jener Ausarbeitung, Steigerung, Vollendung« meint, »mit der sie die Seele zu deren eigener Vollendung führen oder die Wegstrecken darstellen, die der Einzelne oder die Gesamtheit auf dem Wege zu einem erhöhten Dasein durchläuft«, steht subjektive Kultur für »das so erreichte Entwicklungsmaß der Personen«[3]. Beide Dimensionen des Kulturbegriffs bedingen einander. Allerdings tritt Simmel entschieden der Auffassung entgegen, als handele es sich bei der subjektiven Kultur um einen der objektiven Kultur subsumierbaren Begriff. Vielmehr folgt der Kultivierung genannte Prozeß der umgekehrten Richtung: Die »subjektive Kultur ist der dominierende Endzweck, und ihr Maß ist das Maß des Anteilhabens des seelischen Lebensprozesses an jenen objektiven Gütern oder Vollkommenheiten«[4]. Aus diesem wertaxiomatischen Standpunkt ergibt sich, daß es keine subjektive Kultur ohne

---

»Einleitung in die Geisteswissenschaften«, in: *Dilthey-Jahrbuch* 2, 1984, 92–127. Was das Verhältnis von Dilthey und Simmel angeht, so hebt Klaus Christian Köhnke hervor, daß Simmel die Begriffe von Gesellschaft, Gruppe und Wechselwirkung *in kritischer Auseinandersetzung* mit Dilthey geprägt habe; vgl. K. Ch. Köhnke, Die Wechselwirkung zwischen Diltheys Soziologiekritik und Simmels soziologischer Methodik, in: *Dilthey-Jahrbuch für Philosophie und Geschichte der Geisteswissenschaften* 6, 1989, 303–326. Diese Interpretation wendet sich gegen die Auffassung von Uta Gerhardt (vgl. U. Gerhardt, Immanenz und Widerspruch. Die philosophischen Grundlagen der Soziologie Georg Simmels und ihr Verhältnis zur Lebensphilosophie Wilhelm Diltheys, in: *Zeitschrift für philosophische Forschung* 25, 1971, 276–292) und Horst Jürgen Helle (vgl. H. J. Helle, *Simmel und Verstehen. Vorlesungen zur Geschichte der Soziologie*, Frankfurt a. M. u. a. 1986, und ders., *Soziologie und Erkenntnistheorie bei Georg Simmel*), die Simmel in großer Nähe zu Dilthey sehen.

[1] PHG, 619.
[2] WsK, 369.
[3] WsK, 371.
[4] WsK, 372.

objektive geben kann.[1] An anderer Stelle spricht Simmel von der »Bedingtheit der Kultur«. Einerseits ist der Kulturbegriff durch die »Eigenentwicklung des seelischen Zentrums« bestimmt. Andererseits aber bedarf die Eigenentwicklung objektiver und ihr äußerer Mittel und Stationen: »Kultur entsteht [...], indem zwei Elemente zusammenkommen, deren keines sie für sich enthält: die subjektive Seele und das objektiv geistige Erzeugnis.«[2] Wenn es also keine subjektive Kultur ohne objektive geben kann, so kann aber umgekehrt die objektive Kultur »eine, zwar nicht vollständige, aber relativ erhebliche Selbständigkeit der subjektiven gegenüber gewinnen, indem ›kultivierte‹, d.h., ihrem Sinn nach, kultivierende Objekte geschaffen werden, deren Bedeutung nach dieser Richtung hin nur unvollkommen von Subjekten ausgenutzt wird«[3]. Und gerade aus dieser Möglichkeit resultiert das »Übergewicht, das die objektive über die subjektive Kultur im 19. Jahrhundert gewonnen hat«[4], und hieraus erklären sich die Probleme und »Dissonanzen des modernen Lebens«[5]: »[D]ie Dinge, die unser Leben sachlich erfüllen und umgeben, Geräte, Verkehrsmittel, die Produkte der Wissenschaft, der Technik, der Kunst – sind unsäglich kultiviert; aber die Kultur der Individuen, wenigstens in den höheren Ständen, ist keineswegs in demselben Verhältnis vorgeschritten, ja vielfach sogar zurückgegangen.«[6]

In späteren Arbeiten zum Kulturbegriff präzisiert Simmel diesen Dualismus von objektiver und subjektiver Kultur als einen *tragischen* Konflikt der Moderne, insofern die dualistische Entwicklung der Kultur einer ihr *inhärenten* Logik folgt.[7] Der in Simmels Kulturwissenschaft zu vernehmende kulturpessimistische Einschlag[8] resultiert aus dem Umstand, daß der Autor den Kulturinhalten nur insofern einen Wert beimißt, als sie dem übergeordneten Endzweck, nämlich der Persönlichkeitskonstitution und -erweiterung dienen. Dieses Wertaxiom steht jedoch der faktischen kultu-

---

[1] Der Wert des Individuellen kann nur im Gegensatz zum Allgemeinen bestehen, da das Einzelne seine Bedeutung nur gegen alles andere erhält; vgl. SozÄ, 199.
[2] BgrTrK, 120.
[3] WsK, 372.
[4] PHG, 621.
[5] WsK, 372.
[6] PHG, 620.
[7] Vgl. BgrTrK, 134ff.
[8] Vgl. dazu O. RAMMSTEDT, Zweifel am Fortschritt und Hoffen aufs Individuum. Zur Konstitution der modernen Soziologie im ausgehenden 19. Jahrhundert, in: *Soziale Welt* 36, 1985, 483–502, K. LENK, Das tragische Bewußtsein in der deutschen Soziologie, in: *Kölner Zeitschrift für Soziologie und Sozialpsychologie* 16, 1964, 257–287, und H. LIEBERSOHN, *Fate and Utopia in German Sociology, 1870–1923*, Cambridge and London 1988; zum deutschen Kulturpessimismus um die Jahrhundertwende insgesamt vgl. F. STERN, *Kulturpessimismus als politische Gefahr. Eine Analyse nationaler Ideologie in Deutschland*, Bern 1963.

rellen Entwicklung entgegen, derzufolge die objektive Kultur nur noch den Eigengesetzlichkeiten ihrer Zweckreihen folgt.

b) Kulturwissenschaft als Weltbildanalyse

Über die Analyse von Lebensstilen hinaus will Simmels Kulturwissenschaft auch »Weltbildanalyse« betreiben.[1] Zu diesem Zweck werden vor allem philosophische Klassiker hinsichtlich ihrer Bedeutung für die Genese der modernen Weltbilder analysiert, aber auch Kunstobjekte und -richtungen unter der Fragestellung behandelt, welche Geistesrichtungen und Weltanschauungen sich in ihnen spiegeln. Simmel »bedauert den Stillstand in der Entfaltung der Soziologie, und er weicht in die Kulturwissenschaft aus. Das ermöglicht ihm, Alltägliches und scheinbar Beliebiges – der Bildrahmen, das Portrait, der Henkel, die Ruine, der Schmuck, der Brief – als Manifestationen des objektiven Geistes zu deuten«[2]. Die weltbildanalytischen Interessen nehmen in der *Philosophie des Geldes* ihren Ausgang[3] und bilden dann ein zentrales Motiv für die Arbeiten über Größen der neuzeitlichen Philosophie- und allgemeinen Geistesgeschichte. So kommt es Simmel etwa in seiner 1904 erschienenen Monographie über Kant[4] weder auf die Erfassung der Persönlichkeit für sich genommen noch auf philosophiegeschichtliche Aspekte an. Statt dessen verfolgt er die Absicht, »diejenigen Kerngedanken, mit denen Kant ein neues Weltbild gegründet hat«[5], herauszuarbeiten. Maßstab für die Beurteilung der Kantischen Philosophie sind »die Lebensfragen der Philosophie«, und von hier aus geht die Untersuchung der »Bedeutung der wissenschaftlichen und zum Teil sehr spezialistischen Theorien Kants für einen Sinn des Lebens und den Bau eines Weltbildes«[6] nach. In diesem Sinne interpretiert Simmel das Konzept der

---

[1] Auf diesen Sachverhalt hat Klaus Lichtblau in seinen Arbeiten wiederholt hingewiesen; vgl. nur K. LICHTBLAU, Zur Logik der Weltbildanalyse in Georg Simmels Philosophie des Geldes, in: *Simmel Newsletter* 3, 1993, 99–108, und K. LICHTBLAU, Zum metadisziplinären Status von Simmels »Philosophie des Geldes«, in: *Simmel Newsletter* 4, 1994, 103–110. Die Termini Weltbild, Weltanschauung und Lebensanschauung werden von Simmel, so weit ich sehe, als Synonyma verwendet. Aus diesem Grund unterscheide ich im folgenden ebenfalls nicht zwischen den genannten Ausdrücken.
[2] RAMMSTEDT, Soziologie und/oder Kulturwissenschaft, 103.
[3] Allerdings vertritt Simmel bereits in seinem älteren soziologischen Programm das Konzept einer »soziologischen Ästhetik«, das unter anderem Weltanschauungen auf ihre sozialistische oder individualistische Tendenz hin untersucht; vgl. SozÄ, 198, 204ff. Im übrigen stellt der Aufsatz »Soziologische Aesthetik« eine Schnittstelle dar zwischen Soziologie, kulturwissenschaftlicher Analyse von Lebensstilen und Weltanschauungen sowie Kunstphilosophie.
[4] Kant. Sechzehn Vorlesungen gehalten an der Berliner Universität (im folgenden zitiert als KA).
[5] KA, 9.
[6] Ebd.

Apriori in seiner Verflechtung mit dem »spezifisch modernen Lebensgefühl«[1], bestimmt das Kantische Weltbild als eine Synthese aus Rationalismus und Sensualismus, den beiden »Grundtrieben« der Bildung von Weltauffassungen[2], arbeitet die Begriffspaare Stoff und Form sowie Vielheit und Einheit als für das Kantische Weltbild konstitutive Differenzen heraus[3], beschreibt die formale Einheit des Kantischen Weltbildes, welche die Außen- und Innenseite der Erfahrung umfaßt[4] und stellt seinen intellektualistischen[5] und mechanistischen[6] Charakter heraus. Weltbildanalyse wollen auch die Monographien *Kant und Goethe*[7] von 1906 sowie *Schopenhauer und Nietzsche*[8] von 1907 betreiben, und zwar in komparativer Absicht. In *Kant und Goethe* grenzt Simmel die Weltanschauungen beider Denker einerseits vom Materialismus wie vom Spiritualismus gleichermaßen ab[9], stellt aber andererseits die mechanistisch-naturwissenschaftliche Weltanschauung Kants gegen die vitalistisch-künstlerische Goethes. Während Kant die Bedingungen der subjektiven Erfahrung als den Grund für die Objektivität des Seins bestimmt[10], liegt die Einheit des subjektiven und des objektiven Prinzips für Goethe in der Erscheinung selbst[11]. Den Anteil an der geistigen Lage der modernen Kultur beider Denker sieht Simmel darin, daß beide Positionen Pole darstellen, zwischen denen das moderne Leben fortwährend pulsiert. Er schließt seine komparative Analyse der Weltbilder Kants und Goethes mit der Vermutung, daß die Einheit der gegensätzlichen Weltauffassungen auf einer übergeordneten Ebene durch den Begriff des Lebens herzustellen ist: »Was man die Einheit beider nennen könnte, liege dann in dem Leben, das sie gebiert und erlebt, eine Einheit, die ihrer Gegensätzlichkeit nicht das geringste abträgt, sondern gerade an dieser sich vollzieht.«[12] An diese metaphysische Überlegung schließt der Vorlesungszyklus über *Schopenhauer und Nietzsche* an. Den gemeinsamen Ausgangspunkt der Weltbilder beider Philosophen sieht Simmel im Lebensbegriff, die entscheidende Differenz dagegen in der unterschiedlichen Wertung des Lebens. Während die Weltauffassung Schopenhauers pessimistisch ausgerichtet ist und seine Philosophie nur in der Weltverneinung ei-

---

[1] KA, 40.
[2] Vgl. KA, 42ff.
[3] Vgl. KA, 62ff.
[4] Vgl. KA, 89ff., 102ff.
[5] Vgl. KA, 99ff. et passim.
[6] Vgl. KA, 139ff. et passim.
[7] Im folgenden zitiert als KAGOE.
[8] Im folgenden zitiert als SHN. Zur Entstehungsgeschichte der beiden Monographien vgl. BEHR, KRECH u. SCHMIDT, Editorischer Bericht zu GSG 10, 415ff. bzw. 419ff.
[9] Vgl. KAGOE, 123.
[10] Vgl. KAGOE, 123ff.
[11] Vgl. KAGOE, 127.
[12] KAGOE, 166.

nen Ausweg sieht, ist das Denken Nietzsches optimistisch gehalten und versucht, den sinngebenden Zweck des Lebens in das Leben selbst zu verlegen.[1] Der Anteil beider Philosophen an der Genese des modernen Weltbildes liegt für Simmel – wie im Falle Kants und Goethes – darin, daß die beiden Positionen Pole darstellen, zwischen denen das moderne Lebensgefühl oszilliert. Doch während bei Kant und Goethe das Leben eine *übergeordnete Einheit* beider Weltauffassungen garantieren konnte, stellt das Leben und seine Bewertung für die Weltanschauungen Schopenhauers und Nietzsches den *Ausgangspunkt* dar. Eine Synthese kann hier nur in der »Spannungsgröße ihrer Lebensgefühle« liegen, und die Einheit beider Pole kann nur im individuierten Leben hergestellt werden, »in dem Subjekt, das sie beide zusammenschaut«[2]. Schließlich gehört die Monographie über Goethe von 1913 ebenfalls in den Zusammenhang der Weltbildanalyse anhand von ausgewählten Geistesgrößen. Aufgrund ihrer lebensphilosophischen Ausrichtung wird die Arbeit jedoch im folgenden Kapitel verhandelt.

c) »Philosophische Kultur«

Die Simmelsche Kulturwissenschaft will sich nicht zuletzt selbst am Produktionsprozeß von Kultur beteiligen, versteht sich als *Philosophische Kultur*, wie Simmel eine 1911 erschienene Aufsatzsammlung betitelt hat.[3] Philosophie in diesem Sinne ist eine »geistige Attitüde zu Welt und Leben, eine funktionelle Form und Art, die Dinge aufzunehmen und innerlich mit ihnen zu verfahren«[4]. Weder ihr Gegenstand noch einzelne dogmatische Inhalte machen die Einheit der Philosophie aus, sondern Erkenntnistheorie und Metaphysik als ihre beiden Bestandteile werden von ihrem Inhalt getrennt und auf ihre Funktion beschränkt. Die Erkenntnistheorie analysiert den reinen Prozeß des Erkennens, losgelöst von all seinen Objekten[5]; und entsprechend kann man den »metaphysischen Trieb« »als einen Charakter oder einen Wert erfassen, der durch alle Widersprüche und Unhaltbarkeiten seiner Inhalte oder Ergebnisse nicht betroffen wird«[6]. Metaphysik in diesem Sinne ist reine Funktion, die »auf keine Absolutheit festgelegt[.]

---

[1] Vgl. SHN, 180f.
[2] SHN, 408; vgl. auch bereits SHN, 191.
[3] Über den schöpferischen Anteil der Kulturwissenschaft geben auch Simmels Vorstellungen über die Ausrichtung der Zeitschrift LOGOS sowie sein Engagement für dieses Organ Auskunft; vgl. dazu K. CH. KÖHNKE, R. KRAMME, *Philosopische Kultur als Programm. Eine wissenschaftshistorische Analyse des LOGOS 1910 bis 1924 (1933)*. Abschlußbericht zum gleichlautenden DFG Forschungsprojekt, Bielefeld 1995, darin insbesondere R. KRAMME, Philosophische Kultur als Programm, 59–97.
[4] PHK, 162.
[5] Vgl. ebd.
[6] PHK, 163.

Bewegtheit des Geistes«[1]. Bei einer Philosophie, die sich als Bestandteil des schöpferischen Kulturprozesses versteht, »handelt es sich um die ganz prinzipielle Wendung von der Metaphysik als Dogma sozusagen zu der Metaphysik des Lebens oder als Funktion, nicht um die Art des Inhalts der Philosophie, sondern um die Art ihrer Form, nicht um die Verschiedenheiten zwischen den Dogmen, sondern um die Einheit der Denkbewegung«[2]. Damit hat Simmels Konzeption einer Kulturwissenschaft eine ›Wende‹ vollzogen oder genauer: einen Zuschnitt gewonnen, der in der Sekundärliteratur mit dem Attribut Lebensphilosophie versehen wird[3]; dieser Umstand wird uns ebenfalls im folgenden Kapitel beschäftigen. Zunächst aber zur Frage nach der Entwicklung des Simmelschen Religionsverständnisses im Rahmen seines kulturwissenschaftlichen Ansatzes.

2. Religion in kulturwissenschaftlicher Perspektive

Vor dem Hintergrund des kulturwissenschaftlichen Ansatzes wird Religion als ein objektives und autonomes Kulturgebilde mit eigenen Inhalten und Institutionen analysiert, das jedoch in der psychischen Aktivität seinen Ausgang nimmt. Die Fragestellung, die Simmel in kulturwissenschaftlicher Perspektive verfolgt, ist nicht mehr die nach den im engeren Sinne sozialen Ursprüngen von Religion. Ihn beschäftigt vielmehr einerseits die Entwicklung der Religion von ursprünglich seelischen Prozessen zu kulturellen Objektivationen und andererseits und vor allem die Frage nach dem gegenwärtigen Kulturwert von Religion. Von Interesse sind also zum einen die historische Bedeutung von Religion und zum anderen die auch in der modernen Kultur bleibenden Rückwirkungsmöglichkeiten verobjektivierter religiöser Inhalte auf das Individuum. An diesen beiden Fragestellungen orientiert sich die folgende Rekonstruktion der Befassung mit Religion in kulturwissenschaftlicher Perspektive. Daß Simmel im übrigen diesen Perspektivenwechsel von im engeren Sinne soziologisch gehaltenen zu kulturwissenschaftlichen Fragen selbst als einschneidend wahrgenommen hat, verdeutlicht eine Formulierung in einem Brief an Xavier Léon vom 26. Juli 1899, in dem er seinen Beitrag für den ersten internationalen Philosophenkongreß über »Erkenntnistheorie der Religion« als »das Resultat ganz neuerdings von mir geführter Untersuchungen« bezeichnet.[4]

---

[1] PHK, 164.
[2] PHK, 165.
[3] Vgl. etwa LANDMANN, Einleitung, 8.
[4] Vgl. GSG 22/23. Diese Abhandlung steht im Kontext einer implizit geführten Auseinandersetzung mit dem religionssoziologischen Programm Émile Durkheims. Ich werde auf diesen Zusammenhang im Kapitel über Quellen und Ort der Simmelschen Religionstheorie zurückkommen.

a) Der historische Kulturwert von Religion

In seinen früheren, im engeren Sinn soziologischen Untersuchungen hat Simmel – wie gezeigt – nachgewiesen, daß der christlichen Religion im Rahmen der kulturgeschichtlichen Entwicklung des Abendlandes eine individualisierende Funktion zukam.[1] In dieser Perspektive stellt sich auch im Rahmen der Weltbildanalyse die Frage nach dem Anteil von Religion an der kulturellen Lage in der Moderne. Gemäß der Auffassung, daß sich das Verständnis von Gegenwart und Vergangenheit wechselseitig bedingen[2], beantwortet Simmel diese Frage auf der Basis seiner Gegenwartsanalysen.

In der *Philosophie des Geldes* knüpft Simmel an die in der *Moralwissenschaft* gestellte Zeitdiagnose an. Die geldtheoretischen Ausführungen münden bekanntlich in die Aussage, daß an die Stelle des absoluten Zweckes, die ehedem Gott innehatte, in der Moderne das Geld getreten sei.[3] Hier

---

[1] Diese Auffassung zieht sich bis ins Spätwerk durch; vgl. etwa LBA, 137: »Es ist doch wohl unverkennlich, eine wie starke Individualisierungstendenz sich mit dem Christentum Bahn bricht.«

[2] Vgl. PHG, 109: »Sucht man das Verständnis der Gegenwart in politischen, sozialen, religiösen und sonstigen Kulturhinsichten, so wird es nur auf historischem Wege zu gewinnen sein, also durch Erkenntnis und Verständnis der Vergangenheit. Diese Vergangenheit selbst aber, von der uns nur Fragmente, stumme Zeugen und mehr oder weniger unzuverlässige Berichte und Traditionen überkommen sind, wird uns doch nur aus den Erfahrungen unmittelbarer Gegenwart heraus deutbar und lebendig.«

[3] Vgl. etwa PHG, 305ff. et passim. Diese Überlegung geht auf Ausführungen in dem Aufsatz »Das Geld in der modernen Cultur« zurück; vgl. GMoK, 191, wo davon die Rede ist, »daß das Geld der Gott unserer Zeit wäre«. Auch in der *Philosophie des Geldes* arbeitet Simmel also mit dem Analogieverfahren; vgl. etwa PHG, 675f. An dieser Stelle analysiert Simmel die »Doppelrolle des Geldes«, die er in Analogie zum Verhältnis der Religion im Leben und dem Leben gegenüber bestimmt: Die Doppelrolle des Geldes besteht darin, »daß es einerseits *in* den Reihen der Existenz als ein Erstes unter Gleichen steht, und daß es andrerseits *über* ihnen steht, als zusammenfassende, alles Einzelne tragende und durchdringende Macht. So ist die Religion eine Macht im Leben, neben seinen andern Interessen und oft gegen sie, einer der Faktoren, deren Gesamtheit das Leben ausmacht, und andrerseits die Einheit und der Träger des ganzen Daseins selbst – einerseits ein Glied des Lebensorganismus, andrerseits diesem gegenüberstehend, indem sie ihn in die Selbstgenugsamkeit *ihrer* Höhe und Innerlichkeit ausdrückt.« Diese Beobachtung ist dann auch der Ausgangspunkt für den Aufsatz »Die Gegensätze des Lebens und Religion« von 1904/05; vgl. dazu meine Ausführungen im folgenden Kapitel. Aufgrund dieser These ist es im übrigen verständlich, warum Simmel den Ansatz der *Philosophie des Geldes* in der Vorrede zur ersten Auflage als einen »empirischen Pantheismus« bezeichnen kann; vgl. das Variantenverzeichnis zur PHG in GSG 6, 732. Daß Simmel in der zweiten Auflage auf diesen Terminus verzichtet, gründet meines Erachtens in sozusagen begriffspolitischen Überlegungen, aufgrund deren der Begriff Pantheismus für eine Formung reserviert bleibt, durch die das Empirisch-Zufällige eine gleichsam transzendente Legitimation gewinnt; vgl. den Brief Simmels an Rainer Maria Rilke vom 9. August 1908 (veröffentlicht in: GASSEN/LANDMANN, *Buch des Dankes*, 121). Außerdem steht der Begriff des Pantheismus in Widerspruch zum Begriff der Wechselwirkung, wie Simmel später erkennt: »Der Pantheismus hebt das Außereinander der Dinge auf, wie er ihr

kehrt die bereits in der *Moralwissenschaft* angeführte zeitdiagnostische Beobachtung wieder, daß mit der Relativität der Weltanschauung, die in der modernen Geldwirtschaft ihren reinsten Ausdruck findet, nicht zugleich auch das metaphysische Bedürfnis nach einem absoluten Wert weggefallen ist. Simmel zeichnet die kulturgeschichtliche Entwicklung nach, die mit der christlichen Vorstellung vom Heil der Seele und dem Reich Gottes am Anfang unserer Zeitrechnung beginnt und mit dem bloß *formalen* Bedürfnis nach einem absoluten Endzweck als dem Signum der momentanen Lage der Kultur endet, und zieht den Schluß: »[D]as Bedürfnis hat seine Erfüllung überlebt.«[1] In dieser Perspektive stellt sich das metaphysische Problem der Gegenwart als Folge der gleichzeitigen Distanz und Nähe zur christlichen Kultur dar; die Moderne hat sich zwar emanzipiert, steht aber noch im *Schatten* der Kulturmacht des Christentums. Indem er Gegenwartsanalyse und Geschichtsbetrachtung in einem Wechselwirkungszusammenhang sieht[2], kann Simmel »die Schwächung des religiösen Empfindens und gleichzeitig das so lebhaft wiedererwachte Bedürfnis nach einem solchen« als Korrelat der Tatsache verstehen, »daß dem modernen Menschen der Endzweck abhanden gekommen ist«[3].

Diese Zeitdiagnose bildet einen wichtigen – wenn nicht sogar *den* – Ausgangspunkt für die Analyse der Weltbilder von Kant, Goethe, Schopenhauer und Nietzsche. Als den Kern eines jeden Weltbildes bestimmt Simmel die Kongruenz der »sonst gegeneinander fremden Reihen des Seins und des Sollens«[4]. Insofern aber die Vermittlung zwischen Sein und Sollen, zwischen Wirklichkeit und Wert *jenseits* der Differenz von Subjekt und Idee nur durch religiöse Symbole möglich ist[5], ist jedes Weltbild in seinem Kern religiös. Diese Leistung der Religion, ein einheitliches Weltbild sowie eine Kongruenz zwischen Weltbild und Subjekt zu konstituieren, ist, wenngleich in der Moderne nur noch eine sekundäre, historisch gesehen

---

Fürsichsein aufhebt. Von einer Wechselwirkung derselben kann hier nicht mehr die Rede sein.« REL, 104.

[1] PHG, 491. An diese Erkenntnis knüpft Simmel in seinem Aufsatz »Das Problem der religiösen Lage« an und arbeitet diese Zeitdiagnose in lebensphilosophischer Perspektive weiter aus. Ich werde darauf im folgenden Kapitel zurückkommen.

[2] Vgl. PHG, 109.

[3] PHG, 492.

[4] KMK, 152.

[5] Vgl. PHG, 27f.: »Oberhalb von Wert und Wirklichkeit liegt, was ihnen gemeinsam ist: die Inhalte [...] Unterhalb aber dieser beiden liegt das, dem sie gemeinsam sind: die Seele [...]. Und vielleicht werden diese beiden Zusammenfassungen ihrer, die erkennende und die wertende, noch einmal von einer metaphysischen Einheit umfaßt, für die die Sprache kein Wort hat, es sei denn in religiösen Symbolen.« Dieser Gedanke ist bereits in der *Moralwissenschaft* enthalten; vgl. EMI, 423f.: Eine »geklärte Gottesidee« etwa hat ihr Wesen darin, daß »alle Gegensätze und Verschiedenheiten des Seins und des Sollens [...] in ihm ihren Ursprung und zugleich ihre Einheit finden«.

jedoch die wichtigste Funktion.[1] Auf der Basis dieser Annahme geht Simmel in seinen Weltbildanalysen von einer Art Säkularisierungstheorie in dem Sinne aus, daß die modernen Weltbilder mit den Folgen des christlichen Weltbildes zu schaffen haben.[2] Zu Beginn seiner Untersuchung über Kant und Goethe legt er seine Auffassung dar, derzufolge die kulturgeschichtliche Entwicklung von der Einheit der Lebenselemente in Zuständen der »Halbkulturen« und in der Antike zur Auffassung dieser Lebenselemente als Gegensätze führt.[3] An diesem Prozeß ist die christliche Weltanschauung maßgeblich beteiligt: »Das Christentum erst hat den Gegensatz zwischen dem Geist und dem Fleisch, zwischen dem natürlichen Sein und den Werten, zwischen dem eigenwilligen Ich und dem Gott, dem Eigenwille Sünde ist, bis in das Letzte der Seele hinein empfunden.«[4] Doch aufgrund seiner religiösen Fundamente konnte das christliche Weltbild diese Entzweiung auch wieder versöhnen. Diese Gegensätze als einen *grundsätzlichen* Dualismus zu fassen, war dann Sache der frühen Neuzeit. Mit der Besiegelung des Dualismus als eines fundamentalen Prinzips ging jedoch zugleich die Forderung seiner Überwindung einher. Indem »sich das innere und äußere Leben in sich bis zum Brechen spannt, sucht es nach einem um so kräftigeren, um so lückenloseren Bande, das über den Fremdheiten der Seinselemente ihre trotz allem gefühlte Einheit wieder begreiflich mache«[5].

Zu Beginn der Monographie über Schopenhauer und Nietzsche ergänzt Simmel diese Auffassung der kulturgeschichtlichen Entwicklung durch Überlegungen zum Zweck-Mittel-Verhältnis, das bereits in der *Moralwissenschaft* und der *Philosophie des Geldes* Thema war. Gemeinsamer Ausgangspunkt für die Philosophien Schopenhauers und Nietzsches ist die kulturelle Lage, in welcher der Endzweck des Lebens verloren gegangen ist. Diese Situation wiederum ist das Resultat einer längeren kulturgeschichtlichen Entwicklung. Zunächst wurde es im Verlaufe der Kulturentwicklung aufgrund der immer komplizierter werdenen Verhältnisse und der damit einhergehenden »Langsichtigkeit der Zweckreihen« häufig unmöglich, »das Endglied jeder Reihe in jedem Augenblick im Bewußtsein zu

---

[1] Vgl. GgsLbRel, 295.
[2] Simmels Weltbildanalyse birgt somit eine Variante des Säkularisierungsverständnisses, die in Hans Blumenbergs Werk expliziert worden ist; vgl. vor allem H. BLUMENBERG, *Arbeit am Mythos*, Frankfurt a. M. 1979.
[3] Vgl. KAGOE, 121.
[4] KAGOE, 121. Der Sache nach ist diese Entwicklung bereits in dem Aufsatz »Kant und Goethe« in der Fassung von 1899 angedeutet (vgl. KaGoe 1899, 445f.), allerdings noch ohne die Bedeutung der christlichen Weltanschauung daran herauszustellen.
[5] KAGOE, 121. Simmels Auffassung der kulturgeschichtlichen Entwicklung folgt somit weiterhin in dieser Hinsicht – allerdings nur in dieser – dem evolutionstheoretischen Differenzierungsparadigma Spencers.

haben«[1]. Als Korrelat dieser Entwicklung zur höheren Kultur taucht dann das Bedürfnis nach einem Endzweck des Lebens überhaupt erst auf: »Erst wenn unzählige Tätigkeiten und Interessen, auf die wir uns wie auf endgültige Werte konzentrierten, uns nun doch in ihrem bloßen Mittelscharakter klar werden, erwächst die angstvolle Frage nach dem Sinn und Zweck des Ganzen; über die Einzelzwecke, die nicht mehr ein Letztes, sondern nur noch ein Vorletztes und Vorvorletztes sind, steigt das Problem einer wirklich vollendeten Einheit auf, in der alle jene unabgeschlossenen Strebungen ihre Reife und Ruhe fänden, die die Seele aus aller Wirrnis der bloßen Vorläufigkeiten erlöste.«[2] Diese Kulturlage sieht Simmel historisch zum ersten Mal am Beginn unserer Zeitrechnung realisiert. In dieser Situation hat das Christentum Erlösung und Erfüllung gebracht, indem es dem Leben einen absoluten Zweck gab, dessen es aufgrund der Unübersichtlichkeit der Zweckreihen bedurfte: »Das Heil der Seele und das Reich Gottes bot sich jetzt den Massen als ein unbedingter Wert, als das definitive Ziel jenseits alles Einzelnen, Fragmentarischen, Sinnlosen des Lebens.«[3] Im Zuge des abnehmenden Einflusses der christlichen Weltanschauung in den letzten Jahrhunderten ist auch die Bestimmung des Endzwecks des Lebens obsolet geworden. Allerdings ging damit, wie bereits in der *Philosophie des Geldes* ausgeführt, nicht zugleich auch das Bedürfnis danach verloren. Wie »jedes Bedürfnis durch langdauernde Befriedigung fester, tiefer wurzelt, so hat das Leben eine tiefe Sehnsucht nach einem absoluten Zwecke behalten, auch und gerade nachdem der Inhalt, der die Anpassung an diese Form des inneren Daseins bewirkt hatte, ausgeschieden ist«[4]. Simmel konstatiert, wie gesagt, eine Art von Säkularisierungstheorie, wenn er schreibt: »Diese Sehnsucht ist die Erbschaft des Christentums, es hat das Bedürfnis nach einem Definitivum der Lebensbewegungen hinterlassen, das als ein leeres Drängen nach einem ungreifbar gewordenen Ziele weiterbesteht.«[5] Diese Kulturlage, dieser innere »Zustand des modernen Menschen«, findet im Falle des Schopenhauerschen Weltbildes seinen »absolute[n], philosophische[n] Ausdruck«[6] und bildet den Ausgangspunkt der Philosophie Nietzsches.[7]

Die Weltanschauungen Kants, Goethes, Schopenhauers und Nietzsches sind also der Auffassung Simmels nach in ihrem Kern mit den Problemen

---

[1] SHN, 176.
[2] SHN, 177.
[3] SHN, 178; vgl. bereits PHG, 491. Damit schreibt Simmel der religiösen Weltanschauung diejenige Funktion zu, die in der gegenwärtigen Religionssoziologie als »Kosmisierung« bezeichnet wird.
[4] SHN, 178.
[5] Ebd.
[6] Ebd.
[7] Vgl. SHN, 179.

der Einheit beziehungsweise des Endzwecks des Lebens befaßt. Der säkularisierungstheoretische Gehalt dieser Auffassung liegt darin, daß die angeführten Probleme nicht nur ehedem auf religiösem Wege gelöst worden sind, sondern zum Teil auch durch die christliche Weltanschauung erst evoziert oder zum mindesten stimuliert worden sind; so etwa im Falle der Frage nach der Einheit von Dualismen, die auf das christliche Weltbild zurückgehen. Wenn dem so ist, kann man in Simmelscher Perspektive annehmen, daß selbst noch die modernen beziehungsweise das moderne Denken vorbereitenden Weltbilder in ihrem Kern religiös bestimmt sind. Und in der Tat lassen sich Anhaltspunkte für diese Auffassung aus den Interpretationen Simmels gewinnen. Während für Kant eine über dem Bewußtsein gelegene Einheit des Seins nur in einem theistischen Gott liegen kann[1], sind für Goethe die Erscheinungen, in denen »Natur und Geist, das Lebensprinzip des Ich und das des Objektes« zusammenfallen, religiös aufgeladen, und Natur und Seele sind ihm »gleichsam parallele Darstellungen des göttlichen Seins«[2]. In Goethes Weltanschauung manifestiert sich der »ganze künstlerische Rausch der Einheit von Innen und Außen, von Gott und Welt«[3]; die »Identität von Natur und Geist, das pantheistische Eins in Allem, Alles in Einem«[4] ist die Konsequenz seiner ästhetischen Grundauffassung. Folglich ist der christliche Dualismus, der Sittlichkeit der Welt und ihren Wert auseinanderreißt, der Todfeind Goethes.[5] Während Kants Philosophie von intellektualistischen Grundannahmen dominiert ist[6] und für ihn das Unerkennbare des Daseins ein absolutes Jenseits und von allem empirisch Erfaßbaren unerreichbar geschieden ist, ist es »für Goethe ... nur die in das Mystische sich verlierende Tiefe der Anschauungswelt, in die der Weg von dieser, wenn auch unbeendbar, so doch ohne Sprung führt«[7]. Diese Mystik Goethes mündet in eine Art von religiöser Metaphysik: »Gerade wie man von religiös begeisterten Menschen sagt, daß der Gott in ihnen lebt, so war offenbar in seinem subjektiven Existenzgefühl dasjenige lebendig, was man, um irgendeinen Ausdruck dafür zu haben, nur die metaphysische Einheit der Dinge nennen kann.«[8] Goethe will den Dualismus als Erbschaft des Christentums auf eine dem Leben immanente Weise überwinden. Kant dagegen hält eine Versöhnung der Widersprüche nur durch objektive Moralgebote möglich, die aber zugleich den christlichen

---

[1] Vgl. KAGOE, 131f.
[2] KAGOE, 131. Zu Goethes Auffassung von der Göttlichkeit der Natur vgl. auch KAGOE, 139ff.
[3] KAGOE, 130.
[4] KAGOE, 159f.
[5] Vgl. KAGOE, 149.
[6] Vgl. KA, 99ff. et passim.
[7] KAGOE, 149.
[8] KAGOE, 160.

Dualismus von gut und böse festschreibt und eine Einheit nur durch religionsphilosophische Postulate ermöglicht. Während Goethes Weltbild auf einem »anschauenden Glauben«[1] basiert, der Natur und Geist, Subjekt und Objekt zusammensieht, findet Kants Weltauffassung ihre Einheit in einem »transzendierenden Glauben«[2], der die Versöhnung der Widersprüche nicht im empirischen Leben selbst, sondern nur durch die Postulate eines transzendenten Gottes und der Unsterblichkeit der Seele ermöglicht sieht.[3] Simmel zollt der Position Kants großen Respekt[4] und arbeitet selbst mit transzendentalphilosophischen Annahmen, weist aber eine ebenso große, vielleicht sogar eine größere Nähe zum Denken Goethes auf.[5] Es scheint so, als ob sich die Auffassung, daß die beiden Ansätze Pole darstellen, zwischen denen das Leben oszilliert, in Simmels eigener Philosophie und, wie weiter unten noch zu zeigen sein wird, auch in seinem Religionsverständnis niederschlägt.

Auch in der Analyse der Weltbilder von Schopenhauer und Nietzsche spielt Religion eine nicht ungewichtige Rolle. Schopenhauers Weltbild zunächst geht ebenfalls von dem durch das christliche Weltbild geschaffenen Dualismus aus, der sich in den philosophischen Varianten von Welt der Oberfläche und der Tiefe, des Diesseits und des Jenseits, des Scheines und der Wahrheit, der Erfahrung und der Dinge-an-sich manifestiert.[6] Simmel interpretiert die Schopenhauersche Philosophie vor dem Hintergrund dieses Dualismus als einen »Weg zum Dinge-an-sich«; sie ist Ausdruck eines Weltgefühls, »das auf das absolute Sein, auf die einheitliche Totalität aller Mannigfaltigkeiten ging«[7]. Gemäß der Attitüdenlehre beschreibt Simmel die Haltung des Philosophen als eine, die ein Bild des gesamten Daseins formt: »sein Temperament lebt sich nur aus, indem es die Wurzel des Seins, die alle seine Verzweigungen bestimmt, von sich aus zu einem Totalbild gestaltet«[8]. Im Gegensatz zu Kant schließt Schopenhauer jedoch aus dem Gegensatz von Erscheinung und Wesen darauf, daß »diese Welt etwas Unwirkliches, und die wahre Realität [...] hinter ihr zu suchen« ist.[9] Die

---

[1] KAGOE, 128f.
[2] KAGOE, 165.
[3] In der Annahme der Unsterblichkeit der Seele liegt im übrigen eine Gemeinsamkeit beider Denker; allerdings: »Kant fordert die Unsterblichkeit, weil die empirische Entwicklung des Menschen einer Idee nicht genügt, Goethe, weil sie den wirklich vorhandenen Kräften nicht genügt.« KAGOE, 163.
[4] Vgl. KAGOE, 157: »Niemand wird die Kraft und Größe der Kantischen Überzeugungen leugnen wollen, [...] daß aller religiöse Glaube nur als Folge und als Forderung der Moral ein Recht habe.«
[5] Diesen Affinitäten gehe ich im folgenden Kapitel über Simmels Lebensphilosophie nach.
[6] Vgl. SHN, 225.
[7] SHN, 193.
[8] SHN, 194.
[9] SHN, 198.

Suche nach der ›wahren Realität‹ aber kann ihren Weg nur über das Subjekt nehmen, denn: »Solange nun die Philosophie jene Vielfältigkeit des Daseins [...] zu einer Zweiheit von Welten zusammen- und auseinandergebracht hat, liegt ihre Berührung und Brücke – mindestens *eine* solche – immer an derselben Stelle: in der menschlichen Seele, in dem Subjekte, das wir selbst sind.«[1] In der Teilhabe des Subjekts an beiden Welten gründet Simmel zufolge die Metaphysik Schopenhauers, und diese Doppelnatur des Menschen bestimmt auch sein praktisches Dasein: »[W]ir schauen uns einerseits selbst als ein Objekt, einen Teil der Erscheinungswelt an; zugleich aber fühlen wir das innere Zustandekommen dieser Erscheinung, den in ihr sich aussprechenden Willen, der als die eigentliche Realität hinter ihr steht und deshalb in ihre Formen niemals eingehen kann.«[2] Hieraus ziehe Schopenhauer den Schluß, daß »dasjenige an uns, was nicht Erscheinung ist: eben der Wille, der erst die Voraussetzung unserer Erscheinung ist – als unser metaphysisches Wesen, als unser Ding-an-sich bezeichnet werden«[3] muß. Wenn der Wille nun aber den metaphysischen Kern der Existenz ausmacht, kann er kein definitives Ziel haben und nie zu einer wirklichen Befriedigung gelangen, denn »der Wille, weil er das absolut Eine ist, hat nichts außer sich, womit er seinen Durst stillen, woran er seine Unrast endigen könnte«[4]. Da der Wille stets nur als individuierter wirkt, muß es die Aufgabe unseres Handelns und unserer Daseinsgestaltung sein, der Welt zu fliehen und unsere Persönlichkeit aufzuheben.[5] In der Gespaltenheit des Daseins liegt somit der Grund für das metaphysische Bedürfnis nach Erlösung und zugleich die Ursache für die Unmöglichkeit, das metaphysische Bedürfnis definitv zu befriedigen. Simmel führt drei Versuche Schopenhauers an, der Selbstverzehrung des Willens und dem daraus resultierenden Leiden in der Welt zu entkommen: (1) Kunst, (2) Sittlichkeit und (3) Askese.[6]

(1) Schopenhauer kennt Simmel zufolge eine Form des Intellekts, mit der er sich zeitweilig von der Allmacht des Willens befreien kann; gemeint ist »die Bewußtseinssphäre, in der sich überhaupt das gegenständliche Anschauungsbild der Welt formt«[7]. Als den Kern der ästhetischen Verfassung bestimmt Simmel im Gefolge Schopenhauers den Umstand, »daß sich in uns, kurz gesagt, die Welt als Vorstellung gänzlich von der Welt als Wille ablöst, von der sie sonst getragen, durchblutet, getrieben ist; das Dasein der Dinge in unserm Intellekt, sonst den *Zwecken* des Lebens dienend, reißt

---
[1] SHN, 199.
[2] SHN, 202.
[3] SHN, 203.
[4] SHN, 228.
[5] Vgl. SHN, 225.
[6] Vgl. SHN, 308.
[7] SHN, 271.

sich von dieser Wurzel im Willen los und schwebt als reines Bild in eignem Raume, ohne auch nur dem Ich eine Sonderexistenz zu lassen; auch dieses muß völlig in dem Bilde, in der Vorstellung aufgehen«[1]. In diesem Sinne kann der ästhetische Zustand den Menschen von seiner Individualität erlösen. Dies freilich nur, wenn »eben dieselbe Erlösung aus der Individualität, der raum-zeitlichen Bestimmtheit, den ursächlichen und dem Fluß der Lebenselemente eigenen Relationen, die das Subjekt der ästhetischen Anschauung gewinnt, auch dem Objekt derselben zukommt«[2]. Diesen Umstand sieht Schopenhauer mit der *Idee* des Dinges realisiert, die den eigentlichen Gegenstand der Kunst ausmache. »Dadurch, daß wir den Gegenstand auf seine ›Idee‹ hin ansehen, die zugleich sein innerstes Wesen und sein nie völlig realisertes Ideal ist, entheben wir ihn ebenso seiner Einzelheit, der bloßen Relativität seiner zeiträumlichen Stellung, der Verflochtenheit in das physische Sein – wie wir selbst, ästhetisch betrachtend, all diesem enthoben sind.«[3] Die Kritik Simmels setzt vor allem bei Schopenhauers Verknüpfung seiner Kunsttheorie mit seinem pessimistischen Weltbild an. Aufgrund des für Schopenhauer unaufgebbaren Pessimismus kann die ästhetische Erlösung vom Sein, das heißt dem Leiden, nur für die Augenblicke der kontemplativen Versenkung gelten. »Das Unzulängliche der Erlösung durch die Kunst liegt in ebendemselben, was diese Erlösung gerade zustande bringt: daß sie sich vom Willen, von dem wir *befreit* zu werden bedürfen, nur *abwendet*; wogegen die wirkliche, nicht in jedem Augenblick widerrufene Erlösung ihn selbst ergreifen muß.«[4] Und dies gelingt Simmel zufolge nur in den Taten der Sittlichkeit und der Askese, in der praktischen Dimension des Lebens also.

(2) Die Folge der Schopenhauerschen Willensmetaphysik ist eine pessimistische Anthropologie, nach der sich der individuierte Wille auf Kosten eines anderen und gleichgültig gegen die Leiden befriedigt, die der andere dadurch erfährt. Diesem Unrecht tritt zunächst das Phänomen der Gerechtigkeit entgegen, welche die Grenze zwischen den Individuen wahrt. Als solche besitzt sie jedoch nur einen negativen Charakter des Sich-Enthaltens. Positiv gewendet, drückt sich die Einschränkung des individuierten Willens im Mitleid aus, »das vor der Schädigung, der Vergewaltigung des Andern zurückschreckt; das Subjekt überwindet die, mit der Tatsache der Individuation eigentlich logisch gegebene Rücksichtslosigkeit durch das Sich-Hineinversetzen in den Andern, das Mitfühlen mit ihm, das seinerseits durch die tiefere Tatsache der Wesensidentität mit jenem ebenso

---

[1] Ebd.
[2] SHN, 273.
[3] SHN, 275.
[4] SHN, 307.

logisch gegeben ist«[1]. Die Legitimität ethischen Handelns gründet dem Pessimismus Schopenhauers zufolge, der keinen Lebensinhalt als Wert anerkennen kann, allein in der metaphysischen Struktur des Seins. Es bleibt nur die »Tatsache, daß unser Fühlen sich von seiner subjektiven Grundlage losreißen und ein Dasein, einen Zustand, ein Handeln als wertvoll, als gesollt fühlen kann, völlig objektiv, ohne Frage nach seinen weiteren Erfolgen für das Ich oder ein Du«[2]. Folglich kann die metaphysische Bedeutung aller Sittlichkeit nur darin liegen, »daß die absolute, überempirische Einheit alles Seienden, also auch die des Ich und des Du, sich in der Erscheinung realisiere – was nur so geschehen kann, daß die eigene Natur der Erscheinung, die individuelle Gespaltenheit zwischen den einzelnen Wesen, aufgehoben wird«[3].

(3) Weil es für Schopenhauer keine Norm gibt, sondern alles Wille ist, kann auf dem Wege der Sittlichkeit vollkommene Erlösung nicht erreicht werden. Vor dem Hintergrund seines prinzipiellen Pessimismus gelten ihm die moralischen Tugenden nicht als letzter Zweck, sondern nur als eine Stufe zu ihm.[4] Als der Endzweck allen Lebens bleibt also nur die Vernichtung des Willens. »Ist alle Wirklichkeit Wille, und ist aller Wille Schuld und Leiden – so bleibt als das Wertvolle und Erlösende, wenn die Normen abgelehnt sind, in logischer Konsequenz nur das eine, einzige: die Aufhebung des Willens.«[5] Allerdings kommt der Selbstmord für Schopenhauer nicht in Frage, denn nicht seine individuelle Erscheinung, sondern sich selbst muß der Wille im Menschen aufheben. Und wer erst einmal dem Willen entsagt hat, der erträgt alle Leiden, weil sich in ihm kein Widerstand mehr regt. Nicht der Suizid also, sondern allein die völlige Entsagung führt zur definitiven Erlösung. »Wer das Leben überwunden hat, wie der Asket, der weder im Ganzen noch im Einzelnen mehr vom Leben etwas will, braucht es nicht mehr gewaltsam zu vernichten, weil es für ihn schon zum Nichts geworden ist; wer es sich nimmt, beweist damit, daß er es nicht überwunden hat.«[6] Simmel betont, daß die Abkehr vom Leben, der asketische Verzicht auf alles Begehren, »in dem Schopenhauer die Vollendung und Heiligung der Seele sieht«[7], fundamentaler motiviert ist als durch den bloßen Wunsch, das Leiden zu überwinden. Der Wille des Asketen richtet sich nicht auf äußere Objekte, sondern er macht sich selbst zum Gegenstand; er bezwingt nicht mehr die Welt, sondern sich selbst. Die metaphysische Bedeutung der Askese liegt somit jenseits der Überwindung des Lei-

---

[1] SHN, 310.
[2] SHN, 313.
[3] SHN, 314f.
[4] Vgl. SHN, 341.
[5] Ebd.
[6] SHN, 343.
[7] SHN, 345.

dens. »Es ist die schlechthin metaphysische Wendung, die ihren Maßstab nicht an ihren Erfolgen, sondern nur an sich selbst und an ihrem Gegenstück, dem Ergreifen der Welt durch den sich bejahenden Lebenswillen, besitzt.«[1] Diese metaphysische Bedeutung der Askese besitzt religiöse Qualität, wie Schopenhauer im übrigen dem Leben der heiligen Büßer und Asketen aller Religionen jenseits der Oberfläche ihres Bewußtseins die Verwirklichung seines Ideals zuschreibt.[2]

Dem Schopenhauerschen Pessimismus stellt Simmel den Optimismus Nietzsches gegenüber. Wie besprochen, sieht Simmel in der Sehnsucht nach einem definitiven Zweck des Lebens als der Erbschaft des Christentums den gemeinsamen Ausgangspunkt der beiden Philosophen. Während jedoch Schopenhauer den Endzweck ausschließlich in der Lebensverneinung bestimmt, »findet Nietzsche an der Tatsache der Entwicklung des Menschengeschlechts die Möglichkeit eines Zweckes, der das Leben wieder sich bejahen läßt«[3]. Indem es für Nietzsche darum geht, »den sinngebenden Zweck des Lebens, der an seinem Ort außerhalb des Lebens illusionär geworden war, wie durch eine Rückwärtsdrehung in das Leben selbst zu verlegen«[4], ist das Leben selbst zu religiösen Weihen gekommen; Simmel spricht deshalb auch vom »Gefühl für die Feierlichkeit des Lebens«[5], das Nietzsche gehegt habe. Daß Nietzsche das Christentum – gegen seine Intention – beerbt hat, wird Simmels Interpretation zufolge vielleicht an keiner Stelle deutlicher als bei seiner Individualitätsemphase und der von ihm propagierten Idee der Menschheit. Was zunächst die Individualitätsemphase angeht, so sieht Nietzsche zwar im Christentum die religiöse Weihe des sinkenden, verfallenden Lebens und setzt dagegen den Wert der Lebenssteigerung. Simmel zufolge handelt es sich bei diesem scheinbaren Widerspruch jedoch um ein Mißverständnis. Sowohl dem Christentum als auch Nietzsche kommt es »ausschließlich auf die *Seinsbeschaffenheiten* des Individuums an, die für Nietzsche im Begriff des Lebens ihre Kulmination oder ihren Ausdruck gewinnen, im Christentum aber als Elemente einer höheren, göttlichen Ordnung«[6]. Auf dieser transzendenten Ebene besitzen sie – ähnlich wie im Falle des Nietzscheschen Lebensbegriffs – »die eigentümliche Doppelstellung als Endwerte und als Glieder eines über sie hinweggreifenden Ganzen«[7]. Weil Nietzsche das christliche Wertgefühl ausschließlich im Altruismus verortet, übersieht er am Christentum diese Zuspitzung auf den Eigenwert der Seele, der für es ebenso zentral ist. Simmel

---

[1] SHN, 346.
[2] Vgl. SHN, 345.
[3] SHN, 179.
[4] SHN, 180.
[5] SHN, 179.
[6] SHN, 352f.
[7] SHN, 353.

stellt die Alternative auf, ob das Tun auf Objekte gerichtet ist und an der Wirkung auf diese sein Recht und seinen Wert gewinnt oder ob die Beschaffenheit der Seele, »die sich in allem Tun nur ausdrückt oder seiner nur als eines Mittels zu sich selbst bedarf, alles Recht und allen Wert in sich trägt«[1]. Innerhalb dieser Alternative stehen auf der einen Seite Kant, die Demokratie und die soziale Ethik, auf der anderen Seite das Christentum und Nietzsche. Beide legen »allen Wert der Seele in ihre rein innerlichen *Qualitäten*, ihr nicht aus sich heraustretendes So-Sein«[2]. Simmel räumt zwar ein, daß die Seele auch nach diesem Verständnis aus sich heraustritt; sie tut das aber nicht in zentrifugaler Richtung, »sondern in der zentripetalen liegt der Wert des Handelns«[3]. Eine weitere Gemeinsamkeit zwischen der christlichen Weltanschauung und Nietzsches Philosophie macht Simmel in dem Versuch aus, die vollendete Persönlichkeit, die der absolute Wertträger innerhalb der Welt ist, doch noch einem übergeordneten Zweck des Daseins unterzuordnen. Im Christentum steht für diesen übergreifenden Sinn die Idee des Reiches Gottes, »dem die Seele diesseits wie jenseits ihrer irdischen Begrenzung angehört«, während bei Nietzsche diese Stelle die Idee der Menschheit einnimmt, »deren Entwicklung sich vermittels der immer vollkommeneren Individuen, d.h. *in* ihnen, *als* sie, vollzieht«.[4] Ebenso, wie der »unendliche Wert der Einzelseele« die Idee des Reiches Gottes als dessen Komplement braucht, ist Nietzsches Individuumsemphase nur vor dem Hintergrund seiner Idee der Menschheit verständlich. Aufgrund dieser Strukturanalogie kann Nietzsches Philosophie des Individuums als eine moderne Form von Religion gelten, die das starke Individuum als Repräsentant und Förderer der Menschheit verehrt.

Als Weltbildanalytiker und Zeidiagnostiker ist Simmel darum bemüht, die Stellung von Schopenhauer und Nietzsche innerhalb der gesamtkulturellen Lage zu bestimmen. Seiner Attitüdenlehre gemäß stellt er, ähnlich wie in der Arbeit über Kant und Goethe, beide Denker in ein komplementäres Verhältnis zueinander, »weil jeder von ihnen *eine* der Stimmungen, in deren Gegensätzlichkeit das empirische Leben pendelt, zu einem reinen und ganzen, in sich geschlossenen Leben geformt hat«. Da aber sowohl Schopenhauer als auch Nietzsche das Christentum beerben, ist beider Philosophie in ihrem Kern religiös geprägt. Wenn es *im Kern* einer jeden philosophischen Weltanschauung um Religion geht oder Philosophie zum mindesten Religion beerbt, nimmt es nicht weiter wunder, daß auch die *Hauptprobleme der Philosophie* von 1910 religionsphilosophisch relevante

---
[1] Ebd.
[2] Ebd.
[3] SHN, 354.
[4] SHN, 357. Mit dieser Verhältnisbestimmung des empirischen Individuums zur Idee der Menschheit ist zugleich die Abgrenzung des Menschheitsbegriffs gegen den Gesellschaftsbegriff verbunden; vgl. SHN, 358ff.

Themen verhandelt.[1] Als den Gegenstandsbereich philosophischen Räsonnements bestimmt Simmel zunächst »die Ganzheit des Daseins«[2], ein ursprünglich der Religion zukommendes Thema also. Aufgabe der Philosophie ist es, aus den Fragmenten der Objektivität ein objektives Ganzes zu formen. Voraussetzung dafür ist das »Totalisierungsvermögen der Seele«[3]. Als das Wesen der Philosophie bestimmt Simmel, »daß das Allgemeinste sich in der Form einer typischen Individualität darstelle«.[4] Angesichts der Fragmentarität der Welt ist die Philosophie darum bemüht, das Ganze für den Teil zu setzen. Und dies wiederum erreicht sie, indem sie den Teil für das Ganze setzt. »Aus den unübersehbar vielen Fäden, die das Netzwerk der Wirklichkeit ausmachen und deren Gesamtheit dem Philosophen sein Problem stellt, läßt ihn die Sonderart seines geistigen Typus einen einzelnen ergreifen; ihn erklärt er für den, der das Ganze zusammenhält, von dem alle andern abgeleitet sind, ihn verfolgt er, so sehr er auch an der Oberfläche nur fragmentarisch und oft von andern überdeckt erscheine, als den einzig kontinuierlichen durch das ganze Gewebe hin, ihn spinnt er über das relative Maß seiner endlichen Erscheinung hinaus ins Unendliche und Absolute.«[5] Simmel zufolge stellt dieser Typisierungsvorgang die formale Möglichkeit dar, »wie die Individualität ihr inneres, fühlendes und gestaltendes Verhältnis zum Weltganzen zu einem sachlichen Bilde dieses letzteren ausprägen kann«[6]. Freilich darf die in dieser Auffassung implizierte Subjektivität nicht im Sinne der Willkür und des Nachgebens gegenüber den subjektiven Stimmungsschwankungen mißverstanden werden; nicht einmal der singuläre Verlauf eines individuellen Bewußtseins ist ge-

---

[1] Zur Publikationsgeschichte der *Hauptprobleme der Philosophie* vgl. R. KRAMME, »... einen wirklichen philosophischen Klassiker ...«. Zur Publikationsgeschichte von Simmels »Hauptprobleme der Philosophie«, in: *Simmel Newsletter* 5, 1995, Nr. 2, 155–172. Obwohl zwischen 1906 und 1910, abgesehen von einem kleinen Beitrag zu einer Umfrage über »religiöse Grundgedanken und moderne Wissenschaft« im 33. Jahrgang der Zeitschrift Nord und Süd (1909; vgl. GSG 17), von Simmel keine Publikationen erscheinen, die sich explizit mit Themen der Religion befassen, schreibt er in einem Brief vom 20. März 1910 an Rickert: »ich habe ... eine grössere religionsphilosophische Studie hinter mir« (GSG 22/23). Die Frage, auf welche Arbeit Simmel hier anspielt, klärt sich in einem Brief vom 9. Juli 1910 an denselben Adressaten: »In einiger Zeit hoffe ich Ihnen etwas Religionsphilosophie zu senden; mein kleines Buch bei Göschen wird erst im Oktober ausgegeben werden. Ich stecke tief in wunderlichen Problemen u. bin selbst neugierig, wohin sie mich führen werden.« GSG 22/23. Simmel versteht also seine 1910 bei Göschen veröffentlichten *Hauptprobleme der Philosophie* auch als eine religionsphilosophische Arbeit; vgl. auch BEHR/KRECH/SCHMIDT, Editorischer Bericht, 414.
[2] HPH, 16.
[3] HPH, 17.
[4] HPH, 32.
[5] Ebd.
[6] Ebd.

III. Die kulturwissenschaftliche Schicht

meint.[1] Typen philosophischer Weltbilder herauszuarbeiten, bedeutet vielmehr, daß »jene individuelle, aus der Persönlichkeit hervorbrechende Produktivität offenbar eine *typische*« ist, »die singuläre Formung hat eine über die Singularität hinausgehende Gültigkeit, nicht vom Objekt her, sondern weil hier in dem Schöpfer jene eigentümliche Schicht spricht, mit der in dem individuellen Phänomen der Typus Mensch oder ein Typus Mensch in Funktion tritt«[2]. Den daraus resultierenden Vorwurf, ein auf diese Weise zustandegekommenes Weltbild habe einen anthropozentrischen Charakter – ein Vorwurf, den Feuerbach zufolge auch die Religion trifft –, weist Simmel mit dem Argument zurück, daß es sich bei der Metaphysik um die Frage handelt, welches der einheitliche Grund ist, »auf dem die Welt, und ich mit ihr und in ihr, ruhen kann«[3].

Die religionsphilosophische Ausrichtung der *Hauptprobleme der Philosophie* wird gleich zu Beginn des ersten Kapitels »Vom Wesen der Philosophie« deutlich. Dort führt Simmel als zwei der typischen Versuche, die Ganzheit des Daseins in einer möglichst unmittelbaren Weise zu erfassen, die Mystik (am Beispiel Meister Eckharts) einerseits und die Philosophie Kants andererseits an. Ausgangspunkt im Denken Eckharts ist die Vorstellung von der absoluten Eingeschlossenheit aller Dinge in Gott als der schlechthinnigen Einheit. Auf diese Weise »ist also zunächst die Ganzheit der Welt in *einem* Punkt gesammelt«.[4] Simmels Interpretation zufolge hat Eckhart auf dieser Grundlage die Möglichkeit, die Ganzheit der Welt in die Seele zu überführen: »Die Seele hat zwar mannigfache Fähigkeiten, aber es ist ein Mittelpunkt in ihr, der von keiner kreatürlichen Mannigfaltigkeit berührt wird […]. In diesem spricht Gott unmittelbar, ja, er ist überhaupt nicht mehr von Gott geschieden, er ist mit ihm ›eins und (nicht nur) vereint‹.«[5] In dieser Vorstellung identifiziert Simmel das innerste Motiv für die Verbindung zwischen Religion und Philosophie: »An der Vorstellung Gottes hat der Gläubige das Ganze der Welt, auch wenn ihm all ihre unzähligen Einzelheiten fehlen.«[6] Während die Mystik diese Vorstellung anschaulich zu machen versucht, überführt die philosophische Spekulation diesen Ansatz in eine abstrakte Form. Dabei hält sie jedoch an der Idee fest, »daß die tiefste, alle Mannigfaltigkeit überwindende Versenkung in uns selbst zugleich in die absolute Einheit der Dinge führt; es gäbe einen Punkt, an dem diese Einheit, in der Idee Gottes ausgesprochen, sich als das Wesen und die Einheit unser selbst offenbarte«.[7] Indem die philosophische Spe-

---

[1] Vgl. HPH, 27.
[2] HPH, 28f.
[3] HPH, 33.
[4] HPH, 18.
[5] Ebd.
[6] Ebd.
[7] HPH, 19.

kulation die religiöse in diesem Punkt beerbt, erhält die philosophische Attitüde, »die ein Verhältnis des Geistes zum Ganzen der Welt bedeutet und angesichts der Maße des Individuums und der Welt als ein Widersinn, ja, ein Irrsinn erscheinen könnte,« eine metaphysische Rechtfertigung.[1] Simmel versteht die philosophische Attitüde als die intellektuelle Wendung jenes Gefühls, nach dem »wir in den Grund der Welt gelangen, wenn wir uns in den Grund der eignen Seele versenken«[2].

Als die alternative Möglichkeit, das der philosophischen Attitüde zugrundeliegende Weltgefühl zu begründen, führt Simmel die Kantische Philosophie an. Während die Mystik mit dem als Ganzem gedachten oder unmittelbar erlebten Dasein befaßt ist, findet die Kantische Philosophie ihren Gegenstand an der Ganzheit der Welt nur, insofern sie Wissenschaft geworden ist; was nicht wissenschaflichen Kriterien entspricht, ist auch nicht wirklich.[3] Allerdings kann sich die Form wissenschaftlicher Erkenntnis in der Praxis niemals vollenden, das heißt jeden Inhalt auch tatsächlich aufnehmen. Daher hängt die Ausgestaltung der Erkenntnis von der jeweiligen historischen Epoche ab. Diese Auffassung steht zwar mit der Kantischen Philosophie in Widerspruch, ist jedoch nur auf ihrer Grundlage möglich. Die Kantische Wendung der philosophischen Attitüde identifiziert Simmel darin, »daß dieses ganze Dasein seine Form als Gegenstand der Erkenntnis eben der seelischen Beschaffenheit verdankt. Seine inhaltlichen Einzelheiten mögen sozusagen in der Welt verbleiben und ihrer allmählichen Aufnahme in die Erfahrung warten; aber die Formen, die Erfahrung und Natur überhaupt zustande bringen, in denen also der Gesamtumfang der erkannten Welt potentiell enthalten ist – die liegen im Geiste und nur in ihm bereit und sind seine Funktionen, die sein Erkennen heißen. Er hat seine Beziehung zur Ganzheit der Welt, da gerade ihre Ganzheit sein Erzeugnis ist.«[4] Auf der Basis der von Simmel analysierten philosophischen Attitüde lassen sich die Mystik und die Kantische Philosophie miteinander in Beziehung setzen. Während in der Mystik der Inhalt der Welt in einem Punkt gesammelt ist und die Seele – als ein Teil dieser Ganzheit – dadurch selbst ihre Einheit gewinnt, hat die Kantische Philosopie ihren Mittelpunkt im Formbegriff.[5] Die Alternative von entweder formloser Substanz oder inhaltloser Form hält Simmel in bezug auf den philosophischen Versuch, die Einheit des Weltganzen zu erfassen beziehungsweise zu konstituieren, für grundlegend: »In beiden Fällen ist es gerade die absolute,

---

[1] Ebd; diese Aussage korrespondiert mit der Formulierung in der Einleitung zur *Philosophischen Kultur,* 160: Philosophie ist eine »geistige Attitüde zu Welt und Leben, eine funktionelle Form und Art, die Dinge aufzunehmen und innerlich mit ihnen zu verfahren«.
[2] HPH, 19.
[3] Vgl. ebd.
[4] HPH, 24.
[5] Vgl. ebd.

zentrale Einheit des Geistes, durch die er sich der Beziehung zu der absoluten Ganzheit des Daseins öffnet.«[1] Die *Hauptprobleme der Philosophie* machen deutlich, daß Philosophie die Religion beerbt, ja mehr noch, daß sie in ihrem Wesen, insofern sie für die Schaffung einer einheitlichen Weltanschauung auf der Grundlage eines geistigen Typus zuständig ist, selbst »religioid« ist. Wie aber steht es mit dem Kulturwert expliziter Religion in der Moderne?

b) Der Kulturwert von Religion in der Moderne

Da sich die kulturelle Lage aufgrund der in der *Moralwissenschaft* verhandelten »Revolutionirung der Idealbildung«[2] sowie durch das Überhandnehmen der objektiven Kultur gegenüber der subjektiven grundlegend verändert hat, steht der in der Moderne noch mögliche Kulturwert von Religion in Frage. Vor dem Hintergrund der in der *Moralwissenschaft* sowie in der *Philosophie des Geldes* erstellten Zeitdiagnose, die zugleich den Ausgangspunkt für die Analysen der Weltbilder von Kant, Goethe, Schopenhauer und Nietzsche bilden, widmet sich Simmel in seinem 1901 publizierten Aufsatz »Beiträge zur Erkenntnistheorie der Religion«[3] der subjektiv-seelischen Seite der kulturellen Lage in der Moderne. In diesem Text, der wegen seines erkenntnistheoretisch gehaltenen Ausgangspunktes als eine Art Konvergenzpunkt von Soziologie und Philosophie gelten kann, stellt Simmel auf die subjektiv-menschliche Seite von Religion im Unterschied zu ihren transzendenten Inhalten ab. Abgesehen davon, daß diese Perspektive Simmels kulturwissenschaftlicher Frage nach dem Kulturwert von Religion entspricht, rechtfertigt er diese Sichtweise durch das Argument, daß eine *wissenschaftliche* Analyse des religiösen Wesens nur möglich ist, wenn Religion als empirischer Sachverhalt, und das heißt eben: als subjektives Verhalten des Menschen, verstanden wird; alles andere gehört

---

[1] HPH, 27.
[2] Vgl. EMII, 30.
[3] Im folgenden zitiert als BERel. Der Aufsatz ist aus einem Beitrag für den im August 1900 abgehaltenen »Premier Congrès International de Philosophie« entstanden, zu dem Simmel ins »Comité de Patronage« eingeladen worden ist. In einem Brief an Xavier Léon vom 26. Juli 1899 kündigt Simmel an, »dem Kongress eine kleine Abhandlung – das Resultat ganz neuerdings von mir geführten Untersuchungen – vorzulegen. Dieselbe wird über ›Religiöse Erkenntnistheorie‹ (Théorie de la connaissance religieuse) handeln« (in: GSG 22/23). Da Simmel jedoch verhindert ist, wird sein Beitrag in seiner Abwesenheit vorgetragen. Die Publikation des französischen Originals verzögert sich dann aber bis 1903; vgl. den Brief Simmels an Xavier Léon vom 9. Februar 1901, in: GSG 22/23 und R. Kramme, A. Rammstedt, O. Rammstedt, Editorischer Bericht, in: Georg Simmel, *Aufsätze und Abhandlungen 1901-1908*, Bd. 1. hgg. von R. KRAMME/A. RAMMSTEDT/O. RAMMSTEDT (Gesamtausgabe Bd. 7), Frankfurt a. M. 1995, 351–365, hier: 362.

in den Bereich metaphysischer Spekulation.[1] Auf der Grundlage dieser anthropologischen Dimensionierung des Phänomens faßt Simmel Religiosität deutlicher denn zuvor als eine kategoriale Formung des Bewußtseins. Die religiöse Form stellt sich ihm als »eine vielleicht ganz einheitliche Art des Fürunsseins, eine einheitliche Stimmung der Seele« dar[2], deren Einheit aber ambivalente Gefühlszustände umschließt: »Hingabe des Ich und gleichzeitiges Sich-Zurückempfangen, [...] demütige Bescheidenheit und leidenschaftliches Begehren, [...] Zusammenschmelzen mit dem höchsten Prinzip und Entferntsein von ihm, [...] sinnliche Unmittelbarkeit und unsinnliche Abstraktion unseres Vorstellens seiner.«[3] Die Einheit der religiösen Bewußtseinsform setzt sich jedoch nicht – gleichsam additiv – aus den einzelnen emotionalen Gegensatzpaaren zusammen. Vielmehr ist es gerade der durch widersprüchliche Emotionen evozierte Spannungszustand, der für Simmel als Indiz dafür herangezogen wird, daß es sich bei der religiösen Form um eine Einheit stiftende Kategorie *sui generis* handelt. Die begriffliche Lösung von dogmatischen Inhalten ermöglicht es ihm, Religiosität als eine einheitliche, fundamentale Verfassung des Bewußtseins zu begreifen, die das Sein in der ihr eigenen Sprache ausdrückt, die Welt aus sich heraus schafft und den anderen Bewußtseinsformungen selbständig gegenübersteht. Darüber hinaus zeigt eine solche Bestimmung des Religiösen, daß es nicht an bestimmte Inhalte gebunden ist, wie umgekehrt kein Inhalt *per se* zur Religion disponiert.[4] Folgerichtig führt Simmel das Argument an, daß Religiosität nicht ausschließlich an transzendente Gegenstände gebunden ist, sondern sich durchaus auch auf empirische Sachverhalte, etwa soziale Prozesse, beziehen kann. An diesem Punkt der Überlegungen ist der erkenntnistheoretische *Konvergenzpunkt* zwischen philosophischer Bewußtseinsanalyse und soziologischer Bestimmung von Religion erreicht. Der systematische Zusammenhang korrespondiert mit dem philologischen Befund, nach dem die soziologische Perspektive mittels einer knappen, an die »Soziologie der Religion« angelehnten Aufzählung religiös konnotierter Beziehungen des Einzelnen zu einer übergeordneten sozialen Einheit eingenommen wird.[5]

Dieser kurze Perspektivenwechsel erweist sich indes als sehr aufschlußreich für die Frage nach dem Zusammenhang der soziologischen und der allgemein-erkenntnistheoretischen Betrachtungsweise von Religion. Sim-

---

[1] Gleichwohl betont Simmel, wie bereits in SozRel, 285f., erneut, daß die Geltungsfrage religiöser Vorstellungen durch diese Sichtweise nicht berührt ist; vgl. BERel, 9, 11 u. 13f.
[2] BERel, 11.
[3] Ebd.
[4] Gemäß der analytischen Unterscheidung von Form und Inhalt, nach der jeder Inhalt prinzipiell von jeder Form aufgenommen werden kann; vgl. HPH, 20, und bereits SozRel, 268f., sowie REL, 55.
[5] Vgl. BERel, 13, Z. 22–33, mit SozRel, 269, Z. 18–33.

mel scheint bei seinen zunächst soziologisch ausgerichteten religionstheoretischen Bemühungen die Notwendigkeit erkannt zu haben, den Zusammenhang zwischen sozialen Erscheinungen als nichtreligiösen Sachverhalten und religiösen Phänomenen erkenntnistheoretisch zu fundieren. Dies gelingt ihm, indem er die bereits in der »Soziologie der Religion« von 1898 auf den Gegenstand der Religion angewandte Unterscheidung von Form und Inhalt weiter ausbaut, nämlich zur Differenz von Religiosität als kategorialer Bewußtseinsform und Religion als einer Welt transzendenter Inhalte; die kulturwissenschaftliche Unterscheidung zwischen subjektiver und objektiver Kultur wird hier also erkenntnistheoretisch fundiert und auf den Bereich der Religion übertragen. Auf der Grundlage dieser erkenntnistheoretischen Präzisierung kann Simmel überdies den religiösen Glauben, der ihm bereits in der soziologischen Analyse als Exemplifikation der These von der Genese der Religion aus sozialen Sachverhalten diente, eindeutiger vom theoretischen Glauben im Sinne von Erkenntnis generierenden Annahmen abgrenzen. In der Auseinandersetzung mit der Kantischen Konzeption vom praktischen Glauben kommt Simmel zu dem Schluß, daß der religiöse Glaube »einen Zustand der menschlichen Seele, eine *Thatsächlichkeit* bedeutet, aber nicht, wie alles theoretische, ein blosses Spiegelbild einer solchen«[1]. Bei dem religiösen Glauben handelt es sich demnach nicht wie beim theoretischen um seinen Inhalt, sondern um den subjektiven Vorgang selbst; mit anderen Worten: Er ist reine Funktion.[2] Anhand der Bestimmung des religiösen Glaubens in Abgrenzung zum reflexiven Denken wird deutlich: Transzendenz ist nicht mehr metaphysisch im klassischen Sinn zu fassen, aber auch nicht soziologistisch-positivistisch aufzulösen. Jenseits dieser Alternative wird der transzendente Vorstellungsinhalt transzendentalphilosophisch begründet und auf der bewußtseinsimmanenten Ebene verortet. Von hier aus ist es dann nur noch ein kleiner Schritt, um von der religiösen Substanz gänzlich abzusehen und allein auf die *Funktion* der religiösen Kategorie abzustellen, da es in transzendentalphilosophischer Perspektive einzig auf die Begründung der Bewußtseinstotalität ankommt.

Um so auffälliger ist *prima facie* der Umstand, daß sich Simmel in den folgenden religionsbezogenen Aufsätzen religiösen *Vorstellungsinhalten* zuwendet. Auf den zweiten Blick jedoch löst sich dieser scheinbare Widerspruch, denn die Inhalte werden auf ihre das Bewußtsein vereinheitlichende Funktion hin analysiert. Es geht hier um die Frage nach dem Kulturwert

---
[1] BERel, 17.
[2] Der Funktionsbegriff wird von Simmel (wie später auch von Ernst Cassirer in *Substanz und Funktion*) im Unterschied zum heutigen soziologischen Verständnis nicht im Sinne einer Leistung für etwas anderes, sondern zur Bezeichnung einer *internen* Relation einzelner Elemente gebraucht; vgl. etwa PHG, 104 et passim. Diese Verwendungsweise entspricht eher dem, was soziologisch heutzutage als Struktur bezeichnet wird.

von Religion, um die Frage also, ob und wie religiöse Vorstellungsinhalte (noch oder wieder) auf die persönliche Kultur zurückwirken können. Vor diesem Hintergrund problematisiert der 1902/03 veröffentlichte Artikel »Vom Pantheismus«[1] das Verhältnis zwischen Gott und Welt beziehungsweise einzelner Seele. Simmel führt die Vorstellung des Pantheismus zunächst auf das theologisch-dogmatische Postulat der Allmacht Gottes zurück. Darin entdeckt er jedoch folgende fundamentale Paradoxie: Wenn aufgrund seiner Allmacht Gott in allem ist und die Welt als in ihn hineingenommen gedacht werden muß, geht damit gleichzeitig das Gegenüber verloren, an dem sich Gottes Macht bewähren könnte. Die Konsequenz des Allmachtspostulats verneint somit ihre eigenen Voraussetzungen.[2] Die gleiche Problematik liegt dem Verhältnis der einzelnen Seele zu Gott zugrunde. Die Seele sucht Gott und trachtet danach, in ihm völlig aufzugehen. Doch selbst die religiöse Ekstase als der Versuch, alles Gegenüber und Getrenntsein von Gott auszulöschen, vermag den Zustand völligen Einsseins nicht zu erreichen. Aus diesem Umstand zieht Simmel die Konsequenz, daß die Vorstellung von Gott als einer eigenständigen Persönlichkeit zwar ein mythologisches Residuum, aber dennoch ein psychologisch-philosophisches Erfordernis ist, denn »das Zusammen lebt nur von dem gleichzeitigen Gegenüber«[3]. Gott *muß* folglich (unabhängig von der Frage nach seiner realen Existenz) als Persönlichkeit vorgestellt werden, da sich nur auf diese Weise die religiöse Stimmung, deren Eigenart in dem Zugleich von Hingabe und Empfangen besteht, ausleben kann.[4] Der angeführte Widerspruch wird mit der Persönlichkeitsvorstellung Gottes allerdings insofern nicht vollständig bereinigt, als die religiöse Seele immer danach strebt, in ihrem Gott zu versinken und sich zum bloßen Gefäß des Göttlichen zu machen, damit aber gerade die Möglichkeit des Gebens und Nehmens verliert. Mit diesem Problemaufriß gelingt es Simmel, aus religi-

---

[1] Im folgenden zitiert als Pthm.
[2] Vgl. hierzu bereits die Ausführungen in EMI, 130ff. Simmel setzt an dieser Stelle also – wie später Max Weber – bei intellektuellen Problemen religiöser Dogmatik an. Doch im Unterschied zu Weber, der die Rationalisierungsleistung religiöser Inhalte anhand der Theodizee-Problematik, also auf ethischer Ebene, nachzeichnet, bleibt Simmel im Rahmen der philosophischen Spekulation, die er freilich – hier wiederum wie Weber – auf ihren Kulturwert befragt. Abgesehen von der handlungstheoretischen Ausrichtung des Weberschen Religionskonzepts liegt der wesentliche Unterschied zwischen Weber und Simmel in der Verhältnisbestimmung von Religion und Moderne; vgl. dazu meinen Aufsatz: Zwischen Historisierung und Transformation von Religion. Diagnosen zur religiösen Lage bei Max Weber, Georg Simmel und Ernst Troeltsch, in: V. KRECH und H. TYRELL (Hg.), *Religionssoziologie um 1900*, Würzburg 1995, 313–349.
[3] Pthm, 88; dieses Argument entfaltet Simmel im Aufsatz »Die Persönlichkeit Gottes« von 1911.
[4] In diesem Sinne kann Simmel auch eine Differenz zwischen Pantheismus und Individualismus ziehen; vgl. PHK, 164.

ons*philosophischer* Sicht den religions*geschichtlichen* Tatbestand wechselnder Gottesvorstellungen zu erklären: Glaube und Hingabe an den Gott, der der Welt gegenübersteht, wie es im Judentum und in fast allen nichtchristlichen Religionen vorherrscht, treibt zum Pantheismus, in dem die Welt mit Gott zur Einheit verschmilzt, wie es im Brahmanismus und in zahlreichen philosophischen Religionskonzepten der Fall ist. Doch weil der Pantheismus statt der erhofften Güter nur eine leere Einheit bietet, treibt er wieder zum Theismus zurück. Simmel betont, daß er damit lediglich den Weg von dem einen Glaubensinhalt zum anderen aufzeigen will, nicht jedoch eine Versöhnung zwischen beiden anstrebt. Vielmehr muß die Beziehung des Menschen zum Unendlichen zwischen den beiden Formeln des Theismus und des Pantheismus notwendigerweise changieren, denn: »Indem jede, die wir finden möchten, sowohl die des Gegenüberstehens wie die der Einheit, aus sich heraus und der andern zuführt, ist jene Unendlichkeit der inneren Bewegung da, in deren Form allein ein Strahl eines Unendlichen uns gewährt ist.«[1]

Der ebenfalls 1902/03 erschienene Aufsatz »Vom Heil der Seele«[2] setzt gleichsam am entgegengesetzten Pol des Gegenübers von Gott und Seele an, das bereits den Ausgangspunkt des Pantheismus-Aufsatzes bildete. Simmel analysiert den Begriff »Heil der Seele« auf die Vorstellungen, Interessen und Erfahrungen hin, die in ihm verdichtet sind. Dem Autor zufolge ist mit dem Terminus »die Befriedigung alles letzten Verlangens der Seele« bezeichnet[3]; dies freilich nicht als ein positiv bestimmbarer Inhalt, da auch der Heilsbegriff unter der Perspektive der das Bewußtsein formenden religiösen Kategorie untersucht wird. In diesem Sinne wird der Begriff gefaßt als »Einheits- und Treffpunkt all jener Bestrebungen und Regungen …: er besteht nicht für sich als etwas, worauf unsere Sehnsucht sich richte, sondern er ist der Name für den Ort unserer Sehnsüchte«[4]. Das »Heil der Seele« wird so zur Formel für die höchste Einheit der Seele, »zu der all ihre innerlichsten Vollendungen zusammenrinnen, die sie nur mit sich und ihrem Gott auszumachen hat«[5]. Diese Interpretation des christlichen Topos vom Seelenheil zielt auf ein Verständnis, nach dem das Heil der Seele in der Verwirklichung des Ideals ihrer selbst besteht: »[…] das ist das Heil der Seele, daß ihr nicht von außen etwas hinzugetan oder angebildet wird, sondern daß sie eigentlich nur eine Hülle abzuwerfen, nur zu werden braucht, was sie schon ist«[6]. Was Simmel hier auf den Begriff gebracht sieht, ist also dem Grunde nach die Zentrierung der Seele auf sich selbst als die Beschrei-

---

[1] Pthm, 91.
[2] Im folgenden zitiert als HlSle.
[3] HlSle, 109.
[4] Ebd.
[5] HlSle, 110.
[6] HlSle, 110f.

bung eines angestrebten Zustandes, gleichsam das *principium individuationis* in seiner nur *idealiter* möglichen absoluten Verwirklichung, die jedoch *realiter* in Form der Sehnsucht danach gegenwärtig ist.

Die transzendentalphilosophische Verankerung der religiösen Funktion vereint somit zwei Bestimmungselemente des Religionsbegriffs: zum einen die apriorische Gegebenheit der religiösen Kategorie, zum anderen die Funktion der Einheitsbildung als einer regulativen Idee im Sinne Kants.[1] Während das erste Element die Zeitebene ausblendet, prononciert die zweite Komponente den Prozeßcharakter der religiösen Funktion. Diesen Bestandteil des Religionsbegriffs weiter auszubauen, ist das Anliegen der 1904/05 erscheinenden Arbeit »Die Gegensätze des Lebens und der Religion«[2], die deshalb auch als eine erste Andeutung der in der letzen Werkphase zu voller Ausprägung gelangenden Lebensphilosophie gelten kann.[3] Ausgangspunkt der Überlegungen ist erneut die kulturwissenschaftliche Frage nach der einheitsstiftenden Funktion von Religion für das individuelle Erleben. Vor dem Hintergrund der in den vorangehenden Aufsätzen getroffenen polaren Verhältnisbestimmung von Gott und Welt beziehungsweise einzelner Seele beschreibt Simmel die Vereinheitlichung der Einzelerlebnisse des individuellen Bewußtseins durch die Form der Religiosität als Spiegelung des objektiven Weltbildes der Religion, die Gott als Einheit des gesamten Daseins vorstellt. Die Funktion der Religiosität besteht darin, den einzelnen Elementen emotionaler Gegensatzpaare des inneren Erlebens gleichmäßigen Raum zu geben und sie zu vereinheitlichen.[4] Diese Leistung zu erbringen, wird möglich, indem die Vorstellung Gottes als der transzendente Bezugspunkt fungiert, der jenseits aller empirischen Divergenzen die Gegensätze des inneren Erlebens zu einer Einheit fassen kann. Zugleich aber steht die Gottheit dem einzelnen Gläubigen nicht nur gegenüber, wie bereits die vorangehenden Überlegungen zur Relation zwischen Gott und Welt zeigten. Vielmehr besteht zwischen beiden Polen ein Spannungsverhältnis von »Haben« und »Nichthaben«: Die einzelne Seele weiß sich von Gott getrennt, aber auch sich in Gott und Gott in ihr, so daß die Einheitsbildung auf transzendenter Ebene auf die empirische Situation des Einzelnen zurückwirken kann. Das Spannungsverhältnis zwischen Gott und Welt ist also ein zweifaches: Zum einen wird es innerhalb der religiösen Dogmatik thematisiert, zum anderen besteht es zwischen empirischem Leben und Religion mit ihren überpositiven Inhalten als ganzer. Die religiösen Vorstellungsinhalte reflektieren in der Thematisierung des Verhältnisses von Gott und religiös bestimmter Welt die Beziehung der Reli-

---

[1] Entsprechend dem doppelten Individualitätsbegriff; vgl. GOE, 142.
[2] Im folgenden zitiert als GgsLbRel.
[3] Vgl. dazu das folgende Kapitel meiner Untersuchung.
[4] Vgl. GgsLbRel, 296.

III. Die kulturwissenschaftliche Schicht

gion insgesamt zur empirischen Wirklichkeit als zwei autonomen, aber doch aufeinander Einfluß nehmenden Bereichen. Dem Spannungsverhältnis im letztgenannten Sinn wendet sich Simmel gegen Ende des Aufsatzes zu. Einerseits steht Religion im Leben, damit das Leben als eine Ganzheit erscheinen kann. Andererseits steht Religion als eine autonome Welt der Wirklichkeit auch gegenüber, so daß sie »ein Teil des Daseins und zugleich das Dasein selbst auf einer höheren, verinnerlichten Stufe«[1] ist. Religion als transzendente Macht vereint die Gegensätze des Lebens und wird gleichzeitig Partei innerhalb dieser Gegensätze, um sich von dort aus wieder zur vereinheitlichenden Instanz emporzuheben.[2] In diesem infiniten Prozeß erkennt Simmel die zentrale Funktion der Religion in der Moderne: Indem »Religion als diese unendliche Aufgabe, dieser grenzenlos über jedes Stadium hinauswachsende Entwickelungsprozeß begriffen wird, kann der moderne Mensch sich ihr von neuem nähern«.[3] Wenn man mit Simmels Rede vom »empirischen Leben« unter anderem auch Vergesellschaftungsprozesse gemeint sieht, ist im übrigen eine Rückbindung der religionsphilosophischen Reflexionen an die soziologische Betrachtungsebene hergestellt.

Um die Komponente des Prozeßcharakters ergänzt, kann die transzendentalphilosophische Perspektive erneut aufgegriffen und vertieft werden. In dem 1905 erschienenen Aufsatz »Ein Problem der Religionsphilosophie«[4] verknüpft Simmel die transzendentalphilosophische Bestimmung mit einer psychologischen und einer ontologischen Dimensionierung des Religionsbegriffs. Zunächst verortet er den Grund für den Bestand von Religion nicht in den dogmatischen Aussagen. Vielmehr sind es die »seelischen Kräfte und Bedürfnisse, die sich an der Religion ausleben und befriedigen«[5]. Diese treten zwar an den Dogmen in Erscheinung, überleben jedoch die nur auf die Inhalte beziehbare Religionskritik. Grundlage der Argumentation ist abermals die Unterscheidung von religiösem Sein und objektiver Religion. Während letztere der destruierenden Kritik ausgesetzt ist, kann die Tatsächlichkeit religiöser Triebe und Bedürfnisse empirisch nicht bestritten werden: »Das Ewige an der Religion sind diese Sehnsüchte,

---

[1] GgsLbRel, 302.
[2] Dieser Gedanke der Doppelstellung der Religion im Leben und dem Leben gegenüber taucht bereits innerhalb der Analyse der »Doppelrolle des Geldes« in der *Philosophie des Geldes* auf; vgl. PHG, 676. Dort wird die Doppelrolle des Geldes in eine Analogie zum doppelten Verhältnis von Religion und Leben gestellt; vgl. dazu auch meine oben gemachten Ausführungen. Dieser philologische Befund ist im übrigen als ein Beleg für die frühe Präsenz lebensphilosophischer Motive in Simmels Denken zu werten. Zur Doppelrolle des Geldes in ökonomischer Hinsicht vgl. P. von Flotow, *Geld, Wirtschaft und Gesellschaft. Georg Simmels Philosophie des Geldes als ökonomisches Werk*, Frankfurt a. M. 1995.
[3] GgsLbRel, 303.
[4] Im folgenden zitiert als PRph.
[5] PRph, 311.

die noch nicht Religion sind.«[1] Die Wahrheit der Religion liegt nicht in ihrem sachlichen Gehalt, der historischer Kontingenz verhaftet bleibt, sondern in der – jedenfalls für die Moderne geltenden – Disposition des Individuums, nämlich in seinen Bedürfnissen »nach der Ergänzung des fragmentarischen Daseins, nach der Versöhnung der Widersprüche im Menschen und zwischen den Menschen, nach einem festen Punkt in allem Schwankenden um uns herum, nach der Gerechtigkeit und nach den Grausamkeiten des Lebens, nach der Einheit in und über seiner verworrenen Mannigfaltigkeit, nach einem absoluten Gegenstand unsrer Demut wie unsres Glücksdranges«[2]. Diese Bedürfnislage des Individuums stellt die Quelle für die transzendenten Inhalte der Religion dar.

Die zweite Ergänzung, welche die transzendentalphilosophische Bestimmung des Religionsbegriffs erfährt, ist die Thematisierung des ontologischen Problems einer Verhältnisbestimmung von Teil und Ganzem, das aus der oben skizzierten Disposition der menschlichen Existenz in der Moderne erwächst. Seinen konkreten Ausdruck findet der abstrakte ontologische Sachverhalt im Persönlichkeitsbegriff, den Simmel auf der anthropologisch-existentialen Ebene sowie an der dogmatischen Vorstellung der Persönlichkeit Gottes erläutert. Zunächst werden zwei für den Persönlichkeitsbegriff konstitutive Merkmale herausgestellt: zum einen die Geschlossenheit des inneren Lebens, in der sich alle einzelnen Erlebnis- und Vorstellungsinhalte zu einer Einheit verbinden; zum anderen die Bedeutung, welche die Einheit als Ganzes jenseits aller Einzelinhalte besitzt und sich damit gegen sich selbst abhebt. Seiner anthropologisch-psychologisch gehaltenen Erkenntnistheorie gemäß beginnt Simmel, das erste Bestimmungsmerkmal des Persönlichkeitsbegriffs am Beispiel der menschlichen Existenz zu explizieren. Der einzelne Mensch ist nicht in der Lage, das Persönlichkeitsideal zur Gänze zu erfüllen, da er immer ein Glied der Welt ist und nie eine autonome Welt für sich. Er steht in einem ständigen Austauschprozeß mit seiner Umwelt und ist daher immer nur eine unvollständige Persönlichkeit: »Kein einzelner Teil des Ganzen, und wäre es der höchst organisierte, der persönlichste Mensch, ist wirkliche Einheit in sich, hat diese unbedingte Wechselwirkung aller Teile, die das Ganze des Seins hat.«[3] Erst von einer ontologischen Perspektive aus ist eine tatsächliche Einheit benennbar, nämlich die der Gesamtheit des Seins; was dem einzelnen Individuum als Teil des Daseins versagt ist, besitzt somit das Sein als Ganzes. Von hier aus bestimmt sich für Simmel die Persönlichkeit Gottes

---

[1] Ebd.
[2] PRph, 311f. Die soziologische Dimension dieser Ausführungen besteht darin, daß der Individuationsprozeß zum einen die Wahrnehmung des Einzelnen als fragmentarischer Existenz und zum anderen Konflikte unter den einzelnen Individuen zur Folge hat.
[3] PRph, 314.

als eben dieser einheitliche Charakter des Seins. Die Vorstellung Gottes als Persönlichkeit wird auf diese Weise als Ergänzung, als ein ontologisch notwendiges Pendant der menschlichen fragmentarischen Existenz begriffen, aus der sich die Sehnsucht nach Einheit speist. Das Persönlichkeitsideal als eine Form des geistigen Daseins kommt ansatzweise im individuellen Bewußtsein zur Geltung und realisiert sich vollends in der Vorstellung von der Persönlichkeit Gottes. Ihre für die menschliche Existenz konstitutive Bedeutung bestimmt Simmel mit der Lösung der Paradoxie, »daß ein Wesen in seinen Hervorbringungen lebt, sich ganz in sie hingibt und von ihrer Gesamtheit ausgedrückt wird und zugleich ein ihnen gegenüber selbständiges Dasein hat, ein Zentrum für sich ist, das von solcher Ausgedehntheit und Vielheit nicht aufgebraucht wird«[1]. Was also die menschliche Existenz aufgrund ihres fragmentarischen Charakters nicht vollständig erreichen kann, manifestiert sich in dem Gefühl des Gläubigen seinem Gott gegenüber als im Vollendeten und Unendlichen realisierte vollkommene Persönlichkeit, »als die Kraft in allen Kräften, den fortwährenden Schöpfer in allem Geschaffenen und zugleich als unberührt von allem Einzelnen, die Einheit *jenseits* aller Mannigfaltigkeit«[2]. Wenn Simmel auch aufgrund erkenntnistheoretischer Erwägungen bei der menschlichen Disposition ansetzt, schützt er gleichwohl den anthropologisch dimensionierten Religionsbegriff vor dem Anthropomorphismusvorwurf (etwa Feuerbachscher Provenienz). Er betont, daß es sich bei der Vorstellung von der Persönlichkeit Gottes nicht um eine Vermenschlichung des Absoluten handelt, sondern umgekehrt die Unterordnung des menschlichen Ich unter eine gleichsam metaphysisch gegebene Existenzart bedeutet, »von der jenes nur ein einzelnes, eingeschränktes Beispiel, der geglaubte Gott aber die absolute, dem Weltganzen gegenüber sich vollziehende Erfüllung bietet«[3].

Mit der Verhältnisbestimmung von Gott und Welt als einem Gegenüber ist zugleich das zweite Bestimmungsmerkmal des Persönlichkeitsbegriffs thematisiert. Persönlichkeit in ihrem allgemeinsten Sinn konstituiert sich überall da, »wo ein Teil eines Ganzen sich diesem Ganzen gegenüberstellt, in dem er doch zugleich enthalten ist«[4]. Zur Explikation dieses Definitionskriteriums dient Simmel wiederum die menschliche individuelle Existenz als Ausgangspunkt, die sich als Selbstbewußtsein selbst gegenüberstellt, somit gespalten ist, sich aber dennoch zu einer inneren Einheit zusammenfassen kann. Nun überträgt Simmel den menschlichen Sachverhalt des Selbstbewußtseins allerdings nicht auf die Gottesvorstellung, sondern sieht das zweite Merkmal der Persönlichkeit *primär* in der monotheisti-

---
[1] PRph, 315f.
[2] PRph, 316.
[3] PRph, 317.
[4] PRph, 318.

schen Konzeption realisiert, nach der Gott der Träger des Sinnes und der Gestalt des Daseins ist, sein Wesen im Gegensatz zur pantheistischen Vorstellung *jenseits* des Daseins selbst hat. Damit ist Gott Persönlichkeit nicht vom Menschen aus gesehen, sondern vom Universum her, »dessen Gestaltung, in einem Inbegriff kristallisiert, eben jene eigentümliche Trennung zwischen Teilen und Ganzem verrät, die sich innerhalb des Menschen wiederholt«[1]. Simmel nimmt die sich aus dem fragmentarischen Charakter der menschlichen Existenz speisende Sehnsucht explizit zum Ausgangspunkt der Vorstellung von der Persönlichkeit Gottes, und zwar, wie gezeigt, aufgrund erkenntnistheoretischer Erwägungen. Die dogmatische Konzeption von der Persönlichkeit Gottes ist ihm der Ausdruck für die Funktion, die Gott der Seele gegenüber üben muß, um das oben genannte menschliche Doppelbedürfnis zu befriedigen: »Er muß die Seele einschließen, die sich ihm hingibt, und während sie so ein Teil seiner ist und bleibt, tritt sie ihm doch gegenüber, um ihn zu glauben oder zu schauen, an ihm zu sündigen oder zu ihm zurückzukehren, mit ihm zu hadern oder ihn zu lieben.«[2] Die von der Funktionsbestimmung aus eingeschlagene Argumentationsrichtung hat allerdings lediglich ihren Ausgangspunkt in der menschlichen Verfassung; der Duktus als ganzer hat sein Zentrum in der ontologischen Perspektive auf das Verhältnis von Teil und Ganzem. Deshalb auch kann Simmel seine religionsphilosophischen Überlegungen, was den Wahrheitscharakter der Vorstellung von der Persönlichkeit Gottes angeht, mit der Aussage schließen, daß der religiöse Trieb zwar von sich aus Religion suchen muß; »was er dann aber findet, braucht keineswegs nur er selbst in seiner Gestalt, in der er sich selbst nicht wiedererkennt, zu sein«[3].

Zusammenfassend läßt sich die theistische Gottesvorstellung als eine religiöse Chiffre verstehen, mit der die Einheit des Seins und *zugleich* das individuierte Sein als eine Ganzheit symbolisiert wird. Der Kulturwert des Theismus besteht darin, daß er auf anthropologisch-empirischer Ebene eine individualitätskonstitutive Funktion ausübt. Die subjektive Seite der Gottesvorstellung symbolisiert der christliche Topos vom Heil der Seele, der beide Dimensionen des Persönlichkeitsbegriffs vereint. Dieser Interpretation zufolge avanciert das Heil der Seele zum Endzweck des Lebens; ein Endzweck freilich, der im Anschluß an Nietzsche im Leben selbst gründet. Indem Simmel Religion in lebensphilosophischer Perspektive betrachtet, erhält sie einen zusätzlich gesteigerten Kulturwert.

---

[1] PRph, 319. Vgl. zu diesem Vorgang auch die in der Einleitung der *socialen Differenzierung*, 115, angeführte Beobachtung, »daß das Verhältnis eines Ganzen zu einem andern sich innerhalb der Teile eines dieser Ganzen wiederholt«. Ich komme auf diese Figur im dritten Teil meiner Untersuchung zurück.
[2] PRph, 319.
[3] PRph, 320. Damit wendet sich Simmel erneut implizit gegen die Feuerbachsche Religionskritik.

IV. Die lebensphilosophische Schicht

Wie die Rekonstruktion des Religionsverständnisses im Rahmen des kulturwissenschaftlichen Ansatzes gezeigt hat, ergänzt Simmel seine Kulturtheorie im Laufe der Werkgeschichte um prozedurale Elemente, die nach der »lebensphilosophischen Wende« systematisch ausgearbeitet werden. Daß Simmel das im engeren Sinne soziologische und das kulturwissenschaftliche Fundament seines Religionsbegriffs als unzureichend empfunden hat, geht aus einem Brief an Margarete von Bendemann (geb. Susman) hervor, der er ein Exemplar der 1912 erschienenen zweiten, erweiterten Auflage des Religionsbuches zukommen läßt: »Wieviel ihm noch fehlt, weiß niemand besser als ich. Nimm es immerhin in dieser unvollkommenen Form wieder hin [...].«[1] Obgleich sich die in der zweiten Auflage vorgenommenen Ergänzungen im wesentlichen bereits der »lebensphilosophischen Wende« verdanken, war Simmel zum Zeitpunkt der Überarbeitung der Religionsmonographie von 1906 noch nicht so weit, um aus dem Perspektivenwechsel *systematisch* Konsequenzen für sein Religionsverständnis zu ziehen. Dies wurde ihm erst möglich, nachdem er lebensphilosophische Motive durchreflektiert hatte. Wie sich Simmels Religionssoziologie nur im Kontext seiner Konzeption von Soziologie und die religionsphilosophischen Arbeiten nur im Zusammenhang des kulturwissenschaftlichen Ansatzes verstehen lassen, so ist seine Beschäftigung mit Themen der Religion in der dritten Werkphase nur vor dem Hintergrund seines lebensphilosophischen Konzepts zu rekonstruieren. Mit Horst Müller bin ich der Ansicht, daß eine angemessene Würdigung der Simmelschen Religionstheorie nur möglich ist, »wenn wir sein *lebensphilosophisches* Anliegen [...] verstanden haben«[2]. Aus diesem Grund sei dem folgen-

---

[1] In: GSG 22/23.
[2] H. MÜLLER, *Lebensphilosophie und Religion*, 14. Dagegen halte ich es jedoch für eine Nivellierung der werkgeschichtlichen Differenzen, wenn Müller auch die beiden ersten Werkphasen *ausschließlich* prozeßphilosophisch interpretiert. Gegen die ausschließlich lebensphilosophische Interpretation von Simmels Kulturphilosophie durch H. BLUMENBERG, Geld oder Leben. Eine metaphorologische Studie zur Konsistenz der Philosophie Georg Simmels, in: H. BÖHRINGER und K. GRÜNDER (Hg.), *Ästhetik und Soziologie um die Jahrhundertwende: Georg Simmel*, Frankfurt a. M. 1976, 121–134, habe ich mich in meinem Artikel: »Geld oder Leben« oder »Geld zum Leben«? Anmerkungen zu zwei Rezeptionsvarianten der *Philosophie des Geldes*, in: *Simmel Newsletter* 3, 1993, 174–180, gewandt.

den Abschnitt eine – abermals knappe – Skizze der Simmelschen Lebensphilosophie vorangestellt.

1. Simmels lebensphilosophisches Programm

Die Wende zur Lebensphilosophie im Spätwerk Simmels stellt meines Erachtens das letzte Glied einer Kette dar, die mit soziologischen Analysen des neuzeitlichen und modernen Differenzierungs- und Individualisierungsprozesses beginnt, dann aber von einem soziologisch-deskriptiv gehaltenen zu einem kulturwissenschaftlichen Wertbegriff von Individualität übergeht.[1] Individualität als Kulturwert wiederum führt zwangsläufig zur Erörterung des Freiheitsproblems. Ging es in soziologischer Perspektive zunächst (nur) um Individualität als *Zurechnungsinstanz* von Verantwortlichkeit und Entscheidungen[2], in deren Zuwachs allein ein Freiheitsgewinn gesehen wurde[3], so ist die Kulturwissenschaft mit dem Problem des Freiheitsverlustes angesichts der autonom gewordenen Zweckreihen und der daraus resultierenden Frage nach der Wiedergewinnung individueller Freiheit befaßt. Eine Lösung des Freiheitsproblems kommt Simmel jedoch erst unter Zuhilfenahme des lebensphilosophischen Ansatzes als des letzten Gliedes der werkgeschichtlichen Kette in den Blick, insofern sie den Freiheitsakzent auf das Schöpferische, auf das nicht abstrakt Normierbare setzt. Stellt man den Zusammenhang von Individualität und Freiheit in Rechnung, so ist es nur konsequent, daß Simmels Lebensphilosophie, indem sie an soziologische und kulturwissenschaftliche Einsichten anknüpft, wesentlich mit Fragen der Ethik befaßt ist. Um diese Kontinuität zu er-

---

[1] Zur doppelten Verwendung des Individualitätsbegriffs vgl. GOE, 142: Individualiät meint sowohl eine ontologische Kategorie als auch eine Kategorie zur Bezeichnung besonderer Eigenschaften. Beide Kategoriearten »gewinnen ... in der Entwicklung des modernen Geistes ein über ihre reale Wirksamkeit hinausgehendes Bewußtsein. Und zwar in der doppelten Form: einmal als rein abstrakte Begriffe, mit denen die Erkenntnis die Struktur der Wirklichkeit deutet, und dann als Ideale, zu deren immer vollkommenerer Ausprägung der Mensch die eigene und die fremde Wirklichkeit zu entwickeln hätte«. Der Individualitätsbegriff wird also einerseits in formaler Hinsicht und andererseits zur Bezeichnung einer regulativen Idee im Sinne Kants verwendet. Auf die soziologischen Apriori bezogen, übt Individualität einerseits eine Sozialität ermöglichende Funktion aus. Andererseits kommt ihr aber auch die Funktion einer regulativen Idee zu. Diese Bedeutung findet in Simmels Satz ihren Ausdruck:»Wir alle sind Fragmente, nicht nur des allgemeinen Menschen, sondern auch unser selbst.« SOZ, 49.

[2] Vgl. EMII, 136: »Eine That wird mir ›zugerechnet‹, wie ein Posten einem Konto zugerechnet oder ›zugeschrieben‹ wird, d.h. als zu ihm gehörig erkannt, als Theil dieser Einheit und Gesammtheit behandelt; nur wenn die Handlung als ein Theil meines Ich erkannt, d.h. zu *mir* gerechnet wird, wird sie mir zugerechnet.«

[3] In diesem Sinne sind das dritte und fünfte Kapitel der *socialen Differenzierung* gehalten; vgl. auch PHG, 397ff.

kennen, ist es zunächst erforderlich, sich die Kernaussagen der Simmelschen Lebensphilosophie zu vergegenwärtigen.

Die Arbeit über Goethe von 1913 kann als das erste Werk gelten, das vollständig von der lebensphilosophischen Wende durchdrungen ist.[1] Doch auch frühere Arbeiten wie etwa die Monographien über Kant und Goethe sowie Schopenhauer und Nietzsche beinhalten bereits lebensphilosophische Motive.[2] Die Analyse zunächst der Weltbilder von Kant und Goethe, deren jeweilige Kernprobleme wie ihre Polarität sich als Beispiel für den Konflikt zwischen objektiver und subjektiver Kultur verstehen lassen, endet mit der Vermutung Simmels, daß sich eine Synthese beider Positionen nur auf einer vorgeordneten Ebene, nämlich durch den Begriff des Lebens, herstellen läßt.[3] Im Anschluß an diese Einschätzung deutet die Verwendung und Explikation des Lebensbegriffs in *Schopenhauer und Nietzsche* an, wie Simmel die Aporien der kulturwissenschaftlichen Perspektive durch die Verwendung des Lebensbegriffs zu lösen versucht. Das fünfte Kapitel setzt mit einer knappen Skizze der kulturellen Entwicklung ein, in deren Verlauf die Inhalte der einzelnen Kulturbereiche »gesonderte, nach je eigenen Gesetzen verwaltete Reiche« bilden und sich somit von den »realen Energien des seelischen Lebens« trennen.[4] Insoweit entspricht die Skizze der in der *Philosophie des Geldes* angestellten Analysen. Auf psychischer, motivationaler Ebene aber stellt sich ein *wechselseitiger Zusammenhang* unter den ihren Sachgehalten nach autonomen Zweckreihen her. So dient etwa »die intellektuelle Funktion der ökonomischen, aber dann auch die ökonomische der intellektuellen, gewiß haben die erotischen Triebe unzählige Male ästhetische Bemühungen hervorgerufen, aber ebenso hat der künstlerische Trieb die Kräfte der Erotik sich dienstbar gemacht«[5]. Und an dieser Stelle kommt der Lebensbegriff ins Spiel: »Das fremde *Nebeneinander dieser Welten*, solange sie nach ihrer sachlichen Form, sozusagen nach ihrer Idee betrachtet werden, macht dem *Füreinander der Funktionen* Platz, in denen die Seele sie erlebt, dem gegenseitigen Zweck- und Mittel-Werden, mit dem sie zu der *Einheit des Lebens* verwachsen.«[6] Prinzipiell haben die einzelnen Welten nichts miteinander zu tun; sie weisen keine gemeinsame Überschneidungsmenge auf, weil eine jede schon für sich, in ihrer besonderen Sprache oder Tonart, wie Simmel gern formuliert, das ganze Sein ausdrückt. »Man kann die Welt religiös oder künstlerisch, man kann sie praktisch oder wissenschaftlich auffassen: es sind die gleichen In-

---

[1] Vgl. dazu weiter unten.
[2] Vgl. zu dieser Einschätzung neben meinen Ausführungen im vorangegangenen Kapitel auch LANDMANN, Einleitung, 9ff.
[3] Vgl. KAGOE, 166.
[4] SHN, 269.
[5] Ebd.
[6] SHN, 269f. (meine Hervorhebung).

halte, die jedesmal unter einer andern Kategorie einen Kosmos von einheitlich-unvergleichbarem Charakter formen.«[1] Die »Einheit des Lebens« aber, von der Simmel in *Schopenhauer und Nietzsche* spricht, basiert – negativ gesehen – auf dem seelischen Unvermögen, eine dieser Welten zu der ideell geforderten Ganzheit auszubilden. Positiv formuliert, resultieren aus diesem Unvermögen gerade »tiefste Lebendigkeiten und seelische Zusammenhänge«, denn aufgrund der fehlenden Abrundung einer kategorialen Weltformung muß die Seele auf andere zurückgreifen, aus denen sie entsprechende Impulse zur Ergänzung bekommen kann. Am Beispiel des wechselseitigen Zweck-Mittel-Verhältnisses von Religion und Kunst weist Simmel in seinem Aufsatz »Das Christentum und die Kunst« von 1907 auf die einheitsbildende Funktion solcher Komplettierungen für die Seele hin: »Indem die Religion [...] der Kunst solche Dienste leistet, [...] gibt sie der Seele die Möglichkeit, mit der Ergänzung der einen Welt aus der andern sich selbst als den Einheitspunkt beider zu fühlen, als die Kraft, die einen dieser Ströme aus dem andern speisen kann, weil jeder für sich aus ihr entspringt.«[2] Ein Beispiel für den »gleichsam substantielle[n]« Ausdruck dieser »funktionelle[n] Einheit der Wechselwirkung« stellt Nietzsches Begriff des Lebens dar: »Hier erscheint das Leben als ein absoluter Wert, der das schlechthin Bedeutsame in den Manifestationen des Daseins ist. Der Wille – und ebenso das Denken oder das Fühlen – ist nur ein Mittel der Steigerung des Lebens, dieses umfaßt in seinem unauflösbarem Begriffe alle unsere benennbaren Einzelfunktionen.«[3]

Insofern Simmels Lebensphilosophie auf seiner Soziologie und Kulturwissenschaft fußt, umfaßt sie auch deren grundlegende Prämissen und Erkenntnisse. Zu diesen gehört, wie gezeigt, wesentlich die Auffassung von der kategorialen Funktionsart des Geistes, den »Welt-« oder »Daseinsstoff« zu autonomen, eigengesetzlichen Welten auszuformen. Allerdings werden der Begriff des Lebens und die damit zusammenhängende Leitdifferenz von Prozeß und Form den Unterscheidungen zwischen Form und Inhalt sowie subjektiver und objektiver Kultur vorgelagert.[4] Der Konflikt der modernen Kultur wird also nicht auf einer *höheren* Ebene – etwa im Sinne der Hegelschen Dialektik – synthetisch vermittelt. Die Elemente des Konflikts werden vielmehr auf eine gemeinsame *Ausgangsbasis* gestellt – in

---

[1] »Das Christentum und die Kunst« (im folgenden zitiert als CKst), 275. In gleicher Weise beschreibt Simmel in seinem Rembrandt-Buch das Verhältnis von Kunst und Wirklichkeit: Beide sind verschiedene Kategorien, »zwei koordinierte Formungsmöglichkeiten für den identischen Inhalt ... . Die resultierenden Gebilde gehen einander nichts an«; RB, 187.

[2] CKst, 275.

[3] SHN, 270.

[4] Zum umfassenden Lebensbegriff Simmels vgl. NlTb, 6: »Ich stelle mich in den Lebensbegriff wie in das Zentrum; von da geht der Weg einerseits zu Seele und Ich, andersseits zur Idee, zum Kosmos, zum Absoluten.«

der Vermutung, daß das Leben als die gemeinsame Quelle aller Kulturinhalte ein Auseinandertreten in Inhalt und Form beziehungsweise objektive und subjektive Kultur zwar nicht verhindert, aber doch zum mindesten einen – wenn auch nicht letztlich und definitiv versöhnbaren – Zusammenhang stiftet. In lebensphilosophischer Perspektive wird der Konflikt der modernen Kultur verzeitlicht und auf diese Weise prozedural vermittelbar, indem der Kulturprozeß auf der Ebene noch ungeschiedenen Lebens, das den Unterschied zwischen Form und Inhalt sowie zwischen objektiver und subjektiver Kultur noch nicht kennt, dimensioniert wird. Als Element von Vergesellschaftungsprozessen wie als bloßer Bestandteil der objektiven Kultur hat das Individuum nicht die Kraft, gegen die Erstarrungen der objektiven Kultur anzukommen; das *cultural lag*[1] zwischen subjektiver und objektiver Kultur wird im Gegenteil immer größer. Allein das Leben selbst, das sich zwangsläufig in die objektiven Kulturgebilde entäußert, ist – zwar als stets individuiertes, aber gerade in dieser personalen Form – in der Lage, die kulturellen Erstarrungen stets aufs neue aufzubrechen und die kulturellen Gegensätze zu versöhnen. Die Künstlerexistenz eines Rembrandt oder Goethe etwa, die sich in ihren Werken verobjektiviert, darin aber nicht erstarrt, sondern stets in den Lebensfluß zurückkehrt, repräsentiert in exzeptioneller, darin aber zugleich in paradigmatischer Weise diese Möglichkeit. Sie ist jedoch keinesfalls die ausschließliche Form gelingenden Lebens. Wie die Kunst, so stellen auch Philosophie, Moral und eben auch Religion Kategorien der Weltformung bereit, die im Konflikt der modernen Kultur vermitteln können. Simmel trifft in lebensphilosophischer Perspektive eine in seinem kulturwissenschaftlichen Ansatz noch unklare Unterscheidung zwischen instrumentellen Zweckreihen wie Recht, Wissenschaft, Technik, Politik und Alltagspraxis, die ihrer Idee nach eigenen Gesetzen folgen, einerseits und zweckfreien, expressiven Weltformungen wie Kunst, Philosophie, Moral[2] und Religion andererseits, in der das Leben als individuelles in Freiheit (wieder) zu sich selbst kommen kann und in der die menschliche Existenz einen Sieg über das bloß Tatsächliche des Daseins zu erringen in der Lage ist.[3] Im Sinne dieser Unterscheidung führt Simmel

---

[1] Der Begriff, der in der Sache bereits für Simmels Soziologie und Kulturwissenschaft zentral ist (vgl. etwa SD, 136), geht auf William F. Ogburn zurück; vgl. W. F. OGBURN, *On cultural and social Change. Selected Papers,* Chicago u. a. 1964.

[2] Moral freilich nicht im Sinne allgemeingültiger Gebote, sondern in lebensphilosophischer Perspektive verstanden als Versuch, dem Leben eine individuelle Form zu geben. Ethik in diesem Sinne steht »sehr viel näher an dem Leben in seiner Unmittelbarkeit« als etwa Wissenschaft und begriffliche Formung; vgl. IGz, 180f. Nur in diesem Sinne läßt sich Moral in die Reihe der expressiven Weltformen einordnen.

[3] Zur Unterscheidung der beiden Arten von Kulturbereichen hinsichtlich ihres Kulturwertes siehe auch H. MÜLLER, *Lebensphilosophie und Religion,* 71. Die systemtheoretische Gesellschaftstheorie Niklas Luhmanns kennt diese Differenz nicht, weil sie *stricte* zwischen Kommunikation und dem psychischen Bewußtsein trennt. Gewisse Parallelen dieser Unter-

in seinem Aufsatz »Der Konflikt der modernen Kultur« zeitgenössische Entwicklungen auf den Gebieten der expressiven Weltformungen als Beispiele für die zunehmende kulturelle Relevanz des Lebensbegriffs an, die im »Kampf des Lebens um sein Selbst-Sein« kulminieren.[1] Der Weg der kulturellen Entwicklung ist derjenige »von der geschlossenen Einheit durch die entfaltete Vielheit zur entfalteten Einheit«[2]. Insofern die »Idee der Kultur« im »Weg der Seele zu sich selbst« besteht[3], ist die entfaltete Einheit innerhalb der Persönlichkeit zu verorten. Leben kommt nur über einen Umweg zu sich selbst, über den Kampf mit den Formen nämlich, die es aus sich heraussetzt, die aber als Nicht-Leben ein »Eigenleben«[4] führen. Worauf es bei diesem Kampf ankommt, ist, daß die Form der freien und einheitlichen Persönlichkeit die Hoheit über die objektiven Kulturformen behauptet beziehungsweise wiedererlangt.

Die »Kultiviertheit« einer Existenz hängt folglich daran, das Leben in einer individuell geprägten Form zu führen und darin die Gegensätze des Lebens (Form und Inhalt beziehungsweise Prozeß sowie objektive und subjektive Kultur) zu versöhnen. Die Frage nach einer der jeweiligen individuellen Existenz angemessenen Lebensführung also drängt sich in Simmels Denken mehr und mehr in den Vordergrund. Von daher ist es verständlich, daß der späte Simmel, wie eingangs erwähnt, vor dem Hintergrund seiner lebensphilosophischen Wende auf der Suche nach einer neuen Ethik ist. Nicht die Frage nach neuen materialen Moralgeboten ist gemeint, sondern das Auffinden eines ethischen Fundamentalprinzips, das Moral als eine *Lebensform* begreift, also ein Verständnis von Moral ermöglicht, demzufolge sie den Konflikt von Leben als Prozeß und in Formen entäußertem Leben zu versöhnen in der Lage ist. Zu diesem Zweck stellt Simmel der »Willensethik« Kants eine »Seinsethik« gegenüber, die auf dem ›metaethischen‹ Ideal der individuellen Existenz basiert.[5] Der Autor ist sich darüber

---

scheidung lassen sich dagegen zu derjenigen zwischen System und Lebenswelt in der *Theorie des kommunikativen Handelns* von Jürgen Habermas ziehen, der allerdings die expressiven Anteile der Lebenswelt zugunsten eines einheitlichen und umfassenden Rationalitätsbegriffs vernachlässigt.

[1] KMK, 158. Zum Kulturfaktor Kunst vgl. KMK, 156–162, zur Philosophie 162–166, zur Moral 166–168 und zur Religion 168–171.

[2] BgrTrK, 118. Simmel wendet hier die Evolutionsformel Spencers auf das Gebiet der Kultur an; vgl. auch die »Entwickelungsformel des neuzeitlichen Geistes« in RoPl, 98, derzufolge »er die Lebenselemente aus ihrer ursprünglich undifferenzierten, wurzelhaften Einheit auseinanderlegt, individualisirt, für sich bewußt macht, um sie erst nach so gesonderter Ausbildung zu neuer Einheit zusammenzuführen«.

[3] BgrTrK, 116.

[4] Vgl. GFSOZ, 52.

[5] Zu dieser Unterscheidung vgl. H. MÜLLER, *Lebensphilosophie und Religion*, 69. Mit der am Ideal der individuellen Existenz orientierten ›Metaethik‹ knüpft Simmel an Nietzsches Umbildung der Moral an. Ich verwende den von Simmel selbst nicht benutzten Begriff der

im klaren, daß Moral als eine *Form des Lebens* nicht auf materiale Moralgebote in einem universalgültigen Sinn zu gründen ist. Zugleich impliziert der Formbegriff, daß auf eine Gesetzlichkeit nicht verzichtet werden kann. Diese Überlegungen führen zu einer Neubestimmung des Freiheits- und Gesetzesbegriffs. In lebensphilosophischer Perspektive kommt alles darauf an, die menschliche Existenz in der Einheit von Wert und Wirklichkeit, von Sein und Sollen, zu begreifen und zu führen. Im Unterschied zu Kant hält Simmel daher nicht am Gegensatz von *innerer* Freiheit und *äußerer* Notwendigkeit fest, sondern führt als Korrelat des Freiheitsbegriffs den Begriff der Begrenzung ein und faßt beide als lebens*immanente* und individualitäts*konstitutive* Faktoren: »Die Freiheit, mit der das Leben sich gestaltet, hat eine sehr bestimmte Grenze; an ihr beginnen Notwendigkeiten, die es *aus sich selbst* erzeugt und denen es *aus sich selbst* genügt.«[1] Was im Aufsatz über »Rodins Plastik und die Geistesrichtung der Gegenwart« noch als »Sehnsucht« nach »der Einheit einer rein persönlichen, von aller bloßen Verallgemeinerung freien Lebensgestaltung mit der Würde, Weite und Bestimmtheit des Gesetzes«[2] anklingt, kommt nach der lebensphilosophischen Wende zu voller Ausprägung und findet in der *Lebensanschauung* seine definitive Formulierung als ›metaethische‹ Maxime in Form des »individuellen Gesetzes«. Um den werkgeschichtlichen Stellenwert dieser Metaethik ermessen zu können, ist es zunächst nötig, den Problemhintergrund von Simmels ethischen Überlegungen zu rekonstruieren.

Ausgangspunkt der ›metaethischen‹ Reflexionen bildet die bereits zu Beginn des Freiheitskapitels der *Moralwissenschaft* getroffene Feststellung, daß die Freiheitsidee ungeachtet ihrer Wahrheit und Realisierungsmöglichkeit ein psychologisch-historisches Datum ist: »Es sind zweifellos in dieser Idee eine grosse Summe von Gefühlen und Strebungen, von theoretischen und praktischen Voraussetzungen, von individuellen und sozialen Postulaten verdichtet.«[3] Gemäß der deskriptiven Anlage der *Moralwissenschaft* untersucht Simmel den Freiheitbegriff »zunächst psychologisch als Glaubensvorstellung«[4] und verortet seinen Ursprung in empirischen Verhältnissen. Dabei ist er von dem neukantianischen Anliegen geleitet, die Tran-

---

›Metaethik‹, um sein ethisches Konzept von herkömmlichen materialen Ethikentwürfen auch terminologisch zu unterscheiden.

[1] GOE, 31 (meine Hervorhebung). Ähnlich heißt es bereits im Aufsatz über Rodin: »Beides, Freiheit wie Notwendigkeit, sind Siege der Seele über das bloß Tatsächliche des Daseins.« So, wie der Freiheitsbegriff die Beschränkung enthält, ist dem Gesetzesbegriff auch die Flexibilität inhärent: »das bewegliche Gesetz ist die Synthese von ›Schranke‹ und ›Spielraum‹«; GOE, 140. Zum Begriff der Grenze vgl. auch die entsprechenden Passagen in der *Lebensanschauung*.
[2] RoPl, 93f.
[3] EMII, 131.
[4] EMII, 152f.

szendentalphilosophie Kants mit Einsichten der empirischen Wissenschaften zu verknüpfen.[1] Nicht die metaphysische Willensfreiheit also ist der Gegenstand der moralwissenschaftlichen Untersuchungen, sondern die empirische Handlungsfreiheit.[2] Die empirische Dimensionierung des Freiheitsbegriffs führt Simmel zwangsläufig auf das Problem sozialer Kontingenz. Wenn Möglichkeit »die gedankenmäßige Antizipation einer künftigen Entwicklung« bedeutet und »ihren Ton von Ungewissheit, von Schweben zwischen Ja und Nein nur durch die mangelnde Sicherheit unseres Wissens um jenen Zustand und um das Eintreten der Bedingung [erhält], die das Mögliche zum Wirklichen macht«, dann läßt sich Freiheit als die »Möglichkeit des Andershandelns« verstehen.[3] Soll aber Sozialität gewährleistet sein, müssen Handlungen erwartbar gemacht, muß die Möglichkeit des Andershandelns begrenzt werden. Als Instanzen zur Einschränkung von Kontingenz bestimmt Simmel die »Ich-Form« einerseits und soziale Normen andererseits. Das Ich zunächst ist eine notwendige Voraussetzung für empirische Freiheit, denn »nicht der Wille ist frei zu wollen – das wäre ein leerer Zirkelbegriff – sondern das Ich ist frei zu wollen«[4]; die »Freiheit und das Ich weisen eben unmittelbar aufeinander hin«[5]. Das Ich – »eine durch alle möglichen sonstigen Inhalte charakterisirte Individualität, ein Komplex von Qualitäten, Gedanken, Gefühlen«[6] – wiederum findet sein »Fundament ebenso wie seinen Ausdruck in dem Zusammenhange und der Konsequenz seiner einzelnen Inhalte, ja die qualitative Einheitlichkeit seiner Akte giebt überhaupt erst das Recht, von *einem* Ich zu sprechen«[7]. Die auf Handlungskontinuität und -konsistenz gegründete Identität des Ich also schränkt den Handlungsspielraum des Individuums ein. Freiheit in diesem Sinne ist »Selbstbeherrschung«.[8] Daneben determinieren äußere soziale Normen die Handlungen des Einzelnen und machen sie auf diese

---

[1] Die transzendentale Unterscheidung zwischen Erfahrungs- und intelligibler Welt gründet Simmel zufolge in der Unterscheidung des Alltagsbewußtseins zwischen Schein und Wahrheit; vgl. EMII, 131. In diesem Sinne führt er auch »die Willensfreiheit in ihrem transzendentalen Sinne auf die empirische Freiheit« zurück; EMII, 228. Zum neukantianischen Programm insgesamt vgl. K. Ch. Köhnke, *Entstehung und Aufstieg des Neukantianismus. Die deutsche Universitätsphilosophie zwischen Idealismus und Positivismus*, Frankfurt a. M. 1986.

[2] Vgl. EMII, 132: Die Freiheit des Handelns gemäß dem Willen bildet »den historischen Unterbau für die Vorstellung von der Freiheit des Willens selbst«. Entsprechend hat eine deskriptive Moralwissenschaft den empirischen Freiheitsbegriff zu untersuchen, »der nicht die Freiheit des Willens, sondern die Freiheit des Thuns zum Inhalte hat«; EMII, 153.

[3] EMII, 208.
[4] EMII, 135.
[5] EMII, 148.
[6] EMII, 135.
[7] EMII, 154.
[8] EMII, 236.

IV. Die lebensphilosophische Schicht

Weise erwartbar.[1] Sittliche Freiheit bedeutet insofern »eine Uebereinstimmung des Wollens mit objektiven Gesetzen, Ideen oder Idealen«, als »in demjenigen, was uns als objektive Norm erscheint, ... eine größte Zahl von Willensakten verdichtet [ist], und durch ihre Erfüllung ist, wenn auch nicht der individuelle, so doch der soziale Wille maximal befriedigt«.[2] Freiheit konstituiert sich somit erst durch seinen Gegenentwurf der doppelten Beschränkung, einmal in zentripetaler, einmal in zentrifugaler Richtung.[3] Sie erfährt auf doppelte Weise eine Begrenzung, so daß Freiheit und Bindung als dem Lebensprozeß *immanente* Korrelate erscheinen.[4] Absolute Freiheit dagegen, eine Freiheit also, in der das Ich alles wollen kann, bedeutet eine »in der Luft schwebende Indifferenz«[5]; empirische Handlungsfreiheit ist entsprechend nie eine vollkommene[6]. In diesem Sinne kann »Freiheit einerseits als Uebereinstimmung des Wollens mit dem eigenen Ich, als Autonomie, andrerseits als Uebereinstimmung mit den objektiven Normen oder Ideen bezeichnet«[7] werden. Genau diese doppelte Beschränkung der empirischen Freiheit aber führt zu den Aporien der soziologischen Bestimmung des Menschen als des *homo duplex*, die – zum mindesten in streng soziologischer Perspektive – nur zugunsten des sozialen Allgemeinen aufgelöst werden können. Aus der Warte historisch-sozialer Betrachtung »erscheint auch das vorgeblich persönlichste Besitzthum des Menschen, die Freiheit, als eine Beschaffenheit, die ihren Charakter ausschließlich von ihrer sozialen Zweckmäßigkeit erlangt«[8]. Wenn der Mensch jedoch nicht in seiner Bestimmung als Sozialwesen vollständig aufgehen soll und kann, bleiben am

---

[1] Vgl. EMII, 219: »Der ganze Verkehr von Menschen untereinander ist ein Gewebe von psychologischen Einwirkungen, und wäre schlechthin unmöglich, wenn nicht jeder darauf vertraute, dass ein von ihm ausgehender Einfluss auf den Anderen in diesem einen kausal völlig determinirten Willensakt auslöste.«
[2] EMII, 160.
[3] Vgl. EMII, 232: Wie »zentrifugale Kräfte vom Ich aus ... das Aeussere mit ihm solidarisch verbinden, so thun es zentripetale«.
[4] Die beiden Kategorien von Freiheit und Bindung kommen bereits in der *Moralwissenschaft* »in der Betrachtung des Lebens gleichzeitig zu Worte« (EMII, 155), so daß »alle Begriffe von Freiheit [...] von vornherein auf ein (sic!) Kompromiss mit der Determinirung gehen«; EMII, 150. Folglich ist stets von einer »Korrelation von Freiheit und Bindung« auszugehen; EMII, 168.
[5] EMII, 160.
[6] Vgl. EMII, 161.
[7] Ebd. Wenig später spricht Simmel von einem für die Freiheit notwendigen »Gleichgewicht der Seele«: Die »Freiheit als innere Unabhängigkeit von einseitig dominirenden Vorstellungen wird gleichmässig von dem getragen, was wir das Ich nennen, der umfassenden Allheit der Seeleninhalte, wie von dem Gehorsam gegen die objektiven Maassstäbe, dessen Voraussetzung eben jenes Gleichgewicht der Seele ist, das jeder Forderung genau im Verhältnis ihrer Bedeutung nachgiebt«; EMII, 162f.
[8] EMII, 209f.

Ende der deskriptiv-empirischen Analyse des Freiheitsbegriffs folgende drei sozialphilosophische Probleme ungelöst:

(1) Angesichts der Tatsache, daß es keine Freiheit innerhalb einer Gruppe gibt, die nicht auf irgendeine Weise Beherrschung anderer ist[1], drängt sich die Frage auf, wie sich die empirische Freiheit eines Individuums zu der anderer Individuen verhält (Herrschaftsproblematik). Freilich existieren kulturelle Errungenschaften, welche den Herrschaftsbereich auf andere eingrenzen, von den großen Kulturformen der Sitte und des Rechts bis zu den meso- und mikrosoziologischen Formen beispielsweise des Geheimnisses oder der Diskretion.[2] Im Idealfalle halten sich individuelles und soziales Interesse die Waage: »Wie es das eigene Interesse ist, das die Freiheit kontinuirlich und in einer Richtung« fortschreitend ausdehnt, so ist es das soziale, das sie von einem Zweckstandpunkt aus – mag man ihn nun den der sozialen Selbsterhaltung oder des Glücksmaximums oder wie sonst nennen – einschränkt.«[3] Was aber, wenn der Zweck der sozialen Selbsterhaltung auf Kosten der individuellen Entfaltung geht, zum Beispiel im Falle der »Auflösung der individuellen Freiheit in eine soziale Pflicht«[4]? Simmel versucht, das Problem mit dem »Moralprinzip des Freiheitsmaximums« zu lösen: »[H]andle so, dass die von dir geübte Freiheit zusammen mit der, die dein Handeln den Anderen lässt oder bereitet, ein Maximum ergiebt.«[5] Simmel ist der Ansicht, daß mit diesem Prinzip das »Gleichgewicht der Seele«[6] gewahrt bleibe, weil es die folgenden zwei fundamentalen Ansprüche vereine: zum einen »eine objektive ideale Gestaltung der Dinge anzugeben, innerhalb deren der Handelnde, von dem Prinzip Bestimmte, allen Anderen koordinirt ist, eine Gestaltung, die an und für sich *sein* soll«, zum anderen aber »auch jene subjektive sittliche Tendenz einzuschliessen, die von jedem Einzelnen für sich eine besondere Entsagung zu Gunsten des objektiven Endzweckes fordert«[7]. Den Dualismus zwischen dem sittlichen Wert, nach einem objektiven Ideal zu streben, und dem Wert der Individualität, der durch das subjektive Moment des persönlichen Verdienstes

---

[1] Vgl. EMII, 238.

[2] Vgl. die Aufsätze »Das Geheimnis. Eine sozialpsychologische Skizze« (Gh, in: GSG 8, 317–323) und »Psychologie der Diskretion« (PsyDk, in: GSG 8, 108–115); beide Aufsätze sind in die große Soziologie von 1908 eingegangen; vgl. das Variantenverzeichnis zu SOZ und RAMMSTEDT, Editorischer Bericht, 896f.

[3] EMII, 242.

[4] EMII, 245.

[5] EMII, 246. Das in der Auseinandersetzung mit Kants kategorischem Imperativ entwickelte »Moralprinzip des Freiheitsmaximums« stellt Simmel implizit dem im ersten Band der *Moralwissenschaft* erörterten »Moralprinzip des Willensmaximums« entgegen, das sich am Egoismusbegriff orientiert: »Du sollst dasjenige wollen, dessen Erfüllung zugleich die Erfüllung eines maximalen Theiles alles überhaupt vorhandenen Willens ist.« EMI, 141.

[6] EMII, 163.

[7] EMII, 246f.

gewährleistet ist, hält Simmel also durch dieses Moralprinzip für überwunden.[1] Als Problem bleibt allerdings bestehen, daß der Dualismus auf diese Weise *nur im Prinzip* gelöst wird und das von Simmel aufgestellte Moralprinzip gerade auf diesem Dualismus basiert. Daher ist die tatsächliche Nivellierung des Dualismus nicht gewährleistet.[2]

(2) Mit dem ersten Problemkomplex zusammenhängend, stellt sich die Frage, wie sich die beiden Beschränkungs- und Konstitutionsmodi der Freiheit, die zentrifugale und die zentripetale Richtung, zueinander verhalten (Identitätsproblematik). Die Dialektik der empirischen Freiheit, derzufolge das empirische Bewußtsein des ›freien‹ Handelns »geradezu eines mittleren Zustandes zwischen dem Bewusstsein der Determinirtheit und der Nichtdeterminirtheit« bedarf[3], basiert auf der soziologischen Bestimmung des Menschen als des *homo duplex*, auf der Auffassung nämlich, »dass der Einzelne einerseits einem Ganzen zugehört und Theil desselben ist, andrerseits aber doch selbständig ihm gegenübersteht«[4]. Im Idealfall konstituiert sich die individuelle Freiheit im Gleichgewicht der zentrifugalen und der zentripetalen Kräfte. Tatsächlich aber »ist die Macht, welche die soziale Gruppe über den Einzelnen ausübt, so überwältigend, dass die Pflicht gegen sich selbst immer nur als sachlicher oder psychologischer Umweg der Pflicht gegen die Gesammtheit erscheint«.[5]

(3) Freiheit und Bindung sind insofern korrelative Begriffe, als empirische Freiheit sich stets erst durch Selbstbeschränkung – und damit diesseits einer selbst gesetzten Grenze – konstituiert. In welchem Verhältnis aber steht der Freiheitsbegriff zum Jenseits dieser Grenze? Mit anderen Worten: An welchem Punkt endet die Verantwortlichkeit des Individuums für seine Handlungen (Verantwortungsproblematik)? Dieses Problem hat Simmel im Blick, wenn er bemerkt, daß das Ich das Wollen nicht immer mit sich in Übereinstimmung bringen kann, sondern daß das Wollen ebenso »durch unpersönliche, mechanische Kräfte bestimmt [werden kann], so dass das Ich keinen Ausdruck in ihm findet und also auch keine Verantwortung

---

[1] Vgl. EMII, 248.
[2] Simmel hat bereits im ersten Band seiner *Moralwissenschaft* den Imperativ als ein »Mittel« definiert, »durch welches das Sollen in das Sein übergeführt wird«; EMI, 23. Gleichwohl basiert er auf dem Dualismus zwischen Sein und Sollen und transportiert ihn damit auch. In deskriptiv-empirischer Perspektive ist das Sollen folglich »ebenso an die Wirklichkeit geknüpft, wie es von ihr gelöst ist«; EMI, 91.
[3] EMII, 218.
[4] EMI, 178.
[5] EMI, 181. Im Goethe-Buch spricht Simmel von einem »extremen Soziologismus«, der »das Individuum zum bloßen Schnittpunkt von Fäden [macht], die die Gesellschaft vor ihm und neben ihm gesponnen hat, zum Gefäß sozialer Einflüsse, aus deren wechselnden Mischungen die Inhalte und die Färbung seiner Existenz restlos herzuleiten sind«; GOE, 144.

dafür trägt«[1]. Mit dieser Frage sind wir bei der ethischen Dimension des Konflikts zwischen objektiver und subjektiver Kultur angelangt: Wie steht es angesichts der modernen Kultur, in der die differenzierten Zweckreihen eigenen Gesetzen folgen und der Einzelne nur noch »Sachzwängen« gehorchen kann, mit dessen Verantwortlichkeit?[2]

Die soziologische Paradoxie besteht demnach darin, daß die Instanz des Individuums einerseits als das basale, konstitutive Element alles Sozialen fungiert, andererseits aber gerade durch das Soziale in seiner autonomen Existenz in Frage gestellt wird. Diese Aporie versucht Simmel mit einer lebensphilosophischen Dimensionierung des Freiheitsbegriffs zu lösen, indem er das ›metaethische‹ Prinzip des »individuellen Gesetzes« formuliert.[3] In gewisser Weise knüpft er damit an Überlegungen zum in der *Moralwissenschaft* erörterten »Moralprinzip des Freiheitsmaximums« an. Im Unterschied zu diesem geht es in lebensphilosophischer Perspektive jedoch um die Vermittlung von Sein und Sollen auf der Ebene *ungeschiedenen Lebens*. Während Freiheit und Bindung in der *Moralwissenschaft* zwar als dem Lebensprozeß immanente Größen, aber doch noch in einem Korrelationsverhältnis zueinander konzipiert wurden, wird Beschränkung in lebensphilosophischer Perspektive freiheits*konstitutiv* verstanden: »Bindung, Beschränkung, Verzicht muß von vornherein der Lebensentwicklung einwohnen, die den Menschen zu reinem Er-selbst-Sein, d.h. zur ›Freiheit‹ führt.«[4] Nicht eine sekundäre Vermittlung beider als primär getrennt gefaßten Kategorien also ist intendiert, etwa im Sinne der transzendentalphilosophischen Konzeption des Pflichtbegriffs oder gemäß der soziologischen Konzeption der Internalisierung von Normen im Sozialisationsprozeß. Statt dessen geht es um den Versuch, die Form der individuellen Existenz auf Freiheit und Bindung zugleich zu gründen. Das bedeutet freilich nicht, daß

---

[1] EMII, 136. An anderer Stelle spricht Simmel von zwei Willensarten: »dem eigentlichen, persönlichen, aus der Majorität unserer Strebungen hervorgehenden, dessen Erfüllung unser ganzes Ich befriedigt, und demjenigen, den äussere Verhältnisse provoziren, weil sein Inhalt das Mittel zu irgend welchen unvermeidlichen Zwecken bildet und dessen Erfüllung desshalb uns, d.h. die innerlicheren und werthvolleren unserer Wollungen nicht befriedigt«; EMII, 158. Freiheit und Unfreiheit unterscheiden sich also nur quantitativ bzw. wertmäßig voneinander: Beide sind »Willensverhältnisse, und der Unterschied zwischen ihnen kann nur als ein solcher des Quantums oder auch des Werthes gedeutet werden«; EMII, 158. Vgl. dazu bereits EMI, 281: Die Vorstellung eines wollenden Ich entsteht »nur dadurch, dass der siegende, d.h. sich vom andren befreiende Theil die Hauptsumme des Bewusstseins, also dasjenige, was wir unser Ich nennen, für sich gewinnt und nach sich bestimmt«.

[2] Max Weber hat diesen Sachverhalt bekanntlich als das »stahlharte Gehäuse« bezeichnet; vgl. M. WEBER, *Gesammelte Aufsätze zur Religionssoziologie*, Bd. I, fotomechanische 9. Auflage Tübingen 1988 (zuerst Tübingen 1920), 203.

[3] Der gleichnamige Aufsatz erschien zuerst 1913 im LOGOS und wurde dann erweitert in die *Lebensanschauung* aufgenommen.

[4] GOE, 183.

die Lebensphilosophie die soziale Dimension außer acht ließe. Die Form individueller Existenz umfaßt vielmehr auch den Gegensatz von Individuum und Gesellschaft, oder genauer formuliert: entläßt ihn aus sich heraus, weil der Mensch in seiner historischen Existenz immer Einzel- und Sozialwesen zugleich ist. Auch die Objektivationen des gesellschaftlichen Lebens geraten nicht aus dem Blick. Nur soll das gesellschaftliche Leben in erster Linie als ein Prozeß des Lebens selbst begriffen werden, innerhalb dessen sich das Leben in Formen der Vergesellschaftung entäußert. Individualität wird folglich primär als Lebensform und erst sekundär als Sozialform begriffen. Um diesen Standpunkt in seiner vollen Tragweite zu verstehen, haben wir uns im folgenden seine Begründung zu vergegenwärtigen.

Das zentrale Anliegen von Simmels ›metaethischem‹ Konzept des »individuellen Gesetzes« ist eine Neubestimmung des Verhältnisses von Gesetz und Allgemeinheit. Für die konventionelle Ethik, allen voran für die Kantische, ist nur das Wirkliche individuell; entsprechend kann allgemein nur das Ideale sein. In dieser Art von Ethik sieht Simmel jedoch gerade die Allgemeinheit des Gesetzes nicht genügend gewahrt: »Denn, so paradox es klingt, auch Allgemeinheit ist etwas Singuläres, insoweit ihr noch die Individualität gegenübergestellt ist.«[1] Der Gesetzesbegriff muß diesen relativistischen Gegensatz überwinden und »das absolut Allgemeine sein, das sowohl an dem einen wie dem anderen Pole wohnen kann«[2]. Hinzu kommt die erkenntnistheoretische Einsicht in die Inkommensurabilität von Wirklichkeit und Begriff: »[Z]wischen der *Art* der Wirklichkeit und der unserer Begriffe besteht eine Diskrepanz, infolge deren diese sozusagen jene nie einholen können.«[3] An dieser Stelle machen sich Simmels lebensphilosophische Vorbehalte gegen ein rationalistisch und mechanistisch verengtes Wirklichkeitsbild am deutlichsten bemerkbar. Weil das Leben in einem steten Strom verläuft, müssen wir »das Gleiten und die ununterbrochenen Korrelativitäten in und zwischen den Dingen zu scharf geschiedenen Pluralitäten gerinnen lassen, das Kontinuierliche diskontinuierlich machen, den unendlichen Fluß der Beziehungen zum Nächsten bis zum Fernsten allenthalben stauen, wenn wir das Wirkliche mit Begriffen meistern wollen«[4]. Die Naturwissenschaften mögen, ja müssen vielleicht die Wirklich-

---

[1] IGz, 179.
[2] Ebd.
[3] IGz, 180.
[4] Ebd; vgl. auch SOZ, 606f.: »Keine Wissenschaft kann die Fülle der wirklichen Vorgänge im Dasein oder der an irgend einem Ding bestehenden qualitativen Bestimmungen erschöpfend beschreiben oder formulieren. Wenn wir uns deshalb der Begriffe bedienen, die jene Unübersehbarkeiten in sich verdichten und gleichsam handlich machen – so ist das nicht nur eine Vertretung des Ganzen durch einen ihm im wesentlichen gleichartigen Teil; sondern der Begriff hat eine andre innere Struktur, einen andern erkenntnistheoretischen, psychologischen, metaphysischen Sinn, als das Ganze der ihm unterstehenden Dinge, er projiziert dieses

keit in dieser dem Leben inadäquaten Weise bearbeiten. Für die Ethik aber, die »sehr viel näher an dem Leben in seiner Unmittelbarkeit steht«[1], kommt diese Verfahrensweise nicht in Betracht. Vielmehr zeigen diese erkenntnistheoretischen Überlegungen, »wie fremd die Wesensform des ›allgemeinen Gesetzes‹, das einen Einzelinhalt postuliert, der Wesensform des Lebens ist, das doch seine Wirklichkeit ihm anschmiegen *soll*«[2]. Daher kann das Gesollte auch nicht aus einer universalen und abstrakten Vernunft abgleitet werden.[3] Die rationalistischen Irrungen, die aus der allgemeinen, von konkreten Situationen absehenden Setzung des Satzes vom ausgeschlossenen Dritten resultieren, wiederholen sich Simmel zufolge am kategorischen Imperativ. Der Fehler dieses ethischen Konzeptes besteht nämlich darin, »nach der Bedeutung eines von seinem Träger gelösten Tuns zu fragen und von der Antwort darauf die Beziehung des letzteren zu seinem Träger als recht oder unrecht zu beurteilen«[4]. Der kategorische Imperativ trennt die Handlung von ihrem Subjekt und behandelt sie bei der Frage der Zulässigkeit als einen rein logischen, freischwebenden Inhalt, statt nach dem zu fragen, was sie an dem Subjekt als ihrem Träger, als Teil der individuellen Existenzform bedeutet. Der Begriff der Adäquanz oder in Simmels Formulierung: des »Passens«, die im Goethe-Buch einen zentralen Platz

---

Ganze auf eine neue Ebene, drückt das Extensive nicht nur mit einer geringeren Extensität, sondern in einer prinzipiell andern Form aus, deren Synthesen kein Miniaturbild jener unmittelbaren Totalitätserscheinungen, sondern autonome Gebilde aus dem Material dieser sind.« Vgl. auch SOZ, 620f., Anm. 1. In der Auffassung, das Verhältnis von Wirklichkeit und Begriff sei ein inkongruentes, geht Simmel konform mit Max Weber, für den beide Größen ebenfalls nie voll zur Deckung kommen. Zu Webers Verhältnisbestimmung von Wirklichkeit und Begriff vgl. W. SCHLUCHTER, *Religion und Lebensführung*. Bd. 1: *Studien zu Max Webers Kultur- und Werttheorie*. Bd. 2: *Studien zu Max Webers Religions- und Herrschaftssoziologie*, Frankfurt a. M. 1991, hier: Bd. 1, 50f., zum Verfahren der »idealtypischen Begriffsbildung« 52ff. Im Unterschied zu Webers »idealtypischer Begriffsbildung« wendet Simmel das der Völkerpsychologie entstammende Verfahren der »Verdichtung« empirischer Erfahrungen und Verhältnisse zu Begriffen an; vgl. etwa die Formulierung in SOZ, 541f., derzufolge mittels abstrakter Begriffe »aus der individuell komplizierten Wirklichkeit gewisse Einzelelemente auskristallieren«; zum Verhältnis zwischen Simmel und der Völkerpsychologie vgl. KÖHNKE, Soziologie als Kulturwissenschaft. Im übrigen richtet Simmel seinen Typusbegriff auch an lebensphilosophischen Überlegungen aus; vgl. etwa GOE, 140f.

[1] IGz, 181.
[2] Ebd.
[3] Vgl. IGz, 193. Diese Auffassung Simmels bedeutet selbstverständlich nicht die Preisgabe jeglicher Vernunft. Es geht ihm vielmehr nur darum, die »logischen Allgemeingültigkeiten« als die primäre und alleinige Weltform sowie den Versuch der intellektualistischen Ethik Kants abzuweisen, das Sollen (gegen seine eigene Intention) zum bloßen Mittel für den Endzweck zu degradieren, »einer logisierten, rational gesetzlichen Welt zum Dasein zu verhelfen«; IGz, 215. Statt dessen ist Simmel auf der Suche nach der »Logik des Lebens«, die, inhaltlich und dem Resultate nach, mit der Logik der einzelnen Kulturgebiete zusammenfällt; vgl. IGz, 219f., Anm. 2.
[4] IGz, 182.

einnimmt[1], kommt hierbei überhaupt nicht in Betracht[2]. In der Auseinandersetzung mit dem kategorischen Imperativ gilt es, das Sollen aus der *Erlebnisform* heraus zu verstehen und es an sie zu binden. Gegenüber herkömmlichen Ethiken, die einzelne *Inhalte* von ethisch problematischen Situationen in das Reich idealer Forderungen einreihen und sie der *Form des Erlebens* damit gerade entfremden[3], konstatiert Simmel, »daß das Leben, auch völlig in der Form des Fließens begriffen, d.h. seine Totalexistenz in jedem Gegenwartsmoment findend [...] – Individualität ist«[4]. In diesem Sinne ist das Sollen zwar eine Kategorie neben der Wirklichkeit, beide aber sind dem Lebensprozeß inhärent.[5] Und in dieser Perspektive ist dann auch klar, daß die einzelne Tat »ihren inneren, wirklich zuverlässigen Sinn [...] nur in der Totalität des Lebenszusammenhanges« zeigt.[6]

Die Verhältnisbestimmungen von Gesetz und Allgemeinheit, etwa der idealistischen, theologischen oder der sozialen Ethik, bleiben den oben dargelegten Aporien verhaftet, die wiederum aus der anthropologischen Fundamentalbestimmung des Menschen als des *homo duplex* resultieren. Indem die konventionelle Ethik einen *prinzipiellen* Graben zwischen Sein und Sollen zieht, das Material der Ethik in das Reich idealer Forderungen einreiht und es damit vom Lebensprozeß trennt, individuiert sich die einzelne Tat nur *via* Deduktion. Ein passives und dualistisches Individualitätsverständnis ist die zwangsläufige Folge.[7] Gegen diese Auffassung setzt Simmel sein Verständnis von Individualität als einer aktiven Existenzform, die als »selbständig-einheitliche Totalität jeder Lebensverwirklichung«[8] bezeichnet werden kann. Dieses aktive Individualitätsverständnis schließt, wie gesagt, *auch* die Vorstellung des Menschen als des *homo duplex* ein, weil der Mensch immer *auch* ein Sozialwesen ist. Entscheidend ist allerdings, daß der *homo duplex* von einer einheitlichen Erlebnisform individuellen Lebens umschlossen ist, daß er also ein sekundäres Phänomen auf einer sozusagen mittleren Ebene des Lebensprozesses darstellt. Entzweiung wird in lebensphilosophischer Perspektive als ein Durchgangsstadium des Lebensprozesses verstanden, der von ungeschiedener Einheit auf der biologischen Ebene über die differenzierte Vielheit und Fragmentarisierung auf

---

[1] Vgl. GOE, 24f. et passim, sowie die nachfolgenden Ausführungen zu Simmels Goethe-Interpretation.
[2] Vgl. IGz, 183.
[3] Vgl. IGz, 187.
[4] IGz, 191f.
[5] Vgl. IGz, 198: »[N]icht Leben und Sollen steht so einander gegenüber, sondern Wirklichkeit und Sollen, beides aber auf der Basis des Lebens, als Arme seines Flusses, Gestaltungsformen seiner Inhalte.«
[6] IGz, 190.
[7] Vgl. IGz, 191.
[8] IGz, 192.

der Ebene kultureller Objektivationen zur differenzierten und »kultivierten« Einheit in der Erlebnisform individuierten Lebens führt.[1] Simmel bezeichnet die für den *homo duplex* charakteristische »Zweiheit des Nach-Innen- und Nach-Außen-Gerichtetseins, der individuellen Lebensgestalt und des überindividuellen Gesamtlebens« als »die typische Tragödie des Organismus«[2], versteht die Entzweiung also als einen dem Leben inhärenten und für dessen Prozedieren notwendigen Vorgang. Und weil dieser Dualismus zugleich das Paradoxon der Ethik ausmacht, ist sie bestrebt, ihn zu versöhnen.[3] Eine, wenn nicht *die* Möglichkeit dazu liegt in der Vorstellung, »daß in jedem Geschöpf die Totalität des Lebens, sein ganzer Sinn, sein ganzes metaphysisches Sein lebte: denn wo es überhaupt in einem Individuum ist, da ist es auch *ganz*«[4]. Das Leben ist stets individuiertes, anders ist es überhaupt nicht denkbar.[5] Als solches ist es eine in sich geschlossene Totalität, und jeder Augenblick repräsentiert das Leben als ganzes.[6]

An dieser Stelle haben wir uns zu vergegenwärtigen, daß die Existenzform der einheitlichen Individualität ein *formales Prinzip* ist und also unabhängig von den *Inhalten* des Lebens zu denken ist. Gerade darum ist ihr nicht *per se* ein bestimmter Inhalt eigen, etwa, wie eine vordergründige Auffassung von Individualität vermuten läßt, die Vollendung der eigenen Persönlichkeit im Sinne der Selbstgenügsamkeit. Dieser Endzweck ist vielmehr nur einer von vielen. Simmel hält es für eine naive Undifferenziertheit zu meinen, daß die vom individuellen Leben ausgehende Idealbildung auch mit ihrem Inhalt zu ihm zurückkehren müßte: »Sie kann sich vielmehr, ohne ihre Quelle zu verleugnen, und durch sie gerade getrieben, in soziale, altruistische, geistige, künstlerische Gestaltungen ergießen und in diesen ihren jeweiligen Endzweck sehen.«[7] In differenzierungstheoretischer Perspektive ist das Verhältnis zwischen Prozeß und Form ein dialektisches: »[D]as Leben vollendet sein urtümlich eigenes, nur von seiner individuellen Wurzel genährtes Ideal seiner selbst unzählige Male, indem es sich von sich entfernt, sich selbst aufgibt.«[8] Immer aber bleibt es, will es der

---

[1] Die Evolutionsformel Spencers wird von Simmel in dieser Beziehung also von der soziologischen Frühphase über den kulturwissenschaftlichen Ansatz bis zur Lebensphilosophie kontinuierlich beibehalten; sowohl die gesellschaftliche und die kulturelle Entwicklung als auch der gesamte Lebensprozeß lassen sich mit diesem Paradigma beschreiben. Im übrigen bleibt zum Verhältnis zwischen Simmel und Spencer das im zweiten Kapitel Gesagte in Geltung.
[2] IGz, 206.
[3] Vgl. IGz, 206f.
[4] IGz, 207.
[5] Vgl. IGz, 205f., 217 et passim.
[6] Vgl. IGz, 188.
[7] IGz, 226.
[8] Ebd. Entsprechend kann Simmel in seinem Goethe-Buch die Auffassung vertreten, daß der *individuell* verlaufende Lebensprozeß durchaus mit *typischen* Inhalten gefüllt sein kann:

IV. Die lebensphilosophische Schicht

Kategorie des Sollens genügen, ein individuelles, manifestiert und vollendet sich an einer seelischen Einheit. Simmel geht es darum, Selbst- und Fremdbestimmung als zwei »Seinsfaktoren« zu bestimmen, die *zugleich* die individuelle Existenz ausmachen. Auf diese Weise »drückt das Sollen gleichsam die Spannung zwischen diesen beiden Seinsfaktoren aus«[1]. Unter der so bestimmten Kategorie des Sollens bedeutet Individualität als Lebensform »nichts weniger als Besondersein, Ausnahmefähigkeit, qualitatives Anderssein«[2], auch nicht »eine eigenschaftliche Unvergleichbarkeit«[3] und schon gar nicht »Subjektivität oder Willkür«[4], sondern »die Erzeugung der Pflicht aus dem unvertretbaren, unverwechselbaren Einheitspunkt oder, was hier dasselbe ist, der Ganzheit des lebendigen Ich«[5]. Bei der Individualität im so verstandenen Sinn handelt es sich nicht »um die Einzigkeit, sondern um die *Eigenheit*, in deren Form jedes organische Leben und zuhöchst das seelische verläuft, [...] um das Wachsen aus eigener Wurzel«[6]. Indem Simmel das Band zwischen Individuellem und Subjektivem sowie das zwischen Objektivem und Überindividuellem löst, kann er die Objektivität des Individuellen behaupten: »Das Entscheidende ist ..., daß das individuelle Leben nichts Subjektives ist, sondern, ohne irgendwie seine Beschränkung auf das Individuum zu verlieren, als ethisches Sollen schlechthin objektiv ist.«[7] Somit befähigt Individualität den Menschen als einzige Existenzform dazu, für seine Handlungen Verantwortung zu tragen: »Solange die einzelne Handlung von ihrer eigenen inhaltlichen Bedeutung aus gefordert wird [...], fehlt ihr die völlige, ideell-genetische Verbundenheit mit dem ganzen Leben ihres Vollbringers, die Verantwortung findet kein einheitliches Fundament: denn dazu müßte das Gesetz aus derselben letzten Lebensquelle kommen, der seine Verwirklichung abgefordert wird.«[8]

Wenn der Lebensprozeß »sozusagen aus sich selbst, von innen her, abläuft, wenn er schöpferisch ist – so braucht darum sein *Inhalt* noch keineswegs einzig, originell, unvergleichbar zu sein; dieser vielmehr kann durchaus ein typischer, vorbestehender, allgemeingültiger sein«; GOE, 145.

[1] IGz, 177.
[2] IGz, 192.
[3] IGz, 201; vgl. auch IGz, 222.
[4] IGz, 225; vgl. auch IGz, 227: Das »Vitalisieren und Individualisieren des Ethos ist allem Egoismus und Subjektivismus ... fremd«.
[5] IGz, 201.
[6] IGz, 222 (meine Hervorhebung). Wenig später konzediert Simmel allerdings, daß der individuellen Persönlichkeit eine doppelte Unvergleichbarkeit anhaftet: »sowohl ihr Innerlich-Zentralstes, wie ihr Phänomenal-Totales hat das Cachet des Unvergleichbaren, des nur einmal Seienden«; IGz, 223. Die Autonomie des Sollens, auf die Simmel abstellt, tangiert die individuelle Vergleichbarkeit jedoch nicht, denn die Differenz muß nicht »zwischen Gleichheit oder Allgemeinheit und Individualität im Sinne des Besondersseins, sondern zwischen Inhalt und Individualität im Sinne des Lebens« gezogen werden; IGz, 224.
[7] IGz, 220; vgl. auch IGz, 217.
[8] IGz, 201.

Der Handelnde kann nur Verantwortung übernehmen, wenn die *Entscheidung* darüber, eine inhaltliche Forderung einer Zweckreihe als Pflicht anzuerkennen, »der Einheit und Kontinuität des Lebens vorbehalten bleibt«[1].

Mit der Einreihung des Pflichtbegriffs in den Lebensprozeß, der die Pflicht aus sich heraussetzt, ist Simmel in der Lage, die oben angeführten drei sozial- und kulturwissenschaftlichen Aporien zu lösen. Zwar sind alle Kulturbereiche je für sich dazu imstande, den gesamten »Daseinsstoff« zu einer autonomen Welt zu formen. In der Perspektive des individuellen Gesetzes aber ist jede besondere Existenz mit der ihr eigenen Erlebnisform der primäre Ausgangs- und zugleich der finale Einheitspunkt. Indem sie »das Ganze des Daseins in ihrer besonderen Sprache restlos ausdrückt«[2], ist nur die je besondere Existenz dazu in der Lage, die Heteronomie der getrennten Kulturbereiche zu versöhnen. Das Sollen, als eine Kategorie neben der Wirklichkeit, aber doch als ein Teil des seelischen Lebens, ist also selbst »eine Form des individuellen Lebens« und somit getrennt von seinen Inhalten und Zwecken. Selbstverständlich bleibt es nicht bloße Form, sondern realisiert sich stets an den Inhalten des Lebens, »denn alle sozialen und schicksalsmäßigen, alle vernunfthaften und religiösen, alle aus den tausend Bedingungen der Umwelt stammenden Bindungen, Aufforderungen, Impulse wirken ja auf dies Leben selbst ein, gemäß der Füllung und Formung, die das Leben von ihnen erfährt, bestimmt sich jeweils seine Pflicht«[3]. Damit hat Simmel den latenten Konflikt zwischen den beiden Beschränkungsmodi, der zentrifugalen und der zentripetalen Kräfte, gelöst, indem er die individuierte Form des Sollens als beiden Bewegungen *gemeinsames* Prinzip und beide Beschränkungsmodi als für die »Ich-Form« konstitutiv begreift. Das bedeutet freilich nicht, um es noch einmal zu betonen, daß sich das Individuum nicht auch äußeren Verhältnissen anpassen muß. Aber der Assimilationsvorgang ist einer vom integrativen Einheitspunkt der individuellen Biographie aus.

Die gelungene Existenzweise individuierten Lebens im Sinne des »individuellen Gesetzes« verdeutlicht Simmel an der Verwobenheit von Leben und Werk im Falle Goethes. Was – etwa unter den Bedingungen der modernen Kultur – in »Erscheinung« und »Bedeutung« oder »Wert« dicho-

---

[1] IGz, 203. Vgl. auch IGz, 213f.: »Die Entscheidung ..., daß die eine [Forderung] uns als Pflicht gelten soll, die andere nicht, kann ohne circulus vitiosus nicht von den Zwecken kommen, denen ihr Inhalt dient, sondern kann nur als unmittelbare, aus dem Innern des Lebens selbst erwachsene, obgleich seine Wirklichkeit absolut überflügelnde, Tatsache gesetzt sein.« Zu Simmels Verständnis der individuellen Entscheidung vgl. B. Accarino, Vertrauen und Versprechen. Kredit, Öffentlichkeit und individuelle Entscheidung bei Georg Simmel, in: H.-J. Dahme und O. Rammstedt (Hg.), *Georg Simmel und die Moderne. Neue Interpretationen und Materialien*, Frankfurt a. M. 1984, 116–146.

[2] IGz, 205.

[3] IGz, 215f.

tomisch auseinanderfällt, fließt in Person und Schaffen des Dichters zu einer Synthese zusammen: »[D]ie Einheit seiner Existenz war für ihn, über alle ihre Zerspaltenheiten und alle Wertschwankungen ihrer Einzelinhalte hinweg, mit ihrem Wert identisch, und so hatte er im Bewußtsein seiner selbst das Prototyp seines Wertbewußtseins, das auf der Identität von Wirklichkeit und Wert ruhte.«[1] In der Existenz Goethes sieht Simmel auch das Freiheitsproblem gelöst: »Bedingung, Beschränkung, Verzicht muß von vornherein der Lebensentwicklung einwohnen, die den Menschen zu reinem Er-selbst-Sein, d.h. zur ›Freiheit‹ führt.«[2] Die Einheit von Wirklichkeit und Wert ist allerdings nicht unmittelbar empirisch gegeben, sondern hat den Status einer metaphysischen Idee. Als solche stellt sie »gewissermaßen ein Drittes jenseits des Gegensatzes von abstraktem Begriff und dynamischer Realität«[3] dar. Die Verwirklichung der Einheit von Wirklichkeit und Wert erfolgt in der zeitlichen Entwicklung auf historischer und psychologischer Ebene. Sie ist daher »immer nur relativ und besitzt in den Schicksalen der Zeit nicht die Reinheit und Einheit der ›Idee‹«[4]. Folglich realisierte sich die Einheit von Wirklichkeit und Wert in Goethes Leben und Werk in »variierenden Synthesen«.[5] Simmel unterscheidet drei prinzipielle Verhältnisse zwischen Wirklichkeit (Natur) und Wert (Kunst) in Goethes Äußerungen, die mit seinen drei Lebensphasen zusammenfallen. Sein jugendliches Verhältnis zu Kunstwerken zunächst war Simmel zufolge geprägt von der Vorstellung, daß die natürliche Wirklichkeit und der künstlerische Wert »in einer naiv undifferenzierten Einheit« koexistieren.[6] Dieser erste Versuch, eine Einheit von Wirklichkeit und künstlerischem Wert herzustellen, kann keine wirkliche Synthese bedeuten, weil beide Größen noch ungeschieden sind. Die Einheit kam vielmehr von einem Subjekt her, »das sehnsüchtig war, einen ungeheuren Reichtum zu verschenken«[7]. Entsprechend versteht Goethe Natur in der Frühphase noch in einem rein dynamischen Sinne »als ein Drängendes, Quellendes – aber noch nicht als die Einheit der *Gestaltungen*, noch nicht als Ort der ›Idee‹«[8]. Kurzum: »Es war das Stadium der sozusagen unkritischen, subjektiven Einheit von Wirklichkeit und Wert.«[9] Subjektiv vor allem deshalb, »weil seine Jugend [...] von einem Ideal des persönlichen Seins als ganzen, der

---

[1] GOE, 63; vgl. auch GOE, 78, 97f.
[2] GOE, 183.
[3] GOE, 99.
[4] GOE, 98.
[5] Vgl. GOE, 99ff.
[6] GOE, 100.
[7] GOE, 101.
[8] GOE, 102.
[9] GOE, 103.

menschlichen Totalität als Einheit erfüllt war«[1]. Die zweite Lebensphase Goethes, von den Weimarer Jahren bis zur italienischen Reise, sieht Simmel dadurch gekennzeichnet, »daß der *wesentlichen* Lebensstimmung nach Wirklichkeit und Wert sich ihm allmählich immer weiter gegeneinander spannten«[2]. Die äußeren Anforderungen in Gestalt der amtlichen Pflichten führten dazu, »daß ihm erst hier die Wirklichkeit in ihrer ganzen Substanzialität, ihrer Härte, ihrer Eigengesetzlichkeit entgegentrat«[3]. Dieser Umstand hatte zur Folge, »daß seine innerste Persönlichkeit, dasjenige, was er als den Träger der eigentlichsten Werte empfand, sich ganz in sich selbst zurückzog«[4]. Zu einer Synthese dieser Dichothomie zwischen Werk und Person kam es erst während und nach der italienischen Reise. Durch sein neues Naturverständnis, das er in Italien fand[5], konnte Goethe auch den Riß zwischen der Wirklichkeit und der Idee, zwischen dem Dasein und dem Wert in Form der künstlerischen Anschauung versöhnen: »Jetzt belehrt ihn eine erfahrene Wirklichkeit und eine zur Kunst erhobene Wahrheit, daß die ideellen Werte des Lebens nicht außerhalb des Lebens selbst zu stehen brauchen.«[6]

So sehr Simmel die Existenz Goethes als die eines Künstlers beschreibt, so wenig geht das in ihr liegende Lebensideal in der künstlerischen Dimension im engeren Sinne auf. Gemäß der ethischen Ausrichtung der lebensphilosophischen Perspektive betont Simmel, daß Goethe in Italien eine »sittliche Wiedergeburt« erlebt habe, die eine Etappe auf dem Weg des »›Ganzerwerden‹ des Menschen« darstelle.[7] Zu diesem »Ganzerwerden« gehört die Ausprägung einer Sittlichkeit, die sowohl das Moralische im engeren Sinne als auch die Sinnlichkeit umfaßt.[8] Simmel versteht den Begriff des Sittlichen als die »zum Bewußtsein kommende *Zuständlichkeit des ganzen inneren Menschen*«[9]. Sittlichkeit, wie sie Goethes Existenz zugrunde lag, realisierte »die große Idee einer Steigerung und Vollendung des

---

[1] Ebd.
[2] GOE, 105.
[3] GOE, 104.
[4] Ebd.
[5] Vor allem die griechische Kunst habe Goethes Natur- und Kunstbegriff maßgeblich beeinflußt; vgl. GOE, 110ff. Gegenstand der Kunst ist die Natur, die jenseits der Differenz zwischen dem Einzelnen und der Idee steht: »Zwischen beiden steht der allmählich sich entwickelnde Begriff der ›Natur‹ als des zugleich Wirklichen und Übereinzelnen, zugleich Konkreten und Ideellen.« GOE, 113.
[6] GOE, 107. Auch auf die individuelle Existenz Goethes und deren Entwicklung findet also die Spencersche Evolutionsformel Anwendung, allerdings ohne in diesem Zusammenhang explizit genannt zu werden.
[7] Vgl. Ebd.
[8] Damit grenzt Simmel Goethes Moralverständnis von der Kantischen Ethik ab, welche die Unvereinbarkeit des Moralischen und des Sinnlichen behauptet.
[9] GOE, 108.

IV. Die lebensphilosophische Schicht

Sinnlichen in sich selbst«, die zugleich »ethischen Wertes« ist.[1] Die sinnlich-sittliche Ganzheit der Existenz, deren vollendetes Beispiel das Leben Goethes abgibt, ist allerdings nicht auf intellektuellem Wege zu erlangen. Dazu bedarf es vielmehr des »praktischen Verhaltens«: »Handeln als solches, das Tun und Wirken an der unmittelbaren Aufgabe des praktischen Tages weist er dem Menschen zu, an Stelle der Unlösbarkeiten prinzipieller Welt- und Lebensfragen, an Stelle der Problematik bloß gedanklicher Entscheidungen.«[2] Wenn Goethe als Pflicht angibt, der »Forderung des Tages« zu genügen, so meint er Simmel zufolge damit, es sei nicht nötig, daß abstrakte und weit entfernte Ziele Handlungskriterien abgeben sollen. »Sondern das Leben entwickelt sich Schritt für Schritt, seine Wertdirektive nicht erst von einem Gott weiß was wie entfernten Ziele erwartend.«[3] Tätigkeit in diesem Sinne meint also nicht einen »Inhalt oder Bewährung des Lebens neben andern, sondern sie ist ihm das Leben selbst, die spezifische Energie des menschlichen Daseins«[4]. Folglich bedeutet die Pflicht, der Forderung des Tages nachzukommen, nichts anderes, als den »Triumph des Lebens als Kraft, als Prozeß, über alle einzelnen Inhalte, die man ihm aus anderen Ordnungen heraus setzen könnte«[5]. An dieser Stelle wird ersichtlich, was unter dem im »individuellen Gesetz« angeführten *aktiven* Individualismus zu verstehen ist. Allein der tätige Mensch kann zu einer einheitlichen Existenzgestaltung gelangen, denn es ist »das fortschreitende Tun, das ›Idee und Erfahrung verbindet‹«[6]. Folglich macht die theoretische wie praktische Arbeit »das Einzelne und die Totalität, die Erfahrung und die Idee erst zu Polen einer ununterbrochenen Linie«[7]. Vor dem Hintergrund des »individuellen Gesetzes« versteht es sich von selbst, daß diese Auffassung von Tätigkeit nicht bedeutet, einer von *außen* auferlegten Pflicht nachzukommen; ein solches Verständnis würde den Dualismus von Erscheinung und Idee nur reproduzieren. Tätigkeit im Sinne Simmels meint vielmehr »dasjenige Verhalten des Menschen, durch das er seine kosmisch-metaphysische ›Mittelstellung‹ zwischen jenen auseinandergetretenen Weltprinzipien darlebt«[8]. Pflicht und Arbeit beruhen somit nicht oder wenigstens nicht nur

---

[1] GOE, 108f.
[2] Vgl. GOE, 134.
[3] GOE, 135.
[4] Ebd.
[5] Ebd.
[6] GOE, 136.
[7] Ebd.
[8] GOE, 138. Bekanntlich schließt Max Weber seinen Vortrag über »Wissenschaft als Beruf« mit dem Goethe-Zitat, der »Forderung des Tages« nachzukommen. Da Simmel sein Goethe-Buch Marianne Weber gewidmet hat, ist nicht auszuschließen, daß Max Weber zu diesem Zitat durch Simmels Goethe-Interpretation angeregt und vielleicht sogar sein Pflicht- und Persönlichkeitsverständnis davon beinflußt worden ist. Zu Max Webers Persönlichkeitsverständnis vgl. D. Henrich, *Die Einheit der Wissenschaftslehre Max Webers*, Tübingen

auf ideellen Normen. Sie sind vielmehr Elemente des Lebens, die das Leben aus sich selbst heraussetzt.[1]

Vor dem Hintergrund lebensphilosophischer Überlegungen interpretiert Simmel auch den Individualismusbegriff und stellt entschieden die schöpferische Potenz des Individuums heraus.[2] »Die Kardinalfrage der Lebensanschauung: ist das Individuum ein letzter Quellpunkt des Weltgeschehens, ist es seinem Wesen als Individuum nach schöpferisch; oder ist es ein Durchgangspunkt für Mächte und Strömungen überindividueller Provenienz« – diese Frage beantwortet Simmel mit Goethe im Sinne des erstgenannten Gliedes der Alternative.[3] Gegen gewisse theologische Denkarten, das Individuum als bloßen Teil eines außerhalb seiner gelegenen Weltplanes zu sehen, gegen den extremen Soziologismus, der das Individuum zum bloßen Schnittpunkt sozialer Kreise macht, und gegen die naturalistische Weltanschauung, für die das Individuum einen kosmisch-kausalen Ursprung hat, setzt Simmel ein lebensphilosophisches Verständnis von Individualität, nach dem das individuelle Leben seine letzte Wurzel im Individuum selbst hat[4]: »In ureigener Dynamik erzeugt sich der Prozeß eines jeden Lebens, ihm verbleibt das eigentlich Persönliche, das aus keiner transzendenten, mechanischen, historischen Instanz stammt; und was er erzeugt, ist deshalb durchaus der echte Ausdruck eben dieser Persönlichkeit.«[5] Der Lebensprozeß setzt Inhalte aus sich heraus, die dann von der Pflicht im oben beschriebenen Sinne aufgenommen werden. Die Inhalte liegen aber nicht als Objekte und Zwecke außerhalb dieses Prozesses. Vielmehr erzeugt das Leben in und durch seinen Vollzug den *ihm angemessenen* Inhalt aus sich heraus; mit anderen Worten: Die Inhalte sind »die Produktivität des Lebens«[6]. Was die Objektivität und Normierbarkeit des

---

1952, 44f., 108ff.; H. TREIBER, Im Westen nichts Neues: Menschwerdung durch Askese. Sehnsucht nach Askese bei Weber und Nietzsche, in: H. G. KIPPENBERG und B. LUCHESI (Hg.), *Religionswissenschaft und Kulturkritik. Beiträge zur Konferenz The History of Religions and Critique of Culture in the Days of Gerardus van der Leeuw (1890-1950)*, Marburg 1991, 283–323; DERS., Wahlverwandtschaften zwischen Nietzsches Idee eines »Klosters für freie Geister« und Webers Idealtypus der puritanischen Sekte. Mit einem Streifzug durch Nietzsches »ideale Bibliothek«, in: *Nietzsche Studien* 21, 1992, 326-362, hier: 356ff., und KRECH, Zwischen Historisierung und Transformation, 321.

[1] Vgl. auch GOE, 211: Pflicht muß etwas »Funktionelles« sein, »wie das Leben, dem sie gewöhnlich als das Feste, Substanziell-Unbewegte entgegengestellt wird – nur da kann es sich mit unendlicher Flexibilität in die Aufgaben jedes Tages ergießen, nur da ist kein Teil seiner Ganzheit im genauen Sinne dem Sollen seines Wesens entzogen«. Nach diesem Verständnis muß freilich die moderne Arbeitsteilung aufgrund ihrer einseitigen Spezialisierung abgelehnt werden. Von daher erklärt sich auch Goethes Abneigung gegen alle »Profession«.

[2] Vgl. zum folgenden GOE, 142ff.
[3] GOE, 145.
[4] Vgl. GOE, 144.
[5] GOE, 145.
[6] GOE, 147.

Lebensinhalts angeht, so ist er einerseits, »als die Formung der individuellen Bewegtheit, selbst schlechthin individuell«[1]. Zugleich aber kann er dabei, integriert in die sachlichen Ordnungen in Gestalt der Zweckreihen, »als selbständiger und sozusagen nach außen hin gespiegelter, durchaus allgemein, ein ganz durchgehender sein«[2]. Um das Mißverständnis abzuwehren, diese Auffassung des Lebensprozesses sei subjektivistisch und öffne der Willkür Tür und Tor, betont Simmel: Der Lebensinhalt ist gerade allgemein, »sobald er aus dem echten Leben kommt, und er soll es sein«[3].

Wie sehr die individuelle Persönlichkeit und deren verobjektivierende Tätigkeit in einem wechselseitigen Zusammenhang stehen, verdeutlicht nicht zuletzt Simmels Verständnis der lebensnotwendigen und individualitätskonstitutiven Verzichtsleistung. Ein subjektives Wollen und Fühlen, das sich zur Einfügung in eine jenseits seiner gelegene, objektiv höhere Ordnung aufgerufen fühlt, kann dies nur in der Form des Verzichts erreichen; nur auf diesem Wege kann eine Objektivierung des Subjekts gelingen.[4] Und auch auf der Seite der Individualität ist Begrenzung ein konstitutiver Faktor, wie wir bereits bei der Diskussion des Freiheitsbegriffs gesehen haben: »Der ›Entsagende‹ ist der Mensch, der seinem subjektiven Dasein die Form gibt, mit der es sich der objektiven Ordnung der Gesellschaft oder des Kosmos überhaupt einfügen kann [...]. Jede Form ist Begrenzung, ist Verzicht auf das, was jenseits der Grenze ist; und nur durch Formung entsteht jedes feste, weltmäßige Sein, das dem Subjekt gegenübersteht, und zu dem es sich selbst zu gestalten hat.«[5] Nicht nur Handeln also, sondern auch das Unterlassen ist eine Formung individuellen Lebens, »Lebensform« und »Lebenskunst«, Fähigkeit und Aufgabe zugleich. Auch an dieser Stelle zeigt sich einmal mehr die ethische Ausrichtung der Simmelschen Lebensphilosophie: »Das Sich-selbst-Beherrschen und Entsagen [...] enthüllt sich so als die ethische Basis oder die ethische Seite jener allgemeinsten Formel seiner [sc. Goethes] Entwicklung.«[6] In diesem Zusammenhang haben wir allerdings zu berücksichtigen, daß Simmels Verständnis von Askese seinem formalethischen Konzept gemäß nicht mit bestimmten Verhaltensnormierungen und schon gar nicht etwa im christlichen oder Kantischen Sinne mit dem Verzicht auf jedwede Art von Sinnlichkeit verbunden ist. Askese meint vielmehr, wie Simmel am Fall von Goethes Leben verdeutlicht, ein Verhalten, »das ohne Beziehung auf dies oder jenes Bestimmte und ohne jede Leidseligkeit, sondern als eine allge-

---

[1] GOE, 149.
[2] Ebd.
[3] Ebd.
[4] Vgl. GOE, 179.
[5] GOE, 181.
[6] Ebd.

meine Bestimmung der Existenz Goethes Lebensentwicklung durchzieht«[1]. Askese in diesem Sinne ist eine »Lebensformung«, in der Selbstbegrenzung »aus den eigen-innerlichsten Wachstumsbedingungen« hervorgeht[2]; sie ist nicht »irgendeine Beschränkung des Selbst, sondern eine Beschränkung *auf das Selbst*«[3].

Zusammenfassend ist festzuhalten, daß Simmels Lebensphilosophie den soziologisch analysierten und kulturwissenschaftlich problematisierten *homo duplex* in seiner Geltung zu relativieren versucht, indem sie ihm den *homo vivens* gegenüber- beziehungsweise voranstellt. Für meine Themenstellung ist nun entscheidend, das der *homo (novus) religiosus* eine Art Mittelstellung zwischen den beiden Größen *homo duplex* und *homo vivens* darstellt, insofern nur Religion als »Lebensmacht« die Gegensätze des Lebens zwischen Form und Inhalt beziehungsweise Prozeß, zwischen objektiver und subjektiver Kultur, zwischen Wirklichkeit und Wert symbolisiert und zugleich zu versöhnen in der Lage ist. Wie beim soziologischen und kulturwissenschaftlichen Ansatz stehen auch in Simmels Lebensphilosophie die Grundannahmen und das Religionsverständnis in einem Wechselwirkungsverhältnis. Diesen Zusammenhang gilt es im folgenden zu explizieren.

2. Religion in lebensphilosophischer Perspektive

Als ein Beleg für die Auffassung, daß nicht nur die lebensphilosophische Perspektive Simmels spätes Religionsverständnis geprägt hat, sondern auch umgekehrt die Beschäftigung mit Fragen der Religion einen nicht ungewichtigen Faktor für die lebensphilosophische Wende darstellt, kann zunächst die Reinterpretation des christlichen Dogmas vom Heil der Seele gelten. Wie im Rahmen der Rekonstruktion des kulturwissenschaftlichen Ansatzes deutlich wurde, untersucht Simmel diesen theologischen Topos auf seinen Kulturwert, interpretiert ihn unter der Frage, ob und gegebenenfalls wie das Dogma als ein verobjektivierter religiöser Inhalt auf den seelischen Prozeß zurückwirken kann. Indem er das Heil der Seele so versteht, »daß ihr nicht von außen etwas hinzugetan oder angebildet wird,

---

[1] Ebd. Am Beispiel des christlichen Verständnisses von Askese zeigt Simmel allerdings an anderer Stelle, daß zur Entsagung, als Bestandteil des religiösen Lebens, sehr wohl Leiden gehören kann. »Denn gerade, indem das Reich Gottes sich schon hier zu realisieren beginnt, muß es im Zusammenstoß mit den irdischen Ordnungen und Mächten das Leiden erzeugen«; CKst, 274. Allerdings hat das Leiden im Christentum den Charakter des Depressiven verloren; der Verzicht ist schon an sich selbst »etwas Wertvolles und ein Gut der Seele [...], die Selbstverleugnung ist für sich schon eine Selbstgewinnung«; CKst, 274.

[2] GOE, 181.

[3] GOE, 182.

sondern daß sie eigentlich nur eine Hülle abzuwerfen, nur zu werden braucht, was sie schon ist«[1], ist in diesem Dogma dasjenige präformiert und symbolisiert, was Simmel in lebensphilosophischer Perspektive als das ethische Prinzip des »individuellen Gesetzes« ausformuliert.[2] Auf kulturwissenschaftlicher Basis sind ebenso die beiden Aufsätze »Ein Problem der Religionsphilosophie« von 1905 und »Die Persönlichkeit Gottes« aus dem Jahre 1911 gehalten. Auch sie bergen Motive, die in die spätere lebensphilosophische Perspektive Eingang finden beziehungsweise sie zum Teil sogar vorbereiten. Als »ein Problem der Religionsphilosophie« verhandelt Simmel, wie gezeigt, unter anderem den Persönlichkeitsbegriff. Mit den beiden für den Persönlichkeitsbegriff konstitutiven Merkmalen, zum einen die *formale* Geschlossenheit des inneren Lebens, in der sich alle einzelnen Erlebnis- und Vorstellungsinhalte zu einer Einheit verbinden, zum anderen die *Bedeutung*, welche die Einheit als Ganzes jenseits aller Einzelinhalte besitzt und sich damit gegen sich selbst abhebt, ist die für die spätere Lebensphilosophie charakteristische Doppelbestimmung des Individualitätsbegriffs vorbereitet, nämlich Individualität als eine Wirklichkeit strukturierende Form und als eine Formung im Sinne einer wertmäßigen regulativen Idee zu fassen.[3] Dabei ist entscheidend, daß das zentrale Anliegen der späteren Lebensphilosophie, Wirklichkeit und Wert zu synthetisieren, hier in Form der Vorstellung von der Persönlichkeit Gottes religiös symbolisiert ist. Indem Gott überhaupt nur in der Form der Persönlichkeit denkbar ist (unabhängig von der Frage nach seiner realen Existenz), wirkt diese Vorstellung von der im Absoluten und Unendlichen realisierten Persönlichkeit zugleich auf die empirischen Verhältnisse zurück und unterstützt die Individuierung der menschlichen Existenz als Wirklichkeit *und* Wert zugleich.

Im Rahmen der Frage nach dem Kulturwert behandelt Simmel Religion auch in den zeitdiagnostischen Arbeiten, die nach der Bedeutung und der (noch oder wieder) möglichen Form von Religion in der Moderne fragen. Im Aufsatz »Die Gegensätze des Lebens und der Religion« von 1904/05 sieht er neben der Vereinheitlichung des Weltbildes auf objektiver Ebene die zentrale Leistung der Religion darin, als religiöse Stimmung auf der subjektiven Ebene, also in Form der Frömmigkeit, die Gegensätze des inneren Lebens zu einer Einheit zu versöhnen. Der Gegenstand der Religion bestimmt sich dadurch, daß divergierende Gefühle wie etwa Demut und Erhebung, Hoffnung und Zerknirschung, Verzweiflung und Liebe, »sonst einzeln von den Gegensätzlichkeiten der Welt und unseres Schicksals her-

---

[1] HlSle, 110f.
[2] Die Abfassung des Aufsatzes »Vom Heil der Seele« fällt im übrigen in die Zeit, in der Simmel den Begriff »individuelles Gesetz« zum ersten Mal, nämlich im Aufsatz »Rodins Plastik und die Geistesrichtung der Gegenwart«, verwendet; vgl. RoPl, 93.
[3] Vgl. etwa GOE, 142.

vorgerufen, jetzt wie die Wellen *eines* Stromes zusammenfließen, daß ihre Gegensätze die geheime Einheit eines tieferen Sinnes verraten«[1]. Weil für die religiöse Stimmung das in sich mannigfaltige seelische Innenleben Einheit ist, ist sie für den religiösen Menschen prinzipiell in allen Augenblicken seines Lebens gegenwärtig.[2] Diese Leistung kann Religion nur deshalb erbringen, weil sie in einem doppelten Verhältnis zum Leben steht. Einerseits ist sie ein integraler Bestandteil des Lebens, ist sie »eines seiner Elemente, in die sie sich einordnen und zu denen allen sie ein Gegenseitigkeitsverhältnis gewinnen muß, damit die Einheit und Ganzheit des Lebens sich ergebe«[3]. Auf der anderen Seite steht Religion aber auch dem empirischen Leben, der sogenannten »Wirklichkeit« im Sinne der lebensweltlichen Erfahrungen, als äquivalente Macht gegenüber, als eine autonome Welt, die alle Lebensinhalte in der ihr eigenen Sprache auszudrücken vermag: »Innerhalb des Lebens steht sie zu all seinen Inhalten in den mannigfaltigsten und gegensätzlichsten Beziehungen, zugleich aber erhebt sie sich über das Leben und damit, in ihren höchsten Momenten, über sich selbst in die Versöhnung all der Konflikte, in die sie sich als Element des Lebens selbst begeben hatte.«[4] Religion ist so »in jedem Augenblicke Einheit und erst werdende Einheit«; der Prozeß der Einheitsbildung ist somit ein infiniter.[5] Gerade in dieser nie abschließend zu erfüllenden Aufgabe aber sieht Simmel ein Motiv, warum sich der moderne Mensch der Religion von neuem nähern kann: Mit der Doppelbewegung stellt sie sich in den Rhythmus des modernen Lebens ein.[6] Die lebensphilosophische Diktion ist also hier bereits deutlich vernehmbar, und insofern hat die Beschäftigung mit Fragen der Religion zur späteren lebensphilosophischen Wende beigetragen.

Umgekehrt hat die vollzogene lebensphilosophische Wende auch Rückwirkungen auf Simmels Religionsverständnis. Dieser Einfluß wird insbesondere an der mit Religion befaßten Passage im Aufsatz »Der Konflikt der modernen Kultur« deutlich.[7] Simmel diagnostiziert zunächst die Entwicklungsrichtung, »die Glaubensgebilde in das religiöse *Leben*, in die Religiosität als eine rein funktionelle Gestimmtheit des inneren Lebensprozesses aufzulösen, aus der jene emporgestiegen sind und noch immer emporsteigen«[8]. Insoweit entspricht die Diagnose der Art und Weise, in der Simmel Religion innerhalb des kulturwissenschaftlichen Ansatzes interpretiert hat. Ausdruck der lebensphilosophischen Wende aber ist die Progno-

---

[1] GgsLbRel, 296.
[2] Vgl. GgsLbRel, 297.
[3] GgsLbRel, 302.
[4] Ebd.
[5] Ebd.
[6] Vgl. GgsLbRel, 303.
[7] Vgl. KMK, 168–171.
[8] KMK, 168f.

se, daß sich Religion zunehmend »als eine Art der unmittelbaren Lebensgestaltung« vollziehen werde: »gleichsam nicht als eine einzelne Melodie innerhalb der Lebenssymphonie, sondern als die Tonart, in der diese sich *als ganze* abspielt; der Raum des Lebens, ausgefüllt von allen weltmäßigen Inhalten, von Handeln und Schicksal, Denken und Fühlen, würde mit all diesem durchdrungen sein von jener Einheit der Demut und der Erhebung, der Spannung und des Friedens, der Gefährdung und der Weihe, die wir eben nur religiös nennen können; und an dem so verbrachten Leben selbst würde der absolute Wert empfunden werden, der diesem Leben sonst von den einzelnen Formungen [...] zu kommen schien«[1]. In voller Ausprägung der lebensphilosophischen Perspektive stellt sich Religiosität also nicht mehr (nur) als ein Kulturbereich neben anderen dar, der auf den Kulturwert seiner objektivierten Inhalte hin überprüft werden kann, sondern: »Das Leben will sich *unmittelbar* als religiöses aussprechen.«[2] Von daher nimmt es nicht wunder, daß Simmel den Begriff des Lebens als letztes Glied einer Reihe nennt, in der zuvor die Idee des Seins, der Gottesbegriff, der Begriff der Natur, das Ich sowie der Begriff der Gesellschaft steht.[3]

Die Auswirkungen der lebensphilosophischen Wende auf Simmels Religionsverständnis zeigen sich weiterhin in dem Aufsatz »Das Problem der religiösen Lage« von 1911[4], in dem der Autor an die in der *Moralwissenschaft* und der *Philosophie des Geldes* angestellten Zeitdiagnosen anschließt. Ergebnis der dort ausgeführten Analysen war die Aussage: Das religiöse und metaphysische »Bedürfnis hat seine Erfüllung überlebt«[5]. Dieses Resultat dient Simmel als Ausgangspunkt für weitere Überlegungen, in denen er dem Grund für die Differenz von Bedürfnis und Erfüllung nachgeht. Er greift den im Rahmen seines kulturwissenschaftlichen Ansatzes entwickelten Religionsbegriff auf, demzufolge Religiosität primär ein ›fundamentales Sein der religiösen Seele‹ ist, aus der erst objektive Religion hervorgeht. Religiöses Sein ist zunächst ein dem Lebensprozeß immanenter, einheitlicher Zustand und differenziert sich erst sekundär – nicht im zeitlichen, sondern im systematisch-analytischen Sinne – in Bedürfnis und Erfüllung. »Indem das der Persönlichkeit zeitlos anhaftende religiöse Sein in das psychologische Stadium von Bedürfnis, Sehnsucht, Begehren tritt, fordert es eine Wirklichkeit als dessen Erfüllung.«[6] Erst mit dieser Differenzierung in subjektive Religiosität als eine »Grundbeschaffenheit des Menschen« und objektive Religion mit historischen und daher kontingenten Inhalten kann die Frage des Wahren oder Falschen der Religion entste-

---

[1] KMK, 169 (meine Hervorhebung).
[2] KMK, 170 (meine Hervorhebung).
[3] Vgl. KMK, 152f.; vgl. auch bereits SHN, 358.
[4] Im folgenden zitiert als PRelLa.
[5] PHG, 491.
[6] PRelLa, 371.

hen, »denn wahr oder falsch kann ein Sein nicht sein, sondern nur der Glaube an eine Realität jenseits des Gläubigen«[1]. Ist das Bedürfnis erst einmal entstanden – und daß es das zwangsläufig tut, gehört zum »Wesen« des Menschen –, stellt sich dem Religiös-Sein ein Religion-Habenwollen gegenüber. Weil »der Mensch ein bedürftiges Wesen ist, und der erste Schritt seines Seins ihn an das Habenwollen und deshalb der erste Schritt seines Subjekts ihn in die Objektivität hinausführt, darum wird der religiöse Lebensprozeß, diese tiefe Seinsbestimmtheit des einzelnen Menschen, sogleich zur Relation zwischen einem Gläubigen und einem für sich seienden Gegenstand des Glaubens, zwischen einem Begehrenden und einem Gewährenden«[2].

Angesichts der obsolet gewordenen »Erfüllungsangebote« von seiten der objektiven Religion hält Simmel eine Vermittlung zwischen Bedürfnis und Erlösung in lebensphilosophischer Perspektive nur für möglich, wenn man die seelische Tatsache des Glaubens selbst als etwas Metaphysisches begreift. Gegen Feuerbachs These: »Religion ist Anthropologie« führt Simmel an, daß der Mensch dasjenige projiziert, »was in ihm selbst metaphysisch ist, in ihm selbst jenseits aller empirischen Einzelheit liegt«[3]. Der Gedanke der »immanenten Transzendenz«, dem im »individuellen Gesetz« eine zentrale Bedeutung zukommt[4], ist hier also bereits angedeutet. Die lebensphilosophisch-prozedurale Fassung des Religionsbegriffs wird an der Konzeption des Religiös-Seins im Unterschied zum Religion-Haben besonders deutlich: »Das religiöse Sein aber ist nun kein ruhiges Dasitzen, keine qualitas occulta, kein bildhaftes Ein-für-allemal, wie die Schönheit eines Stückes Natur oder Kunst, sondern es ist eine Form des ganzen, lebendigen Lebens selbst, eine Art, wie es seine Schwingungen vollzieht, seine einzelnen Äußerungen aus sich hervorgehen läßt, seine Schicksale erfüllt.«[5] Die Differenz von bleibendem Bedürfnis und mangelnder Erfüllung kann somit durch die Möglichkeit überwunden werden, »daß die Religion sich aus ihrer Substanzialität, aus ihrer Bindung an transzendente Inhalte zu einer Funktion, zu einer inneren Form des Lebens selbst und aller *seiner* Inhalte zurück- oder emporbilde«[6]. Simmel hält das Problem der religiösen Lage für gelöst, »wenn die Menschen ein religiöses Leben lebten, d.h. in solches, das sich nicht ›mit‹ Religion vollzieht, sondern dessen Vollzug selbst ein religiöser ist«[7]. Allerdings hegt Simmel Zweifel daran, »ob die Religiosität der *Durchschnittstypen* die Wendung von der Substanz des

---

[1] PRelLa, 372.
[2] Ebd.
[3] PRelLa, 373.
[4] Vgl. IGz, 197.
[5] PRelLa, 376.
[6] PRelLa, 380.
[7] PRelLa, 381.

Götterhimmels und der transzendenten ›Tatsachen‹ vollziehen kann; die Wendung zu der religiösen Gestaltung des Lebens selbst«[1]. Trotz dieser Bedenken diagnostiziert Simmel eine Tendenz der Religion zu einer »radikalen Wendung«, die den unbezweifelbaren religiösen Energien »eine andere Betätigungs- und gleichsam Verwertungsform bieten möchte; als die Schaffung transzendenter Gebilde und des Verhältnisses zu ihnen – und die den metaphysischen Wert vielleicht wieder dem religiösen Sein der Seele zurückgewähren wird, das jene aus sich entlassen hat und doch auch als *ihr* Leben in ihnen lebt«[2].

Wie Religion in soziologischer Sicht den Gegensatz zwischen Gesellschaft und Individuum, in kulturwissenschaftlicher Perspektive den Dualismus von objektiver und subjektiver Kultur vermittelt, so gleicht sie aus lebensphilosophischer Warte den fundamentalen Gegensatz des Lebens aus, den Konflikt nämlich zwischen Prozeß und Form, insofern sie die Formen und die in ihnen kristallisierten Inhalte immer wieder zugunsten des reinen Prozedierens aufbricht und umgekehrt Formungen und ihre Inhalte als genuinen und notwendigen Bestandteil des Lebensprozesses zu begreifen ermöglicht. In diesem Zusammenhang spielt Religion als eine Weltform mit objektivierten Inhalten und Institutionen eine nicht unbedeutende Rolle. Zentraler aber noch ist Religiosität, die als eine Bewußtseinskategorie *sui generis*, wie im folgenden ausgeführt werden soll, auch auf andere Kulturbereiche wirkt; so etwa, wie bereits im Rahmen der Rekonstruktion des kulturwissenschaftlichen Ansatzes gezeigt, in der kulturschaffenden philosophischen Erkenntnis (a), so in der Kunst (b). Daß die religiöse Funktion auf andere Weltformen als der Religion einen Einfluß üben kann, liegt an der Differenz von Kategorie und Form, aufgrund deren die Befriedigung des religiösen Bedürfnisses auf anderem als dem rein religiösen Wege erfolgen kann. »Und tatsächlich hat man ja dem als religiös auftretenden Bedürfnis, seine Identität als solches durchaus behauptend, auf moralische oder ästhetische oder intellektuelle Weise genugtun wollen, was keineswegs mit seiner Ablenkung oder Übertäubung zusammenfällt.«[3] Simmel bestreitet, »daß die religiösen Gefühle und Impulse sich nur in der Religion äußern; vielmehr, daß sie sich in vielerlei Verbindungen finden, als ein bei vielerlei Gelegenheiten mitwirkendes Element, in dessen Aufgipfelung und Isolirung nur die Religion als selbständiger Lebensinhalt, als ein Gebiet eigenster Begrenzung besteht«[4]. Über die Wirksamkeit in anderen Kulturgebilden hinaus ist die »religiöse Funktion« aber auch auf der fun-

---

[1] PRelLa, 383.
[2] PRelLa, 384.
[3] PRelLa, 372; vgl. auch SHN, 293: Bruchstücke der metaphysischen Bedeutung von Religion sind »auch in die psychologischen Erscheinungen der Liebe und des Patriotismus, der Kunst und der Moral eingewebt«.
[4] SozRel, 267f.

damentalen Ebene des Lebens selbst in kraft, so innerhalb der Formgebung des Lebens (c), und so schließlich bei der Suche nach dem Fundamentalprinzip der Ethik (d). Die »religiöse Funktion« als eine kategoriale Eigenart des Geistes übt in lebensphilosophischer Perspektive also, wie hier behauptet wird und die nachstehenden Ausführungen zeigen, auf alle expressiven Weltformen (Religion, Philosophie, Kunst und Moral) sowie auf das Lebensprinzip schlechthin einen gewichtigen Einfluß aus: Sie allein macht es möglich, daß die genannten Kulturbereiche sowie das Leben selbst nicht zu verobjektivierten Formen erstarren, sondern in den Lebensprozeß reintegriert werden können.[1] Oder umgekehrt formuliert: Überall dort, wo die zu erstarren drohenden Formen zugunsten des Prozedierens aufgebrochen werden, ist die religiöse Funktion am Werk, sind die expressiven Weltformungen »religiöse Halbprodukte«, sind sie in ihrem Kern »religioid«.

a) Religiosität und philosophische Erkenntnis

Simmels lebensphilosophische Interpretation der Weltanschauung Goethes macht den Zusammenhang von philosophischer Erkenntnis und der religiösen Funktion besonders deutlich. Einen religiösen Grund hat Goethes Weltbild wie jedes Weltbild schon allein deshalb, weil die in ihm realisierte Einheit von Wirklichkeit und Wert, wie in der *Philosophie des Geldes* bereits angedeutet[2], in letzter Instanz nur durch religiöse Symbole ausgedrückt werden kann. Religiös nach lebensphilosophischer Auffassung von Religion ist Goethes Lebensanschauung aber vor allem deshalb, weil es ihm gelungen ist, sein subjektives Leben und sein verobjektivierendes Schaffen in einer einheitlichen Lebensführung zu vereinen. Goethes Leben gilt Simmel als ein erfolgreiches Beispiel einer religiös grundierten Existenzform, welche die beiden Kategorien von Sein und Sollen umfaßt. Die religiöse Ausrichtung der Existenz Goethes gründet vor allem in dessen religiös aufgeladenem Verständnis vom »Dasein«, von Wirklichkeit und Natur. Goethe ist für Simmel ein »Naturanbeter«, weil ihm die Natur »die gute

---

[1] Der Frage nach einem Zusammenhang von Religion und den instrumentellen Kulturformen geht Simmel, so weit ich sehe, zum mindesten in der lebensphilosophischen Phase nicht systematisch und breiter nach. Freilich hat Religion, wie in der *Philosophie des Geldes* gezeigt, auch bei der Konstitution der neuzeitlichen und modernen Wirtschaftsform eine wichtige Rolle gespielt. Der Zusammenhang zwischen Religion und Wirtschaft ist jedoch eher ein historischer. Ein möglicher Zusammenhang von Religion und Wirtschaft in der Moderne hingegen kann in der Hingabe an den Beruf bestehen; vgl. dazu das dritte soziologische Apriori. Des weiteren kommt Simmel am Rande auch auf Zusammenhänge zwischen Religion und Politik zu sprechen. Beispielsweise eigne dem Patriotismus eine religiöse Dignität; vgl. SozRel, 269, BERel, 13, REL, 64 und SHN, 293.

[2] Vgl. PHG, 28.

Mutter« ist.[1] Zwar spricht Goethe häufig von göttlicher Gnade, »aber immer im Sinne eines der Wirklichkeit immanenten Gottes«[2]. Indem für ihn Wirklichkeit und Wert, Sein und Sollen identisch sind, setzt er sich in einen Gegensatz zum christlichen Dualismus von Natur und Gnade.[3] Simmel sieht Goethes Religiosität vor allem darin begründet, »daß ihm das Absolute ein Wert ist, daß ihm Wert nicht an Unterschiede geknüpft ist«[4]. Während alle Religionen der Massen – wie im übrigen auch die normale menschliche Erkenntnis[5] – durch die »psychologisch-empirische Tatsache der Unterschiedsempfindung« bedingt sind und sie folglich auf einem Dualismus basieren müssen[6], verehrte Goethe die Natur, weil sie ihm als das Absolute des Daseins galt, als Einheit von Erscheinung und Idee. Von daher kann Simmel Goethes Welt- und Lebensanschauung »als den gigantischsten Versuch bezeichnen, die Einheit des Gesamtseins unmittelbar und in sich selbst als wertvoll zu begreifen: wenn er Gott so weit reichen läßt wie die Natur und die Natur so weit wie Gott, beides sich gegenseitig durchdringend und ineinander hegend – so ist ihm Gott der Name für das Wertmoment des Seins, das mit seinem Wirklichkeitsmomente, der Natur, in eines zusammenlebt«[7]. Goethe kann also der Interpretation Simmels zufolge, nach einigen Mystikern als Vorläufern[8], als der erste große Repräsentant einer »Religion des Lebens« gelten. Seine Auffassung von der Welt wie sein »Lebensstil« waren unmittelbar religiös grundiert, denn Leben, das seinen – im Falle Goethes: dichterischen und philosophischen – Ausdruck so nahe wie möglich an seinem unmittelbaren Prozeß hält, ist immer zugleich auch ein religiös geführtes.

b) Religiosität und Kunst

Religion liegt sowohl allen objektiven Weltbildern als auch jeder individuellen Lebensführung zugrunde, die Sein und Sollen versöhnt. Vielleicht aber hat Religion keinen größeren Einfluß als auf denjenigen Kulturbereich, der sich mit ihr aufgrund großer funktionaler Nähe in stärkster Konkurrenz befindet, auf das Terrain der Kunst nämlich. In seinem Aufsatz

---

[1] GOE, 97f.
[2] GOE, 98.
[3] Religiös im Sinne Simmels ist aber selbstverständlich auch der christliche Dualismus, und zwar insofern, als die Differenz von Natur und Gnade zugunsten ihrer zweiten Seite, der Gnade nämlich, auf einer transzendenten Ebene aufgehoben wird.
[4] GOE, 168.
[5] Vgl. SD, 137: »Der Mensch ist ein Unterschiedswesen«.
[6] GOE, 168.
[7] Ebd.
[8] Zu diesen gehört für Simmel ohne Zweifel Meister Eckhart, aber auch z.B. Angelus Silesius; vgl. SHN, 356 und KMK, 169f.

»Das Christentum und die Kunst« ist Simmel bereits 1907 den Motiven für die gegenseitige Anziehung und Abstoßung beider Kulturbereiche nachgegangen. Als Gemeinsamkeit des religiösen und des künstlerischen Verhaltens führt er an, »daß das eine wie das andre seinen Gegenstand in eine Distanz, weit jenseits aller unmittelbaren Wirklichkeit hinausrückt – um ihn uns ganz nahe zu bringen, näher, als je eine unmittelbare Wirklichkeit ihn uns bringen kann«[1]. Aufgrund der tiefen »Formgleichheit, aus der heraus die Religion allenthalben als der Vorläufer der Kunst, die Kunst allenthalben als die Erregerin religiöser Stimmung auftritt«[2], kann die Kunst auch so häufig Motive der christlichen Religionsgeschichte verarbeiten.[3]

Simmels 1916 erschienene Rembrandt-Studie kann als ein großangelegter Beleg für die behaupteten Verflechtungen zwischen Kunst und Religion gelten. Zugleich wird an der Interpretation des Rembrandtschen Werkes deutlich, was Simmel – in dezidiert lebensphilosophischer Perspektive – unter der oben angedeuteten einheitsbildenen Funktion der komplementären Ergänzung von Kunst und Religion für die Einzelseele versteht. Zunächst stellt er heraus, daß Rembrandt nicht einfach religiöse Motive aufnimmt und sie künstlerisch formt. Das Verhältnis von Religion und Kunst ist vielmehr ein nahezu identisches; und zwar von der Seite des Werkes wie von der Seite des künstlerischen Prozesses her. Wie Religion und Leben in der Religiosität als einer dynamischen Lebensform in größter Nähe stehen, so sind zum einen die Figuren in Rembrandts Bildern Ausdruck unmittelbar religiösen Lebens. Zum anderen zeigt sich der starke Einfluß von subjektiver Religion auf den Kulturbereich der Kunst im künstlerischen Produktionsprozeß. Im Falle Rembrandts ist »das Darstellen selbst, die künstlerische Funktion des Bildes, sozusagen die manuelle Führung von Nadel, Feder, Pinsel … religiös durchgeistet; die Dynamik des Schaffens selbst hat den eigentümlichen Ton, den wir religiös nennen und der im Gebiet der historischen Frömmigkeit und des Transzendenten zu den eigentlichen ›Gegenständen‹ der Religion kristallisiert«[4]. Simmel legt den Akzent also we-

---

[1] CKst, 264; vgl. auch NlTb, 8: »Kunst und Religion haben das Gemeinsame, daß sie ihren Gegenstand in die größte Distanz rücken, um ihn in die größte Nähe zu ziehen.« Aufgrund der funktionalen Nähe beider Bereiche weisen sie auch Parallelen im emotionalen Bereich auf: »Der Affekt gegenüber der Schönheit und der Kunst ist nicht weniger primär als der religiöse und deshalb so wenig wie dieser durch Auflösung in anderwertig vorkommende Bewußtseinswerte zu beschreiben; obgleich, da beide den ganzen Menschen in Erregung setzen, noch alle die anderen Bewegtheiten der Seele sich auf ihren Ruf einfinden: Aufschwung und Demut, Lust und Leid, Expansion und Zusammenraffung, Verschmelzung und Distanz gegenüber ihrem Gegestand. Eben dies hat so oft verleitet, sie auf die Bejahung und die Verneinung, auf die Mischung und den Gegensatz dieser großen Potenzen des sonstigen Lebens zurückzuführen«; SHN, 302f.
[2] CKst, 265f.
[3] Vgl. dazu die Ausführungen in CKst, 266ff.
[4] *Rembrandt* (im folgenden zitiert als RB), 170.

niger auf die »Darstellung des Religiösen« oder das »Malen des Religiösen« als mehr auf die »religiöse Darstellung«, das »religiöse Malen«.[1] Um diesen Unterschied zu verdeutlichen, greift er auf die bereits explizierte Differenz von Religion-Haben und Religiös-Sein zurück, die im übrigen auch für die Figuren auf den Rembrandtschen Bildern gilt: »Bei Rembrandt ... wird die Malerei selbst von dem allgemeinen Grundmotiv des dargestellten Vorganges, dem Religiös-Sein, getränkt, und durch das Medium des so bestimmten artistischen Prozesses wird der Vorgang wiederum in jenes einbezogen.«[2] Religiosität meint hier im Unterschied zur objektiven Religion also ein Doppeltes: Sie ist eine Art des in den religiösen Bildern dargestellten Lebens wie auch ein Modus des künstlerischen Produktionsprozesses selbst.[3] Dadurch, daß die Kategorie des Religiösen sowohl im Werk enthalten wie auch am Produktionsprozeß beteiligt ist, lassen sich die im Werk kristallisierten Inhalte des Lebens wieder verflüssigen und in den Lebensstrom reintegrieren.

c) *Religiosität und Leben*

Über die Formen kultureller Objektivation hinaus ist Simmel darum bemüht, den Formcharakter des Lebens selbst herauszuarbeiten. Dies tut er unter anderem mit einer lebensphilosophischen Interpretation des Todesphänomens, nicht nur als eines der zentralen Gegenstände religiöser Symbolisierung, sondern auch als der Grenze des Lebens und zugleich *integraler* und *konstitutiver* Bestandteil der individuellen Existenzform. Der Tod als ein Phänomen der Grenzüberschreitung ist zunächst Gegenstand religiöser Reflexion und Praxis, dann aber auch ein Thema kultureller Interpretation.[4] Als Diagnostiker des Zeitgeistes ist Simmel darum bemüht, die zeitgenössische Kultur unter anderem von dem ihr inhärenten Verständnis von Leben und Tod her zu verstehen, denn: »Die Kultur des innersten Lebens steht in jedem Zeitalter in enger Wechselwirkung mit der

---

[1] Vgl. RB, 169 bzw. 172.
[2] RB, 171. Simmel betont, daß es bei dieser Interpretation auf die Religiosität Rembrandts als Person nicht ankomme: Es war »nicht die persönliche Existenz, sondern der künstlerische Prozeß ..., die Art des Konzipierens und Schaffens, die dem Werk die religiöse Durchdrungenheit gab«; RB, 172.
[3] Vgl. RB, 175.
[4] In der sozialphänomenologischen Terminologie von Alfred Schütz und Thomas Luckmann handelt es sich beim Tod um eine der »großen Transzendenzen«, die zu verarbeiten Sache der Religion ist; vgl. A. SCHÜTZ und TH. LUCKMANN, *Strukturen der Lebenswelt*, 2 Bde., Frankfurt a. M. 1979–1984, und TH. LUCKMANN, Über die Funktion der Religion, in: P. KOSLOWSKI (Hg.), *Die religiöse Dimension der Gesellschaft. Religion und ihre Theorien*, Tübingen 1985, 26–41, hier: 33f.

Bedeutung, die es dem Tode zuschreibt.«[1] Die beiden Begriffe von Leben und Tod stehen also in einem Korrelationsverhältnis zueinander: »Wie wir das Leben auffassen und wie wir den Tod auffassen – das sind nur zwei Aspekte eines einheitlichen Grundverhaltens.«[2] Als zeitliche Grenze des Lebens gibt der Tod dem Leben erst seine Form, denn die Grenze »ist das Ding selbst und zugleich das Aufhören des Dinges, der Bezirk, in dem das Sein und das Nichtmehrsein des Dinges Eines sind«[3]. Folglich kommt es darauf an, »daß man sich von der ›Parzen‹-Vorstellung befreie«[4], derzufolge der Lebensfaden durch den Tod mit einemmal und unvermittelt abgeschnitten wird. Statt dessen muß der Tod als »von vornherein und von innen her dem Leben verbunden«[5] begriffen werden. In lebensphilosophischer Perspektive kommt dem Tod also eine für das individuierte Leben konstitutive Bedeutung zu, denn »in jedem einzelnen Moment des Lebens *sind* wir solche, die sterben werden«[6]. Erst auf der Basis eines solchen Todesbegriffs wird die formgebende Bedeutung des Todes klar. »Er begrenzt, d.h. er formt unser Leben nicht erst in der Todesstunde, sondern er ist ein formales Moment unseres Lebens, das alle seine Inhalte färbt: die Begrenztheit des Lebensganzen durch den Tod wirkt auf jeden seiner Inhalte und Augenblicke vor; die Qualität und Form eines jeden wäre eine andere, wenn er sich über diese immanente Grenze hinauserstrecken könnte.«[7]

Aus der apriorischen Bedeutung des Todes für das Leben kann man nun in zwei Weisen Konsequenzen ziehen. Einmal auf die Art, nach der das Leben von vornherein unter den Aspekt der Ewigkeit gesehen wird, wie es im Christentum der Fall ist. Der Tod kann in dieser Sicht vor allem deshalb als bezwungen gelten, weil das Christentum »den durch alle Einzelmomente des Lebens hin wirkenden und sie innerlich begrenzenden Tod vermöge der ewigen Konsequenzen eben dieser Momente verneint«[8]. Die für das Leben konstitutive Bedeutung des Todes bleibt also insofern in Geltung, als er erst überwunden werden muß, mit seiner Bezwingung aber stets appräsentiert wird. Mit anderen Worten: Die Grenzüberschreitung

---

[1] »Zur Metaphysik des Todes« (im folgenden zitiert als MetT), 57. Zu Simmels Todesverständnis vgl. A. Nassehi u. G. Weber, *Tod, Modernität und Gesellschaft. Entwurf einer Theorie der Todesverdrängung,* Opladen 1989, 136ff., A. Nassehi, Gesellschaftstheorie, Kulturphilosophie und Thanatologie, in: *Sociologia Internationalis* 31, 1993, 1–21, und den vorzüglichen Aufsatz von A. Hahn, Tod und Zivilisation bei Georg Simmel, in: K. Feldmann und W. Fuchs-Heinritz (Hg.), *Der Tod ist ein Problem der Lebenden. Beiträge zur Soziologie des Todes,* Frankfurt a. M. 1995, 80–95.
[2] MetT, 57.
[3] Ebd.
[4] MetT, 58.
[5] Ebd.
[6] MetT, 59.
[7] Ebd.
[8] Ebd.

setzt die Grenze voraus. Die entgegengesetzte Weise, mit der apriorischen Bedeutung des Todes umzugehen, bezeichnet Simmel als Todesflucht. In der Perspektive des Korrelationsverhältnisses von Leben und Tod kann der Drang nach Leben, nach Mehr-Leben ebenso als Flucht vor dem Tode gedeutet werden. Lebenseroberung und Todesflucht erscheinen somit als zwei Aspekte der »geheimnisvollen Einheit« des Wesens all unserer Aktivitäten.[1] Auch und gerade die Abwendung vom Tod bestimmt seine für das Leben formgebende Bedeutung mit; dadurch nämlich, »daß Erwerb und Genuß, Arbeit und Ruhe, und all unsere andern, naturhaft betrachteten Verhaltungsweisen – instinktive oder bewußte Todesflucht sind«[2]. Leben und Tod sind durch eine eigentümliche Ambivalenz unauflöslich aneinander gebunden: »Das Leben, das wir dazu verbrauchen, uns dem Tode zu nähern, verbrauchen wir dazu, ihn zu fliehen.«[3]

Den zuletzt genannten Aspekt verdeutlicht Simmel unter Zuhilfenahme der Hegelschen Dialektik. »Das Leben fordert von sich aus den Tod, als seinen Gegensatz, als das ›Andere‹, zu dem das Etwas wird und ohne das dieses Etwas überhaupt seinen spezifischen Sinn und Form nicht hätte.«[4] Indem das Leben mit dem Tod in einer Dialektik von Thesis und Antithesis steht, erhebt es sich zugleich über diesen Gegensatz und kommt in der Synthesis »eigentlich erst zu sich selbst, zu dem höchsten Sinne seiner selbst«[5], und zwar in sachlicher wie in psychischer Hinsicht. Was die sachliche Seite des Lebensprozesses anbelangt, so geht Simmel zunächst davon aus, daß die Ungeschiedenheit des Lebensvollzugs von seinen Inhalten intellektuell nicht zu bewältigen ist, sondern nur gelebt werden kann. Die qua Reflexion gezogene analytische Trennung der Inhalte, etwa bestimmter Werte, von dem Lebensprozeß als deren Träger wird erst aufgrund der Tatsache möglich, daß das Leben dem Tod unterworfen ist. »Lebten wir ewig, so würde das Leben voraussichtlich mit seinen Werten und Inhalten undifferenziert verschmolzen bleiben, es würde gar keine reale Anregung bestehen, diese außerhalb der einzigen Form, in der wir sie kennen und unbegrenzt oft erleben können, zu denken.«[6] Erst auf der Basis der durch die Todesgewißheit gegebenen Erfahrung der Kontingenz des Lebens kann die jenseits von Leben und Tod gültige Bedeutung bestimmter Inhalte erkannt werden. Das entscheidende Argument Simmels ist nun, daß das befristete Leben erst durch die Differenz zu den zeitlos gültigen Inhalten zu sich selbst kommt: Indem »es sie, die mehr sind als es selbst, in sich aufnimmt oder sich in sie ergießt, kommt das Leben über sich hinaus, ohne sich zu

---

[1] Vgl. MetT, 60.
[2] Ebd.
[3] Ebd.
[4] MetT, 61.
[5] Ebd.
[6] Ebd.

verlieren, ja, sich eigentlich erst gewinnend; denn erst so kommt sein Ablauf als Prozeß zu einem Sinn und Wert und weiß sozusagen, weshalb er da ist«[1]. Was die psychische oder seelische Seite des Lebensprozesses anbelangt, so geht Simmel davon aus, daß der Lebensprozeß als ganzer sukzessive immer deutlicher und klarer das Ich herausstellt. Mit der Instanz des Ich meint er »das Wesen und den Wert, ... den Rhythmus und sozusagen den inneren Sinn, die unserer Existenz, als diesem besonderen Stück von Welt, zukommen«[2]. Während das Ich zu Beginn seiner Entwicklung eng mit den Einzelinhalten verbunden ist, entläßt der Lebensprozeß im Verlauf seines Vollzugs – analog zu den objektiven Inhalten – das Ich aus sich heraus. Erst mit dieser Absetzbewegung vom befristeten Lebensprozeß wird es möglich, »daß das Ich sich reiner in sich selbst sammelt, sich herausarbeitet aus all den fließenden Zufälligkeiten erlebter Inhalte, sich immer sicherer und von diesen unabhängiger seinem eigenen Sinn und Idee zu entwickelt«[3]. Die Todesgewißheit hat also eine individualitätskonstitutive Funktion.

An dieser Stelle kommt Simmel auf den Unsterblichkeitsgedanken zu sprechen, der ihm als Symbol für die gänzlich gelingende Loslösung des individuellen Lebens von seinen historischen und damit kontingenten und dem Lebensprozeß entfremdeten Inhalten gilt. Die Sehnsucht nach Unsterblichkeit ist ihm Ausdruck des Verlangens, »daß das Ich seine Lösung von der Zufälligkeit der einzelnen Inhalte *ganz* vollbringen könnte«[4]. Nicht die konventionell-religiöse Auffassung von Unsterblichkeit, die einem Haben gilt, sei es als Seligkeit, sei es als Erlösung, ist hier gemeint, sondern die Annäherung an das Ich, das allein an sich selbst existiert. Diese Annäherung an das Ich-Ideal ist wiederum nur durch die Todesgewißheit als Differenzerfahrung möglich. Wo an Unsterblichkeit jenseits aller materialen Inhalte im rein formalen Sinne geglaubt wird, »da wird der Tod wohl als die Grenze erscheinen, jenseits deren alle angebbaren Einzelinhalte des Lebens vom Ich abfallen und wo sein Sein oder sein Prozeß ein bloßes Sich-selbst-gehören, eine reine Bestimmtheit durch sich selbst ist«[5]. Der Unsterblichkeitsgedanke in diesem Sinne basiert somit auf einem Religiös-Sein, das sich gegenüber dem Religion-Haben durch das Absehen von allen Lebensinhalten auszeichnet.[6] An Simmels Todesverständnis wird deutlich, wie die »religiöse Funktion« gerade unabhängig von religiösen Inhalten dazu beiträgt, daß das Leben in seinem Vollzug zu sich selbst kommt. Sie

---

[1] Ebd.
[2] MetT, 62.
[3] MeT, 62.
[4] MetT, 62f.
[5] MetT, 63.
[6] Zur Unterscheidung zwischen Haben und Sein vgl. die Ausführungen in RB, 171, und PRelLa.

ist dort wirksam, wo es um Grenzsetzung und Grenzüberschreitung geht; und dies ist nirgends existentieller der Fall, als im Verhältnis von Leben und Tod.

d) Religiosität und das »individuelle Gesetz«

Simmel hat bereits in der *Moralwissenschaft* auf zentrale Analogien zwischen Moral und Religion hingewiesen, die jedoch eher historischer Art sind. In der Moderne aber kommen sich eine revidierte Moral in Form einer »Seinsethik« und Religiosität im Konzept des »individuellen Gesetzes« sehr nahe. Ursprünglich im Zusammenhang ästhetischer Fragen entwickelt[1], wird Simmel das »individuelle Gesetz« in der Spätphase zum metaethischen Prinzip und dient ihm zum Verständnis dafür, wie Leben nur als individuiertes und darin zugleich aber als ganzes möglich ist. Zwischen der Genese des Konzepts des »individuellen Gesetzes« im Rahmen ästhetischer Reflexion und der systematischen Ausarbeitung als ein metaethisches Prinzip liegt die religionsphilosophische Reformulierung des christlichen Topos vom Heil der Seele. An dieser Stelle sei nur kurz in Erinnerung gerufen, daß Simmels Reinterpretation des christlichen Topos vom Seelenheil auf ein Verständnis zielt, nach dem das Heil der Seele in der Verwirklichung des Ideals ihrer selbst besteht: »[I]n jedem Menschen ruht potenziell, aber doch *wirklich*, das Ideal seiner selbst; die reine Form seiner, das, was er sein *soll*, durchdringt als eine ideelle Wirklichkeit die reale und unvollkommene.«[2] Die Vorstellung vom Heil der Seele steht für den Sachverhalt, »daß ihr nicht von außen etwas hinzugetan oder angebildet wird, sondern daß sie eigentlich nur eine Hülle abzuwerfen, nur zu werden braucht, was sie schon ist«[3]. Vor diesem Hintergrund wird verständlich, warum die dem Seelenheil dienlichen Handlungen mit dem Gefühl von Freiheit konnotiert sind, denn: »Der Mensch ist in dem Maße frei, in dem das Zentrum seines Wesens die Peripherie desselben bestimmt, d.h. wenn unsere einzelnen Gedanken und Entschlüsse, unser Handeln wie unser Leiden, unser eigentliches Ich ausdrücken, unabgelenkt von Kräften, die außerhalb unser liegen.«[4] Freiheit in diesem Sinne meint selbstverständlich nicht die Möglichkeit willkürlichen Handelns, sondern ist am »tiefsten Punkt« unserer Persönlichkeit ausgerichtet. Zugleich aber – und darin liegt die Pointe der Simmelschen Interpretation – ist die Bedeutung vom »Heil der Seele« nicht nur in der zentripetalen Ausrichtung unserer Handlungen zu sehen. Dem christlichen Ideal vom Heil der Seele ist ebenfalls eigen, »daß diese Heraus-

---

[1] Vgl. RoPl, 93f.
[2] HlSle, 110.
[3] HlSle, 110f.
[4] HlSle, 111.

arbeitung unserer Persönlichkeit, diese Befreiung ihrer von allem, das nicht sie selbst ist, dieses Sich-Ausleben nach der Idee und dem Gesetz des Ich – daß dies zugleich das Leben den Gehorsam gegen den *göttlichen* Willen, zugleich das Leben nach *seiner* Norm, zugleich die Uebereinstimmung mit den letzten Werten des Daseins überhaupt bedeutet«[1]. Es geht somit nicht darum, von außen aufgedrängten Mächten zu folgen und einem dogmatischen Glauben nachzukommen. Dies wäre der Seele etwas Zufälliges und damit ein äußerer Zwang. »Erst wenn der Inhalt der religiösen Forderung an einen jeden Menschen in ihm selbst wirklich ist, und nur von dem befreit zu werden verlangt, was an uns nicht wir selbst sind – erst dann ist das Gebiet des religiösen Heiles zugleich das Reich der Freiheit.«[2]

Weil es sich hierbei um eine religionsphilosophische Reinterpretation handelt, bezeichnet Simmel sie als eine »Entzauberung des Wertes, der zwar in der Seele von je vorhanden ist, aber mit Fremdem, Unreinem, Zufälligem gemischt«[3]. Dennoch stellt dieser Interpretationsversuch nicht einen Bruch mit dem überkommenen Verständnis dar. Vielmehr legt der Autor bestimmte, dem Begriff vom Heil der Seele inhärente Konnotationen frei, handelt es sich doch bei Begriffen stets um die Verdichtung von Vorstellungen, Interessen und Erfahrungen. In diesem Sinne betont Simmel – zur Zeit der Abfassung des Aufsatzes noch in kulturwissenschaftlicher Perspektive – die individualitätskonstitutiven Bedeutungselemente des Heilsbegriffs. Er grenzt sie zum einen von der Vorstellung eines Gutes oder Besitzes im Sinne von Religion-Haben zugunsten eines Religiös-Seins ab. Zum anderen sucht er das Ideal des Ich mit dem der Gleichheit aller Individuen vor Gott zu vermitteln, da der Heilsbegriff beide Ideale in sich birgt. »Wenn nun aber das Heil nichts anderes sein soll, als daß jede Seele ihr eigenstes inneres Sein [...] ganz zum Ausdruck bringt, ganz in ihm aufgeht – wie vereinigt sich denn die unendliche Verschiedenheit der Seelen nach Höhe und Tiefe, Weite und Enge, Helligkeit und Dunkelheit, mit der Gleichheit des religiösen Erfolges, mit der gleichen Würdigkeit vor Gott?«[4] Dieses Problem rührt an den Sachverhalt des Ausgleichs von Allgemeinem und Besonderem. Simmel will den durch das Gleichheitsideal verdrängten *qualitativen* Individualismus des christlichen Heilsbegriffs zu seinem Recht verhelfen und versteht die Gleichheit aller Seelen so, »daß jede einzelne die *ihr* eigene Idee durch alles Außenwerk hat durchwachsen lassen; dabei mag der *Inhalt* der verschiedenen um Welten verschieden sein«[5]. Indem jedes

---

[1] HlSle, 112.
[2] Ebd.
[3] HlSle, 113.
[4] Ebd.
[5] HlSle, 114.

IV. Die lebensphilosophische Schicht

Individuum auf sein ihm ureigenes Innerstes gestellt ist, ist es darin allen anderen gleich.

Vor dem Hintergrund der Reinterpretation des christlichen Topos vom Heil der Seele kann die gemäß dem individuellen Gesetz sich konstituierende Lebensform als die »entzauberte« Fassung des christlichen Heilsbegriffs, als die ethische Variante des Religiös-Seins gelten.[1] Indem die religiöse Funktion zwischen den zentrifugalen und den zentripetalen Kräften vermittelt, führt sie die beiden dem Leben immanenten »Seinsfaktoren«, nämlich Selbst- und Fremdbestimmung, zum Ausgleich. In diesem Sinne ist sie gerade auch dann wirksam, wenn sich das Individuum an kulturelle Objektivationen entäußert und durch diesen Entfremdungsprozeß zu sich selbst kommt. Wichtig ist allein der Umstand, daß sich die Hingabe an eine Sache oder an Werte in Freiheit im oben explizierten Sinne und nicht unter dem Druck eines äußeren Zwanges vollzieht. Simmel hält die skizzierte Fassung des Heilsbegriffs für eines der Motive, »aus denen das gegenwärtige Leben wieder instinktiv nach Religion tastet«[2], denn das »tiefste Lebensproblem der Gegenwart« besteht für ihn in der Suche »nach dem Allgemeingültigsten, das zugleich individuell ist, nach dem Rechte der Person, das zugleich das Recht der Allgemeinheit sei, nach dem Typus, der die Unvergleichbarkeit der Einzelgestaltung in sich aufnehme«[3]. Eine gemäß dem individuellen Gesetz geführte Existenz ist somit der Ausdruck des Verlangens von seiten des Lebens, den Konflikt zwischen Sein und Sollen, zwischen Ideal und Wirklichkeit, zwischen Prozeß und Form auf einer ihm immanenten Ebene zu versöhnen. Wenngleich Religion nicht unbedingt eine definitive Lösung dieses Problems bereithält, so hat sie doch zum mindesten dessen Formulierung zum Gegenstand; und von daher ist es zu verstehen, daß sich das Leben »unmittelbar als religiöses ausspricht« will.

---

[1] Für den religionsphilosophischen Hintergrund der Konzeption des »individuellen Gesetzes« spricht neben den angeführten Parallelen zur Reinterpretation des christlichen Heilsbegriffs auch die in IGz, 196, angeführte Analogie aus dem Bereich der Religion. Nachdem Simmel erläutert hat, daß sich das Leben in den beiden Formen von Wirklichkeit und Sollen vollzieht, stellt er folgenden Vergleich an: »Dies verhält sich etwa wie Religion als ein religiöses *Leben*, eine von dem Lebensprozeß selbst erzeugte Weihe, Rhythmik, Gestimmtheit seiner, zur Religion als einer Summe transzendenter Vorstellungen, die als feste, für sich bestehende, auf die Seele zurückwirkende Gebilde aus jenem kontinuierlichen Lebensprozeß auskristallisiert sind.«
[2] HlSle, 114.
[3] HlSle, 114f.

V. Bilanz der werkgeschichtlichen Rekonstruktion

Simmels Beschäftigung mit Themen der Religion umfaßt auf der materialen Ebene das breite Spektrum von religionsgeschichtlichen Sachverhalten bis zu religionsphilosophischen Problemen, und seine Perspektiven wie methodischen Zugriffsweisen schließen so inkongruente Disziplinen wie Geschichte, Psychologie, Soziologie, Kultur- und Religionsphilosophie ein. Die Geduld des Lesers und Interpreten auf das Äußerste strapazierend, greift der Autor die unterschiedlichsten Sachverhalte auf und changiert, artistengleich, zwischen den disparatesten Analyseebenen. Wie läßt sich in Anbetracht dieser Themenvielfalt und heterogenen Blickwinkel von einem *einheitlichen* Religionsverständnis, ja sogar von einer Religions*theorie* Simmels sprechen? Diese Frage wird uns im dritten Teil meiner Untersuchung beschäftigen. An dieser Stelle geht es zunächst um den Versuch, eine Kontinuität der Entwicklung des Simmelschen Religionsverständnisses im Rahmen der vier Schichten aufzuzeigen.

Der erkenntnistheoretischen Prämisse gemäß, daß jeder Inhalt von einer anderen Form aufgenommen werden kann, lassen sich die unterschiedlichen Perspektiven als komplementäre Betrachtungsweisen verstehen, die verschiedene Seiten ein und desselben Gegenstands beleuchten und die zusammengenommen ein wissenschaftlich vollständigeres Verständnis von Religion ermöglichen. Wie »überhaupt der Standpunkt *einer* Wissenschaft, die immer eine arbeitsteilige ist, niemals die Ganzheit einer Realität erschöpft«[1], so kann auch eine einzige diziplinäre Perspektive den Gegenstand der Religion nicht *in toto* erfassen. Freilich hat Simmel selbst, mit Ausnahme der Relgionsmonographie vielleicht, an keiner Stelle einen Integrationsversuch der verschiedenen Zugänge unternommen. Wenn an dieser Stelle auch noch nicht die Einheit des Simmelschen Religionsverständnisses zur Debatte steht, so soll in werkgeschichtlicher Perspektive doch nach dem Zusammenhang der scheinbar disparaten Schichten gefragt werden. Da die Religionsmonographie in ihrer überarbeiteten Fassung von 1912 den Versuch darstellt, die psychologischen, soziologischen, kulturwissenschaftlichen und lebensphilosophischen Analysen zu integrieren, sei im folgenden ein knapp gehaltener Exkurs zur Entstehungsgeschichte der beiden Auflagen angeführt.

---

[1] PHG, 11.

*Exkurs zur Entstehungsgeschichte
der Religionsmonographie von 1906 beziehungsweise 1912*

Über den Entstehungshintergrund der ersten Auflage der Religionsmonographie von 1906 enthält der Briefwechsel zwischen Simmel und Martin Buber einige Informationen. So ist der Korrespondenz zwischen Autor und Herausgeber der Reihe *Die Gesellschaft. Sammlung sozialpsychologischer Monographien* zu entnehmen, daß die Schrift durch die Beratungstätigkeit Simmels in Angelegenheiten der *Sammlung* angeregt wurde.[1] Simmel war von Buber zunächst für die Abfassung einer Monographie zum Thema ›Die Frau‹ beziehungsweise ›Die Geschlechter‹ vorgesehen.[2] Von dem großen Einfluß der Simmelschen Denkweise auf das Konzept der von seinem Schüler und Freund Buber herausgegebenen Reihe zeugt das Geleitwort zur Sammlung, das in der ersten Auflage von Werner Sombarts *Proletariat*, dem ersten Band der Reihe, zum Abdruck gekommen ist.[3] Aus einem Brief Simmels an den Herausgeber vom 20. November 1905 geht hervor, daß Buber Simmel sogar gebeten hat, die Herausgabe der Reihe zu übernehmen. Dieses Anerbieten lehnte Simmel jedoch ab, ohne damit allerdings auch seine Beratertätigkeit aufzugeben: »dagegen bin ich nach wie vor gern bereit, hinter den kulissen für ihr unternehmen zu wirken«[4]. Von seinem Engagement für die *Sammlung* zeugen denn auch eine Reihe von Briefen an Buber, in denen Simmel Vorschläge für Themen und geeignete Autoren macht.[5]

Simmel hat sich spätestens im Frühjahr 1905 für einen eigenen Beitrag im Rahmen der *Sammlung* gewinnen lassen, wie aus einem Brief Bubers an Hermann Stehr vom 20. Mai 1905 hervorgeht.[6] In einem Brief an Buber vom 24. Juni 1905 teilt Simmel dem Herausgeber mit: Ich »bin jetzt mit meinen Arbeiten auf einen Punkt gekommen, wo ich an den besprochenen Beitrag für ihre Sammlung gehen könnte. Vielleicht bemühen Sie sich nach Verständigung mit Ihrem Verleger über die künftigen Arrangements noch

---

[1] Zur Entstehungsgeschichte und zum Hintergrund der Reihe siehe E. R. Wiehn, Zu Martin Bubers Sammlung »Die Gesellschaft«. Ein fast vergessenes Stück Soziologiegeschichte in Erinnerung an den 25. Todestag ihres Herausgebers 1990, in: *Jahrbuch für Soziologiegeschichte* 1991, 1992, 183–208, sowie P. R. Mendes-Flohr, *Von der Mystik zum Dialog: Martin Bubers geistige Entwicklung bis hin zu »Ich und Du«*, Königstein/Ts. 1979, 111–127.
[2] Vgl. die beiden handschriftlichen Themenlisten des Herausgebers von Anfang bzw. Frühjahr 1905; veröffentlicht in: Wiehn, a.a.O., 183f.
[3] Vgl. auch Wiehn, a.a.O., 203f.; H. Kohn, *Martin Buber. Sein Werk und seine Zeit*, Wiesbaden 1979, 89; G. Schaeder, *Martin Buber: Hebräischer Humanismus*, Göttingen 1966, 30, 32f., sowie Mendes-Flohr, a.a.O., 29–45.
[4] Veröffentlicht in: GSG 22/23.
[5] Vgl. die Briefe vom 2. Juli 1905, 22. Juli 1905, 12. August 1905, 28. April 1906, 29. April 1906, 22. Juni 1906; veröffentlicht in: GSG 22/23.
[6] Vgl. Martin Buber, *Briefwechsel aus sieben Jahrzehnten*, Bd. I: 1897–1918, hgg. und eingeleitet von G. Schaeder, Heidelberg 1972, 230f.

einmal zu mir.«[1] Bald darauf ist es zu einer definitiven Absprache gekommen, denn schon wenige Wochen später, am 1. August 1905, äußert sich Simmel in einem Brief an Buber über den Seitenumfang des geplanten Beitrags. Offenbar hat es darüber unterschiedliche Vorstellungen gegeben. Wie aus einer Buchanzeige hervorgeht, war jeder Band in einem Umfang von »ca. 100 Seiten in handlichem Oktavformat« geplant.[2] Simmel teilt jedoch mit, daß der wesentliche Teil der Studie bereits fertig sei und daß er für den von Buber beziehungsweise vom Verlag vorgeschlagenen Seitenumfang den Rahmen um mehr als Zweifünftel erweitern müßte.[3] Dazu war Simmel jedoch nicht bereit, da er bereits andere Arbeitsvorhaben verfolgte. Buber wandte sich zu einer Zeit an Simmel, in der dieser vollauf mit der Abfassung seiner *Soziologie* beschäftigt war. »Ich stecke jetzt tief in der Soziologie«, schreibt Simmel in einem Brief an Heinrich Rickert vom 8. Mai 1905, »u. bin ungeduldig, sie fertig zu machen – was freilich noch einige Jahre dauern wird«[4].

Zwischen dem »Punkt«, von dem Simmel im Brief an Buber vom 24. Juni 1905 spricht, sich an die Arbeit zum vereinbarten Beitrag für die *Sammlung* zu machen, und der Auskunft im Brief vom 1. August 1905, daß der wesentliche Teil der Studie bereits fertig sei, liegen ca. fünf Wochen; eine Zeitspanne, die es kaum erlaubt, einen Text von immerhin 79 Druckseiten zu verfassen. Wenn Simmel davon spricht, daß der wesentliche Teil bereits erstellt sei, so kann er damit nur die Vorarbeiten meinen, auf die er für die Erstellung des Manuskriptes zurückgreifen kann, namentlich auf den frühen Aufsatz »Zur Soziologie der Religion« von 1898 sowie kleinere religionsphilosophische Arbeiten. Und in der Tat bildet der religionssoziologische Aufsatz das Gerüst, auf dem die Monographie aufbaut und das um Passagen aus dem religionsphilosophischen Aufsatz »Vom Heil der Seele« aus dem Jahr 1902/03 angereichert wird.[5] Nicht im Wortlaut, aber doch der Sache nach greift Simmel auf weitere Texte zu Themen der Religion zurück, nämlich: »Beiträge zur Erkenntnistheorie der Religion« (1902), »Vom Pantheismus« (1902/03) sowie »Die Gegensätze des Lebens und der Religion« (1904/05). Auszüge aus dem 1905 publizierten Aufsatz »Ein Problem der Religionsphilosophie« gehen erst in die zweite Auflage ein.

Bereits eineinhalb Wochen später, am 12. August 1905, sendet Simmel »den vollzogenen Vertrag (mit ca. sechs Bogen)« an Buber[6]; offensichtlich ist es bezüglich des Seitenumfangs bald zu einer Einigung im Sinne Simmels gekommen. Einen weiteren Monat später, am 11. September 1905,

---

[1] Veröffentlicht in: GSG 22/23.
[2] Vgl. WIEHN, a.a.O., 183.
[3] Vgl. den Abdruck in: GSG 22/23.
[4] Veröffentlicht in: ebd.
[5] Vgl. das Variantenverzeichnis zur *Religion* in GSG 10, 435f.
[6] Veröffentlicht in: GSG 22/23.

V. Bilanz der werkgeschichtlichen Rekonstruktion   161

teilt Simmel Buber mit: »Das Manuskript meiner Arbeit ist jetzt soweit abgeschlossen, daß der Druck beginnen könnte. Wollen Sie mir also freundlichst mitteilen, an welche Adresse die Druckvorlage gesandt werden soll.«[1] Der Autor behält es sich jedoch vor, noch Zusätze anzubringen: »Es werden vielleicht am Schluß noch einige Sätze hinzukommen, worüber ich mich aber erst, wenn alles gedruckt ist, schlüssig machen will. Typographische Schwierigkeiten entstehen dadurch nicht, da es sich keinesfalls um Einfügungen in das Gedruckte handelt.«[2] Die Schrift endet allerdings mit einer Passage, die dem Aufsatz »Zur Soziologie der Religion« entnommen ist, woraus zu schließen ist, daß es zu den in Erwägung gezogenen Ergänzungen nicht mehr gekommen ist.

Die Drucklegung des Manuskriptes hat sich aus unbekannten Gründen verzögert. Vier Monate später, am 13. Januar 1906, fragt Simmel bei Buber an: »ich bin etwas beunruhigt, daß ich noch immer keine Korrektur erhalten habe. Es liegt doch nicht etwa ein Postverlust vor?«[3] Da Buber sich in einem Brief an Hugo von Hoffmannsthal positiv über den Beitrag Simmels äußert, müssen die Fahnen spätestens Mitte März 1906 vorgelegen haben.[4] Simmel dankt Buber in einem Brief vom 28. April 1906 für die »Nachkorrektur meiner Schrift, die tatsächlich immer das Richtige trifft«[5]. Einige Vorschläge für stilistische Änderungen weist Simmel allerdings mit dem Hinweis auf die »Gewohnheit« seines »Stils« zurück.[6] Bis zur Publikation vergeht etwa ein weiteres halbes Jahr. In einem Brief vom 22. Juni 1906 moniert Simmel gegenüber Buber, daß er die Korrektur des Dedikationsblattes noch nicht erhalten habe.[7] Der Autor scheint zwischenzeitlich einige Versuche unternommen zu haben, die Drucklegung zu forcieren. So schreibt er in einem Brief vom 20. November 1906 an Hermann Graf Keyserling: »Das Religionsbuch ist *noch* nicht erschienen, und ich weiß mir keinen Rat, womit ich den Verleger zwingen könnte; alle Grobheit ist wirkungslos verpufft.«[8] Wie der Verlagsangabe zu entnehmen ist, erschien die erste Auflage am 22. Oktober 1906.

Über den Hintergrund der »Zweiten, veränderten und vermehrten Auflage« von 1912 ist nur wenig Korrespondenz überkommen. Nachdem 5000 Exemplare der ersten Auflage verkauft worden sind, nutzt Simmel die Chance zur Erweiterung des Textumfangs anläßlich einer zweiten Auflage und ergänzt den Text der ersten Auflage um etwa ein Viertel des ursprüng-

---
[1] Ebd.
[2] Ebd.
[3] Ebd.
[4] Vgl. BUBER, a.a.O., 236f.
[5] Veröffentlicht in: GSG 22/23.
[6] Vgl. ebd.
[7] Vgl. ebd.
[8] Ebd; Hervorhebung im Original.

lichen Umfangs. Bereits nach Erscheinen der ersten Auflage hat er seine Ausführungen zum Thema Religion als vorläufig und unvollständig empfunden. Als er seine Religionsschrift Heinrich Rickert zukommen läßt, notiert der Autor im Anschreiben, das auf den 14. Februar 1907 datiert ist: Ich »sende Ihnen ein kleines Büchlein, das eine Abschlagzahlung auf eine Schuld ist, die ich als ganze wahrscheinlich nicht mehr einlösen werde; zu einer umfassenden Bearbeitung der religiösen Probleme werde ich angesichts alles dessen, was vorher noch erledigt sein will, wohl nicht mehr kommen«[1]. In einem Brief an Margarete von Bendemann (geb. Susman) vom 4. August 1912 schreibt Simmel: »Als ich die 1. Aufl. vornahm, um die 2. herzustellen, erschrak ich über die Unzulänglichkeit des Buches. Ich habe ihm jetzt ein zweites Grundmotiv untergearbeitet, so daß es hoffentlich fester auf seinen Füßen steht.«[2]

Zwischen der ersten und zweiten Auflage der *Religion* verfaßt Simmel die beiden religionsphilosophischen Aufsätze »Die Persönlichkeit Gottes. Ein philosophischer Versuch« und »Das Problem der religiösen Lage«, die beide 1911 erscheinen. Der Sache nach gehen einige Gedanken des erstgenannten Textes in die Ergänzungen zur zweiten Auflage der *Religion* ein, während das Thema des anderen Aufsatzes nicht aufgegriffen wird. Dagegen fügt Simmel einen Teil des 1905 publizierten Aufsatz »Ein Problem der Religionsphilosophie« ein. Des weiteren nimmt der gegen Ende des Textes der zweiten Auflage der Religionsmonographie eingefügte Passus (112,26–117,18) einen Argumentationsgang aus dem zweiten Kapitel der *Hauptprobleme der Philosophie* auf und wendet ihn jetzt explizit auf den Gegenstand der Religion an.

Der über Meister Eckhart eingefügte Abschnitt (53,22–54,11) verdankt sich der um 1910 erneut einsetzenden Auseinandersetzung Simmels mit dem deutschen Mystiker, über den er in einem Brief vom 29. Dezember 1911 an Rickert schreibt: »Seit kurzem beschäftige ich mich wieder mit Meister Eckhart u. bin wieder von der Tiefe u. Freiheit dieses Geistes völlig überwältigt. Deutschland hat weitere und differenzirtere Geister hervorgebracht; ob es je einen tieferen, konzentrirteren, wurzelechteren erzeugt hat, ist mir zweifelhaft.«[3]

Trotz der Umarbeitung hat Simmel auch die zweite Auflage des Religionsbuches als unvollständig empfunden, wie dem bereits zitierten Brief an Margarete von Bendemann (geb. Susman), der er ein Exemplar der zweiten Auflage zukommen läßt, zu entnehmen ist: »Wieviel ihm noch fehlt, weiß niemand besser als ich. Nimm es immerhin in dieser unvollkommenen Form wieder hin – die Widmung ist vielleicht das einzig Vollkommene

---

[1] Ebd.
[2] Ebd.
[3] Ebd.

daran. Ihr habt ihm viel Glück gebracht – es ist erstaunlich, daß 5000 Ex. davon verkauft worden sind.«[1]

Ende des Exkurses

Über die angeführten werkgeschichtlichen und philologischen Argumente hinaus lassen sich auch systematische Argumente anführen, die auf eine integrative Perspektive hinweisen. Zu diesem Zweck sind die beiden Übergänge zwischen den drei verschiedenen Ansätzen noch einmal zu konturieren. Zunächst zum Übergang von der Soziologie im engeren Sinne zur Kulturwissenschaft.

Führt man sich alle drei Aspekte der Simmelschen Kulturwissenschaft vor Augen, so läßt sich meines Erachtens die Ansicht nicht aufrecht erhalten, derzufolge die kulturwissenschaftliche Perspektive *an die Stelle* der soziologischen getreten sei. Bei der Kulturwissenschaft handelt es sich vielmehr um eine Ergänzung der soziologischen Analysen in einem zweifachen Sinn, nämlich um eine den Objektbereich *erweiternde* und um eine *komplementäre* Ergänzung der soziologischen Analysen. Zum einen baut Simmel das soziologische Verfahren aus und wendet es auf den gesamten Bereich der Kultur an, der auch Gesellschaft im engeren soziologischen Sinne umfaßt.[2] An die Stelle der Unterscheidung von Individuum und Gesellschaft tritt die umfassendere Differenz von personaler Form und objektiven Kulturformen. Die Form-Inhalt-Unterscheidung wird beibehalten, beschränkt sich aber nicht mehr nur auf die Herausarbeitung sozialer Formen im strikt soziologischen Sinn. Die Leitdifferenz lautet jetzt: kategoriale Bewußtseinsform versus ausdifferenzierter kultureller Teilbereich, der als autonomes Gebilde dem subjektiven Bewußtsein gegenübersteht. Auch die Differenzierungstheorie wird von der im engeren Sinn soziologischen Handhabe auf den Bereich der Kultur übertragen.[3] Zum anderen handelt es sich insofern um eine komplementäre Ergänzung, als Simmel die soziologisch herausgearbeiteten Aporien, in denen sich das moderne Individuum als Teil von *und zugleich* im Gegenüber zu Vergesellschaftungsprozessen befindet, zum Ausgangspunkt seiner kulturwissenschaftlichen Arbeiten macht und sie auf diesem Wege zu überwinden trachtet. Während sich die soziologische Analyse in deskriptiver Perspektive auf die methodische

---

[1] Ebd.
[2] Die Ausweitung des Gesellschaftsbegriffs im formalen Sinne auf den Bereich der Kultur belegt ein Passus in der *großen Soziologie* von 1908, in dem Wissenschaft als »ein Inhalt der objektiven Kultur und als solcher ein selbstgenugsamer Endzweck der *gesellschaftlichen Entwicklung*« verstanden wird; vgl. SOZ, 326 (meine Hervorhebung).
[3] Vgl. die auf die Kulturentwicklung übertragene Evolutionsformel Spencers in BgrTrK, 118: »Kultur ist der Weg von der geschlossenen Einheit durch die entfaltete Vielheit zur entfalteten Einheit.«

Handhabe des Individuumsbegriffs, als Korrelat zum Gesellschaftsbegriff, beschränkt, verwendet ihn die Kulturwissenschaft in präskreptiver Absicht als einen Wertbegriff. Individualität ist einerseits eine evolutionäre Errungenschaft der sozialen Entwicklung und kann insofern als ein deskriptiver Begriff zur Beschreibung der sozialen Wirklichkeit verwendet werden; freilich stets nur im Zusammenhang mit seinem Korrelat, dem Gesellschaftsbegriff. Andererseits droht Individualität im Bereich des Sozialen zu einem bloßen Mittel sozialer Zweckmäßigkeit zu werden. Der Konflikt besteht also darin, daß die soziale Evolution ein Ideal hervorgebracht hat, das eine bestimmte Leistung auf sozialstruktureller Ebene zu erbringen hat und *zugleich*, als Kulturwert, einen Selbstzweck besitzt. Vor diesem Hintergrund wird Religion für Simmel zu einem Kulturgebilde, das – vielleicht neben der Kunst – als einziges dazu in der Lage ist, zwischen objektiver und subjektiver Kultur zu vermitteln, weil seine verobjektivierten Inhalte auf die individuelle Lebenspraxis zurückwirken und es die einzelnen Bestandteile der Persönlichkeit zu einer seelischen Totalität integrieren kann.

Während der soziologische und der kulturphilosophische Ansatz noch der neukantianischen Arbeitsteilung zwischen Sein und Sollen folgen[1], versucht Simmel mit seiner Lebensphilosophie, sich jenseits dieses Gegensatzes zu stellen. In der lebensphilosophischen Phase gibt er das transzendentale Subjekt auf zugunsten eines Lebensbegriffs, der eine einheitliche Dimension vor oder unterhalb des transzendetalphilosophischen Dualismus von Sein und Sollen, Sinnlichkeit und Vernunft symbolisiert. In dieser Perspektive müssen sich alle Formen der Vergesellschaftung und sämtliche kulturelle Objektivationen daran messen lassen, ob sie sich aus dem statischen Zustand der Aggregation und der Kristallisation wieder in einen dynamischen Prozeß hereinholen lassen, dem sie ursprünglich entstammen. Nicht nur die soziologische Frage der Emergenz sozialer und kultureller Formen also ist hier aufgeworfen, sondern ebenso die sozial- und kulturphilosophische Frage nach den Möglichkeiten, soziale und kulturelle Erstarrungen aufzubrechen und das soziale wie gesamtkulturelle Leben je aufs neue gleichsam in den *status nascendi* zu versetzen. Für meine Themenstellung ist nun aber entscheidend, daß bei der Beantwortung sowohl der im engeren Sinne soziologischen Frage nach der Emergenz sozialer und kultureller Formen als auch der Frage nach den Möglichkeiten, erstarrte Formen in den Lebensprozeß zu reintegrieren, Religion ins Spiel kommt.

Die um die Beantwortung der Frage nach dem Zusammenhang zwischen den drei Werkperspektiven bemühten Abschnitte der werkgeschichtlichen Rekonstruktion konnten zeigen, daß sowohl Simmels Soziologie als auch sein kulturwissenschaftlicher Ansatz in seiner Lebensphilosophie im He-

---

[1] Vgl. H.-J. Dahme, K. Ch. Köhnke u. O. Rammstedt, *Die Herausbildung der Soziologie im Deutschland des 19. Jahrhunderts,* Typoskript Bielefeld 1988, 190.

gelschen Doppelsinn aufgehoben sind. Die Kulturwissenschaft ist im lebensphilosophischen Ansatz insofern enhalten, als alle Kulturbereiche (insbesondere aber die expressiven) an der Möglichkeit der Reintegration in den Lebensprozeß gemessen werden. Die Soziologie ist ebenso Bestandteil der Lebensphilosophie, da in Simmels Begriff des Erlebens Individuum und Gesellschaft unmittelbar aufeinander treffen. Durch den vorgeordneten Begriff des Lebens, der in dieser Funktion zu einer Form des Religiös-Seins wird, stehen sich Individuum und Gesellschaft nicht mehr nur einander dichotomisch gegenüber. Während die Soziologie Religion als einen sozialen Sachverhalt analysiert, die Kulturwissenschaft die objektiven Inhalte der Religion auf ihren individualitätskonstitutiven Wert hin befragt, kommt es in lebensphilosophischer Perspektive darauf an, Religiosität vor jeglicher Objektivation als einen Modus zu begreifen, innerhalb dessen das Leben prozediert. Die solcherart rekonstruierte Entwicklung der Simmelschen Befassung mit Religion folgt zu einem gewissen Teil einer »inneren Logik«. Zu einem weiteren Teil basiert sie aber auch auf werkexternen Einwirkungen. Diese an sich selbstverständliche Annahme anhand des Aufweises konkreter Einflüsse zu belegen, ist Aufgabe des nachfolgenden zweiten Teils meiner Untersuchung.

Teil B

Simmels Religionstheorie im wissenschaftshistorischen Kontext

Im Unterschied zur Sekundärliteratur über Max Weber und Émile Durkheim, die auch den Quellen ihrer religionssoziologischen Entwürfe nachgeht[1], ist Simmels Religionstheorie bislang nicht systematisch im Diskussionskontext der Jahrhundertwende verortet worden. Simmels Werk, sein Religionsverständnis und seine methodische Herangehensweise sowie erst recht sein Beitrag zur Etablierung der Religionssoziologie im akademischen Fächerkanon lassen sich allerdings nur im Zusammenhang der wissenschaftlichen Debatten um die Jahrhundertwende angemessen erschließen. Um seine Fragestellungen, Methoden, Themen und Zugriffsweisen zu verstehen, müssen sie auf ihre Herkunft sowie ihren Verwendungskontext und

---

[1] Zu Weber vgl. P. Honigsheim, Max Weber: His Religious and Ethical Background and Development, in: *Church History* XIX, 1950, 219–39; G. Küenzlen, Unbekannte Quellen der Religionssoziologie Max Webers, in: *Zeitschrift für Soziologie* 7, 1978, 215–227; ders., *Die Religionssoziologie Max Webers. Eine Darstellung ihrer Entwicklung*, Berlin 1980; J. Winckelmann, Die Herkunft von Max Webers »Entzauberungs«-Konzeption. Zugleich ein Beitrag zu der Frage, wie gut wir das Werk Max Webers kennen können, in: *Kölner Zeitschrift für Soziologie und Sozialpsychologie* 32, 1980, 12–53; F. W. Graf, Max Weber und die protestantische Theologie seiner Zeit, in: *Zeitschrift für Religions- und Geistesgeschichte* 39, 1987, 122–147; ders., Die »kompetentesten« Gesprächspartner? Implizite theologische Werturteile in Max Webers »Protestantischer Ethik«, in: V. Krech und H. Tyrell (Hg.), *Religionssoziologie um 1900*, Würzburg 1995, 209–248; H. G. Kippenberg, Max Weber im Kreise von Religionswissenschaftlern, in: *Zeitschrift für Religions- und Geistesgeschichte* 45, 1993, 348–366; ders., Max Weber und die vergleichende Religionswissenschaft, in: *Revue Internationale de Philosophie* 192/2, 1995, 127–153, und die von Wolfgang Schluchter herausgegebenen Beiträge zu Webers Studien über das antike und okzidentale Christentum, den Islam, das antike Judentum sowie über Hinduismus und Buddhismus (*Max Webers Studie über Hinduismus und Buddhismus. Interpretation und Kritik*, Frankfurt a. M. 1984; *Max Webers Sicht des antiken Christentums. Interpretation und Kritik*. Frankfurt a. M. 1985; *Max Webers Sicht des Islams. Interpretation und Kritik*. Frankfurt a. M. 1987); zu Durkheim vgl. W. S. F. Pickering, *Durkheim's Sociology of Religion. Themes and Theories,* London u. a. 1984; V. Karady, Strategien und Vorgehensweisen der Durkheim-Schule im Bemühen um die Anerkennung der Soziologie, in: W. Lepenies (Hg.), *Geschichte der Soziologie. Studien zur kognitiven, sozialen und historischen Identität einer Disziplin*, Bd 2., Frankfurt a. M. 1981, 206–262, und K. Meier, Gibt es einen »Bruch« in Durkheims früher Religionssoziologie?, in: V. Krech und H. Tyrell (Hg.), a.a.O., 129–157.

Bedeutungsgehalt innerhalb der Diskussion um die Jahrhundertwende überprüft werden. Überdies tritt auch das Spezifische und Originäre der Simmelschen Religionstheorie erst durch eine wissenschaftsgeschichtliche Kontextuierung zutage.

Im folgenden geht es zum einen darum, die allgemeine Lage der Religionsforschung als den stets mitschwingenden Hintergrund zu bestimmen, vor dem die Genese des Simmelschen Ansatzes in seiner Abhängigkeit, aber auch in seiner Eigenständigkeit erst verständlich wird. Es geht um die Explikation des ›tacit knowledge‹[1], um Fach- und Allgemeinwissen, das nicht unbedingt über Lektüre angeeignet worden sein muß, aber gleichwohl der Behandlung von religiösen Sachverhalten zugrunde liegen kann. Zum anderen sollen definitive und mögliche Quellen der Simmelschen Religionstheorie ausgemacht und ihr Ort in der Diskussionslandschaft um die Jahrhundertwende bestimmt werden. Über die Explikation des allgemeinen ›tacit knowledge‹ hinaus soll ein erster Einblick in Simmels ›ideale Bibliothek‹ in Sachen Religion genommen werden. Dieser Rekonstruktionsversuch lehnt sich an ein Verfahren an, das Mazzino Montinari für die Nietzsche-Forschung vorgeschlagen hat. Bei der Rekonstruktion der ›idealen Bibliothek‹ eines Autors geht es darum, nach seinen »Quellen zu suchen [...], die Zeitgenossen, mit denen er sich auseinandersetzte, kennenzulernen, sowie auch die realen Bindungen ... [des Autors] mit Individuen und Kreisen seiner Zeit, die entscheidend für seine spätere Wirkung werden sollten«[2]. Nachdem dieses Verfahren in der Nietzsche-Forschung erfolgreich zur Anwendung gekommen ist[3] und auch bereits in der Weber-Forschung bemerkenswerte Resultate erzielt hat[4], soll es im folgenden auch auf die Simmel-Forschung angewendet werden[5]. Angesichts der »prinzipiellen Zitationsvermeidungspraxis« Simmels, die Klaus Lichtblau durch »eine

---

[1] Vgl. zum Begriff M. POLANYI, *Implizites Wissen,* Frankfurt a. M. 1985. Simmel hat den mit diesem Begriff bezeichneten Sachverhalt mit einer bestimmten ›geistigen Attitüde zu Welt und Leben‹ beschrieben; vgl. PHK, 162.

[2] M. MONTINARI, *Nietzsche lesen,* Berlin/New York 1982, 6.

[3] Vgl. etwa die Arbeiten von M. BRUSOTTI, Die »Selbstverkleinerung des Menschen« in der Moderne. Studie zu Nietzsches »Zur Genealogie der Moral«, in: *Nietzsche-Studien* 21, 1992, 81–136, und A. ORSUCCI, Die geschichtliche Entwicklung des Farbensinns und die »Linguistische Archäologie« von L. Geiger und H. Magnus. Ein Kommentar zum Aphorismus 426 von Morgenröthe, in: *Nietzsche-Studien* 22, 1993, 243–256.

[4] Vgl. H. TREIBER, Max Weber und die russische Geschichtsphilosophie. Ein erster Blick in Webers »ideale Bibliothek«, in: V. KRECH und H. TYRELL (Hg.), *Religionssoziologie um 1900,* Würzburg 1995, 249–288.

[5] Als ein erster Versuch der Anwendung dieses Verfahrens in der Simmel-Forschung kann die Arbeit von A. ORSUCCI, Ethik und Biologie in der zweiten Hälfte des neunzehnten Jahrhunderts. Anmerkungen zu Simmels *Einleitung in die Moralwissenschaft,* in: *Simmel Newsletter* 3, 1993, 52–61, gelten.

ästhetische ›Attitüde‹« mitbedingt sieht[1], die aber ebenso der um die Jahrhundertwende ausklingenden Wissenschaftskultur geschuldet ist, erscheint mir die Suche nach definitiven, wahrscheinlichen und möglichen Quellen lohnend, um die Religionstheorie Simmels über eine rein werkgeschichtlich gehaltene Exegese hinaus zu erschließen. Nicht zuletzt das von Simmel selbst sogenannte »intuitive Verfahren«[2] kann auf diese Weise erhellt werden, spricht er doch von »einer besonderen Einstellung des Blickes«, die »nur durch Vorführung von Beispielen angeleitet werden kann«[3]. Folglich kann die Art und Weise der Einübung des ›religionstheoretischen und -soziologischen Blickes‹ durch die rekonstruierte mögliche Auswahl und Herkunft des Illustrationsmaterials nachgezeichnet werden. Und schließlich soll die These Horst Müllers überprüft werden, daß »Simmels Individualreligiosität [...] auf dem Boden eines freien Protestantismus erwachsen«[4] sei.

---

[1] Vgl. LICHTBLAU, Kausalität oder Wechselwirkung? Max Weber und Georg Simmel im Vergleich, 534.
[2] Vgl. SOZ, 29.
[3] Ebd.
[4] H. MÜLLER, *Lebensphilosophie und Religion bei Georg Simmel*, 145.

I. Quellen und Ort der Religionssoziologie Simmels

Simmels religionssoziologisches Verfahren, Religion mit sozialen Sachverhalten in *Beziehung* zu setzen, ist durch zahlreiche Ansätze anderer mit Religion befaßten Disziplinen vorbereitet. Im Sinne der Soziologie als einer Wissenschaft »sozusagen zweiter Potenz«[1] kann Simmel bei seinem eigenen soziologischen Ansatz auf andere mit Religion befaßte Geistes- und Sozialwissenschaften zurückgreifen und deren Resultate für eigene Zwecke nutzen. In diesem Sinne stellen die verschiedenen, sozialwissenschaftlich arbeitenden Fächer das Material bereit, das Simmel in seiner eigenen soziologischen Perspektive aufgreifen kann. Bei der Auswahl des religionsgeschichtlichen Materials fällt zunächst auf, daß in der Hauptsache auf die christliche Religionsgeschichte zurückgegriffen wird. Beispiele etwa der indischen Religionsgeschichte werden nur am Rande erwähnt[2], der Buddhismus fällt für Simmel *im strengen Sinn* nicht unter Religion[3], und antike beziehungsweise Primarreligionen werden in der Regel lediglich summarisch unter der Kategorie Polytheismus der »antiken und ethnischen Welt« verhandelt, um sie vom Monotheismus abzugrenzen.[4] Die Konzentration auf das monotheistische Christentum und der Ausschluß des Buddhismus reservieren den Religionsbegriff für Vorstellungen und Praktiken des Individuums, die auf eine höchste Instanz Bezug nehmen, und hat, wie wir im werkgeschichtlichen Teil meiner Untersuchung sahen, eine systematische Bedeutung für Simmels Religionstheorie insgesamt. Im folgenden werde ich zunächst sehr knapp Simmels Religionskonzept in der allgemeinen reli-

---

[1] Vgl. SD, 116.
[2] Vgl. etwa SD, 261; EMI, 16, 99, 285.
[3] Vgl. REL, 63: Der Buddhismus ist keine Religion, sondern »die Lehre von dem Heil, das der Strebende absolut allein, durch sein eigenes Wollen und Denken gewinnen kann, und das, wenn er die ausschließlich in der Verfassung der Seele gelegenen Bedingungen desselben erfüllt, sich ganz von selbst einstellt. Die Erlösung vom Leiden, der einzige Inhalt des Buddhismus, bedarf keiner transzendenten Macht, keiner Gnade, keines Mittlers, sie wird nicht vollzogen, sondern sie vollzieht sich als der logische Erfolg des Verzichtes der Seele auf allen Lebenswillen.« Vgl. aber SozRel, 266, wo die Rede von der ›Religion Buddhas‹ ist. Andere Religionstheorien schließen den Buddhismus ein; vgl. z.B. DURKHEIM, Zur Definition religiöser Phänomene, 127: »Der Buddhismus ist einer von mehreren eindeutigen Fällen einer Religion ohne Gottesvorstellung.« Es ist anzunehmen, daß Simmels Buddhismus-Verständnis von seinem Freund Hermann Oldenberg geprägt worden ist; vgl. etwa H. OLDENBERG, *Buddha. Sein Leben, seine Lehre, seine Gemeinde,* Berlin 1881.
[4] Vgl. z.B. SD, 179f., 206.

gionstheoretischen Diskussion der Jahrhundertwende verorten (1). Sodann sei die Quellenlage in bezug auf einige von Simmel angeführten Beispiele aus der christlichen Religionsgeschichte beleuchtet (2). In einem dritten Schritt gehe ich auf mögliche Inspirations- und Bezugsquellen des explizit religionssoziologischen Ansatzes Simmels ein (3). Da seine Religionssoziologie – wie im übrigen auch der soziologische Ansatz insgesamt – von dem Analogieverfahren bestimmt ist, werde ich auf den wissenschaftshistorischen Hintergrund dieser Methode eingehen (4). Den Abschnitt beenden wird eine kurze Passage über Simmels mögliche Reaktion auf das Religionsverständnis Durkheims (5).

1. Simmels Religionskonzept vor dem Hintergrund der Religionstheorien um 1900

Gemäß seinem erkenntnistheoretischem Ansatz faßt Simmel die Kategorie des Religiösen auch innerhalb seines soziologischen Ansatzes als eine besondere Bewußtseinsform. Damit befindet sich Simmel im Einklang mit der zeitgenössischen Religionswissenschaft. So ist etwa bei Cornelius P. Tiele in seiner *Einleitung in die Religionswissenschaft* zu lesen: »Der Gegenstand unserer Wissenschaft ist nicht das Übermenschliche selbst, sondern die Religion, welche auf dem Glauben an das Übermenschliche beruht. Und diese Religion als eine historisch-psychologische und zugleich soziale, also rein menschliche Erscheinung zu untersuchen, gehört durchaus zu den Befugnissen der Wissenschaft.«[1] Religion wird in der Regel als eine spezifische Bewußtseinsform[2] bestimmt, die alle drei Funktionen des Geistes, nämlich Erkennen, Wollen und Fühlen, umfaßt. Eduard von Hartmann etwa definiert die ›religiöse Funktion‹ als »die Betätigung der einheitlichen religiösen Anlage des Menschen in einem einheitlichen Akt von Vorstellung, Gefühl und Wille, in welchem die eine oder andere dieser drei Seiten überwiegen kann«[3]. Auch August Dorner zufolge haben das »sittliche, wie das ästhetische und das intellektuelle Leben, endlich auch die

---

[1] C. P. Tiele, *Einleitung in die Religionswissenschaft*. Gifford-Vorlesungen gehalten in der Universität zu Edingburgh, autorisierte deutsche Ausgabe von G. Gehrlich, I. Teil: Morphologie, Gotha 1899, 4.

[2] Dagegen allerdings O. PFLEIDERER, *Grundriß der christlichen Glaubens- und Sittenlehre*, Berlin 1893, 13, demzufolge das eigentümliche Wesen der Religion »*nicht in der Besonderheit der Bewusstseinsform*, sondern in deren Inhalt zu suchen« ist.

[3] E. VON HARTMANN, *Die Religion des Geistes*. Zweiter systematischer Teil der Religionsphilosophie, 3. Aufl. (Ausgewählte Werke, Bd. VI: Religionsphilosophie, Teil II), Bad Sachsa 1907 (Orig. 1882), 65. Entsprechend ist der gesamte systematische Teil seiner Religionsphilosophie strukturiert: Auf den ›religionspsychologischen‹ Abschnitt, der die religiöse Funktion als Vorstellung (3–26), dann als Gefühl (27–53) und schließlich als Wille (54–62) bestimmt, folgt die ›Religionsmetaphysik‹ sowie die ›Religionsethik‹.

I. Quellen und Ort der Religionssoziologie Simmels

dem Sittlichen untergeordnete Eudämonie ... in dem religiösen Bewußtsein ihren letzten Einheitspunkt«[1]. Dabei liegen die Betonungen freilich auf unterschiedlichen Akzenten. Albrecht Ritschl etwa wendet sich im Gefolge Kants gegen eine metaphysische Grundlegung der Religion und betont statt dessen das enge Band zwischen Religion und Ethik[2], andere legen den Schwerpunkt auf die Erkenntnisfunktion, dritte schließlich stellen die Gefühlsbedeutung der Religion heraus.[3] Carl Clemen betont demgegenüber allerdings, daß es sich bei der Gottesvorstellung und der Erhebung oder Beziehung zu Gott um zwei verschiedene Religionsbegriffe handelt und plädiert im Anschluß an Carl Schwarz[4] dafür, die Erkenntnisdimension von Religion als Glaube zu bezeichnen und den Terminus Religion im engeren Sinne nur für die Beziehung zu Gott, für die praktische Dimension von Religion zu reservieren.[5] Entsprechend dieser Differenzierung habe die Gottesvorstellung ihren Ursprung in der theoretischen, die Religion ihren dagegen in der praktischen Funktion des Geistes. Die Unterscheidung zwischen den beiden Begriffen Glauben und Religion erweist sich als hilfreich, um die verschiedenen Konnotationen herauszuarbeiten, die mit der Handhabe des Religionsbegriffs in der Literatur um die Jahrhundertwende mitschwingen; und zwar lassen sich mit dieser Differenz intellektualistische

---

[1] A. DORNER, Über das Wesen der Religion, in: *Theologische Studien und Kritiken* 56/1, 1883, 217–277, hier: 275f.; vgl. auch E. BRAASCH, Das psychologische Wesen der Religion, in: *Zeitschrift für wissenschaftliche Theologie* 37, 1894, 161–174, hier: 168ff., der Schleiermachers Religionsbegriff entgegen dem gängigen Verständnis der Reduktion auf Ästhetik und Gefühl so interpretiert, daß alle drei Bewußtseinsfunktionen für den religiösen Prozeß notwendig sind.

[2] Obgleich auch er alle drei Funktionen des Geistes an der Religion beteiligt sieht; vgl. etwa A. RITSCHL, *Die christliche Lehre von der Rechtfertigung und Versöhnung*, 3 Bde., Bonn, 1. Aufl. 1870–1874, 2. Aufl. 1882–1883, 3. Aufl. 1888–1889, hier: Bd. III (1. Aufl.), 171: »Die Religion besteht subjektiv in Weltanschauung, Gefühlserregung, Willenstrieb; sie bedient sich der drei elementaren Funktionen des Vorstellens, Gefühls, Wollens.« Zur Diskussion des Religionsbegriffs Albrecht Ritschls um die Jahrhundertwende vgl. J. HEER, *Der Religionsbegriff Albrecht Ritschls,* Zürich 1884, und V. HACK, *Das Wesen der Religion nach A. Ritschl u. A. E. Biedermann. Unter besonderer Berücksichtigung der psychologischen Bestimmungen,* Leipzig 1911.

[3] So im Anschluß an Schleiermacher etwa J. KAFTAN, *Das Wesen der christlichen Religion,* Basel 1881, 22f., und F. NITZSCH, *Lehrbuch der evangelischen Dogmatik,* Freiburg i. Br. u. a. 1892, Bd. 1, 109ff.

[4] Vgl. C. SCHWARZ, *Das Wesen der Religion,* Halle 1847.

[5] Vgl. C. CLEMEN, Der Begriff der Religion und seine verschiedenen Auffassungen, in: *Theologische Studien und Kritiken. Zeitschrift für das gesamte Gebiet der Theologie* 69, 1896, 472–505, hier: 475. Ernst Troeltsch dagegen subsumiert den Begriff der Religiosität unter den des Glaubens, indem er »Glaube als das Ganze der christlichen Religiosität« begreift; vgl. E. TROELTSCH, Der Begriff des Glaubens, in: *Religion und Geisteskultur* 1, 1907, 191–201, hier: 191.

Fassungen von Religion den auf Gefühl und/oder Handlung basierenden Religionskonzepten gegenüberstellen.[1]

Was die Bestimmung des emotionalen Gehaltes von Religion angeht, so stehen sich im wesentlichen zwei Positionen gegenüber. Die ältere anthropologische beziehungsweise ethnologische Tradition vertritt die These, daß in der Religion das dominierende emotionale Element die Furcht sei.[2] Eine andere Richtung stellt dagegen vor allem Zuversicht, Vertrauen und Liebe als die der Religion charakteristischen Gefühlszustände heraus.[3] Eine mitt-

---

[1] Zu intellektualistischen Religionstheorien vgl. E. P. EVANS-PRITCHARD, *Theorien über primitive Religionen. Mit einer Vorlesung Sozialanthropologie gestern und heute als Einleitung*, Frankfurt a. M. 1968, 53ff. et passim.

[2] Vgl. etwa E. B. TYLOR, *Primitive Culture. Researches into the Development of Mythology, Philosophy, Religion, Language, Art, and Custom*, 2 Vol., 4. Edition, revised, London 1903 (Orig. 1871), obgleich er durchaus auch die emotionale Ambivalenz berücksichtigt; vgl. Bd. II, 209: »What ethnography has to teach of that great element of the religion of mankind, is [...] that lastly man finds, in the beings which with such power can work him weal and woe, deities with a wider influence over his life, deities to be feared and loved.« Vgl. auch G. FRAZER, *Der goldene Zweig. Eine Studie über Magie und Religion*, Köln und Berlin 1968, XXIX, der die Furcht vor den Toten »als die mächtigste Ursache für die Entstehung primitiver Religionen« betrachtet; ebenso H. SPENCER, *Principien der Sociologie*, 4 Bde., Stuttgart 1877ff., hier: Bd. I, 521.

[3] Bereits Schleiermacher weist die Erklärung von Religion aus der Furcht zurück und behauptet: »Den Weltgeist zu lieben und freudig seinem Wirken zuzuschauen, das ist das Ziel unserer Religion, und Furcht ist nicht in der Liebe«; SCHLEIERMACHER, *Über die Religion*, a.a.O., 42; vgl. sodann G. ROSKOFF, *Das Religionswesen der rohesten Naturvölker*, Leipzig 1880; W. ROBERTSON SMITH, *Lectures on the Religion of the Semites. First Series: The Fundamental Institutions*. New Edition London 1894 (Orig. 1889; dtsch.: *Die Religion der Semiten*. Autorisierte Übersetzung aus dem Englischen nach der zweiten Auflage der Lectures on the Religion of the Semites, Freiburg i. B. u. a. 1899), 54, und vor allem F. B. JEVONS, *An Introduction to the History of Religion*, London 1896, bes. die Kapitel XXVf. und III. Auch G. BRINTON, *Religions of primitive Peoples*, New York 1897, 45f., zufolge ist der Geist vieler der frühesten Religionen das Gegenteil eines Geistes der Furcht; außerdem ist in diesem Zusammenhang noch N. SÖDERBLOM, *Die Religionen der Erde*, Halle 1905, zu nennen; aus allgemeinphilosophischer Sicht vgl. auch K. LAẞWITZ, *Wirklichkeiten. Beiträge zum Weltverständnis*, Berlin 1900, demzufolge Religion in dem Gefühl des Vertrauens auf eine unendliche Macht besteht, die den eigenen heiligsten Idealen entspricht, und im Anschluß an ihn TH. ACHELIS, Religion und Wissenschaft, in: *Deutsches Protestantenblatt* 33, 1900, Nr. 33, 258–260, Nr. 34, 265–267, und DERS., Religion und Wissenschaft, in: *Die Christliche Welt. Evangelisches Gemeindeblatt für Gebildete aller Stände* 15, Nr. 4, 1901, 69–74. Auf die Ambivalenz des religiösen Gefühls weist A. RITSCHL, *Die christliche Lehre von der Rechtfertigung und Versöhnung*, Bd. II (3. Aufl.), 189, hin, wenn er die Auffassung vertritt, daß Religion das Gefühl »für den Wechsel der Befriedigung und Nichtbefriedigung, in welchen Stimmungen sich das religiöse Leben von den gewöhnlichen Verhältnissen abhebt«, in Anspruch nimmt. In diesem Zusammenhang ist auch A. E. BIEDERMANN, *Christliche Dogmatik*, Berlin ²1884, 201f., zu nennen, der die beiden Gefühlsmomente der Furcht vor drohenden Gefahren und des Wunsches nach sinnlichen Gütern als Entstehungsgrund von Religion angibt; vgl. auch E. TROELTSCH, Die Selbständigkeit der Religion, in: *Zeitschrift für Theologie und Kirche* 5, 1895, 361–436, und 6, 1896, 71–110, 167–218, hier: 378f.: »Für den Menschen [...] ist ge-

lere Stellung nehmen diejenigen Auffassungen ein, die Religion aus einem Abhängigkeitsgefühl heraus erklären. Prominentester und am meisten rezipierter Vertreter dieser Auffassung dürfte wohl Schleiermacher sein.[1] Sie findet sich auch in der britischen Anthropologie, wenn beispielsweise Andrew Lang von »a serious mood of trust, dependence and apprehension«[2] spricht. Im deutschen Sprachraum ist etwa August Dorner zu nennen. Für ihn ist Religion das schlechthinnige Abhängigkeitsbewußtsein, in dem die Einheit aller Gegensätze in unmittelbarer Weise gegeben sei.[3] Neben der emotional begründeten Bestimmung von Religion vertreten philosophisch orientierte theologische Ansätze beziehungsweise bestimmte Spielarten der philosophischen Theologie die These, daß Religion im Spannungsverhältnis von Abhängigkeitsbewußtsein und Konstitution der Persönlichkeit ihren Ort habe, daß der Trieb nach Selbstbehauptung nicht nur seine Befriedigung in der Religion finde, sondern sie auch erzeuge.[4] Eine weitere Richtung schließlich behauptet die religiöse Wirksamkeit aller genannten Arten von Gefühlszuständen.[5]

genüber dem Unendlichen allein dasjenige Verhalten möglich, das wir Religion nennen, die demütige und ehrfürchtige, die hoffende und vertrauende Hingabe an die verschiedenen aufblitzenden Spuren seiner (sc. Gottes) Offenbarung. Der große bange Schauer vor dem allen Verstand und alle Phantasie Uebersteigenden, das Entsetzen und die schweigende Furcht vor dem Unergründlichen, die Unterwerfung des Willens unter etwas, das man glaubt, weil man es nur teilweise sieht, die sehnsüchtige Hingabe an das, was uns von dem Unerforschlichen ermutigend und stärkend entgegentritt, alles das gehört ganz wesentlich zur Religion.«
[1] Vgl. F. SCHLEIERMACHER, *Der christliche Glaube nach den Grundsätzen der evangelischen Kirche im Zusammenhang dargestellt* (1821/22), hgg. von H. PEITER, Studienausgabe in zwei Bänden, Berlin/New York 1984, hier: Bd. I, 31: »[D]as Wesen der Frömmigkeit ist dieses, daß wir uns unsrer selbst als schlechthin abhängig bewußt sind.«
[2] A. LANG, *Myth, Ritual and Religion*, 3 Bde., London 1887–1901, hier: Bd. 2, 1.
[3] Vgl. DORNER, a.a.O., 248ff., M. REISCHLE, *Die Frage nach dem Wesen der Religion. Grundlegung zu einer Methodologie der Religionsphilosophie*, Freiburg 1889, ersetzt den Terminus »Abhängigkeitsgefühl« durch den des »Anbetungsgefühls«, um der Aktivität des religiösen Bewußtseins Ausdruck zu verleihen.
[4] Vgl. dazu E. W. MAYER, Zum Stand der Frage nach dem Wesen der Religion, in: *Theologische Rundschau* 13, 1910, 1–15, 45–63, hier: 60: »Die Theorie geht über Feuerbach auf einzelne Bemerkungen Hegels zurück, hat aber andererseits starke Wurzeln in Kants Philosophie. Die Ritschlsche Theologie hat hier angeknüpft.« Zum Spannungsverhältnis zwischen Abhängigkeit (von der Natur und überindividuellen Mächten) und Selbstbehauptung vgl. auch CLEMEN, Der Begriff der Religion und seine verschiedenen Auffassungen.
[5] Vgl. etwa E. KATZER, Dogmatik und Erkenntnistheorie, in: *Religion und Geisteskultur* 8, 1914, 188–202, hier: 191: »Die Religion besteht ... nicht hauptsächlich infolge des Widerstreits, in den der Mensch hineingestellt ist. Sie beruht nicht nur auf einem Bedürfnis nach Erlösung und auf dem Prinzip der Selbstbehauptung. Sie ist zugleich Freude am Dasein und an der Harmonie des Schönen wie des Guten [...].« Und weiter: »Niederbeugende Erlebnisse werden Furcht und Schauer hervorrufen, erhebende und beglückende mit Dankbarkeit und Vertrauen erfüllen.« (195) In dieser Richtung, die unterschiedlichen, bei der Religion beteiligten Gefühlszustände zusammenzufassen, liegt auch Rudolf Ottos Bestimmung des Heiligen als *mysterium tremendum et fascinosum*; vgl. R. OTTO, *Das Heilige. Über das Irrationale*

Für die Vermutung, daß Simmel mit den verschiedenen, hier angeführten Religionstheorien vertraut war, gibt es eine Reihe von – mehr oder minder – versteckten Hinweisen. Was Simmels Ansatz jedoch von den meisten anderen Religionstheorien unterscheidet, ist zum einen die Ablehnung einer monokausalen Erklärung von Religion. Zum anderen besteht Simmel zufolge das Spezifikum der religiösen Kategorie darin, daß sie nicht auf dem einen oder anderen Gefühl basiert, sondern emotionale *Spannungsmomente* umfaßt. So führt er die unterschiedlichen Religionstheorien summarisch am Beginn seines religionssoziologischen Aufsatzes von 1898 an, um den multifaktorellen Ursprung von Religion herauszustellen: »Mag man die Furcht oder die Liebe, die Ahnenverehrung oder die Selbstvergötterung, die moralischen Triebe oder das Abhängigkeitsgefühl als die innere Wurzel der Religion ansehen – ganz irrig ist jede dieser Theorieen sicher nur dann, wenn sie *den* Ursprung, berechtigt aber, wenn sie *einen* Ursprung der Religion anzugeben behauptet.«[1] Um seine religionssoziologische These zu erläutern, daß sich die divergierenden Empfindungen, die sich in der Vorstellung Gottes vereinen, auf das Verhältnis zurückführen lassen, das der Einzelne zu seiner Gattung besitzt, führt Simmel die Theorie Spencers an – allerdings ohne sie explizit auszuweisen: »Wenn die Theorie richtig ist, nach der alle Religion vom Ahnenkultus ausgeht, von der Verehrung und Versöhnung der weiterlebenden Seele des Vorfahren, insbesondere des Helden und des Anführers – so mag sie diesen Zusammenhang bestätigen: denn wir hängen inderthat von dem ab, was vor uns war, und was sich am unmittelbarsten in der Autorität der Väter über die Nachkommenschaft konzentrirt. Die Vergötterung der Vorfahren, und insbesondere der thatkräftigsten und wirkungsreichsten ist gleichsam der zweckmäßigste Ausdruck für die Abhängigkeit des Individuums von dem zeitlich vorangegebenen Leben der Gruppe.«[2] Auch die Religionstheorien des Totemismus und des Fetischismus dürfte Simmel gekannt haben; jedenfalls führt er sie an einigen Stellen an.[3] Mit der Animismustheorie ist er ebenfalls vertraut gewesen; er wird mit ihr durch seinen Lehrer Adolf Bastian[4] in Berührung gekommen sein. Diese Religionstheorie liegt beispielsweise folgender, in der *Moralwissenschaft* getroffenen, Aussage zugrunde:

---

in der Idee des Göttlichen und sein Verhältnis zum Rationalen, Breslau [7]1922, 39: »Der qualitative *Gehalt* des Numinosen [...] ist einerseits das [...] Moment des abdrängenden tremendum mit der ›majestas‹. Anderseits aber ist er offenbar zugleich etwas eigentümlich *Anziehendes*, Bestrickendes, *Faszinierendes*, das nun mit dem abdrängenden Momente des tremendum in eine seltsame Kontrastharmonie tritt.«

[1] SozRel, 266. Vgl. auch die Aufzählung in EMI, 43; als ›Ursprünge‹ von Religion werden dort Furcht, Hoffnung, Abhängigkeit und Wesenseinheit angegeben.
[2] SozRel, 281f.
[3] Vgl. etwa SOZ, 201 und REL, 113.
[4] Vgl. LANDMANN, Bausteine zur Biographie, 15.

»Man findet häufig, dass das Wort der Naturvölker für Gott unterschiedslos auf ein unbegreifliches Ding wie auch auf eine Person, deren Kräfte unbegreiflich sind, angewandt wird.«[1]

2. Illustrationsmaterial aus der christlichen Religionsgeschichte

Als wahrscheinliche Quelle für die Beispiele aus den Anfängen der christlichen Religionsgeschichte[2] kommt aus zwei Gründen Adolf von Harnacks erster Band seines *Lehrbuchs der Dogmengeschichte* von 1886 in Frage. Zum einen führt Harnack im Unterschied zu den im 19. Jahrhundert üblichen Dogmengeschichten explizit ein »*sociales* Moment« an, das im Begriff des Dogmas enthalten sei: »[D]ie Bekenner eines und desselben Dogmas bilden eine Gemeinschaft.«[3] Zum anderen entspricht Simmels Skizze der Ausbreitung des Christentums der Harnackschen Rekonstruktion der Entstehungsgeschichte des christlichen Dogmas. Im Kapitel über »Kollektivverantwortlichkeit« vertritt Simmel folgende These: »Je einfacher die realen und idealen Kräfte sind, die eine Gemeinschaft zusammenbinden, welche die wesentlichen Lebensbeziehungen des Einzelnen einschließt, desto enger und solidarischer ist der Zusammenhang zwischen diesen und dem Ganzen.«[4] Als Analogie zu diesem soziologischen Sachverhalt wird die Entwicklung der urchristlichen Gemeinden zur alten Kirche angeführt: »Die kleinen Gemeinden des Urchristentums hatten einen verhältnismäßig geringen Besitz an Dogmen; aber sie wurden durch diese in Zusammenhänge gebracht, die, von unzerreißbarer Stärke, jeden an jeden unbedingt banden. In demselben Maße, in dem der Kreis des christlichen Glaubens sich äußerlich erweiterte, wuchs auch der Dogmenbesitz und verminderte sich zugleich die solidarische Zugehörigkeit des Einzelnen zur Gemeinde.«[5] Diese Beobachtung nimmt Simmel dann in der *großen Soziologie* auf: Eine »noch undifferenzierte Einheit von Dogma und Lebensform [...] war nur in jenen kleinen Gemeinden innerhalb großer umgebender möglich, die ihnen ebenso zur Ergänzung der äußeren Lebenserfordernisse wie zum Gegensatz, an dem sie sich ihres eigentümlichen Wesens bewußt wurden, dienten. Deshalb hat die Ausbreitung des Christentums auf den Gesamtstaat seinen soziologischen Charakter nicht weniger als seinen seelisch-

---

[1] EMI, 45.
[2] Vgl. SD, 140f., 159f., 183, 192f., 273ff. und die entsprechenden Passagen in der *Soziologie*.
[3] A. von Harnack, *Lehrbuch der Dogmengeschichte*, 3 Bde., Bd. I: 1886, Bd. II: 1887, Bd. III: 1890, Freiburg i. Br., hier: I, 13.
[4] SD, 140.
[5] SD, 140f.

inhaltlichen völlig ändern müssen.«[1] Diese Schilderung der Entwicklungsgeschichte des Christentums korrespondiert mit Harnacks Aussagen in seinem dogmengeschichtlichen Werk. Der Theologe schreibt: Während die urchristlichen Gemeinden »unter sich in einem äusserlich losen, innerlich festen Zusammenhang« standen[2] und es »im Sinne einer geschlossenen Theorie überhaupt keine in den Gemeinden gültige *Glaubenslehre*« gab[3], bedeutete die Ausbildung der apostolischen Lehre in der alten Kirche »die Trennung von Lehre und Leben, die Bevorzugung der ersteren vor dem letzteren, und die Umsetzung einer Gemeinschaft des Glaubens, der Hoffnung und der Zucht zu einer Gemeinschaft ›eiusdem sacramenti‹, d.h. zu einem auf einem Lehrgesetz – wie die Philosophenschulen – ruhenden Verbande«[4].

Davon, daß Simmel die wissenschaftliche Arbeit Harnacks mit großem Interesse verfolgt hat, zeugt ein Brief vom 13. Oktober 1899, in dem er den Berliner Theologen um Erlaubnis bittet, an seiner für das Wintersemester 1899/1900 angekündigten Vorlesung über das *Wesen des Christentums* teilnehmen zu dürfen.[5] Die Vorlesung, die Harnack frei hielt und erst im folgenden Jahr wegen der außerordentlich lebhaften Anteilnahme der Hörerschaft auf der Grundlage einer studentischen Nachschrift niederschrieb und publizierte[6], stellt den Versuch dar, die Essenz der großen, dreibändigen Dogmengeschichte gerade auch für ein nicht-theologisches Publikum allgemeinverständlich darzulegen.[7] Als Kernbestand christlicher Überzeugung wird in der Vorlesung wie in der *Dogmengeschichte* die Verkündigung Jesu genannt, als deren Grundzüge »Das Reich Gottes und sein Kommen«, »Gott der Vater und der unendliche Wert der Menschenseele« und »Die bessere Gerechtigkeit und das Gebot der Liebe« skizziert werden. Was Simmel für Harnacks Arbeiten aufgeschlossen gemacht haben

---

[1] SOZ, 66.
[2] HARNACK, a.a.O., 103.
[3] DERS., a.a.O., 113.
[4] DERS., a.a.O., 244.
[5] Vgl. GASSEN/LANDMANN, *Buch des Dankes*, 81.
[6] A. VON HARNACK, *Das Wesen des Christentums*. Sechzehn Vorlesungen vor Studierenden aller Facultäten im Wintersemester 1899/1900 an der Universität Berlin, Leipzig ⁴1901. Vgl. A. VON ZAHN-HARNACK, *Adolf von Harnack*, Berlin 1936, 241f.
[7] Die Vorlesung war zum Wintersemester 1899/1900 für Hörer aller Fakultäten angekündigt und wurde vor etwa 600 Studierenden gehalten (vgl. ZAHN-HARNACK, a.a.O., 244, 246). Zur außerordentlich lebhaften Diskussion um die Position Harnacks vgl. P. DREWS, Harnacks Vorlesungen über das Wesen des Christentums, in: *Die Christliche Welt. Evangelisches Gemeindeblatt für Gebildete aller Stände* 14, 1900, Nr. 46, 1082–1085, sowie die Zusammenstellung der gegnerischen Stimmen in einer größeren Aufsatzfolge von Ernst Rolffs in der *Christlichen Welt* (E. ROLFFS, Harnacks »Wesen des Christentums« und die religiösen Strömungen der Gegenwart, in: *Die Christliche Welt. Evangelisches Gemeindeblatt für Gebildete aller Stände* 15, 1901, Nr. 40: 929–936, Nr. 41: 958–966, Nr. 45: 1049–1057, Nr. 46: 1073–1079).

I. Quellen und Ort der Religionssoziologie Simmels

wird, ist der streng historisch und empirisch gehaltene Ansatz des Theologen.[1]

Für ein anderes Beispiel aus der christlichen Religionsgeschichte, das über die Herrnhuter Brüdergemeinde nämlich[2], kommt als Quelle Albrecht Ritschls *Geschichte des Pietismus* in Frage. Simmel führt »die Sekte der Herrnhuter« als ein Beispiel dafür an, »wie das gemeinsame Verhalten zu einem Dritten den kollektivistischen Zusammenhalt bewirkt und stärkt«: »Zu Christus, den sie als den unmittelbaren Herrn ihrer Gemeinde ansehen, hat jedes Mitglied ein ganz individuelles, man könnte sagen, ein Herzensverhältnis; und dies führt zu einem so unbedingten Zusammenschluß der Mitglieder der Gemeinde, wie er in keiner anderen zu finden ist.«[3] Dieser Fall ist Simmel zufolge deshalb erwähnenswert, »weil jenes Verhältnis des Einzelnen zu dem zusammenhaltenden Prinzip ein rein persönliches ist, eine Verbindung zwischen ihm und Christus herstellt, die von keiner anderen gekreuzt wird, und dennoch die bloße Thatsache, daß diese Fäden alle in Christus zusammenlaufen, sie gewissermaßen nachträglich verwebt«[4]. Ganz in diesem Duktus beschreibt Ritschl die religiöse Gedankenwelt des Gründers der Herrnhuter Bruderunität, Nikolaus Ludwig Graf von Zinzendorf (1700–1760), als streng christozentrisch ausgerichtet. Seine Frömmigkeit sei schon »von seiner frühsten Kindheit an auf die Liebe zu Jesus als Bruder [...] gestimmt«[5] gewesen. Die Besonderheit der Darstellung Ritschls, die auch ihre Attraktivität für Simmel ausgemacht haben könnte, liegt darin, daß der Historiker des Pietismus die Herrnhuter Brüdergemeinde in der Perspektive des Verhältnisses von Individualität und Sozialität skizziert. Die Frömmigkeit der Herrnhuter Bruderunität wird als ein individuelles Verhältnis zu Christus als dem Heilsmittler beschrieben, als ein »zärtlicher Umgang mit dem Heiland«.[6] Zugleich gelte Christus als

---

[1] Als Beleg für das Interesse an Harnacks Schriften im Hause Simmel ist anzuführen, daß sich die Ehefrau, Gertrud Simmel, in ihrem unter dem Pseudonym Marie Luise Enckendorff publizierten Buch *Über das Religiöse,* München und Leipzig 1919, auf Harnacks *Dogmengeschichte* auf den Seiten 44, 50, 69f., 84 und 169 sowie auf seine Schrift *Das Wesen des Christentums* auf der Seite 87 bezieht. Ich verdanke diesen Hinweis Angela und Otthein Rammstedt, Bielefeld.

[2] Vgl. SD, 153.

[3] Ebd.

[4] Ebd. In SOZ, 66, greift Simmel diesen Sachverhalt auf und führt ihn als Argument für die notwendig geringe Größe von Sektengemeinden an: »[W]o die subjektive Erfahrung von einem unmittelbaren Verhältnis zu Jesus den eigentlichen Kitt der Gemeinde ausmacht – da würde ersichtlich die Ausdehnung auf große Kreise das zusammenhaltende Band sprengen, das zu erheblichem Teile eben in ihrer Ausnahme- und Gegensatzstellung gegenüber größeren beruht.«

[5] A. Ritschl, *Geschichte des Pietismus,* 3. Bd.: *Der Pietismus in der lutherischen Kirche des 17. und 18. Jahrhunderts.* Zweite Abteilung, Bonn 1886, 201.

[6] Ders., a.a.O., 406.

das Haupt der Gemeinde.[1] Der Gemeinde werde »eine solche Identität mit Christus zugeschrieben, daß dieselbe in allen Beziehungen als die *Trägerin der Auctotität Christi* dargestellt wird«[2]. Entsprechend dienten die kultischen und sozialen Einrichtungen in Herrnhut »theils allgemeinen sozialen Bedürfnissen ..., theils der Pflege der besondern Frömmigkeit, welche Zinzendorf in der Gemeinde aufbauen wollte«[3]. Beispielsweise »wurden, um die gottesdienstliche Fertigkeit der Gemeinde zu verstärken, in ihr Banden gebildet, kleine Gesellschaften von solchen, welche sich besonders herzlich und kindlich über ihren ganzen Herzensgrund mit einander besprechen und nichts voreinander verbergen«[4]. Das persönliche Verhältnis des einzelnen Gläubigen zu Christus und das gemeinschaftliche Leben beschreibt Ritschl in einem wechselseitigen Steigerungsverhältnis: Durch die kultischen und sozialen Einrichtungen »sollte der Zusammenhang und wieder die Erregbarkeit der Gemeindeglieder gesteigert, und sie auf das Temperament gestimmt werden, in welchen der Graf seine Frömmigkeit und seinen Gemeinsinn ausübte«[5]. Die Perspektive der Komplementarität von Individualität und Sozialität kulminiert in Ritschls Aussage über Zinzendorf, derzufolge dieser verlangt habe, »daß man sich mit dem Selbstgefühl, das er in Beziehung auf die Brüdergemeinde hegt, in Übereinstimmung setzen soll«[6]. Was in Ritschls Darstellung an sozialen Sachverhalten impliziert ist, überführt Simmel dann in explizite und generalisierte soziologische Aussagen: »Und im Grunde beruht die unermeßliche socialisierende Wirkung der Religion überhaupt wesentlich auf der Gemeinsamkeit des Verhältnisses zum höchsten Prinzip; gerade das specifische Gefühl, aus dem man gern die Religion herleitet, das der Abhängigkeit, ist ganz besonders geeignet, unter den in gleicher Weise von ihm Erfüllten Religion, d.h., nach der alten, wenn auch sprachlich falschen Deutung, Verbindung zu stiften.«[7]

Das religionsgeschichtliche Beispiel über die Quäker, das zur Illustration für Gefühlsintensivierungen bei Versammlungen dient, hat Simmel den *Vorlesungen über die Lehrbegriffe der kleineren protestantischen Kirchenparteien* von Matthias Schneckenburger entnommen.[8] Simmel schreibt: »Obgleich die Innerlichkeit und der Subjektivismus ihres [sc. der Quäker] religiösen Prinzips eigentlich jeder Gemeinsamkeit des Gottesdienstes wi-

---

[1] Vgl. DERS., a.a.O., 405.
[2] DERS., a.a.O., 379.
[3] DERS., a.a.O., 258.
[4] Ebd.
[5] DERS., a.a.O., 378.
[6] DERS., a.a.O., 198f.
[7] SD, 153.
[8] M. SCHNECKENBURGER, *Vorlesungen über die Lehrbegriffe der kleineren protestantischen Kirchenparteien.* Aus dessen handschriftlichem Nachlass hgg. von K. B. HUNDESHAGEN, Frankfurt a. M. 1863.

derstreitet, findet diese dennoch statt, indessen oft so, daß sie stundenlang schweigend zusammensitzen; und nun rechtfertigen sie diese Gemeinsamkeit dadurch, daß sie uns dienen könne, uns dem Geiste Gottes näher zu bringen: da dies aber für sie nur in einer Inspiration und nervösen Exaltation besteht, so muß offenbar das bloße, auch schweigende Beieinandersein die letztere begünstigen.«[1] Entsprechend heißt es bei Schneckenburger: Aufgrund des »Princips der Subjektivität«[2] und der Polemik gegen die Sakramente »sollte man eigentlich gar keine gemeinsame Gottesverehrung erwarten, indem Zeit und Ort schon etwas nach eigener Wahl bestimmtes sind, sondern bloss individuelle Ergießungen. Allein hierin sind die Quäker durch einen richtigen praktischen Takt inkonsequent. Sie haben bestimmte Zeiten und Orte der gemeinsamen Anbetung und wissen dies auch zu rechtfertigen; einmal biblisch Heb. 10, 25, dann aus der Natur der Sache, weil es Pflicht ist unsere Abhängigkeit vom höchsten Wesen öffentlich anzuerkennen, und wohlthätig, indem gerade die Gemeinsamkeit dazu dienen kann, uns durch den Geist Christi Gott nahe zu bringen und so seine Gemeinschaft zu erfahren.«[3] Simmel schließt an seine Ausführungen mit folgendem indirekten Zitat an: »Ein englischer Quäker am Ende des 17. Jahrhunderts beschreibt ekstatische Erscheinungen, die an einem Mitglied der Versammlung vorgehen, und fährt fort: In Kraft der Verbindung aller Glieder einer Gemeinde zu *einem* Leibe teile sich häufig ein solcher Zustand eines Einzelnen allen mit, sodaß eine ergreifende fruchtbare Erscheinung zu Tage gefördert werde, die schon viele dem Vereine unwiderstehlich gewonnen habe.«[4] Dieses indirekte Zitat geht auf den Quäker Robert Barklay zurück, den Schneckenburger in seinen *Vorlesungen* mit folgenden Worten zitiert: »[A]uch pflegt es zu geschehen, dass wenn die Bilder der niederen Welt aus der Seele, welcher der Erscheinung des Lebens harret, nicht weichen wollen, ein heftiger Kampf des Geistes entsteht, in welchem die Mächte der Finsterniss mit denen des Lichtes ringen. Der innere Streit offenbart sich nach aussen im gefühltesten, schwersten Aechzen, im Erzittern, in den lebhaftesten Bewegungen des ganzen Körpers, bis endlich der Sieg auf die Seite des Lichtes sich neigt und nun im Uebermass von Lichtausströmung und im heiligen Jubel sich darstellt. In Kraft der Verbindung aller Glieder einer Gemeinde zu einem Leib theilt sich häufig ein solcher Zustand eines Einzelnen Allen mit, so dass eine ergreifende fruchtbare Erscheinung zu Tage gefördert wird, die schon Viele dem Verein unwiderstehlich gewonnen hat.«[5]

---

[1] SD, 212.
[2] M. SCHNECKENBURGER, a.a.O., 82 et passim.
[3] DERS., a.a.O., 90f.
[4] SD, 212.
[5] SCHNECKENBURGER, a.a.O., 94.

Auch Simmels Ausführungen über die »sociale Ordnung des Quäkertums«, die er als Illustration für dasjenige Korrelationsverhältnis anführt, »das sich an den Umfang der socialen Kreise knüpft und die Freiheit der Gruppe mit der Gebundenheit des Individuums zu verbinden pflegt«[1], scheinen durch Schneckenburgers *Vorlesungen* angeregt worden zu sein. Das »sociale Leben« charakterisiert der Theologe wie folgt: Aus der »Theorie des Gottesdienstes ergeben sich als natürliche Folgerungen 1. dass kein eignes Lehramt existirt, 2. dass auch Frauen in den Versammlungen zu Reden zugelassen werden. [...] Was das praktische System der Quäker überhaupt betrifft, so beruht es ganz auf dem Bisherigen. Das Gute ist dasjenige, wozu der Geist treibt, der Mensch ist dazu verpflichtet, negativ und positiv. Aber der Geist kann als Gewissen oder Schaffenstrieb nur vorschreiben, was er von jeher und besonders in der Schrift vorgeschrieben hat. Die Moral der Quäker ist so bestimmt durch die Unmittelbarkeit des innern Triebes und des Schriftgebots. Gegen das letztere sind diese Männer des Geistes wahre Buchstabenknechte. Es existiert bei ihnen auch nur eine individuelle Moral, wie sie sie aus der Schrift entnehmen können. Für complicirtere Verhältnisse, welche darüber hinausgehen und das höhere politische und sociale Leben betreffen, haben sie keinen anderen Maassstab, als jenen individuellen. Zum Staat verhalten sie sich negativ. Höchstens ist es die bürgerliche Gesellschaft, welche sie nach ihren Regeln der individuellen Frömmigkeit zu normiren suchen, als freie Association.«[2] Der Herausgeber der Vorlesungen Schneckenburgers, Bernhard Hundeshagen, ergänzt das Kapitel über die Quäker durch eine Skizze der »besondern Art praktischer Lebensgestaltung« und führt unter anderem die Heiratsmodalitäten aus: »Haben Quäker und Quäkerin sich für den Bund entschieden und Eltern oder Vormünder ihre Genehmigung ertheilt, so liegt es der Braut und dem Bräutigam ob, [...] der nächsten, sowohl männlichen als weiblichen Monatsversammlung ihr Vorhaben kund zu thun. [...] Die beiden Versammlungen ernennen hierauf einen Ausschuss, um in Betreff der kontrahierenden Theile sich zu erkundigen, ob ein früheres Eheversprechen oder sonst ein beachtenswerthes Hinderniss entgegensteht. [...] In der nächsten Monatsversammlung erstatten beide Comités Bericht, und ist dieser günstig, auch von keiner Seite Einspruch angemeldet worden, so erklärt die Versammlung die Brautleute für Mann und Frau und die Einzeichnung in's Register repräsentirt den Akt der Trauung.«[3] Es sind wohl diese Beschreibungen, die Simmel aufnimmt und in seine eigene soziologische Argu-

---

[1] SD, 175.
[2] SCHNECKENBURGER, a.a.O., 95. Ähnlich heißt es bei H. SPENCER, *Principien der Sociologie* IV, 156: »Selbst unter den Quäkern ist ungeachtet der in ihrer Theorie ausgesprochenen Selbständigkeit des Individuums ein bestimmtes Glaubensbekenntniss und eine mit der Oberaufsicht betraute Körperschaft zur Ausbildung gekommen.«
[3] SCHNECKENBURGER, a.a.O., 99.

mentation überführt: »Als Ganzes, als Religionsprinzip von dem extremsten Individualismus und Subjektivismus, bindet es [sc. das Quäkertum] die Gemeindeglieder in höchst gleichförmige, demokratische, alle individuellen Unterschiede möglichst ausschließende Lebens- und Wesensart; dafür mangelt ihm aber jedes Verständnis für die höhere staatliche Einheit und ihre Zwecke, sodaß die Individualität der kleineren Gruppe einerseits die der Einzelnen, andrerseits die Hingabe an die große Gruppe ausschließt. Und nun stellt sich dies im einzelnen darin dar: in dem, was Gemeindesache ist, in den gottesdienstlichen Versammlungen, darf jeder als Prediger auftreten und reden, was und wann es ihm beliebt; dagegen wacht die Gemeinde über die persönlichen Angelegenheiten, z.B. die Eheschließung, sodaß diese ohne Einwilligung eines zur Untersuchung des Falles eingesetzten Komitees nicht stattfindet. Sie sind also individuell nur im Gemeinsamen, aber social gebunden im Individuellen.«[1]

3. Inspirations- und Bezugsquellen des religionssoziologischen Ansatzes

Dienen die angeführten religionsgeschichtlichen Beispiele als Analogien für in Rede stehende soziologische Sachverhalte, so entfalten der Aufsatz von 1898 und die Religionsmonographie Simmels explizit religionssoziologischen Ansatz. Dieser geht davon aus, daß sich »die religiösen Gefühle und Impulse […] in vielerlei Verbindungen finden, als ein bei vielerlei Gelegenheiten mitwirkendes Element, in dessen Aufgipfelung und Isolirung nur die Religion als selbständiger Lebensinhalt, als ein Gebiet eigenster Begrenzung besteht«[2]. Vor diesem differenzierungstheoretischen Hintergrund lautet die religionssoziologische Kernthese, »daß die inter-individuellen Formen des sozialen Lebens vielfach den religiösen Vorstellungen ihren Inhalt geben«[3]. Um diese These plausibel zu machen, fragt Simmel danach, »wo innerhalb der Wechselbeziehungen zwischen Menschen Fragmente des religiösen Wesens – sozusagen: der Religion, bevor sie Religion ist – entstehen«[4]. Entsprechend identifiziert er »vielerlei Verhältnisse von Menschen untereinander«, die »ein Element des Religiösen enthalten«.[5] Bei der Frage nach möglichen Inspirations- und Bezugsquellen für Simmels explizit religionssoziologischen Ansatz sind vor allem die Arbeiten Schleiermachers zu nennen. Als ein erstes Indiz dafür ist der Sachverhalt zu nennen,

---
[1] SD, 174; vgl. auch SOZ, 798.
[2] SozRel, 267f.
[3] SozRel, 278.
[4] SozRel, 268.
[5] SozRel, 269.

daß Simmel häufig die auf Schleiermacher zurückgehende Theorie anführt, derzufolge Religion ihren Grund im Gefühl schlechthinniger Abhängigkeit habe.[1] Daß sich Simmel mit Schleiermachers Religionstheorie auseinandergesetzt hat, zeigt ein indirektes Zitat einer Aussage Schleiermachers im Aufsatz »Das Problem der religiösen Lage«, »daß man nichts aus Religion, aber alles mit Religion tun solle«.[2] Die erstmalige Erwähnung des Theologen, nämlich in dem Artikel 1896 erschienenen Artikel »Das Geld in der modernen Cultur«, läßt auf eine Lektüre von Schleiermachers *Der christliche Glaube* schließen. Simmel führt die Auffassung des Theologen an, daß das Christenthum »zuerst die Frömmigkeit, das Verlangen nach Gott zu einer dauernden Verfassung der Seele gemacht habe, während frühere Glaubensformen die religiöse Stimmung an bestimmte Zeiten und Orte geknüpft haben«[3]. Diese Aussage ist den Paragraphen 7 bis 10 des *christlichen Glaubens* entnommen, welche die »Verschiedenheiten der frommen Gemeinschaften« verhandeln.[4]

Über die sporadische Zitation hinaus bestehen bemerkenswerte Affinitäten zwischen dem Schlüsselargument der Simmelschen Religionssoziologie und dem Religionsverständnis Schleiermachers. In seiner Dogmatik *Der christliche Glaube* verzichtet der Theologe zwar auf den Begriff der Religion wegen semantischer Unklarheiten zugunsten des Begriffs der Frömmigkeit.[5] Der Sache nach bleibt jedoch im Vergleich zu den *Reden über Religion* von 1799 alles beim Alten: »Die Frömmigkeit an sich ist weder ein Wissen noch ein Thun, sondern eine Neigung und Bestimmtheit des Gefühls.«[6] Allerdings schließt diese Definition nicht aus, daß das Frömmigkeit genannte religiöse Gefühl Wissen und Handeln *begleiten* kann; und an dieser Stelle werden die Parallelen zu Simmels religionssoziologischem Ansatz deutlich. Das Erkennen zunächst ist Schleiermacher zufolge stets von einem Gefühl der Gewißheit geprägt, ohne daß dieses Gefühl fromm zu nennen wäre. »Dagegen giebt es ein anderes Gefühl der Ueberzeugung,

---

[1] Vgl. SD, 153; EMI, 43, 423; SozRel, 266, 281, REL, 60, 116 und PRelLa, 371.

[2] PRelLa, 378. Dieses Zitat stammt aus Schleiermachers *Über die Religion* (F. Schleiermacher, *Über die Religion. Reden an die Gebildeten unter ihren Verächtern*. Zum Hundertjahr-Gedächtnis ihres ersten Erscheinens in ihrer ursprünglichen Gestalt neu hrsg. im Jahre 1899. In dritter Auflage 1913 mit neuer Einleitung, einer Beigabe von de Wette und einem Sachregister versehen von R. Otto, Göttingen 1913, 36): »Alles eigentliche Handeln soll moralisch sein und kann es auch, aber die religiösen Gefühle sollen wie eine heilige Musik alles Tun des Menschen begleiten; er soll alles mit Religion tun, nicht aus Religion.«

[3] GMoK, 191.

[4] Vgl. F. Schleiermacher, *Der christliche Glaube nach den Grundsätzen der evangelischen Kirche im Zusammenhang dargestellt* (1830/31). Auf Grund der zweiten Auflage und kritischer Prüfung des Textes neu hgg. und mit Einleitung, Erläuterungen und Register versehen von M. Redeker, Berlin 1960, 1830/31, hier: Bd. I, 47–74.

[5] Ders., a.a.O., I, 1830/31, 45ff.

[6] Ders., a.a.O., I, 1821/22, 26.

welches gleichmäßig jeden Wissensakt begleiten kann, ohne Unterschied des Gegenstandes, indem es vornehmlich die Beziehung jedes Erkenntnißkreises auf das Ganze und auf die höchste Einheit alles Erkennens ausdrükt, und sich also auf die höchste und allgemeinste Ordnung und Zusammenstimmmung bezieht, und dies wird man sich nicht weigern, ein frommes zu nennen.«[1] In der zweiten Auflage des *christlichen Glaubens* diskutiert Schleiermacher das Verhältnis von Frömmigkeit und Wissen auch anhand des Glaubensbegriffs[2], der in Simmels religionssoziologischem Aufsatz unter der Analogieperspektive ebenfalls eine Rolle spielt[3]. Sodann bedürfen im Bereich des Handelns beispielsweise das »Familiengefühl, das Standesgefühl, das Vaterlandsgefühl, ja die Menschheitsliebe« an sich nicht der Frömmigkeit. »Jedes besondere Handeln aber kann außerdem begleitet sein von einem andern Gefühl, der Beziehung nämlich seines bestimmten Gebietes auf die Allheit des Handelns und auf dessen höchste Einheit; und dieses, welches daher die Beziehung des Menschen als handelndem auf jene allgemeine Ordnung und Zusammenstimmung ausdrükt, wird man sich ebenfalls nicht weigern, als das Fromme anzuerkennen.«[4] Die Emotionen, die solcherart Sozialbeziehungen begleiten, sind näherhin als Gefühl der Abhängigkeit zu präzisieren. Das Wesen der Frömmigkeit identifiziert Schleiermacher im Gefühl der *schlechthinnigen* Abhängigkeit[5] und grenzt es von Gefühlen der *relativen* Abhängigkeit ab. Während sich das Selbstbewußtsein aus »Empfänglichkeit und Selbstthätigkeit« zusammensetzt und somit auf einem »Verhältniß der Wechselwirkung« basiert, ist »das fromme Gefühl in allen seinen noch so verschiedenen Gestaltungen immer ein reines Gefühl der Abhängigkeit« und kann »nie ein Verhältniß der Wechselwirkung bezeichnen«[6]; das fromme Abhängigkeitsgefühl ist also von Verhältnissen etwa »zur Natur [...] oder ... in der menschlichen Gesellschaft« zu unterscheiden. Da aber zwischen bestimmten sinnlichen Erregungen und dem schlechthinnigen Abhängigkeitsgefühl eine Verwandtschaft besteht[7], ist dieser Unterschied kein prinzipieller, sondern nur ein gradueller. In diesen Abstufungen stehen den frommen Gefühlen diejenigen am nächsten, »welche auf ein Verhältniß möglichst reiner Abhängigkeit

---

[1] DERS., a.a.O., I, 1821/22, 29.

[2] Vgl. DERS., a.a.O., I, 1830/31, 20.

[3] Vgl. SozRel, 274–276.

[4] SCHLEIERMACHER, a.a.O., I, 1821/22, 29f.; vgl. auch F. SCHLEIERMACHER., *Brouillon zur Ethik 1805*, in: *Schleiermachers Werke*, Bd 2: Entwürfe zu einem System der Sittenlehre. Nach den Handschriften Schleiermachers neu herausgegeben und eingeleitet von O. BRAUN, 2. Neudruck der 2. Aufl. Leipzig 1927, Aalen 1981, 210: »Das sittliche Bewußtsein von dem Verhältniß des Einzelnen zum Ganzen ist Pietät, wahrer Patriotismus mit religiösem Charakter.«

[5] Vgl. DERS., *Der christliche Glaube* I, 1821/22, 31, 1830/31, 23.

[6] DERS., a.a.O., I, 1821/22, 32.

[7] Vgl. DERS., a.a.O., I, 1830/31, 59.

gegründet sind, wie das des Kindes gegen den Vater und des Bürgers gegen das Vaterland und dessen leitende Gewalten«[1]. Dementsprechend führt Simmel als Beispiele für »vielerlei Verhältnisse von Menschen untereinander«, die »ein Element des Religiösen enthalten«, folgende Aufzählung an: »die Beziehung des pietätvollen Kindes zu seinen Eltern, des enthusiastischen Patrioten zu seinem Vaterland oder des enthusiastischen Kosmopoliten zur Menschheit; die Beziehung des Arbeiters zu seiner emporringenden Klasse oder des adelsstolzen Feudalen zu seinem Stand; die Beziehung des Unterworfenen zu seinem Beherrscher, unter dessen Suggestion er steht, und des rechten Soldaten zu seiner Armee – all diese Verhältnisse mit so unendlich mannigfaltigem Inhalt, können doch auf die Form ihrer psychischen Seite hin angesehen, einen gemeinsamen Ton haben, den man als religiös bezeichnen muß«[2]. Falls soziales Handeln religiös konnotiert ist, kommt in ihm zugleich das Verhältnis von Teil und Ganzem zum Ausdruck. Schleiermacher zufolge wird es von einem Gefühl begleitet, »der Beziehung nämlich seines bestimmten Gebietes auf die Allheit des Handelns und auf dessen höchste Einheit«, von der »Beziehung des Menschen als Handelnden auf jene allgemeine Ordnung und Zusammenstimmung«.[3] Entsprechend formuliert Simmel: Mit der Religiosität »entsteht ein bestimmter Spannungsgrad des Gefühles, eine specifische Innigkeit und Festigkeit des inneren Verhältnisses, eine Einstellung des Subjektes in eine höhere Ordnung, die es doch zugleich als etwas Innerliches und Persönliches empfindet«[4].

Der Perspektive auf ›religiöse Halbprodukte‹ entsprechend, weist der Religiositätsbegriff Simmels Affinitäten zum Frömmigkeitsverständnis Schleiermachers auf. Simmel zufolge enthält alle Religiosität »eine eigenartige Mischung von selbstloser Hingabe und eudämonistischem Begehren, von Demuth und Erhebung, von sinnlicher Unmittelbarkeit und unsinnlicher Abstraktion«[5]. Das religiöse Moment verleiht den genannten Sozialbeziehungen »eine Note, die sie von den auf Egoismus oder reine Suggestion oder rein äußerliche oder sogar rein moralische Kräfte gegründeten Beziehungen noch unterscheidet«[6]. Auch Schleiermacher führt Gefühlszustände an, »welche wir, wie Reue und Zerknirschung, Zuversicht, Freudigkeit zu Gott, an und für sich fromm nennen ohne Rücksicht auf ein daraus

---

[1] DERS., a.a.O., I, 1821/22, 32; vgl. auch DERS., a.a.O., I, 1830/31, 27: »Vorherrschend ist das Abhängigkeitsgefühl in dem Verhältnis der Kinder gegen die Eltern, der Bürger gegen das Vaterland.«
[2] SozRel, 275; vgl. auch REL, 64f.
[3] SCHLEIERMACHER, a.a.O., I, 1821/22, 29f.
[4] SozRel, 269.
[5] Ebd.
[6] Ebd.

hervorgehendes Wissen und Tun«[1]. Das schlechthinnige Abhängigkeitsgefühl besteht zwar *in abstracto* unabhängig von den anderen, als relative Abhängigkeit bezeichneten Gefühlszuständen und unterscheidet sich ihnen gegenüber dadurch, daß alle empirischen Divergenzen in einer Einheit, nämlich im Gottesbewußtsein, aufgehoben sind. Um sich zu manifestieren, muß es sich jedoch »mit einer sinnlichen Erregtheit des Selbstbewußtseins vereinigen«[2]. Neben den Parallelen in bezug auf das Religionskonzept orientiert sich Simmel auch terminologisch an Schleiermacher. Wie bereits angeführt, verwendet der Theologe den Begriff der Frömmigkeit. Entsprechend bezeichnet Simmel Frömmigkeit als »die Stimmung der Seele, die zur Religion wird, sobald sie sich in besondere Gebilde projiziert«; sie ist »die Religiosität gleichsam noch im fließenden Zustand«[3].

Wie diese Gegenüberstellung zeigt, scheint das Grundmotiv der Simmelschen Religionssoziologie, ›religiöse Halbprodukte‹ zu identifizieren und von da aus nach dem Eigenständigen des Religiösen zu fragen, vom Religionsverständnis Schleiermachers angeregt worden zu sein. In dieser Perspektive kann Simmel den Analogien zwischen religiösen Vorstellungen und sozialen Sachverhalten anhand des Glaubens, der Einheitsvorstellung sowie Ähnlichkeiten zwischen dem Verhältnis des Individuums zu seiner Gruppe und der Beziehung zu seinem Gott nachgehen. Der Unterschied zu Schleiermacher besteht freilich darin, daß Simmel den Aufweis ›religiöser Halbprodukte‹ im Bereich des Sozialen in seine Differenzierungstheorie integriert und auf diese Weise einen explizit religionssoziologischen Ansatz entwirft.

Als Quelle für Simmels Charakterisierung des Glaubens als eines »religioiden Sachverhalts« kommen Augustins Bekenntnisse in Betracht.[4] In den *Confessiones* VI, 5 thematisiert der Kirchenvater den Sachverhalt, daß der Glaube nicht nur Bestandteil religiöser Praxis ist, sondern auch bereits die Basis für Vergesellschaftungsprozesse abgibt. Sein Argument ist ein genuin soziologisches: Je höher der Komplexitätsgrad von Vergesellschaftungsprozessen ist, desto mehr müssen sie sich auf den Glauben der an ihnen Beteiligten stützen. Dieser im Bereich des Sozialen notwendige Glauben – das ist das theologische Argument Augustins – stellt die Plausibilität für den religiösen Glauben her: »Und indem ich erwog, wie ich ja Unzähliges glaubte, was ich nicht sah oder wobei ich, als es geschah, nicht anwesend war: so viele Ereignisse in der Weltgeschichte, so viele Tatsachen von Orten und Stätten, die ich noch nicht gesehen hatte, so vieles meinen Freunden, so vieles den Ärzten, so vieles diesen und jenen Menschen

---

[1] SCHLEIERMACHER, a.a.O., I, 1830/31, 21.
[2] DERS., a.a.O., I, 1830/31, 59.
[3] REL, 65.
[4] Ich verdanke diesen Hinweis Hartmann Tyrell, Bielefeld.

glaubte, *weil ohne solchen Glauben jegliches Handeln in diesem Leben gelähmt würde*, schließlich wie ich mit unerschütterlichem Glauben festhielt, von welchen Eltern ich geboren sei, was ich nicht wissen konnte, wenn ich es nicht von anderen gehört hätte –, da überzeugtest du [sc. Gott] mich, daß nicht diejenigen, welche deinen Büchern, deren so festes Ansehen du bei allen Völkern begründet hast, Glauben schenkten, sondern diejenigen, die nicht glaubten, angeklagt werden müßten [...].«[1] Dieses Argument kehrt bei Simmel wieder, wenn er eine Analogie zwischen dem religiösen Glauben und dem Glauben innerhalb von Vergesellschaftungsprozessen konstatiert: »Eine ganz spezifische psychologische Tatsache wird damit bezeichnet, daß wir schlechthin ›an jemanden glauben‹: das Kind an die Eltern, der Untergebene an den Vorgesetzten, der Freund an den Freund, der Einzelne an sein Volk, der Liebhaber an die Geliebte, der Untertan an den Fürsten.«[2] Dien »praktischen Glauben« bezeichnet Simmel als ein »Grundverhalten der Seele, das seinem Wesen nach soziologisch ist, d.h. als ein Verhältnis zu einem dem Ich gegenüberstehenden Wesen aktualisiert wird«.[3] Simmel ist sich sicher, daß ohne diesen Glauben »die Gesellschaft, wie wir sie kennen, nicht bestehen würde«; er ist »eines der festesten Bänder, mittels derer die Gesellschaft zusammenhängt«[4]. Im Gottesglauben hat sich dieser Glaube dann von der Bindung an einen sozialen Gegenpart gelöst. Aber nicht erst darin ist er religiös, »sondern er ist es schon in seiner soziologischen Realisierung, die von vornherein ein von den Energien der formal religiösen Funktion durchdrungen ist«.[5]

Eine weitere Quelle für Simmels religionssoziologischen Ansatz scheint *Die Religion der Semiten* des Oxforder Alttestamentlers William Robertson Smith zu sein. Die beiden Auflagen der Religionsmonographie enthalten ein – als solches kenntlich gemachtes – Zitat eines allerdings nicht mit Namen genannten »Spezialkenners der altsemitischen Religion«[6]; es lautet: »Den arabischen Helden in der Zeit unmittelbar vor dem Islam fehlte die Religion im gewöhnlichen Sinne des Wortes in auffälligem Maße; um Götter und göttliche Dinge bekümmerten sie sich sehr wenig, und in Angelegenheiten des Kultus waren sie ganz nachlässig. Dagegen empfanden sie dem Stamm gegenüber eine gewisse religiöse Ehrfurcht, und das Leben eines Stammesgenossen galt ihnen als heilig und unverletzlich. Die-

---

[1] A. AUGUSTINUS, *Bekenntnisse*, aus dem Lateinischen übersetzt von A. HOFMANN (Bibliothek der Kirchenväter, Des Heiligen Kirchenvaters Aurelius Augustinus ausgewählte Schriften aus dem Lateinischen übersetzt, VII. Band), Kempten u. München 1914, 112 (meine Hervorhebung).
[2] REL, 70.
[3] REL, 73.
[4] Ebd.
[5] REL, 74.
[6] Vgl. REL, 61.

ser scheinbare Widerspruch wird indessen im Lichte der antiken Anschauung begreiflich, für die der Gott und seine Anhänger eine Gemeinschaft bilden, innerhalb deren der gleiche Charakter der Heiligkeit ebensowohl in den Beziehungen der Gläubigen zueinander wie in ihrem Verhältnis zur Gottheit zum Ausdruck kommt. Die ursprüngliche religiöse Gemeinschaft war der Stamm, und alle Verpflichtungen, die in der Verwandtschaft begründet sind, waren zugleich Bestandteile der Religion, und selbst wenn der Stammesgott zurückgetreten und fast in Vergessenheit geraten war, behauptete sich doch das Wesen der Stammesreligion in der bleibenden Heiligkeit des Blutbands.« Die im Text nicht ausgewiesene Quelle ist die 1899 erschienene deutsche Übersetzung der Semitenstudie des Oxforder Alttestamentlers William Robertson Smith.[1] Horst Firsching gibt zu bedenken, ob neben Durkheim nicht auch Simmels religionssoziologische Ausführungen in der *Moralwissenschaft* von dem Oxforder Theologen inspiriert sein könnten; er hätte nur die Originalausgabe von 1889 lesen müssen.[2] In der Tat weist Robertson Smith »wiederholt auf die zentrale Bedeutung der *Religion* für die *Gemeinschaft* und ihren sittlichen Zusammenhalt hin«[3]. Der in Simmels religionssoziologischem Aufsatz von 1898 enthaltene Passus über die »soziale Lebensform der Alt-Araber«, der als Illustration für die These von der Steigerung der sozialen Einheit zur Gottesidee dient[4], bestärkt die Vermutung, Simmel habe die Semitenstudie früh rezipiert. So schreibt er: Bei »semitischen Völkern, wie den Juden, Phöniziern, Kanaaniten hat die Art ihrer sozialen Vereinheitlichung und deren Wandlungen sich deutlich in dem Charakter ihres göttlichen Prinzips gespiegelt: so lange die Familieneinheit die herrschende Lebensform war, bedeutete Baal nur den Vater, zu dem die Menschen wie Kinder gehören; in dem Maaße, in dem die soziale Gemeinschaft fremdere, nicht blutsverwandte Zweige zusammenschließt, wird er der in objektiver Höhe thronende Herrscher; sobald die *soziale* Einheit den Charakter der Verwandtschaftlichkeit verliert, thut es auch die religiöse, so daß diese gleichsam als die reine abgelöste Form jener erscheint«[5]. Diese Ausführungen korrespondieren mit dem ent-

---

[1] Vgl. ROBERTSON SMITH, *Die Religion der Semiten*, 33. Die Passage in der *Religion* ist mit dem Text der Semiten-Studie bis auf folgende Abweichungen identisch: »auffälligem« statt »auffallendem; »Stamm« statt »Stamme«; »indessen« statt »indes«; »eine« statt *»eine«*; »zueinander« statt »zu einander«; »Religion, und« statt »Religion. Und«.
[2] Vgl. H. FIRSCHING, Émile Durkheims Religionssoziologie – *made in Germany?* Zu einer These von Simon Deploige, in: V. KRECH und H. TYRELL (Hg.), *Religionssoziologie um 1900*, Würzburg 1995, 351–363, hier: 359, Fn. 13.
[3] DERS., a.a.O., 358.
[4] Vgl. SozRel, 277f.
[5] SozRel, 278. Diesen Sachverhalt nimmt Simmel auch in die Religionsmonographie auf; vgl. REL, 84: »Solange das semitische Gemeinwesen auf der Stammesverwandtschaft ruhte, war er bei Juden, Phöniziern, Kanaaniten der Vater und die Gläubigen seine Kinder; wo es aber eine politische Einigung verschiedener Stämme wurde, mußte der Gott den Charakter

sprechenden Abschnitt im zweiten Kapitel »The Nature of the Religious Community, and the Relation of the Gods to their Worshippers« der Semitenstudie. Robertson Smith stellt zunächst heraus, daß die »relation between the gods of antiquity and their worshippers was expressed in the language of human relationship«[1], und fährt fort: As »father the god belongs to the family or clan, as king he belongs to the state; and in each sphere of the social order he holds the position of highest dignity«[2]. Bei der Skizze dieser Entwicklung legt der Orientalist besonderen Wert auf die Korrelation von Gottesvorstellung und Gesellschaftstruktur: Mit dem Übergang von Clanverbänden zur Nationenbildung »the worshippers of one god, being now men of different kindreds, united by political bonds instead of bonds of blood, could not be all thought of as children of the god. He was no longer their father but their king«[3].

Auch das von Simmel genannte Beispiel der Vereinheitlichung der Geschlechterdifferenz in bestimmten Göttern, das Simmel zusammen mit dem Beispiel der sozialen Lebensform der Alt-Araber zur Illustration der These anführt, »daß die inter-individuellen Formen des sozialen Lebens vielfach den religiösen Vorstellungen ihren Inhalt geben«[4], könnte der Semitenstudien entnommen worden sein. Robertson Smith beschreibt im zweiten Kapitel über »The Relations of the Gods to their Worshippers« unter anderem Wandlungen des Göttergeschlechts im Zusammenhang mit Änderungen des Verwandtschaftsrechts: »[H]eathenism shows its fundamental weakness, in its inability to seperate the ethical motives of religion from their source in a merely naturalistic conception of the godhead and its relation to man. Divine motherhood, like the kinship of men and gods in general, was to the heathen Semites a physical fact, and the development of the corresponding cults and myths laid more stress on the physical than on the ethical side of maternity, and gave a prominence to sexual ideas which was never edifying, and often repulsive. Especially was this the case when the change in the law of kinship deprived the mother of her old preeminence in the family, and transferred to the father the greater part of her authority and dignity. This change, as we know, went hand in hand with the abolition of the old polyandry; and as women lost the right to choose their own partners at will, the wife became subject to her husband's lordship, and her freedom of action was restrained by his jealousy, at the same time that her children became, for all purposes of inheritance and all duties

---

des Königs tragen, weil er jetzt nur aus viel größerer Distanz her, als ein viel abstrakteres Gebilde innerhalb des Ganzen stehen und dieses Innerhalb, sozusagen technisch, sich als ein Über gestalten konnte.«

[1] ROBERTSON SMITH, *Lectures*, 29.
[2] DERS., a.a.O., 40.
[3] DERS., a.a.O., 44.
[4] SozRel, 278.

of blood, members of his and not her kin. So far as religion kept pace with the new laws of social morality due to this development, the independent divine mother necessarily became the subordinate partner of a male deity; and so the old polyandrous Ishtar reappears in Canaan and elsewhere as Astarte, the wife of the supreme Baal. Or if the supremacy of the goddess was too well established to be thus undermined, she might change her sex, as in Southern Arabia, where Ishtar is transformed into the masculine 'Athtar.«[1] Simmel resümiert diesen Sachverhalt folgendermaßen: »Das psychologische Verwischen der Geschlechtergegensätze, das im sozialen Leben der Syrer, Assyrer und Lyder bedeutsam auftrat, vollendete sich in der Vorstellung von Gottheiten, die diese Gegensätze in sich einheitlich zusammenfaßten: der halbmännlichen Astarte, des mann-weiblichen Sandon, des Sonnengottes Melkarth, der mit der Mondgöttin die Symbole des Geschlechtes austauscht.«[2] Unabhängig von den religionsgeschichtlichen Details, die gegen Ende des 19. Jahrhunderts zum orientalistischen Standardwissen gehörten[3], besteht die Parallele beider Ausführungen darin, auf die Vereinheitlichung der Geschlechterdifferenzen *im Zuge gesellschaftsstruktureller Veränderung* hinzuweisen.

Trotz des identifizierten Zitates und des wahrscheinlichen Einflusses der Semitenstudie in bezug auf andere von Simmel angeführte Beispiele aus der semitischen Welt ist allerdings zu bedenken, daß zwischen dem Religionskonzept Simmels und dem von Robertson Smith Unterschiede bestehen. Dem Orientalisten zufolge ist Religion »the affair of the community rather than of the individual«[4]. »Religion did not exist for the saving of souls but for the preservation and welfare of society.«[5] She »is not an arbitrary relation of the individual man to a supernatural power, it is a relation of all the members of a community to a power that has the god of the community at heart, and protects ist law and moral order«[6]. In dieser Perspektive ist die enge Verknüpfung von Religion und Ethik eine selbstverständliche Konsequenz: »In ancient society ... the religious ideal expressed in the act of social worship and the ethical ideal which governed the conduct of daily life were wholly at one, and all morality – as morality was then understood –

---

[1] ROBERTSON SMITH, *Lectures*, 58f.

[2] SozRel, 278. Auch dieses religionsgeschichtliche Beispiel hat Simmel in seine Religionsmonographie aufgenommen; vgl. REL, 85.

[3] Vgl. etwa P. D. CHANTEPIE DE LA SAUSSAYE, *Lehrbuch der Religionsgeschichte*, 2 Bde., Freiburg i. Br. 1887–1889, 2., völlig neu bearb. Aufl. in Verbindung mit E. BUCKLEY et al., Freiburg i. Br. 1896–1897; 3., vollst. neu bearb. Aufl. in Verbindung mit anderen, Tübingen 1905, hier: Bd. I, 1. Aufl., 289 et pass.

[4] ROBERTSON SMITH, *Lectures*, 253f.; vgl. auch 258, 263 et pass.

[5] DERS., a.a.O., 29.

[6] DERS., a.a.O., 55.

was consecrated and enforced by religious motives and sanctions.«[1] Der in diesen Zitaten zum Ausdruck kommende Religionsbegriff steht also eher in der Nähe des Durkheimschen Verständnisses von Religion, während Simmel den Religionsbegriff zur Bezeichnung »eines selbständigen Gebildes und Verhaltens«[2] gerade für die Beziehung des Individuums zu Gott reserviert. Um es noch einmal in Erinnerung zu bringen: Simmel geht es in religionssoziologischer Perspektive zum einen darum, einen der Ursprünge von Religion in sozialen Verhältnissen offenzulegen. Zum anderen will er die »unermeßliche socialisierende Wirkung der Religion«[3] aufzeigen. Beide Absichten sind an der »*Beziehung* des Sozialen und des Religiösen« interessiert[4], nicht an deren *Identifikation*. Was aber Robertson Smith für Simmel interessant gemacht haben dürfte, ist seine sozialwissenschaftlich gehaltene Aufbereitung des religionsgeschichtlichen Materials. Diese Methode kommt insbesondere in der Analogisierung von religiösen und sozialen Sachverhalten zum Ausdruck. The »oldest religious und political institutions present a close analogy«[5]. Anhand dieser Sichtweise kann Simmel seine Auffassung von dem explizieren, was er in der Religionsmonographie »religiöse Halbprodukte« und das »religioide Moment« sozialer Relationen nennt.[6]

4. Der wissenschaftstheoretische Hintergrund des religionssoziologischen Ansatzes

Am Beispiel der Rezeption von Robertson Smith deutet sich die Spezifik des religionssoziologischen Ansatzes Simmels an. Ihm geht es um *Korrelationen* zwischen dem Religiösen und dem Sozialen, auf die mittels des *Analogie*verfahrens geschlossen werden. Da dem Analogieverfahren, wie der werkgeschichtliche Teil meiner Untersuchung zeigt, innerhalb der Simmelschen Religionssoziologie ein zentraler Stellenwert zukommt, sei im folgenden der wissenschaftsgeschichtliche Hintergrund dieser Methode

---

[1] DERS., a.a.O., 267.
[2] REL, 61.
[3] SD, 153.
[4] REL, 62 (meine Hervorhebung).
[5] ROBERTSON SMITH, *Lectures*, 21.
[6] Vgl. REL, 61. Allerdings hat Simmel den Passus über »religiöse Halbprodukte«, der das Zitat aus Robertson Smith's Semiten-Studie erläutert, erst in die zweite Auflage der Religionsschrift von 1912 eingefügt; vgl. das Variantenverzeichnis zu REL, 427f. Statt von »religiösen Halbprodukten« und einem »religioidem Moment« ist in der ersten Auflage noch von »sozialen Verhältnissen, Relationen der Menschen untereinander« die Rede, »die religiösen Wesens sind«; vgl. das Variantenverzeichnis zu REL, 427. Dennoch ist der Sachverhalt schon 1906 – und im übrigen auch bereits in der *Moralwissenschaft* und dem religionssoziologischen Aufsatz von 1898 – angedeutet.

beleuchtet. Indem Simmel das Analogieverfahren als ein »methodisches Betrachten« anwendet, steht seine Auffassung von Analogie zwischen der älteren Soziologie – etwa eines Spencer und von Lilienfeld – einerseits, die metaphysische Analogien zwischen der Gesellschaft und dem biologischen Organismus gezogen hat, – und Kant andererseits, für den der Analogie-Schluß lediglich ein regulatives Prinzip darstellt, das Erkenntnis erläutert, aber nicht der Erkenntniserweiterung im eigentlichen Sinn dient. Wenngleich Simmel die »soziologische[.] oder metaphysische[.] Analogie zwischen den Realitäten von Gesellschaft und Organismus« dezidiert ablehnt[1], kommt in bezug auf das Verfahren – neben Robertson Smith – zunächst der Einfluß Herbert Spencers in Frage. Der britische Philosoph und Soziologe begreift Gesellschaft als ein »eigenes Wesen«[2] und vergleicht sie mit biologischen Organismen[3], wobei die Ähnlichkeiten in »dem Parellelismus des Princips in der Anordnung ihrer Bestandteile«[4] bestehen. Er spricht von Parallelismen und Ähnlichkeiten[5], aber auch explizit von Analogien zwischen sozialen und biologischen Sachverhalten[6], die jeweils auf ein den verschiedenen Erscheinungen zugrunde liegendes allgemeines Gesetz zurückgehen; der Fortschritt der Organsiation etwa »entspricht bei einzelnen Organismen sowohl wie bei dem socialen Organismus stets demselben allgemeinen Gesetz: die Differenzirungen schreiten vom Allgemeinen zum Specielleren fort«[7]. Explizit auf Religion angewandt wird das Analogieverfahren in Paul von Lilienfelds *Religion betrachtet vom Standpunkte der real-genetischen Socialwissenschaft*. Zwar hat die Analogisierung naturwissenschaftlicher Erkenntnisse mit religiösen Inhalten eine längere Tradition[8], doch ist der Ansatz von Lilienfelds der erste, der Vergleiche zwischen naturwissenschaftlichen Einsichten auf der einen Seite und religiösen sowie sozialen Sachverhalten auf der anderen Seite anstellt. Al-

---

[1] SOZ, 34.
[2] SPENCER, *Die Principien der Sociologie*, Bd. II, 4.
[3] Vgl. DERS., a.a.O., 5–21.
[4] DERS., a.a.O., 4.
[5] Vgl. DERS., a.a.O., 38, 40 et passim.
[6] Vgl. DERS., a.a.O., 43f. et passim.
[7] Vgl. DERS., a.a.O., 35.
[8] Vgl. PFEIFER, Analogien zwischen Naturerkenntniss und Gotteserkenntniss, den Beweisen für Gottes Dasein und naturwissenschaftlicher Beweisführung, mit Bezugnahme auf Kant's Kritik der Gottesbeweise, in: *Philosophisches Jahrbuch* 3, 1890, 390–402, und 4, 1891, 9–21, den Überblicksartikel von O. ZÖCKLER, Biologie und Theologie, in: *Evangelische Kirchenzeitung*, 1886, Nr. 34, 713–748, sowie dessen Werke *Theologia naturalis* (O. ZÖCKLER, *Theologia naturalis. Entwurf einer systematischen Naturtheologie vom offenbarungsgläubigen Standpunkte aus*, Frankfurt a. M. und Erlangen 1860) und *Geschichte der Beziehungen zwischen Theologie und Naturwissenschaft* (O. ZÖCKLER, *Geschichte der Beziehungen zwischen Theologie und Naturwissenschaft mit besondrer Rücksicht auf die Schöpfungsgeschichte*, 2 Bde., Gütersloh 1877ff.).

lerdings handelt es sich Simmels Auffassung zufolge bei den Parallelen zwischen religiösen und sozialen Phänomenen nicht wie bei von Lilienfeld um »reale Analogieen«[1]. Das Analogie-Verfahren stellt vielmehr eine an die Gegenstände zu heuristischen Zwecken angelegte Methode dar.[2]

Der Analogie-Schluß als ein erkenntnis*produzierendes* Verfahren wird in John Stuart Mills *System of Logic* expliziert.[3] Mill umschreibt die herkömmliche Bedeutung des Analogieschlusses als »eine Art zu schließen, der man eine inductive Beschaffenheit zuschreibt, ohne daß sie jedoch einer vollständigen Induction gleichkommt«[4]. Üblicherweise werden solche Schlüsse mit dem Ausdruck Analogiebeweis bezeichnet; sie beruhen »auf jeder beliebigen Art von Aehnlichkeit ..., vorausgesetzt, daß sie nicht einer vollständigen Induction gleichkommen, – ohne die Aehnlichkeit der Beziehungen speciell hervorzuheben«[5]. Analogieschlüsse in diesem Sinne basieren auf der Formel: »[Z]wei Dinge gleichen einander in einem oder in mehreren Punkten; ein gewisser Satz gilt von dem einen, darum gilt er auch von dem anderen.«[6] Mill kritisiert allerdings an dieser Auffassung, daß sie nur den allgemeinen Typus aller Erfahrungsschlüsse beschreibt und sich nach ihr nicht zwischen Analogie und Induction unterscheiden lasse. Er stellt dagegen heraus, daß die vollständige Induction auf einer »unabänderlichen Verbindung« zwischen zwei verglichenen Gegenständen beruht, während beim Analogieschluß zuvor keine solche Verbindung nachgewiesen worden ist. Letzerer folgert »eine Aehnlichkeit aus anderen Aehnlichkeiten ..., ohne daß vorher ein Zusammenhang zwischen denselben erwiesen wäre«[7] und besitzt somit keinen Gewißheitsgrad, sondern lediglich ein bestimmtes Maß an Wahrscheinlichkeit[8]. Dem Analogieschluß im so verstandenen Sinne kommt ein heuristischer Wert zu. Der wissenschaftliche Forscher wird »die Analogie nur als einen Fingerzeig betrachten, der nach der Richtung

---

[1] P. VON LILIENFELD, Gedanken über die Socialwissenschaft der Zukunft, Bd. V: Religion betrachtet vom Standpunkte der real-genetischen Socialwissenschaft oder Versuch einer natürlichen Theologie, Hamburg 1881, XXI et passim.

[2] Vgl. SOZ, 34.

[3] DAHME, *Soziologie als exakte Wissenschaft*, 384f., zufolge hat Simmel den Analogieschluß Mills *Logik* entliehen. Da Mill jedoch zum Standardwissen des ausgehenden 19. Jahrhunderts gehört und wohl von allen sozialwissenschaftlichen Ansätzen übernommen worden ist (vgl. P. BARTH, *Philosophie der Geschichte als Soziologie*, Bd. 1: *Grundlegung und kritische Übersicht*, Leipzig 1895), muß Simmel in bezug auf die Methode nicht *unmittelbar* auf Mill zurückgehen. Immerhin aber steht er darin im Geiste der Millschen *Logik*.

[4] J. ST. MILL, *System der deduktiven und induktiven Logik. Eine Darlegung der Grundsätze der Beweislehre und der Methoden wissenschaftlicher Forschung*, Bd. 2. Unter Mitwirkung des Verfassers übersetzt und mit Anmerkungen versehen von TH. GOMPERZ (Gesammelte Werke, Bd. 3), 2. deutsche Aufl. Leipzig 1885, 286.

[5] DERS., a.a.O., 287.

[6] Ebd.

[7] DERS., a.a.O., 291.

[8] Vgl. DERS., a.a.O., 288 und 292.

hinweist, in welcher strengere Untersuchungen vorzunehmen sind«[1]. Gerade weil aus dem Analogieschluß gewonnene Hypothesen nicht den Status wissenschaftlicher Wahrheit im Sinne unwiderruflicher Erkenntnis haben, besitzen sie »den allerhöchsten wissenschaftlichen Wert«[2]; sie stimulieren wissenschaftliche Forschung und bieten die Basis »zur Entdeckung weiterer, nach derselben Richtung hinweisender Analogien«[3]. Die Spezifik des Simmelschen Analogieverfahrens liegt im Unterschied zu Mills Logik allerdings darin, daß er die Analogie im Rahmen seiner Konzeption der »geistigen Attitüde« verortet: »[N]icht eine zufällige Gleichheit unabhängiger Erscheinungen, sondern die Einheit einer seelischen Kategorie«[4] ist gemeint.

5. Das Verhältnis von Simmels und Durkheims Religionsverständnis

Aufgrund der Strukturgleichheit zwischen bestimmten religiösen Vorstellungen und sozialen Sachverhalten kann das von Simmel angewandte Analogieverfahren sogar dazu führen, eine Homologie zwischen der Gottesidee und der sozialen Gesamtheit zu konstatieren: »Wenn eine geklärte Gottesidee ihr Wesen darin hat, dass alle bunten Mannigfaltigkeiten, alle Gegensätze und Verschiedenheiten des Seins und des Sollens und insbesondere unsere ganzen Lebensinteressen in ihm ihren Ursprung und zugleich ihre Einheit finden, so können wir nun ohne Weiteres die soziale Gesammtheit an seine Stelle setzen.«[5] Das »tiefere Wesen der Religion, insoweit sie Sittenlehrerin ist,« liegt darin, »dass Gott die Personifikation der Allgemeinheit als Gesetzgeberin für den Einzelnen ist«.[6] Entsprechend ist der Begriff Gottes »nur die substanziirte Idee eines Urquells der sittlichen Gebote, die der Einzelne als Thatsache vorfindet«[7]. Aussagen dieser Art erinnern unmittelbar an Durkheims religionssoziologische Kernthese, Gott sei ledig-

---

[1] DERS., a.a.O., 292.
[2] Ebd.
[3] DERS., a.a.O., 293. Als weitere Quelle für das Analogieverfahren ist Goethes Verwendung des Analogiebegriffs anzuführen; vgl. GOE, 85. Wenn Simmel auch erst später über Goethe publiziert hat (vgl. den Aufsatz »Kant und Goethe« von 1899), so ist seine Goethe-Lektüre doch früh belegt; vgl. etwa die Rezension des von Hermann Oldenberg edierten Briefwechsels zwischen Goethe und Carlyle (1887), die Erwähnung Goethes im Aufsatz »Zur Psychologie der Frauen«, 80, und in der *socialen Differenzierung*, 280.
[4] REL 1906, 33.
[5] EMI, 423f.
[6] EMI, 426.
[7] EMI, 422.

lich der »symbolische Ausdruck der Kollektivität«[1], die »transfigurierte und symbolisch gedachte Gesellschaft«[2]. In der Literatur wird daher immer wieder von Simmels »Vorwegnahme der Religionssoziologie Emile Durkheims« gesprochen.[3] Abgesehen von der Fragwürdigkeit einer direkten und pauschalen Parallelisierung beider Ansätze[4], geht es in unserem Zusammenhang nur darum, ob Durkheim mit zu den Quellen der Religionssoziologie Simmels zu rechnen ist.[5] Dies kann nach Stand der Forschung nur mit dem Aufsatz »Beiträge zur Erkenntnistheorie der Religion« einsetzen, der sich auf Durkheims »De la définition phénomènes religieux« aus dem Jahre 1899 zu beziehen scheint. Als ein Indiz für die Vermutung, daß Simmel in seinem erkenntnistheoretischen Artikel auf Durkheims Ansatz indirekt reagiert, ist der Sachverhalt anzuführen, daß in der französischen Fassung des Aufsatzes, die von Elie Halévy auf dem *Premier Congrès International de Philosophie* im August 1900 in Paris stellvertretend für den verhinderten Simmel vorgetragen worden ist[6], von dem gesperrt gedruckten »*fait religieux*« als Übersetzung für »das religiöse Wesen« die Rede ist.[7] Mit dieser Formulierung, die einen deutlichen Anklang an Durkheims »fait sociale« hat, scheint sich Simmel gegen die Auffassung des französischen Soziologen zu wenden, Religion als einen *ausschließlich* sozialen Tatbe-

---

[1] É. DURKHEIM, *Erziehung, Moral und Gesellschaft. Vorlesung an der Sorbonne 1902/1903*, Frankfurt a. M. 1984, 151.

[2] É. DURKHEIM, Bestimmung der moralischen Tatsache, in: DERS., *Soziologie und Philosophie*, Frankfurt a. M. 1976, 84–117, hier: 105.

[3] So etwa H.-J. HELLE, Einleitung, in: *Georg Simmel. Gesammelte Schriften zur Religionssoziologie*, hgg. und mit einer Einleitung von H.-J. HELLE in Zusammenarbeit mit A. HIRSELAND und H.-CH. KÜRN, Berlin 1989, 7–35, hier: 29.

[4] Horst Firsching weist zurecht darauf hin, daß die »durchaus gleich klingenden Argumentationen beider Gelehrter ... in anderen Traditionslinien [stehen]. [...] Selbst wenn Durkheim sich von Simmel hätte inspirieren lassen, so hätten Simmels Gedanken im theoretischen System Durkheims einen ganz anderen Stellenwert.« FIRSCHING, Émile Durkheims Religionssoziologie – made in Germany?, 356. Auch H. TYRELL, »Das Religiöse« in Max Webers Religionssoziologie, in: *Saeculum* 43, 1992, 172–230, hier: 175, hält Simmels Aufsatz »Zur Soziologie der Religion« zwar für eine »Vorformulierung« des »Schlüsselargumentes« der Religionssoziologie Durkheims, weist aber zugleich auf die prinzipiellen Differenzen zu Durkheims religionssoziologischem Programm hin: »Simmels ›Einheits‹-Überlegungen führen deutlich heran an dessen religionssoziologische ›idée directrice‹, nämlich an die starke These, in den heiligen Objekten materialisiere sich ›die Gesellschaft‹[,] und das Heilige *sei* substantiell ›die Gesellschaft‹, diese werde sich in der Religion ihrer selbst bewußt. Nur: wo Durkheim das eine mit dem anderen *identifiziert,* da geht es Simmel um Korrelation, um Abfolge- und Steigerungsverhältnisse.« A.a.O., 177. Es ist gerade das Analogieverfahren, das Simmels Ansatz fundamental von Durkheims Konzeption unterscheidet.

[5] Vgl. dazu jetzt O. RAMMSTEDT, Das Durkheim-Simmelsche Projekt einer »rein wissenschaftlichen Soziologie« im Schatten der Dreyfus-Affäre, in: *Zeitschrift für Soziologie* 26, 1997, 444–457.

[6] Vgl. KRAMME, RAMMSTEDT, RAMMSTEDT, Editorischer Bericht, 362.

[7] Vgl. RelThC, 320; ich verdanke diesen Hinweis Otthein Rammstedt, Bielefeld.

stand zu fassen. Durkheim bestimmt Religion in seinem religionssoziologischen Aufsatz »De la définition des phénomènes religieux« von 1899 als »eine mehr oder weniger organisierte und systematisierte Einheit« religiöser Phänomene; diese wiederum bestehen aus »verpflichtenden Glaubensformen, welche mit definierten Handlungsweisen verbunden sind, die sich auf die in den Glaubensvorstellungen gegebenen Objekte beziehen«[1]. Bei dieser Definition liegt der Akzent auf dem obligatorischen Charakter der Glaubensvorstellungen und religiösen Praktiken. Das entscheidende Argument der religionssoziologischen Position Durkheims besteht nun darin, daß alles, was verpflichtenden Charakter besitzt, sozialen Ursprungs ist. Folglich ist der »Ursprung der Religion nicht in individuellen Gefühlen, sondern in kollektiven Anschauungen zu finden«; denn: »Wäre sie im Bewußtsein des einzelnen gegründet, dann könnte sie niemals für das Individuum diesen Zwangscharakter besitzen.«[2] In dieser Perspektive ist Religion somit als ein sozialer Tatbestand, als ein »fait sociale«, zu verstehen.[3] Es ist nicht auszuschließen, daß Durkheim Simmels religionssoziologischen Aufsatz von 1898 direkt oder via Bouglé rezipiert und sich in »De la définition des phénomènes religieux« von 1899 gegen Simmels Position konzeptionell abzugrenzen versucht hat. Simmel wiederum scheint, wofür die Rede vom »*fait religieux*« ein Indiz ist, Durkheims Aufsatz gelesen zu haben. Demnach reagiert er auf Durkheim erstens damit, daß er das Thema Religion in Paris vorzutragen gedenkt und zweitens mit dem impliziten Vorwurf an Durkheim, daß seine »définition« erkenntnistheoretische Mängel aufweise. Gegenüber dem Durkheimschen Religionskonzept unterscheidet Simmel in den »Beiträgen zur Erkenntnistheorie der Religion« zwischen religiösen Inhalten und der Religion »als subjektiv-menschlichem Prozesse«. Auf der Basis dieser Differenz ist Religion in wissenschaftlicher Perspektive »ein Vorgang im menschlichen Bewußtsein und weiter nichts«[4]. Der ›Ursprung‹ von Religion liegt für Simmel somit in psychischen Prozessen des einzelnen Bewußtseins, von denen aus es dann – ganz in völkerpsychologischer Perspektive – zur Ausbildung von Religion als einer objektiven Größe kommt. Soziale Sachverhalte sind als eine der Quellen für Religion nur insofern in Betracht zu ziehen, als sich die religiöse Kategorie unter anderem an sozialen Beziehungen manifestiert.[5] Gemäß dem Analogieverhältnis von psychologischen und sozialen Prozessen spiegelt die religiöse Kategorie, die divergierende Empfindungen vereinheitlicht, die Wechselwirkungen zwischen Individuen wider. Die Entwicklung, an deren Ende die ausdiffe-

---

[1] DURKHEIM, Zur Definition religiöser Phänomene, 136.
[2] DERS., a.a.O., 137.
[3] Vgl. DERS., a.a.O., 138.
[4] BERel, 9.
[5] Vgl. BERel, 13.

renzierte Religion mit spezifisch religiösen Inhalten steht, nimmt ihren Ausgang auf der psychischen Ebene des individuellen Bewußtseins und verläuft nur in einem Zwischenstadium in sozialen Verhältnissen. Gegenüber der Position Durkheims hebt Simmel also hervor, daß der »fait religieux« nicht in einem einem »fait sociale« aufgehe und das Religionsphänomen somit umfassend nicht mit Soziologie zu begreifen sei. Durkheims Aufsatz »De la définition des phénomènes religieux« von 1899 ist also insofern zu den möglichen Bezugsquellen Simmels zu zählen, als das Religionskonzept des französischen Soziologen Simmel dazu gedient haben kann, sich von ihm abzusetzen und seine eigene Religionstheorie auch erkenntnistheoretisch zu festigen.

II. Quellen und Ort
von Simmels kulturwissenschaftlichem Religionskonzept

Simmels kulturwissenschaftliches Konzept von Religion basiert (1) auf der begrifflichen Unterscheidung von objektiver Religion und subjektiver Religiosität, (2) auf der Annahme der Individuationsfunktion von Religion und (3) auf der Verhältnisbestimmung von Religion und Kultur. An diesen drei Elementen orientiert sich die nachfolgende Skizze der Quellen und des Ortes von Simmels kulturwissenschaftlichem Religionskonzept.

1. Die Unterscheidung von subjektiver Religiosität und objektiver Religion

Simmels kulturwissenschaftliches Konzept von Religion ist von der bereits seiner Religionssoziologie zugrunde liegenden Unterscheidung von Religiosität und Religion bestimmt, die mit der Differenz zwischen objektiver und subjektiver Kultur korreliert. Wenngleich die Unterscheidung nicht immer konsequent beibehalten wird, meint Religion doch in der Regel den in der Sozial- und Sachdimension ausdifferenzierten gesellschaftlichen Teilbereich mit eigener Organisation, spezifischen Institutionen und Glaubensinhalten, während Religiosität eine auf einer eigenen Bewußtseinskategorie basierende Formung religiöser Individualität meint. Bereits Schleiermacher führt die Unterscheidung von subjektiver und objektiver Religion in seiner Dogmatik an: »Sofern ... die Beschaffenheit der frommen Gemütszustände des Einzelnen nicht ganz in dem aufgeht, was als gleichmäßig in der Gemeinschaft anerkannt worden ist, pflegt man jenes rein Persönliche seinem Inhalt nach betrachtet die *subjektive Religion* zu nennen, das Gemeinsame aber die *objektive*«.[1]

Diese Unterscheidung ist um die Jahrhundertwende zu einem Allgemeingut geworden. In besonders klarer Weise wird die begriffliche Differenz in dem 1893 erschienenen *Lehrbuch der Religionsphilosophie* von Hermann Siebeck herausgearbeitet[2]: »Das Subjektive der Religion in sei-

---

[1] SCHLEIERMACHER, Der christliche Glaube I, 1830/31, 46. Allerdings bezeichnet er diesen Sprachgebrauch aufgrund der semantischen Unklarheiten als »höchst unbequem«.
[2] Vgl. H. SIEBECK, Lehrbuch der Religionsphilosophie, Freiburg i. Br. und Leipzig 1893, hier: 263–268; siehe auch TH. STEINMANN, Gedanken über subjektive und objektive Religion,

nem Unterschiede vom Objektiven lässt sich bestimmen als der Bestand von religiösen Gedanken, Gefühlen, Stimmungen und Ahnungen, die als Inhalte des individuellen, wie des Gemeinschafts-Bewusstseins auftreten und sich als solche von andersartigen Inhalten desselben unterscheiden. Als die objektive Seite aber erscheint der Bestand von theils mündlich, theils schriftlich überlieferten Lehren, Dogmen, Geboten und Verboten, Verheissungen, und nicht minder eine Summe von Handlungen theils symbolischer, theils unmittelbar gegenständlicher Art, welches alles dazu dient, eine Gemeinschaft als von dem gleichen religiösen Geiste erfüllt aufzuweisen und sie darin zu kräftigen und zu erhalten.«[1] Nicht zuletzt wegen seiner Prominenz kommt das Buch als eine Inspirationsquelle für Simmels Religionssoziologie und -philosophie in Frage.[2]

Die Durchsicht der Arbeiten um die Jahrhundertwende, die explizit oder implizit den Religionsbegriff verhandeln, zeigt die allgemeine Verbreitung der Unterscheidung von objektiver Religion und subjektiver Religiosität. Rudolph Schultze etwa differenziert in seiner »philosophischen Skizze« zwischen Religion als einem »*objektiven Verhältnis*«, als einer »historischen Größe« neben anderen Gebilden wie Staat, Gesellschaft, Wissenschaft, Technik und Kunst einerseits und Frömmigkeit beziehungsweise Religiosität als einem »*subjektiven Verhalten*, einer psychologischen Erscheinung« andererseits.[3] Religion wird bestimmt als »ein reciproker Begriff, insofern er das Wechselverhältnis zwischen Menschen und übermenschlichen Wesen bezeichnet«[4]. Andere Autoren gründen die Unterscheidung auf das Dual Individuum und Gemeinschaft; während die Religion des Individuums als subjektive Religion bezeichnet werden könne, stelle die Religion der Gemeinschaft die objektive Form dar.[5] Neben der expliziten Unterscheidung beider Begriffe wird sie implizit mitgeführt, wenn es um die Frage nach dem Ursprung beziehungsweise der Genese

---

in: *Die Christliche Welt. Evangelisches Gemeindeblatt für Gebildete aller Stände* 21, Nr. 52, 1907, 1276–1277.

[1] SIEBECK, a.a.O., 264.

[2] Zum Einfluß Siebecks auf Max Weber vgl. KÜENZLEN, Unbekannte Quellen der Religionssoziologie Max Webers, und H. G. KIPPENBERG, Max Weber und die vergleichende Religionswissenschaft, in: *Revue Internationale de Philosophie* 192/2, 1995, 127–153, hier: 145ff.

[3] Vgl. R. SCHULTZE, Die Religion. Ein (sic!) philosophische Skizze, in: *Zeitschrift für Missionskunde und Religionswissenschaft* XVI, 1901, 257–261, 289–305, 335–338, 358–365, hier: 257; vgl. auch BRAASCH, Das psychologische Wesen der Religion, 165, der allerdings zwischen »objectiven Religionen« im Plural und »subjectiver Religion« im Singular differenziert. Letztere faßt er auch als Frömmigkeit.

[4] SCHULTZE, Die Religion, 258.

[5] So beispielsweise bei M. CHRISTLIEB, Individualismus und Religion, in: Wartburgstimmen. Halbmonatsschrift für das religiöse, künstlerische und philosophische Leben des deutschen Volkstums und die staatspädagogische Kultur der germanischen Völker, II, 1904, 1. Bd., Nr. 9, 562–569, hier: 565.

II. Quellen und Ort von Simmels kulturwissenschaftlichem Religionskonzept

von Religion geht. Diese Frage wird in der Regel als ein Bestandteil der Wesensbestimmung von Religion erachtet.[1] Um die Jahrhundertwende wird durchgängig zwischen dem objektiven, sei es historischen, sei es transzendent-metaphysischen, und dem psychologischen Ursprung der Religion unterschieden.[2] Während die psychologische Beantwortung der Ursprungsfrage den Begriff der subjektiven Religiosität voraussetzt, basiert die historische wie die metaphysische Klärung der Ursprungsfrage auf dem Begriff der objektiven Religion. Der religionsgeschichtlichen Methode zufolge wird Religion als »eine empirisch gegebene Größe« aufgefaßt. Sie »untersucht die verschiedenen Religionen, vergleicht sie auf ihre Ähnlichkeit und Unähnlichkeit hin und sucht so einen gemeinsamen Begriff hervorzubringen, welcher das Wesen der Religion bezeichnen soll«[3]. Entsprechend bestimme sich das Wesen der Religion aus der »Summe der Merkmale, welche den geschichtlichen Religionen gemeinsam sind«[4]. Für unseren Zusammenhang ist entscheidend, daß die historische Methode von zahlreichen Autoren als ergänzungsbedürftig eingeschätzt wird, um das Wesen der Religion vollständig zu bestimmen. Innerhalb dieses Einwandes kommt dann auch die Differenz von objektiver und subjektiver Religion zur Sprache. So formuliert etwa August Dorner: »Allein wenn man auch lediglich von der Gegebenheit ausgeht und das Wesen der Religion durch Vergleichung der empirisch gegebenen Religionen verstehen will, so ist es doch vollkommen einseitig, wenn man lediglich bei der objektiv gewordenen historischen Religion stehen bleibt und nur objektive Religion, nur religiöse Gemeinschaft anerkennt. Hier fehlt ein für alle Religionen wesentliches Moment, daß sie ihren Verlauf nicht bloß in der Gemeinschaft, sondern in den Subjekten hat.«[5] Als Ergänzung des historischen Verfahrens schlägt der Autor die psychologische Methode vor, »welche den Verlauf

---

[1] Vgl. M. Schulze, Ursprung und Wesen der Religion, in: *Deutsch-evangelische Blätter. Zeitschrift für den gesamten Bereich des deutschen Protestantismus* XXXI, 1906, 145–157, hier: 145, ist sogar der Ansicht, daß sich die Frage nach dem Wesen der Religion von der nach ihrem Ursprung gar nicht trennen läßt: »Eine Sache verstehen heißt nicht bloß gewisse Merkmale angeben können, durch welche sie sich von anderen mit ihr vergleichbaren unterscheidet, sondern zugleich sich über die Gründe ihres Daseins und Soseins klar geworden sein.« Der Zusammenhang beider Fragen hat dem Autor zufolge zur Konsequenz, »daß die Art, wie man die Religion ableitete, wieder bestätigend und verfestigend auf die Auffassung ihres Wesens und die Beurteilung ihres Wertes zurückwirkte«.
[2] Vgl. etwa Schultze, Die Religion, 258ff. u. 289.
[3] Dorner, Über das Wesen der Religion, 271f.
[4] Kaftan, *Wesen der christlichen Religion*, 5; vgl. auch dessen *Dogmatik* (J. Kaftan, *Dogmatik*, 5. und 6. verb. Aufl. Tübingen 1909 [1. Aufl. 1897]), sowie Th. Häring, *Der christliche Glaube*, Calw 1906, 43ff.
[5] Dorner, a.a.O., 218.

des religiösen Prozesses in den Subjekten verfolgt«[1]. Während in historischer Sicht Religion als die »objektive Religion«, als äußere Offenbarung und religiöse Gemeinschaft erscheint[2], sei sie in psychologischer Perspektive zunächst als »subjektive Religion«, als ein »empfängliches Verhalten, welches sich überall auf das schlechthinnige Abhängigkeitsverhältnis gründet«[3], zu begreifen. Die gleiche Unterscheidung führt auch Emil W. Mayer als eine »Eigentümlichkeit« an, die »für die Methodik der Gegenwart bezeichnend ist«: »Von jeher ist es ja geschehen, daß man sich bei den Bemühungen um Einsicht in das Wesen der Religion nicht bloß begnügt hat, die geschichtlichen Religionen, die ›objektive‹ Religion, sei es in ihrer Gesamtheit, sei es in einzelnen Exemplaren zu Rate zu ziehen, sondern zugleich auf die Beobachtung der individuellen Religiosität, sagen wir einmal, der ›subjektiven‹ Religion ebenso eifrig bedacht gewesen ist. Das historische Verfahren ist stets ergänzt worden durch das im engeren Sinne psychologische, und umgekehrt.«[4] Andere Positionen stellen die psychologische Betrachtung *gegen* die historische Methode. So bestreitet Ernst von Aster der historischen Verfahrensweise die Möglichkeit, mittels der komparativen Betrachtung auf das allen Erscheinungsformen von Religion Gemeinsame, Einheitliche, auf das Wesen der Religion schließen zu können, weil ihr das dazu nötige Kriterium fehle: »[W]er sagt uns, daß diese Züge das *Wesentliche*, den *Kern* der Religion ausmachen? Und wenn wir *verschiedene* solcher Züge ausfindig machen, was gibt diesen Zügen *Einheit*, was berechtigt oder veranlaßt uns, Gebilde dieser Art mit einem gemeinsamen Namen zu belegen und unter *einen* Begriff, eben den Begriff der Religion zu fassen?«[5] Statt dessen schlägt der Autor eine psychologische Betrachtung oder wenigstens ein Verfahren vor, dessen Ausgangspunkt in der Psychologie liege. Sein Argument ist ein idealistisches: Kulturgebiete, wie Wissenschaft, Kunst und eben auch Religion, seien Erzeugnisse des menschlichen Geistes. Als solche verdankten sie ihre Existenz bestimmten Vorgängen im Bewußtsein, »entspringen sie bestimmten Motiven, bestimmten *Bedürfnissen* des menschlichen Geistes – dienen sie der Befriedigung dieser Be-

---

[1] Ebd. Beide Verfahrensweisen wiederum bedürfen der Ergänzung um die spekulativ-genetische Methode, weil weder die psychologische noch die historische Perspektive in der Lage sind, die konkreten und verschiedenen Elemente der einzelnen Religionen zu erfassen.

[2] DERS., a.a.O., 276.

[3] DERS., a.a.O., 275. Die Wirkung des Schleiermacherschen Religionsbegriffs ist hier unverkennbar.

[4] MAYER, Zum Stand der Frage nach dem Wesen der Religion, 5f.; in diesem Zusammenhang führt er auch H. MAIER, *Psychologie des emotionalen Denkens*, Tübingen 1908, 507, an, der von einer »religionsgeschichtlich orientierten analytischen Arbeit des Psychologen« spricht.

[5] E. VON ASTER, Zum Begriff der Religion, in: *Religion und Geisteskultur* 2, 1908, 183–206, hier: 183.

dürfnisse«[1]. Entsprechend »gäbe es keine Religion, wenn es nicht ein religiöses Empfinden und ein religiöses Bedürfnis gäbe«[2]. Innerhalb der Debatten um den Religionsbegriff wird Religiosität als eine anthropologische Konstante auf der Ebene des Subjekts verstanden, die sich in objektive Religion mit Glaubensinhalten und Institutionen entäußert; beide Größen stehen in einem Wechselwirkungsverhältnis.[3] Diese Differenzierung resultiert aus der Religionskritik der Aufklärung, mit der Religion in den Verdacht geriet, nicht »vernünftig« zu sein. In diesem Sinne finden sich Religion und Theologie in den geschichtsphilosophischen Modellen des 18. und 19. Jahrhunderts historisiert, so bei St. Simon, Comte, Spencer und anderen. Religion neben einer verobjektivierten Größe auch auf der Seite der »Innerlichkeit« zu plazieren, eröffnet dann die Chance, Religion nicht ausschließlich als Objekt fassen zu müssen. Der wissenschaftliche Umgang mit Religion kann und muß sie freilich als verdinglichte Objektivation begreifen. Indem jedoch berücksichtigt wird, daß sie im Erleben ihren Ausgang nimmt, geht Religion – wie im übrigen auch Kunst – nicht im Erklären auf und kann vor destruierender Kritik geschützt werden.

2. Die Individuationsfunktion von Religion

Die Art der Quellen, auf die Simmel für seine Religionstheorie zurückgreift, vor allem aber die kulturwissenschaftliche Behandlung des Theologumenons vom »Heil der Seele« verrät den großen Einfluß des Kulturprotestantismus. Beispielsweise führt Harnack in seiner bereits genannten

---

[1] Ebd.
[2] Ebd.
[3] Vgl. SIEBECK, *Lehrbuch der Religionsphilosophie,* 265ff. Dieser Unterscheidung sind auch die Religionskonzepte des Kulturprotestantismus verpflichtet. Diese Richtung im deutschen Protestantismus um die Jahrhundertwende stellt zwar die »Persönlichkeit« in den Mittelpunkt, trägt damit aber keinesfalls das Christentum als eine objektive Größe zu Grabe. Vielmehr versucht der Kulturprotestantismus, die tradierten Offenbarungsinhalte mit den sozialen und kulturellen Anforderungen der modernen Gesellschaft zu synthetisieren. Zum Kulturprotestantismus um die Jahrhundertwende vgl. F. W. GRAF, Kulturprotestantismus. Zur Begriffsgeschichte einer theologischen Chiffre, in: *Archiv für Begriffsgeschichte* XXVIII, 1984, 214–268; G. HÜBINGER, Kulturprotestantismus, Bürgerkirche und liberaler Revisionismus im wilhelminischen Deutschland, in: W. SCHIEDER (Hg.), *Religion und Gesellschaft im 19. Jahrhundert* (Schriftenreihe des Arbeitskreises für moderne Sozialgeschichte, Bd. 54), Stuttgart 1993, 272–299; G. HÜBINGER, Protestantische Kultur im wilhelminischen Deutschland. Zum Forschungsstand, in: *Internationales Archiv für Sozialgeschichte der deutschen Literatur* 16, 1991, 174–199; G. HÜBINGER, *Kulturprotestantismus und Politik. Zum Verhältnis von Liberalismus und Protestantismus im wilhelminschen Deutschland*, Tübingen 1994, sowie den Abschnitt über die Diskussion des Verhältnisses von Religion und Kultur und den entsprechenden Passus im zweiten Kapitel des zweiten Teils meiner Untersuchung.

Vorlesung über das Wesen des Christentums als wesentlichen Bestandteil der christlichen Überlieferung den »unendlichen Wert der Menschenseele« an[1]; und auch Troeltsch spricht in seiner *Glaubenslehre* vom »unendlichen Wert der Seele«[2]. Der Begriff Kulturprotestantismus ist nicht eindeutig bestimmbar und wird in der Sekundärliteratur zur Bezeichnung heterogener Sachverhalte benutzt. In theologiegeschichtlicher Hinsicht dient er als Epochenbegriff für die protestantische Theologie zwischen Schleiermacher und Troeltsch im allgemeinen[3] oder zur Charakterisierung der maßgeblich von Albrecht Ritschl geprägten theologischen Bewegung, die sich um die von Martin Rade herausgegebene Zeitschrift *Die Christliche Welt* zentrierte.[4] Wenngleich die Genese der Wortprägung bislang nicht geklärt ist und sich der Begriff zuerst als polemische Fremdbezeichnung der konservativen innerprotestantischen Gegner durchgesetzt hat[5], wird der Begriff in unserem Zusammenhang als »eine sozial- und frömmigkeitsgeschichtliche Kategorie zur Bestimmung des Wertekosmos des protestantischen Bildungsbürgertums im wilhelminischen Deutschland«[6] benutzt. In dieser Verwendung bezeichnet der Begriff »eine generelle Umformung traditioneller christlicher Glaubensgehalte zu spezifisch bürgerlichen Normen und Kulturidealen, d. h. zu handlungsorientierenden Wertvorstellungen, in denen sowohl eine relative Akzeptanz der vom modernen Kapitalismus geschaffenen Lebensordnung als auch das Interesse an aktiver Weltbeherrschung bzw. an praktischer Autonomie der individuellen Persönlichkeit religiös fundiert und legitimiert«[7] wird. Die theologische Richtung des Kulturprotestantismus basiert somit auf derselben Motivlage wie Simmels Versuch, Theologumena wie das Reich Gottes, die Persönlichkeit Gottes und das Heil der Seele auf ihre individualitätskonstitutive Bedeutung, auf die Relevanz für die subjektive Kultur hin zu interpretieren. Von daher ist der Kulturprote-

---

[1] Vgl. HARNACK, *Das Wesen des Christentums*, 40ff.

[2] E. TROELTSCH, *Glaubenslehre*. Nach Heidelberger Vorlesungen aus den Jahren 1911 und 1912. Mit einem Vorwort von M. TROELTSCH, München und Leipzig 1925, hier: 285ff.

[3] Vgl. T. RENDTORFF, Der Kulturprotestantismus, in: W. SCHMIDT (Hg.), *Gesellschaftliche Herausforderung des Christentums*, München 1970, 9–18.

[4] Vgl. H. TIMM, *Theorie und Praxis in der Theologie Albrecht Ritschls und Wilhelm Herrmanns. Ein Beitrag zur Entwicklungsgeschichte des Kulturprotestantismus* (Studien zur evangelischen Ethik, Bd. 1), Gütersloh 1967.

[5] Vgl. GRAF, Kulturprotestantismus, bes. 224ff. und 263ff.

[6] DERS., a.a.O., 215f.

[7] DERS., a.a.O., 216. Gangolf Hübinger nennt als Minimaldefinition die in den Statuten des Deutschen Protestantenvereins genannte Formel von der »Erneuerung der protestantischen Kirche im Geiste evangelischer Freiheit und im Einklang mit der gesamten Kulturentwicklung unserer Zeit«; zitiert nach HÜBINGER, *Kulturprotestantismus und Politik*, 1. Im übrigen schreibt Hübinger die Geschichte des Kulturprotestantismus im wilhelminischen Zeitalter als eine Geschichte »ihres sozialgeschichtlichen Niederschlags, ihrer ideengeschichtlichen Ausdeutung und ihrer politikgeschichtlichen Konsequenzen«; ebd.

stantismus als ein zentraler geistes- und ideengeschichtlicher Hintergrund anzusehen, vor dem Simmel sein kulturwissenschaftliches Konzept von Religion entwickelt und auf dem es basiert.

Darüber hinaus weist Simmels Konzept einer individuellen Religiosität Bezüge zur philosophischen, theologischen und nicht zuletzt gesellschaftspolitischen Diskussion um die Jahrhundertwende auf. In bestimmten Strömungen wird Religion als Sache des Individuums beschrieben und auf das unmittelbare Gottesverhältnis der Seele bezogen. Sie »stellt den Menschen als Geschöpf seinem Schöpfer gegenüber und bringt zugleich denselben Menschen als Kind mit seinem Vater in das innigste persönliche Verhältnis«[1]. Zugleich aber wird darauf hingewiesen, daß Religion ebenso Gemeinschaftssache ist. »[W]irkliche, konkrete Religion ist überall, wo sie sich findet, Sache einer Gemeinschaft, der Einzelne überkommt sie von einer Gemeinschaft[,] und sie wirkt überall gemeinschaftsbildend. [...] Überall sehen wir als den Niederschlag des religiösen Individualismus eine religiöse Gemeinschaft.«[2] Das Verhältnis von Gemeinschafts- und Individualreligion wird daher als das eines Kampfes beschrieben. Wie erstarrte Religion in der Religionsgeschichte immer wieder nur durch ein subjektives Moment aufgebrochen werden konnte, so scheint auch die Lage der Religion um die Jahrhundertwende davon geprägt zu sein, »daß mit dem Fortschritt der Differenzierung der Individuen von der Masse die Empfindlichkeit der subjektiven Religion gegen plumpe Eingriffe von außen wächst«[3]. Vor allem die Gebildeten wollten sich von den Fesseln kirchlicher Bevormundung befreien und verlangten die Ausbildung eines religiösen Individualismus.[4]

3. Das Verhältnis von Religion und Kultur

Das Thema einer Verhältnisbestimmung zwischen Religion und Kultur prägt nicht nur Simmels kultur- und religionsphilosophische Arbeiten, sondern nimmt auch in den Diskussionen um die Jahrhundertwende einen hohen Stellenwert ein. Ein gewichtiger Einfluß in dieser Frage kommt dem Neukantianismus zu – sowohl der Marburger als auch der Südwestdeutschen Schule. Hermann Cohen etwa will die Verbindung von der Einheit

---

[1] CHRISTLIEB, Individualismus und Religion, 563.
[2] DERS., a.a.O., 564.
[3] DERS., a.a.O., 566.
[4] Vgl. ebd. und 568f. Siehe auch N. FORNELLI, Der neue religiöse Individualismus, in: Jahrbuch moderner Menschen 1908, 117–123, hier: 118: »Alle denkenden Köpfe verlangen jetzt immer dringender, daß die Religion und das religiöse Gebaren der Familie und dem Individuum überlassen bleibe.«

des Systems der Philosophie zur Einheit des Kulturbewußtseins herstellen[1] und bietet damit die Grundlage für die Absicht Jonas Cohns, »Religionsphilosophie als Kulturphilosophie« beziehungsweise »Wertphilosophie« zu konzipieren.[2] Mit besonderem Nachdruck fragen die neukantianischen Ansätze, »ob das Kulturfaktum Religion zugleich ein besonderes Wertgebiet bilde und wie gegebenenfalls sein Verhältnis zu anderen Gebieten zu bestimmen sei«[3]. Die Antworten fallen freilich unterschiedlich aus. Windelband etwa versteht das übermenschliche und -weltliche Heilige als »Ergänzung« und »Fundierung der anderen Kulturgebiete«[4]; Cohn sieht in der Religion eine den anderen Wertgebieten immanent bleibende »teleologische Ergänzung« durch ihre Abschlußleistung[5]; Georg Mehlis zufolge hilft das Wissen um das Göttliche dem Mangel des Endlichen ab[6]; im übrigen will er die Religionsphilosophie als »höchste Wertwissenschaft«[7] durch eine Analyse des religiösen Bewußtseins als Religionsphilosophie »von unten« ergänzen[8]. Heinrich Rickert argumentiert, daß Religion ein eigenes Wertgebiet sei, das zwar in großer Nähe zu Kunst und Sittlichkeit stehe, durch die Annahme des Göttlichen jedoch über beide hinausgehe.[9]

Aber auch außerhalb der neukantianischen Ansätze wird das Verhältnis von Religion und Kultur diskutiert. Für ein ambivalentes Verhältnis von Kultur plädiert etwa Rudolf Eucken. Beide Bereiche müssen »einander zu-

---

[1] Vgl. H. COHEN, *Der Begriff der Religion im System der Philosophie*, Gießen 1915, 133. P. SPIEß, Die Religion und das Kulturbewußtsein, in: *Zeitschrift für Theologie und Kirche* 20, 1910, 232–244, hier: 232, würdigt zwar die Erkenntnis der Marburger Schule, »daß die Religion für das Werden und den Zusammenhang echter Kultur [...] einen gewichtigen Faktor bedeute«, kritisiert aber zugleich, daß Religion in der Systematik Cohens innerhalb der Methodik des Kulturbewußtseins keine Stelle finde. »Wohl weiß Cohen in geschichtlicher Pietät und Treue die Kulturbedeutung der Religion als eines zur Sittlichkeit erziehenden geschichtlichen Faktors zu würdigen, aber vor dem Forum reiner, allgemeingültiger Erkenntnis kann sich die Religion in ihrem Recht nicht legitimieren.« (232f.) Vgl. COHEN, a.a.O., 10: »Die Kultur und mit ihr die Einheit des Systems ist durch die den Kulturinhalt erzeugenden Richtungen des Bewußtseins, Erkenntnis, Wille und Gefühl, alle drei in ihrer Reinheit, erschöpft.«

[2] J. COHN, *Religion und Kulturwerte*, Philosophische Vorträge, Nr. 6, Berlin 1914, 4; vgl. auch W. JAESCHKE, Artikel Religionsphilosophie, in: *Historisches Wörterbuch der Philosophie*, Bd. 8., hgg. von J. RITTER und K. GRÜNDER, Darmstadt 1992, 748–763, Sp. 754.

[3] JAESCHKE, a.a.O., Sp. 754f.

[4] Vgl. W. WINDELBAND, Das Heilige (Skizze zur Religionsphilosophie), in: DERS., *Präludien*, 3., verm. Aufl., Tübingen 1903, 414–450, hier: 359.

[5] Vgl. COHN, a.a.O., 9f. und 18.

[6] Vgl. G. MEHLIS, *Einführung in ein System der Religionsphilosophie*, Tübingen 1917, 132 und 103.

[7] R. RICHTER, *Religionsphilosophie*, Leipzig 1912, 111.

[8] Vgl. MEHLIS, a.a.O., 55; vgl. auch JAESCHKE, a.a.O., Sp. 759.

[9] Vgl. H. RICKERT, *System der Philosophie*, Bd. 1: *Allgemeine Grundlegung der Philosophie*, Tübingen 1921, 339–341.

gleich abstoßen und anziehen, zugleich fliehen und suchen«[1]. Einerseits bedürfe Religion einer Selbständigkeit gegenüber aller Kultur, »sie darf sich nicht von der Ergebnissen der Kulturarbeit, nicht von Philosophie, Geschichte, Naturwissenschaft abhängig machen«[2]. Umgekehrt müsse auch Kultur auf ihre Unabhängigkeit von Religion bestehen. Auf der anderen Seite aber seien beide Instanzen aufeinander angewiesen. »Mit der Preisgebung aller Religion sinkt die Kultur rasch ins Kleine, Säkulare, Bloßmenschliche, droht sie von ihrer eignen Idee abzufallen.«[3] Aber auch die Religion brauche die Kultur. »Die Religion darf in das menschliche Dasein nicht wie eine fremde Welt von draußen hineinscheinen, sie muß, um eine wahrhaftige Macht des Lebens zu werden, den ganzen Menschen gewinnen, die allgemeinen Verhältnisse durchdringen, nach allen Seiten hin wirken.«[4]

Innerhalb der Thematisierungen des Verhältnisses von Religion und Kultur nimmt der bereits erwähnte Kulturprotestantismus eine besondere Stellung ein. Diese theologische Richtung setzt sich gegen orthodoxe und weltablehnende Haltungen nachdrücklich für ein Verständnis des Christentums als einer Kulturmacht ein. So wird etwa die Gottesherrschaft im Sinne Jesu als »die größte Kulturmacht, die ersonnen werden kann«[5], bezeichnet. »Jeder Fortschritt der Kultur ist zugleich ein Fortschritt des Christentums. [...] Und andererseits hat sich das Christentum selbst als Bringerin der Kultur erwiesen.«[6] Häufig wird die Reformation »als die Geburtsstunde moderner Kultur« angesehen; eine Behauptung zumeist protestantischer Theologen, die aber im eigenen Lager großen Widerspruch hervorrief.[7] Trotzdem die moderne Kultur nicht mit protestantischer Kultur kongruent sei, »ist der Protestantismus im allgemeinen der modernen Kulturentwicklung *förderlich* gewesen«[8].

---

[1] R. EUCKEN, Religion und Kultur, in: *Religion und Geisteskultur* 1, 1907, 7–12, hier: 12.
[2] DERS., a.a.O., 9f.
[3] DERS., a.a.O., 11.
[4] Ebd.
[5] F. ZELLER, Das Christentum und die Kultur, in: *Reich Christi* 10, 1907, 7–19, hier: 17.
[6] Ebd.
[7] A. PAULI, Protestantische Kultur, in: *Noris. Bayrisches Jahrbuch für protestantische Kultur* 1908, 7–22, hier: 7, hält diese Auffassung für eine vorschnelle Modernisierung reformatorischer Überzeugungen; vgl. auch L. VIËTOR, Religion und Kultur, in: *Religion und Geisteskultur* 6, 1912, 141–153, hier: 151, mit Bezug auf E. TROELTSCH, *Die Bedeutung des Protestantismus für die Entstehung der modernen Welt* (Historische Bibliothek Bd. 24), München und Oldenburg 1911. Ihm zufolge könne die moderne Kultur nicht ohne weiteres auf die Reformationszeit zurückgeführt werden. Allerdings gingen vom alten Protestantismus Wirkungen aus, welche die Neuzeit mit ihrer Autonomie der einzelen Kulturbereiche vorbereitet hätten.
[8] PAULI, a.a.O., 12.

Auf die Eigenständigkeit der Religion im »geistigen Leben« stellen auch Positionen ab, die das Problem – ähnlich wie in den genannten neukantianischen Ansätzen – von Wertfragen aus angehen. »So liegt der Religion alles an dem Begriff des Wertes, des Wertes überhaupt. Wenn es sich nun denn im wissenschaftlichen Erkennen, in der moralischen und ästhetischen Beurteilung auch um solche Wertmaßstäbe handelt, so ist nun doch das Religiöse nicht eins von diesen dreien, sondern das *gemeinschaftliche* von ihnen, was dennoch etwas eigener Art ist.«[1] In dieser Perspektive stellt sich die Eigenart religiöser Ideen als deren Überweltlichkeit dar. »Es tritt neben den innerweltlichen Zielen und Tendenzen ein Streben nach etwas Überweltlichem auf, und in diesem Ineinander und Gegensatz des Innerweltlichen und Überweltlichen verbirgt sich im Grunde das Problem von Kultur und Religion.«[2] Wenn man das Verhältnis beider Bereiche von der Seite der Kultur aus bestimme, hänge das Resultat vom zugrundegelegten Kulturbegriff ab. »Nimmt man den Kulturbegriff als etwas Feststehendes, Einheitliches und Eindeutiges, desto mehr ist die Stellung zur Religion eine negative.«[3] Gehe man aber von einem Kulturbegriff aus, der »sachliche und persönliche Unterschiede« geltend mache, sei eine in zweifacher Hinsicht positive Beziehung zwischen Kultur und Religion möglich; »sei es, daß man an das Streben nach Vereinheitlichung des weitverzweigten Kulturlebens, nach Zusammenfassung durch leitende Gesichtspunkte und unter höchste Prinzipien, an die Frage nach Sinn und Zweck der Kulturbewegung denkt – alles Gedanken, die doch wohl einem der Kultur selbst überlegenen Gebiet entstammen und als religiöse anzusprechen sind – sei es, daß man die auch der Religion zugrundeliegende Wertung der Persönlichkeit in Betracht zieht und von dort aus einen Zusammenhang mit der Persönlichkeitskultur herzustellen sucht«[4].

Das Verhältnis zwischen Religion und Kultur läßt sich allerdings auch von der Seite der Religion aus angehen. In diesem Zusammenhang wird als das besondere Verdienst von Herder und Schleiermacher herausgestellt, auf

---

[1] Viëtor, Religion und Kultur, 147, mit Bezug auf H. Siebeck, *Zur Religionsphilosophie. 3 Betrachtungen*. Der Fortschritt der Menschheit. Religion und Entwicklung. Naturmacht und Menschenwille, Tübingen 1907.

[2] Viëtor, a.a.O., 148.

[3] Ebd. Für diese Haltung dient dem Autor der späte David Strauß als Beispiel. Der Kulturstimmung und Kulturbegeisterung von Strauß stellt Viëtor das Kulturverständnis Nietzsches gegenüber, das – zum mindesten implizit – eine Disposition zu Religion habe. »Wo aber der Begriff der Kultur tiefer erfaßt ist wie bei *Nietzsche* und seinen Anhängern, da ist auch eine tiefere Erfassung der Religion wenigstens möglich, gerade als Kulturerscheinung. Denn mit innerer Notwendigkeit wurde Nietzsche zum moralischen und von da zum religiösen Problem geführt. [...] Der Übermensch erhält religiöse Färbung, wird zum neuen Gott in der Gestalt Zarathustras, und der Idee der Wiederbringung aller Dinge liegt doch der religiöse Gedanke zu Grunde, das menschliche Leben mit Ewigkeitsgehalt zu erfüllen.« (146)

[4] Ders., a.a.O., 149.

die Eigenständigkeit von Religion gegenüber anderen kulturellen Erscheinungen hingewiesen zu haben.[1] Von einem solchen Religionsverständnis aus stehen Kultur und Religion in einer relativen Unabhängigkeit voneinander und sind zugleich aufeinander angewiesen. »So darf man denn wohl behaupten, daß die Religion gerade durch ihre Innerlichkeit, durch ihre prüfende Stellung, die sie der Kultur gegenüber einnimmt, und durch das Anlegen von Maßstäben, die ihr selbst nicht entnommen sind, ein wirksames Motiv und eine starke Triebkraft für das Kulturleben selbst ist, indem sie dasselbe vor dem Beharren auf der erreichten Höhe bewahrt und durch das Stecken höherer Ziele gegen Erstarrung und Aufgehen in Äußerlichkeiten schützt.«[2]

Neben der philosophischen Reflexion über das Verhältnis von Religion und Kultur ist das Thema um 1900 auch Gegenstand zahlreicher anderer, intellektueller und gesellschaftspolitischer, Diskurse. Einer der Kontexte ist der *ex post* sogenannte Kulturpessimismus, der auch in Simmels Kulturphilosophie eine gewisse Rolle spielt. »Die Begeisterung und der Selbstruhm, die wir noch bis vor kurzem gegenüber unserer gewaltigen wissenschaftlich-technischen, maschinellen und industriellen Entwicklung hatten, beginnt merklich abzuflauen und schlägt hier und da sogar in einen trüben Pessimismus um. [...] Das Mißbehagen über unsere eben noch so angestaunten technischen Leistungen ergreift viel weitere Kreise, und ganz modern empfindende Geister sind fast geneigt, ihren Kulturwert radikal zu verneinen.«[3] Gegen eine solche pessimistische Haltung zur kulturellen Entwicklung wird eingewendet, daß die wissenschaftlich-technische Kultur zu bejahen sei, allerdings »versittlicht« und »verseelt« werden müsse. »Denn dieser ganze Prozeß arbeitet von selber und gerade durch den Druck und Zwang und die nervöse Friedlosigkeit, in die er uns gebracht hat, entweder auf eine neue Versittlichung und Beseelung durch uns hin, oder wir resignieren und lassen uns durch ihn zerbrechen.«[4] Zu letzterem

---

[1] Vgl. VIËTOR, a.a.O., 151f., und L. VIËTOR, Das Verhältnis von Religion und Kultur in der protestantischen Ethik, in: *Theologische Studien und Kritiken* 86, 1913, 300–315, hier: 302.

[2] DERS., Religion und Kultur, 153. Viëtor spricht von einem grundlegenden Dualismus »zwischen dem Endlich-Sinnlichen und dem Unendlich-Übersinnlichen«, der zunächst anerkannt werden müsse, dann aber auch durch »das Bedürfnis nach einer Vereinheitlichung« einer Versöhnung zustrebe. Der Ausgleich könne auf doppelte Weise geschehen, »einerseits[,] indem aus der Kulturbewegung selbst das Nachdenken über Zweck und Wert derselben hervorwächst, und sie sich selbst religiösen Wertbestimmungen unterwirft, anderseits vom religiösen Zweck aus, indem derselbe die Richtung auf die Welt nimmt, um sie seinen Absichten entsprechend zu gestalten«; DERS., Das Verhältnis von Religion und Kultur in der protestantischen Ethik, 315.

[3] K. KÖNIG, Das Kulturproblem und die Religion, in: *Die Grenzboten* II, 1910, 151–162, hier: 152. Der Autor führt in diesem Zusammenhang Werner Sombart als einen »ganz unverdächtigen Zeugen« einer solchen Haltung an; vgl. 153.

[4] Ebd.

bestehe jedoch kein Anlaß. Wenn die Technik zum Selbstzweck werde, zweckentfremdete Produkte hervorbringe und damit zu Gegenreaktionen führe, so seien diese »keine Marotte und törichte Neuerungssucht, sondern ein verheißungsvoller *religiös-sittlicher Erneuerungsprozeß des Menschen selbst*«[1]. Eine solche kulturelle Erneuerung könne aber nicht von außen eingeleitet, sondern müsse aus dem Erlebnis, dem Bedürfnis, der irrationalen Not des Daseins geboren werden; und dieser Vorgang sei wesentlich ein religiös-moralischer. »Das alles sind aber keine wissenschaftlichen Gedanken, sondern moralische Kräfte, die, wie schließlich ein jeder von sich selber weiß, am wärmsten und persönlichsten aus religiösem Seelengrunde sprudeln. Nur *ein* Weg führt hier nach oben und zur wahren Kultur: nicht der Weg von außen her und vom Mittelbaren des Intellektes und Schöngelernten her, sondern der Weg von innen her, vom Unmittelbaren und Innersten der Schöpfung her.«[2] Kultur als »Selbstdarstellung der Seele« sei gefährdet, wenn sie sich in Spezialkulturen aufteile, die zum Selbstzweck werden. Wenn dem Intellektuellen »die Intellektualisierung, dem Ästheten die Ästhetisierung, dem Geldmann die Kapitalbildung, dem Moralisten die Moralisierung, dem Kirchenmanne die Verkirchlichung alles Lebens und Geschehens der Endzweck« werde, drohe die Seele »als organische innere Einheit und letzter Sinn und Zweck all unseres äußeren Getriebes« aus dem Blick zu geraten.[3] Gegen diese Entwicklung sei der »Glauben an den Menschen und an das Heiligtum in seinem Inneren« zu mobilisieren. »Wir müssen glauben, daß Mensch und Menschenleben nicht dazu da sind, um Gegenstand intellektueller, ästhetischer, moralisierender und kirchlicher Sondertendenzen zu sein, sondern vielmehr dazu, um aus der Totalität der vorhandenen Kräftemitgift zu möglichster Reinheit, Höhe und Einheit emporgestaltet zu werden.«[4] Dieser Glaube wiederum basiere auf dem Gefühl und Vertrauen gegenüber dem seelischen Schöpfungswillen und damit letztlich auf Religion. Kultur sei folglich, um nicht zu erstarren, auf Religion angewiesen. »In diesem Sinne ist Religion, als Leben aus der Wurzeleinheit alles Seins, der Einheitsgrund unserer Persönlichkeit und der Quellgrund der Kultur. Und wahre Kultur ist nichts als Selbstdarstellung der Seele im ganzen Bereiche ihres Handelns und Schaffens.«[5]

Das Verhältnis von Religion und Kultur wird vereinzelt auch als ein tragisches bestimmt. Die kulturelle Entwicklung stellt sich in dieser Perspektive so dar, daß zunächst alle ›menschlichen Geistesbetätigungen‹ in der Religion ihren Ausgang nähmen, sich im Laufe der Zeit aber zu autonomen

---

[1] Ders., a.a.O., 155.
[2] Ders., a.a.O., 156.
[3] Ders., a.a.O., 158.
[4] Ders., a.a.O., 162.
[5] Ebd. In diesem Zusammenhang steht auch die Gründungsgeschichte des *Logos*; vgl. dazu detailliert jetzt Köhnke/Kramme, *Philosophische Kultur als Programm*.

Bereichen entwickelten. Durch diesen Differenzierungsprozeß werde Religion dazu genötigt, sich selbst zu einem speziellen Kulturbereich zu formen – eine Nötigung, die ihrem Charakter im Unterschied zu den anderen Kulturelementen allerdings nicht entspreche. »Die Tendenz der Religion, ihr Wesen nicht an sich selbst und in freiwilliger Specialisierung zu entfalten, analog den übrigen menschlichen Fähigkeiten, sondern sich in immer erneuerter Vereinigung mit dem menschlichen Gesamtwesen und an dessen Aeußerungen zu documentieren, hängt unabänderlich mit ihrem innersten Sinn zusammen, der von Uranfang darin bestand, dem Dasein Basis und Krönung zu sein oder mit etwas anderen Worten: am Dasein die Existenz eines Gottes sich erweisen zu lassen.«[1] Angesichts dieses Sachverhaltes sei es im Verlauf des Differenzierungsprozesses »das tragische Schicksal der Religion, daß sie, bei all ihrer Ausbreitung und allem Hinaufwachsen an der Cultur, nichtsdestoweniger beiseite stehen bleiben muß und, je länger desto mehr, dadurch jenen specialisierenden Charakter annehmen muß, den sie nicht verträgt, ohne sogleich zu verknöchern«. Auf der anderen Seite seien aber zwei Formen von Religion zu unterscheiden. Während die »Religiosität des Glaubens« den Differenzierungsnotwendigkeiten unterliege, resultiere das »Religiöse außerhalb des Glaubens, aber innerhalb des Lebens« erst aus den autonom gewordenen Kulturelementen. »Unzählige Menschen haben unzählige Male den Namen Gottes nicht auf Gott angewandt, unzählige Seelen ihre heißesten Andachten und Begeisterungen abseits vom Glauben ins Leben überströmen lassen: überall, wo das geschah, war der Ansatz gegeben, auf eine individuelle Weise den gottschöpferischen Religionsprozeß zu wiederholen.« Religiosität in diesem Sinne meint »eine Zusammenfassung der innersten Individualität in einem ebenso schöpferischen Acte, wie etwa der Künstler seiner bedarf, um sich zum Kunstwerk zu inspirieren«. Das »Religiöse außerhalb des Glaubens« heißt nichts anderes »als die centralste und letzte Lebensintensität in jedem Einzelnen – jene Wärme, die so groß und fruchtbar ist, daß sie das Leben im Leben gleichsam noch einmal schafft«. Religiosität in diesem weiten Sinne wirke auch dort, wo Religion im engeren Verständnis nicht (mehr) identifizierbar ist. Wenn »also die menschlichen Fähigkeiten in ihrer allmählichen Culturentwickelung sich noch so sehr specialisieren mögen, wenn etwa der Wissenschaftler, der Künstler, der praktische Mensch erst durch ihre Sonderung von einander zu den ihnen eigenthümlichsten Kraftleistungen erstarken, so besitzen sie darin ihren Einigungspunkt, der freilich gar nicht nach außen bemerkbar zu werden braucht«.

---

[1] L. ANDREAS-SALOMÉ, Religion und Cultur. Religionspsychologische Studie, in: *Die Zeit*, Nr. 183 vom 2. April 1898, 5–7, hier: 5; die folgenden Zitate 5f.

III. Quellen und Ort
von Simmels lebensphilosophischem Religionskonzept

Simmels lebensphilosophisches Konzept von Religion ist maßgeblich von der Mystik inspiriert. Wie sehr Simmel Religion mit Mystik identifiziert, zeigt nicht zuletzt sein Diskussionsbeitrag zum Vortrag von Ernst Troeltsch auf dem 1910 in Frankfurt abgehaltenen ersten deutschen Soziologentag, in dem er sich gegen dessen Dreiteilung von Kirche, Sekte und Mystik wendet und nur letztere als eigentliche Religion gelten lassen will. Alle sozialen Gestaltungen des Christentums seien nur Ausdruck der Tatsache, »daß hier aus den Verhältnissen des empirischen Lebens etwas in die ganz andere Schicht hineintransportiert worden ist, in der allein die Seele und ihr Gott steht, diese Schicht, in der allein meiner Ansicht nach das christliche Leben, das eigentliche christliche Leben, der Sinn des Christentums sich abspielt«[1]. Vor allem die Beschäftigung mit Meister Eckhart hat Simmel der Mystik nahegebracht. Die Äußerungen über den Dominikanermönch sind zwar spärlich, geben aber Auskunft über den außerordentlich großen Eindruck, den Eckhart auf Simmel gemacht hat. In einem Brief an Martin Buber vom 14. November 1910 schreibt er etwa: »Was Sie aus der chinesischen Philosophie mitteilen, ist von außerordentlicher Bedeutung und hat dies aus der Tiefe hervorbrechende Muß, wie Sätze Meister Eckharts.«[2] Ein Passus in einem Brief an Heinrich Rickert vom 29. Dezember 1911 gibt Auskunft über die rege Beschäftigung mit dem mittelalterlichen Mystiker: »Seit kurzem beschäftige ich mich wieder mit Meister Eckhart u. bin wieder von der Tiefe u. Freiheit dieses Geistes völlig überwältigt. Deutschland hat weitere und differenzirtere Geister hervorgebracht; ob es je einen tieferen, konzentrirteren, wurzelechteren erzeugt hat, ist mir zweifelhaft.«[3] Margarete Susman berichtet in ihren Erinnerungen über den tiefen Eindruck, den Eckhart auf Simmel gemacht hat, und dessen zentrale Bedeutung für das Denken Simmels: »Ich sehe ihn noch an einem Sommerabend, nachdem er den ganzen Tag Meister Eckhart gelesen hatte, in mein Zimmer in Westend treten, sich langsam setzen und den Kopf in die Hände stützend mit erschütterter Stimme sagen: ›Wir haben seinesgleichen nicht wieder gehabt.‹ Über die fast monogam zu nennende Beziehung

---

[1] DiskTro, 205.
[2] In: M. BUBER, Briefwechsel aus sieben Jahrzehnten, Bd. I, 287.
[3] GASSEN/LANDMANN, *Buch des Dankes*, 109.

zu Kant[1], ja, über die spätere Liebe zu Goethe hinweg, fand er in dem großen Mystiker die alles überragende und überdauernde Macht, von deren Einfluß vor allem sein Werk über Rembrandt zeugt, die wir aber auch in seinem Lebensbegriff wie in seinem Forschen nach dem Kern der Dinge wiederfinden. Vor allem war es der Seelenbegriff Meister Eckharts, den er seinem eigenen Begriff der Seele zugrundelegte, jene unmittelbare Beziehung des Innern zu einem nicht mehr Aussprechbaren.«[2] Hans Liebeschütz hält Eckharts Lehre für das Paradigma, das mit Simmels Religionsphilosophie gemeint sei.[3] Und Margarete Susman vertritt die Auffassung, daß »die allertiefste Grundlage« nicht nur der Lebensphilosophie, sondern von Simmels Denken überhaupt die Mystik war.[4]

1. Meister Eckhart als Quelle für Simmels lebensphilosophisches Religionskonzept

Simmel bezieht sich nur sehr selten ausdrücklich auf Meister Eckhart.[5] In *Schopenhauer und Nietzsche* etwa führt er Eckharts Mystik im Kontext des Vergleichs zwischen dem Christentum und der Philosophie Nietzsches an. Simmel zufolge läßt Nietzsche außer acht, daß die Individuen in der christlichen Weltanschauung eine »eigentümliche Doppelstellung als Endwerte und als Glieder eines über sie hinweggreifenden Ganzen besitzen«[6]. Während Nietzsche nur die altruistische Sozialethik wahrnimmt, legt das Christentum ebenso wie Nietzsche »allen Wert der Seele in ihre rein innerlichen *Qualitäten,* ihr nicht aus sich heraustretendes So-Sein«[7]. Alles Handeln erfolgt nicht in zentrifugaler, sondern in zentripetaler Richtung. »[N]icht in der altruistischen Handlung als solcher, sondern in der Heiligung und Seligkeit der Seele, die deren Innenseite bildet, liegt der abschließende Wert«.[8] Bezogen auf das Verhältnis der Seele zu Gott, kann die Konzentration der Seele auf sich selbst freilich unterschiedlich verstanden werden. Simmel führt zwei religionsphilosophische Konzepte an, mit dem polaren Spannungsverhältnis von Gott und Seele umzugehen: »Der Mensch, der

---

[1] Diese Einschätzung ist wohl in ihrer Pauschalität nicht haltbar, da Simmels Denken nur zeitweilig unter starkem Einfluß der Kantischen Philosophie stand.
[2] SUSMAN, *Die geistige Gestalt Georg Simmels,* 283f.
[3] Vgl. H. LIEBESCHÜTZ, *Von Georg Simmel zu Franz Rosenzweig. Studien zum Jüdischen Denken im deutschen Kulturbereich,* Tübingen 1970, 123.
[4] SUSMAN, Die geistige Gestalt Georg Simmels, 8.
[5] Zu Simmels Rezeption Meister Eckharts in systematischer Hinsicht vgl. CH. ADAIR-TOTEFF, The »Antinomy of God«: Simmel on Meister Eckhart and Nietzsche, in: *Simmel Newsletter* 3, 1993, 10–16.
[6] SHN, 353.
[7] Ebd.
[8] SHN, 354.

auf Lösung der individuellen Form, Vereinigung mit dem All unter Befreiung von der personalen Besonderheit gerichtet ist, wird das Individuum opfern und Gott behalten; der andre, dem alle Ideale nur in der Form des individuellen Seins erwachsen, wird Gott zum Opfer bringen und die Persönlichkeit retten.«[1] Für die erste Variante stehen die christliche Mystik, namentlich Meister Eckhart und Angelus Silesius, sowie Spinoza, die zweite Variante vertritt Nietzsche.

Die mystische Variante, die Polarität zwischen Gott und Seele aufzulösen, wird in den *Hauptproblemen der Philosophie* expliziert. Dort führt Simmel zwei Typen von Versuchen an, die Ganzheit des Daseins in einer möglichst unmittelbaren Weise zu erfassen, einerseits – am Beispiel Meister Eckharts – die Mystik und andererseits Kant. Als den Ausgangspunkt des Eckhartschen Denkens bestimmt Simmel die absolute Eingeschlossenheit aller Dinge in Gott als der schlechthinnigen Einheit allen Seins; und »insofern sind sie alle *ein* Wesen, das einzelne ist nichts Individuelles für sich«[2]. Alles Geschaffene existiert zwar in seiner Mannigfaltigkeit. Nun ist aber das Göttliche schlechthin Einheit; Simmel zitiert Eckhart mit den Worten: »Gott, der alles ist, ist ›weder dies noch das‹, sondern ›ein und einfältig in sich selber‹«.[3] Und da alle Dinge göttlichen Ursprungs sind, ist auf diese Weise »zunächst die Ganzheit der Welt in *einem* Punkt gesammelt«[4]. Simmels Interpretation zufolge gibt diese einheitliche Auffassung alles Seienden Eckhart die Möglichkeit, die Ganzheit der Welt »in die Seele überzuführen«[5]. Dies erreicht er durch die Vorstellung vom ›Seelenfünklein‹: »Die Seele hat zwar mannigfache Fähigkeiten, aber es ist ein Mittelpunkt in ihr, der von keiner kreatürlichen Mannigfaltigkeit berührt wird; Eckhart nennt ihn ›das Fünkchen‹ – ein schlechthin ›Eines und Einfältiges‹, der eigentliche Geist der Seele.«[6] Durch das ›Seelenfünklein‹ ist die Seele nicht mehr von Gott geschieden; Simmel zitiert abermals Eckhart: Sie »ist mit ihm ›eins und (nicht nur) vereint‹: ›hier ist Gottes Grund mein Grund und mein Grund Gottes Grund‹. An diesem Punkte erkennen wir alle Dinge in ihrem wahren Wesen, weil wir ihre Einheit in Gott haben, oder richtiger: sind; ›mein Auge und Gottes Auge ist ein Auge und ein Gesicht‹.«[7] Wie im dritten Kapitel des ersten Teils meiner Untersuchungen ausgeführt, liegt der systematische Stellenwert dieser Interpretation darin, daß Simmel im Eckhartschen Denken das innigste Motiv der Verbindung zwischen Religion und Philosophie am klarsten ausgesprochen findet. »An der Vorstellung

---

[1] SHN, 357.
[2] HPH, 18.
[3] Ebd.
[4] Ebd.
[5] Ebd.
[6] Ebd.
[7] Ebd.

Gottes hat der Gläubige das Ganze der Welt, auch wenn ihm all ihre unzähligen Einzelheiten fehlen. Die Mystik sucht dies gewissermaßen anschaulich zu machen, indem sie das Wesen der Seele in einen letzten, einfachen Lebenspunkt sammelt, der von jener Einheit des göttlichen Wesens nicht mehr getrennt ist.«[1] Anhand der Gegenüberstellung von Eckhart und Kant zeigt Simmel, daß das philosophische Ergreifen des Weltganzen sich entweder in dessen Reduktion auf die bloße formlose Substanz oder auf die inhaltlose Form vollzieht. Während die Kantische Philosophie ihren Angelpunkt im Formbegriff hat, löst die Mystik den Gegensatz von Inhalt und Form zugunsten des Inhalts auf.[2] Die philosophische Attitüde, »die ein Verhältnis des Geistes zum Ganzen der Welt bedeutet«, beerbt die Mystik insofern, als sie an der Idee festhält, »daß die tiefste, alle Mannigfaltigkeit überwindende Versenkung in uns selbst zugleich in die absolute Einheit der Dinge führt«.[3]

In einem in die zweite Auflage der Religionsmonographie eingeschobenen Passus erläutert Simmel, wie in der Mystik Eckharts an die Stelle des objektiven Gottes das *Verhältnis* der Seele zu Gott getreten ist[4]; eine Perspektive, die auch für Simmels religionstheoretischen Ansatz zentral ist. Die vom Individuum ausgehende Sichtweise prägt selbst das Gottesbild, denn auch Gott kommt stets nur in seiner Beziehung zum Gläubigen in Betracht. Diesen Sachverhalt erläutert Simmel in seinem Fragment »Über die Liebe«: Wie die Liebe ihren Gegenstand als »ein originäres einheitliches Gebilde« schafft, »das vorher nicht bestand«, so ist »Gott, der geliebt wird, ... eben dadurch ein anderer, als er bei Identität aller ihm sonst und an sich zugesprochener Eigenschaften wäre, wenn er nicht geliebt würde«.[5] Weil die Liebe eine »unbegründete primäre Kategorie« ist, liebt sie nicht aus einem bestimmten Grund, etwa besonderer Eigenschaften ihres Gegenstands wegen, sondern sie liebt ihn »mit dem Ganzen seines Wesens«. Dafür, daß die Liebe auch im religiösen Fall keiner Begründung bedarf, führt Simmel Eckhart an: »Ausdrücklich verkündet Eckhart, wir dürften Gott nicht um dieser oder jener besondren Qualität oder Veranlassung willen lieben, sondern ausschließlich, weil er eben Er sei.«[6]

Dieses spezifische Verhältnis zwischen Seele und Gott, das im Individuum seinen Ausgang nimmt, gilt Simmel als das Wesen der Mystik. Er charakterisiert es in der Monographie über Rembrandt, abermals mit Rekurs auf Eckhart, folgendermaßen: »Daß das Erlebnis, aus dem eigensten Zentrum der Seele hervorbrechend, zugleich ein Ereignis des göttlichen Lebens

---

[1] HPH, 18f.
[2] Vgl. HPH, 24.
[3] HPH, 19.
[4] Vgl. REL, 54.
[5] NlFLi, 59.
[6] Ebd.

ist (gewissermaßen nur auseinandergezogen in der Eckhartschen Lehre, daß Gott des Menschen so bedarf, wie der Mensch Gottes); daß der Mystiker die Gottheit nicht, als ein Objekt erlebt, sondern daß er sie unmittelbar lebt und sich dazu keineswegs zu entselbsten braucht, sondern nur zu entindividualisieren (weil das Unterschiedliche der Individualität etwas Fremdes und Zufälliges um den Kern des Selbst herum ist); daß das Ich, ohne sich selbst zu verlassen, doch unendlich viel mehr ist, als ein bloßes Ich (wie es Plotin von der Ekstase sagt, mit ihr käme nicht der Gott in den Menschen, sondern zeigte gerade, daß er nicht zu kommen braucht, weil er immer in ihm wäre) – das ist das logisch freilich nicht zu bewältigende Wesen der Mystik.«[1]

Die hier angeführten Erwähnungen Eckharts sind zwar spärlich, besitzen jedoch in der Simmelschen Argumentation einen systematischen Stellenwert.[2] Aber auch über die angeführten Stellen hinaus hat der Dominikanermönch Simmels Denken nachhaltig geprägt. Es ist vor allem seine Auffassung von der Seele (1), vom Leben (2) und das lebensphilosophische Verständnis von Individualität (3), die deutliche Spuren Eckhartschen Denkens aufweisen.

(1) Was Simmels Seelenbegriff in die Nähe Eckhartschen Denkens bringt, ist die eigentümliche Bestimmung der Relation zwischen Seele und Gott. Bereits in der *Moralwissenschaft* formuliert Simmel: Die gläubige Seele »fühlt sich an ein Allgemeines, Höheres gebunden, aus dem es fliesst, dem es sich hingiebt, aber von dem es auch Hebung und Erlösung erwartet, von dem es verschieden und doch auch mit ihm identisch ist«[3]. Das in dieser Formulierung verwendete Stilmittel des Oxymorons zieht sich durch nahezu sämtliche, mit Religion befaßte Texte Simmels; so ist etwa die Rede davon, daß das »Zusammen« von Gott und Seele »nur von dem gleichzeitigen Gegenüber lebt«[4]; und die religiöse Form umfaßt ambivalente Gefühlszustände: »Hingabe des Ich und gleichzeitiges Sich-Zurückempfangen, [...] demütige Bescheidenheit und leidenschaftliches Begehren, [...] Zusammenschmelzen mit dem höchsten Prinzip und Entferntsein von ihm.«[5] Die paradoxalen Aussagen über die Relation zwischen der Seele und Gott gründen in der ontologischen Dialektik von Teil und Ganzem. Die einzelne Seele weiß sich von Gott getrennt, aber auch sich in Gott und Gott in ihr.[6] Gott »muß die Seele einschließen, die sich ihm hingibt, und während sie so ein Teil seiner ist und bleibt, tritt sie ihm doch gegenüber, um ihn zu glauben oder zu schauen, an ihm zu sündigen oder zu ihm zu-

---

[1] RB, 148.
[2] Vgl. dazu die entsprechenden Passagen im ersten Teil meiner Untersuchung.
[3] EMI, 423.
[4] Pthm, 88.
[5] BERel, 11; vgl. auch GgsLbRel, 296.
[6] Vgl. GgsLbRel et passim.

rückzukehren, mit ihm zu hadern oder ihn zu lieben«[1]. Welche Position innerhalb der Polarität von Gott und Seele man auch immer vertritt, für das Heil der Seele hat diese Verhältnisbestimmung zur Konsequenz, »daß ihr nicht von außen etwas hinzugetan oder angebildet wird, sondern daß sie eigentlich nur eine Hülle abzuwerfen, nur zu werden braucht, was sie schon ist«[2]. Und an anderer Stelle heißt es: Die Seele braucht »nur eine Schale ... abzuwerfen, die Flocken loszulösen und so den eigentlichen Kern ihres Wesens zu enthüllen«[3]. Was die Seele in ihrem Kern allerdings ist, ob sie sich im Sinne Nietzsches als Mensch oder im mystischen Sinn als göttlich erkennen soll, bleibt offen.

Die angeführten Charakterisierungen der Seele sind auch für die Mystik Eckharts zentral.[4] Der Kern des Eckhartschen Seelenbegriffs, aus dem sich alle weiteren Bestimmungen ableiten, liegt in ihrer Gottbezüglichkeit. In dieser Beziehung gründet die zweifache Existenzweise des Menschen.[5] »Jedes Geschöpf hat ein zweifaches Sein. Das eine [...] im Wort Gottes, und das ist ein festes und beständiges Sein. Deswegen ist (auch) das Wissen von vergänglichen Dingen selbst unvergänglich, fest und beständig. Denn das Wissen erfaßt ein Ding in seinen Ursachen. Das andere (Sein) ist das Sein, das die Dinge in ihrer äußerlichen Wirklichkeit, in der ihnen eigentümlichen Form haben. Das erste ist das Sein in der Kraft (ihrer Ursache), das zweite ist das durch die (eigene) Form bestimmte Sein, und das ist meist unstet und veränderlich.«[6] Die zweifache Existenzweise des Menschen führt zu einer Unterscheidung verschiedener Seelenschichten, die nach Akzidentellem und Wesentlichem differenziert sind: die Sinnlichkeit oder der äußere Mensch, die niederen und höheren Seelenkräfte sowie der Seelengrund, der am göttlichen Sein teilhat. Von hier aus leitet sich auch die Metaphorik von Schale und Kern ab: »Wan willtû den kernen haben, sô

---

[1] PRph, 319. In soziologischer Perspektive kommt das Verhältnis von Teil und Ganzem in Gestalt der Doppelstellung des Individuums zur Gesellschaft zum Ausdruck, nämlich in der »Beziehung eines Gliedes zum Ganzen, während das Glied doch selbst ein Ganzes zu sein verlangt«; REL, 60 (REL 1906, 23); vgl. auch REL 86ff.

[2] HlSle, 110f.

[3] REL, 98.

[4] Es kann an dieser Stelle nicht – auch nur annäherungsweise – darum gehen, den Hauptgedanken und Intentionen der Eckhartschen Lehre gerecht zu werden. Für unseren Zusammenhang ist einzig relevant, welche Impulse Simmel aus der Eckhart-Lektüre für seine Religionstheorie gewonnen hat.

[5] Zu Eckharts Lehre vom *duplex esse* (*esse formale* und *esse virtuale* oder *causale*) vgl. A. M. HAAS, Seinsspekulation und Geschöpflichkeit in der Mystik Meister Eckharts, in: W. STROLZ (Hg.), *Sein und Nichts in der abendländischen Mystik*, Freiburg i. Br. 1984, 38ff.

[6] MEISTER ECKHART, *Die deutschen und lateinischen Werke*, hgg. im Autrage der Deutschen Forschungsgemeinschaft. *Die deutschen Werke*, hgg. und übersetzt von J. Quint, Stuttgart 1958ff.; *Die lateinischen Werke*, mehrere Herausgeber, Stuttgart 1964ff.; hier: *Lateinische Werke* I, hgg. und übersetzt von K. Weiss, Stuttgart 1964, 238, 1–7.

muostû die schalen brechen.«[1] Simmels Metaphorik von Gefäß beziehungsweise Hülle und Wesen sowie von Schale und Kern haben in Eckharts Schriften nicht nur eine terminologische, sondern auch eine systematische Parallele. Denn das dialektische Verhältnis von Seele und Gott ist nur aufgrund der Prämisse zu verstehen, daß die Seele in ihrem Grund am göttlichen Sein teilhat.

(2) Nach der »lebensphilosophischen Wende« Simmels erhält die ontologische Dialektik von Teil und Ganzem einen dynamischen Charakter und wird in den Begriff des Lebens eingebettet beziehungsweise in ihm sogar aufgelöst. Wie in den Ausführungen über die lebensphilosophische Schicht des Simmelschen Religionsbegriffs besprochen, dient Simmel der Lebensbegriff dazu, die Dichotomien von Subjekt und Objekt, subjektiver und objektiver Kultur, Inhalt und Form zugunsten des reinen Prozedierens aufzulösen. Am Beispiel Rembrandts entfaltet Simmel eine Betrachtungsweise des Lebens, »für die überhaupt die Kategorie von Ganzem und Teil auf das Leben nicht anwendbar ist; sondern dieses ist ein einheitlicher Verlauf«[2]. In dieser Lebensanschauung sind ›das reine Ich‹ oder ›die Seele‹ nicht etwas für sich jenseits der in ihnen auftauchenden, nach Sachbegriffen ausdrückbaren Inhalte. Vielmehr »scheint der ganze Mensch, das Absolute von Seele und Ich, in jedem jeweiligen, inhaltlich singulären Erlebnis enthalten zu sein; denn diese Produktion wechselnder Inhalte ist die Art, auf die das Leben lebt, und es behält sich nicht eine irgend abtrennbare ›Reinheit‹ und Fürsichsein jenseits seiner Pulsschläge vor«[3]. Leben wird Simmel zum schlechthinnigen Einheitsbegriff, und insofern eignet ihm eine religiöse Dignität: »Das Leben will sich unmittelbar als religiöses aussprechen, nicht in einer Sprache mit gegebenem Wortschatz und vorgeschriebener Syntax [...] die Seele will ihre Gläubigkeit bewahren, während sie den Glauben an alle bestimmten, vorbestimmten Inhalte verloren hat.«[4]

Gemäß der von Goethe übernommenen Maxime: »Die Quelle kann nur gedacht werden, insofern sie fließt«[5] kann Religion nicht als etwas Statisches begriffen werden. Vielmehr quillt sie aus dem Leben selbst im Sinne des ursprunghaften, ungeschiedenen Seins. In diesem Sinn ist Religiosität keine »qualitas occulta«, kein »ruhiges Dasitzen«, sondern »eine Form des ganzen, lebendigen Lebens selbst, eine Art, wie es seine Schwingungen vollzieht, seine einzelnen Äußerungen aus sich hervorgehen läßt, seine

---

[1] *Deutsche Mystiker des vierzehnten Jahrhunderts*, hgg. von F. Pfeiffer, Zweiter Band: *Meister Eckhart*, 2. unveränderte Ausgabe, anastatischer Neudruck der Ausgabe von 1857, Göttingen 1906 (im folgenden zitiert als Pfeiffer), 333, 25f.
[2] RBS, 8–11.
[3] Ebd.
[4] KMK, 170.
[5] RBS, 10.

III. Quellen und Ort von Simmels lebensphilosophischem Religionskonzept   217

Schicksale erfüllt«.[1] Diesseits der Dichotomie von subjektiver Religiosität und objektiver Religion steht somit das Leben selbst. Das religiös gefärbte Leben findet sich in dem Gegenüber eines glaubenden Subjekts und eines geglaubten Objekts nicht angemessen ausgedrückt.[2]

Die beiden Begriffe von Leben und Seele stehen folglich nicht in einem Abhängigkeitsverhältnis, sondern werden Simmel zu Synonyma zur Bezeichnung desselben Problems.[3] Das Problem aber ist ein religiöses, nämlich daß das Leben als ein einheitliches lebt. Somit ist »Simmels Begriff der Religion ... kein anderer als sein Begriff des Lebens«[4]. Freilich ist dieser Religionsbegriff ein mystischer.

Pate für Simmels religiös gefärbten Lebensbegriff ist die Eckhartsche Ontologie. Gemäß der Eckhartschen Lehre kommt der Seinsstatus allein Gott zu: *esse est deus.*[5] Das Sein ist mit Gott identisch, und folglich können die Dinge nicht ohne Gott sein. Alles, was ist, existiert durch die Teilhabe am göttlichen Sein. Das Sein zeichnet sich ferner durch seine Einheit aus; sie weist auf das göttliche Wesen als den Grund des Seins hin: »Wîsheit und güete und wârheit leget etwaz zuo; ein enleget niht zuo dan den grunt des wesens.«[6] Das Wesen des Seins, die Gottheit, ist Einheit.[7] Schließlich identifiziert Eckhart das Eine mit dem Ununterschiedenen.[8] Ihm zufolge ist Gott vom Geschaffenen als einem Unterschiedenen einerseits gänzlich unterschieden, andererseits gänzlich ununterschieden.[9]

Vergleicht man die Eckhartsche Ontologie mit Simmels Lebensphilosophie, so wird deutlich, daß Simmels Lebensbegriff Parallelen zu Eckharts Begriff der Gottheit als des Seinsgrundes aufweist. Das Leben als solches ist ungeschieden und ein einheitlich verlaufendes. Zugleich setzt es jedoch auch voneinander verschiedene kulturelle und gesellschaftliche Objektivationen aus sich heraus. Die Einheit des Lebens stellt sich erst dort wieder her, wo es dem Leben gelingt, die aus sich herausgesetzten Objektivationen wieder in den einheitlichen Lebensprozeß zu integrieren. Insofern das Leben auch seine von ihm unterschiedenen Objektivationen umschließt und es einen einheitlichen Verlauf nimmt, ist es religiös.

---

[1] PrelLa, 376.
[2] Vgl. KMK, 169.
[3] Vgl. Ullrich, a.a.O., 159.
[4] Ders, a.a.O., 186.
[5] Vgl. den Prologus generalis in *Lateinische Werke* I, 156,15–158,4.
[6] *Deutsche Werke* I, 219, 4f. (Pr. 13).
[7] Vgl. *Deutsche Werke* I, 363,10–364,1 und 368,5–369,1 (Pr. 21). Vgl. auch B. Mojsisch, *Meister Eckhart. Analogie, Univozität und Einheit,* Hamburg 1983, 85.
[8] Zur Identität von unum und indistinctum vgl. *Lateinische Werke* II, 482, 4.
[9] Vgl. *Lateinische Werke* II, 489, 7f.; zur näheren Begründung dieser Paradoxie vgl. Mojsisch, a.a.O., 88ff.

Parallelen zwischen beiden Denkansätzen zeigen sich nicht zuletzt im Transzendenzbegriff: »Transzendenz im Eckhartschen Sinn meint ... die sich selber transzendierende, im Reichtum des Geschaffenen sich selber je neu bezeugende und als Quellgrund erwirkende Fülle des göttlichen Seins.«[1] Setzt man den Lebensbegriff Simmels an die Stelle des göttlichen Seins, kann dieses Zitat ebenso zur Charakterisierung des Simmelschen Transzendenzverständnisses als eine ›immanente Transzenenz‹ dienen. Im einen Fall transzendiert sich das göttliche Sein, im anderen Fall das Leben.

(3) Das Leben kann als ein Ganzes freilich nur in Form der individuellen Seele leben. Simmels Individualitätsemphase bleibt somit auch in der Spätphase bestehen. Allerdings kommt der Individualität eine Doppelstellung zu: als soziologisches Apriori, mit dem »die Erkenntnis die Struktur der Wirklichkeit deutet«, und als Ideal, zu dessen »immer vollkommenerer Ausprägung der Mensch die eigene und die fremde Wirklichkeit zu entwickeln«[2] hat; oder mit anderen Worten: Individualität kann der *terminus a quo* sein, von dem das Leben seinen Ausgang nimmt, aber auch der *terminus ad quem*, auf den das Leben zustrebt. Vor dem Hintergrund dieser Doppelstellung ist auch die von Simmel häufig beschriebene doppelte Bewegung der Seele zu verstehen. Die zentrifugale Bewegung treibt die Seele über sich hinaus in das Reich der objektiven Kultur; die zentripetale Bewegung läßt die Seele zu sich selbst kommen. Welcher Bewegung Simmel den Vorrang gibt, ist nicht eindeutig zu klären. Diese Uneindeutigkeit hängt mit der in *Schopenhauer und Nietzsche* angeführten Doppelstellung der Individuen »als Endwerte und als Glieder eines über sie hinweggreifenden Ganzen«[3] zusammen, die, wie wir sahen, in der ontologischen Dialektik von Teil und Ganzem gründet. Einerseits läßt Simmel dem Individuum den Endzweck allen Lebens zukommen. Diese Wertung gründet in der Vorstellung, »daß in jedem Geschöpf die Totalität des Lebens, sein ganzer Sinn, sein ganzes metaphysisches Sein lebte: denn wo es überhaupt in einem Individuum ist, da ist es auch ganz«[4]. Der Endwert des Individuums kommt auch in religionsphilosophischer Perspektive zum Ausdruck: Das Heil der Seele besteht in der Verwirklichung ihrer selbst, und die religiöse Form ist eine »einheitliche Art des Fürunsseins«[5]. Auf diesen Aspekt weist in besonderer Weise die Rembrandtsche Religiosiät hin: Es gibt »gewiß Vollendungen der Seele, die ganz und gar in ihren Grenzen beschlossen bleiben ...; und in der Atmosphäre und Intention solcher Werte hält sich

---

[1] A. M. Haas, *sermo mysticus. Studien zur Theologie und Sprache der deutschen Mystik*, Freiburg/Schweiz 1979, 188.
[2] GOE, 142.
[3] SHN, 353.
[4] IGz, 207.
[5] HlSle.

die Religiosität, die Rembrandt ausdrückt«[1]. Andererseits hat aber auch die zentrifugale Bewegung ihr Recht. Simmel hält es für eine naive Undifferenziertheit zu meinen, daß die vom individuellen Leben ausgehende Idealbildung auch mit ihrem Inhalt zu ihm zurückkehren müsse. »Sie kann sich vielmehr, ohne ihre Quelle zu verleugnen, und durch sie gerade getrieben, in soziale, altruistische, geistige, künstlerische Gestaltungen ergießen und in diesen ihren jeweiligen Endzweck sehen.«[2] Diesen Aspekt thematisiert Simmel auch im Anschluß an die Charakterisierung der Rembrandtschen Religiosität: »Nimmt man aber selbst an, daß es sich in aller Religion in Wirklichkeit nur um dieses Innerliche, um eine Art des Selbstlebens der Seele handle, ... so ist unleugbar, daß gewisse rein innerliche Erlebnisse eben nur zustande kommen, wo jene Atmosphäre der Immanenz durchbrochen wird und die Seele, mit einem zentrifugalen Akzent, auf objektive Gebilde hin und in der Form des Umwegs über sie lebt. Nur so ist ›Glaube‹ da – obgleich die ›Gläubigkeit‹ ein rein innerseelisches Verhalten sein mag.«[3] Die zentrifugale Richtung der Seelenbewegung dient also allein dazu, die Seele zu sich selbst kommen zu lassen. Darin liegt aber auch zugleich ihre Bedeutung. Dabei ist zu beachten, daß Seele und Individuum nicht als Synonyma zu verstehen sind. Die Seele gilt Simmel vielmehr als Vermittlungsinstanz zwischen dem Leben als absoluter Einheit und dem Individuum als begrenztem Einzelwesen.

Die skizzierte Doppelstellung des Individuums ist auch für das Eckhartsche Denken zentral und liegt in der bereits erwähnten Auffassung vom *duplex esse* begründet. Für sich genommen, ist der Mensch nichts, und alles, was er ist, ist er aus und von Gott her.[4] Die menschliche Seele ist zwar in ihren äußerlichen Schichten von Gott geschieden, hat aber vermittels des Seelengrundes zugleich Anteil am göttlichen Sein. In der endlichen Wirklichkeit existiert die Seele in der Form der endlichen Persönlichkeit, der sinnlich-geistigen Individualität. Der Zweck allen irdischen Geschehens jedoch ist die Wiedervereinigung der Seele mit Gott. Dies ist möglich aufgrund der Eckhartschen Auffassung vom Seelenfünklein, das über menschlicher Vernunft und Willen steht, empfänglich für Gott ist und insofern die Gegenwart Gottes in der Seele meint.[5] Diese Bewegung aber ist zweifacher

---

[1] RB, 193f.
[2] IGz, 226.
[3] RB, 193f.
[4] Vgl. A. M. Haas, *Mystik als Aussage. Erfahrungs-, Denk- und Redeformen christlicher Mystik,* Frankfurt a. M. 1996, 349.
[5] Pfeiffer, 255, 14–19: Gnâde kumt niemer in vernünftekeit noch in willen. Sol genâde in vernünftekeit unde in willen komen, sô muoz vernünftekeit unde willen über sich selber brâht werden. Dâ von sprichet ein meister: ez ist neizwaz gar heimlichez, daz dar über ist, unt dâ meinet er daz fünkelî der sêle, daz dâ alleine enpfenclich ist gotes. Dâ geschiht diu

Art: Sie führt einerseits ins Innere der Seele, andererseits in den göttlichen Seinsgrund. Der Aufstieg der Seele beginnt mit dem Akt der Selbsterkenntnis: »Nîm dîn selbes war, und swâ dû dich vindest, dâ lâz dich.«[1] Eckhart bezieht sich in diesem Zusammenhang auf Augustinus: »wârheit diu ist inwendig in dem grunde unde niht ûzwendic.«[2] Eckhart fordert die totale Abgelöstheit des Menschen von Stoff und Form: »Ein vernunftiger mentsch ist, der sich selber vernuftleklichen verstat vnd in im selber abgescheiden ist von allen materien vnd formen.«[3]

Die Selbsterkenntnis ist ein vollständig verinnerlichter Prozeß; »die Wendung nach außen fällt weg«[4]. Sie verbleibt jedoch nicht in sich selbst. Eine auf das individuelle Ich bezogene Selbsterkenntnis sieht Eckhart nicht vor. Im Gegenteil darf die Seele sich gar nicht selbst erkennen, da sie alles Eigene im Sinne der Individualität abzulegen hat. Statt dessen führt die Selbsterkenntnis zum Aufgehen in das göttliche Sein. Sie ist ein einfaltiges Erkennen und erkennt auf diese Weise das reine, bloße göttliche Sein unmittelbar, das »einige Eine«, das die Gottheit jenseits Gottes ist.[5] Die Seele strebt nach der Einfachheit, über alle Dinge hinaus in das Absolute und schlechthin Unerkennbare; gestaltlos stürzt sie sich in den gestaltlosen Gott.[6] »Selbsterkenntnis des Geschöpfes gibt es für Eckhart nur in der archetypischen Weise, daß das Ich sich so erkennt, wie es von Gott erkannt ist. Eine selbständige Selbsterkenntnis, die von Gotteserkenntnis nichts wüßte, wäre ein Unding, das in den verabscheuungswerten Bereich des rein Kreatürlichen fiele und daher wertlos wäre!«[7]

Der doppelte Aspekt der Selbsterkenntnis gründet in der Paradoxie, »in *zît, lîplichkeit* und *manicvalticheit* von einer Erfahrung berichten zu müssen, die sich gerade nur unter kategorischem Ausschluß dieser drei den Menschen von Gott abhaltenden Bestimmungen gnadenhaft ergibt«[8]. Einerseits ist von dem individuellen Ich abzusehen, andererseits muß der Mystiker von Erfahrungen Zeugnis geben, die das Ich in seinem Kern, seinen Seelengrund betreffen. Diese Paradoxie wird von Eckhart in einen dialektischen Prozeß aufgelöst. Die Selbstaufgabe schlägt in der Einigung mit Gott

---

rehte einunge zwischen gote unt der sêle in dem kleinen ganster, daz der sêle geist heizet. Vgl. HAAS, *Mystik als Aussage*, 138. Zum Begriff *vünkelîn* vgl. die dort angeführte Literatur.

[1] *Deutsche Werke* V, 196, 3f.

[2] PFEIFFER, 12, 30f. In den lateinischen Werken heißt es ebenfalls mit Bezug auf A. AUGUSTINUS, *De vera religione*, 39 (in *Lateinische Werke* IV, 191): »Gehe nicht nach außen (, kehre in dich selbst zurück, im innern Menschen wohnt die Wahrheit).«

[3] *Deutsche Werke* I, 250, 6f.

[4] A. M. HAAS, *Nim dîn selbes wâr. Studien zur Lehre von der Selbsterkenntnis bei Meister Eckhart, Johannes Tauler und Heinrich Seuse*, Freiburg/Schweiz 1971, 49.

[5] Vgl. ebd.

[6] Vgl. PFEIFFER, 540, 17, 26.

[7] HAAS, *sermo mysticus*, 208.

[8] DERS., *Nim dîn selbes wâr*, 70.

»dialektisch in ihr Gegenteil, in unerhörten Selbst- und Weltgewinn«[1] um. Das Ich war »an eine räumlich und zeitlich gegliederte Umwelt preisgegeben. Im Prozeß der Unio hingegen wird die ganze Schöpfung ins menschliche Ich hineingenommen und so vergeistigt, verinnerlicht.«[2] Diese neue Art der Welt- und Selbstschau hat Erwin Kobel als Innovation der deutschen Mystik, insbesondere Eckharts, dargestellt. »Alles ist in dieser Weise auf den Menschen bezogen. Die Welt erscheint im Gesichtspunkt des Einzelnen, sie richtet sich perspektivisch auf das Ich und kann eigentlich gar nicht mehr anders als in der ständigen Verschmolzenheit mit dem Ich gesichtet werden.«[3] Auf diese Weise hat die von Eckhart geforderte Selbstentäußerung einen doppelten Aspekt: die Selbstaufgabe und zugleich die Perspektivierung der Welt aufs menschliche Ich. »Denn wo das Ich dermaßen in den Brennpunkt der Verinnerlichung ins Zentrum rückt, wird durch jede noch so asketische Entäußerung seiner selbst das Ich *gehoehet*.«[4] Alois Haas bezeichnet diese Doppelstellung des Selbst in der Eckhartschen Lehre als den ›*enstatischen und ekstatischen Versuch einer Reintegration des Menschen in Gott*‹.[5] Beide Bewegungen vollziehen sich in der *abegescheidenheit*, die eine zentrale Kategorie Meister Eckharts ist. Dabei ist zu berücksichtigen, daß auch die Ekstase aus dem mannigfaltigen Geschöpflichen immer individuell und nie absolut ist. Des weiteren erfolgt die Loslösung vom Individuellen nicht zugunsten eines Ich, das aus eigener Kraft göttlich wäre, sondern zugunsten einer *begnadeten*, schon *übernatürlichen Natur*.[6] Setzt man statt ›Gott‹ den Terminus ›Leben‹ ein, liegt hier eine Parallele zum Verhältnis von Seele und Leben sowie der Vorstellung der doppelten Seelenbewegung von Zentripetalität und Zentrifugalität bei Simmel vor.

---

[1] DERS., a.a.O., 71.
[2] Ebd.
[3] E. KOBEL, *Untersuchungen zum gelebten Raum in der mittelhochdeutschen Dichtung* (Züricher Beiträge zur deutschen Sprach- und Stilgeschichte 4), Zürich o. J., 142.
[4] HAAS, *Nim dîn selbes wâr*, 73. Vgl. dazu MEISTER ECKEHART, *Deutsche Predigten und Traktate*, hgg. und übersetzt von J. QUINT, Zürich 1979, 148, 3–5 (Tr. »Vom edlen Menschen«): »Wenn die Seele erkennt, *daß* sie Gott erkennt, so gewinnt sie zugleich Erkenntnis von Gott und von sich selbst.«
[5] HAAS, a.a.O., 73.
[6] Vgl. DERS., a.a.O., 73f. Aus diesem Grund ist es eines der größten Mißverständnisse, in Eckhart einen Vorläufer einer Theorie menschlicher Selbstverwirklichung zu sehen; vgl. HAAS, *Mystik als Aussage,* 345. Ebenso wenig kann Eckhart als ein Exponent der die Moderne kennzeichnenden Konzeption eines autonomen Selbstvollzugs des Denkens gelten. Aufgrund der Analogie-Lehre Eckharts, der zufolge der Mensch von sich aus nichts und alles, was er ist, aus und von Gott ist, ist »dem Menschen keine Autonomie belassen …; verwirklichte Freiheit ist für ihn nur denkbar in Abgeschiedenheit und Gelassenheit, d. h. in einer radikalen Selbstpreisgabe in Gott hinein, der ihm sich selber gibt und ihm so als lebendiges Sein – aber nie als Besitz – gnadenhaft gegenwärtig ist«; DERS., a.a.O., 350.

Den stärksten Beleg für den Einfluß Eckharts auf Simmel stellt zweifelsohne das Buch über Rembrandt dar. Hier wird wie in keinem anderen Text die Gleichsetzung von Seele, Leben und Religion in ihrer subjektiven Form deutlich. Subjektive Religion besteht ausschließlich »als inneres Leben des Subjekts«[1]. Sie ist ein »seelisches Lebens selbst, aus einer tiefen individuellen Produktivität und Selbstverantwortlichkeit strömend«[2]. In ihrer reinen Verwirklichung würde subjektive Religion »in dem Prozeß des Lebens selbst, in der Art, wie der religiöse Mensch in jeder Stunde lebt, bestehen, nicht aber in irgendwelchen Inhalten, in dem Glauben an irgendwelche Wirklichkeiten«[3]. Die Religiosität, die in Rembrandts Werken zum Ausdruck kommt, ist nicht ein Religion-Haben, sondern ein Religiös-Sein; eine Unterscheidung, die auf Eckhart zurückgeht.[4] Allerdings geht die Rembrandtsche Religiosität über Eckharts Mystik hinaus. Während die Seele hier ihren religiösen Charakter durch die Relation zum Göttlichen erhält, hat Rembrandts Religiosität jeglichen Relationscharakter abgelegt.[5] Aus diesem Grund ist Rembrandt »kein Mystiker«[6]. Trotzdem ist die Interpretation Rembrandts durch das Eckhartsche Denken inspiriert. Und die lebensphilosophisch ausgerichtete Religionstheorie Simmels einer ›immanenten Transzendenz‹ weist ohne Zweifel einen mystischen Hintergrund im Sinne Eckharts auf.[7] Davon zeugen nicht nur die aufgewiesenen Parallelen, sondern nicht zuletzt auch Simmels Freiheitsverständnis, wie es in der *Lebensanschauung* zum Ausdruck kommt: »Freiheit ist nicht Lösung vom terminus a quo, sondern vom terminus ad quem. Daher der Eindruck von Freiheit bei Kunst, Wissenschaft, Moral, wirklicher Religiosität.«[8] Dieser Freiheitsbegriff, bar jeglicher Teleologie und Determinierung, korreliert mit Eckharts Begriffen von Gelassenheit und Bestimmungslosigkeit des Seins.

2. Das zeitgenössische Interesse an der Mystik Meister Eckharts

Mit dem Interesse an der Mystik steht Simmel im Kontext einer wichtigen Zeitströmung, denn mit der Kirchenmüdigkeit und der Sehnsucht nach ›religiösem Erleben‹ erstarkt um die Jahrhundertwende das Interesse an der

---

[1] RB, 141.
[2] RB, 142.
[3] Ebd.
[4] Vgl. HAAS, *Mystik als Aussage*, 345: Eckhart geht es »nie um ein Haben, sondern immer um Sein, um das Sein, das – recht bedacht – immer ein Sein in Gott und von Gott her ist«.
[5] Vgl. RB, 163.
[6] RB, 148.
[7] Vgl. auch ULLRICH, a.a.O., 191ff.
[8] LBA, 45.

III. Quellen und Ort von Simmels lebensphilosophischem Religionskonzept   223

Mystik.[1] Hermann Platz macht um 1900 einen »seelisch-weltanschaulichen Witterungsumschlag« aus, »der tief ins Religiöse, es aufwühlend und verwirrend, hineinreicht«.[2] Im Zentrum dieser geistigen Bewegung stand vor allem die abendländische Tradition[3], zunächst die Romantik (vor allem Novalis), Schopenhauer, aber auch Goethe mit seiner organischen Naturanschauung, dann die mittelalterliche Mystik, und in ihr besonders Meister Eckhart.[4] 1903 erscheinen gleich zwei Eckhart-Übersetzungen, die von Hermann Büttner[5] und Gustav Landauer[6] besorgt wurden und zur Beschäftigung mit dem mittelalterlichen Theologen anregten.[7] Zudem wurde die von Franz Pfeiffer besorgte Ausgabe mit Schriften Eckharts neu aufgelegt.

Als allgemeines Definitionsmerkmal der Mystik wird in der Regel die ausschließlich innere Beziehung der Einzelseele zu Gott angegeben. So schreibt etwa Wilhelm Herrmann: »Wenn das Einwirken Gottes auf die Seele lediglich in einem inneren Erlebnis des Einzelnen gesucht und gefunden wird, also in einer Gefühlserregung, die sich unmittelbar als Ergriffensein von Gott bezeugen soll, ohne daß dabei irgend etwas Äußeres mit klarem Bewußtsein erfaßt und festgehalten wird, ohne daß der positive Inhalt einer die Seele beherrschenden Anschauung Gedanken rege macht, in Denken sich das geistige Leben erhöht, so ist das mystische Frömmigkeit.«[8] Entsprechend will der Mystiker »eine lebendige Gegenwartsreligion haben

---

[1] Entsprechend bezeichnet beispielsweise E. L. SCHMIDT, Vom Wesen der Mystik, in: *Monatshefte der Comeniusgesellschaft für Philosophie und Geschichte* XVII, 1908, Heft IV, 201–211, hier: 211, die Mystik als eine »Religion [...] ohne Dogma, ohne Heilige Schrift, ohne berufene Hüter, ohne Kirche«. Vgl. auch G. LASCH, Mystik und Protestantismus, in: *Religion und Geisteskultur* 5, 1911, 34–52, hier: 34, für den die Frömmigkeitsform der Mystik »von Alters her die Gegnerin der historischen Religionsgebilde war«; entsprechend gehen die modernen Vertreter der Mystik »als Schildknappen einer antikirchlichen Diesseitsreligion wieder in die Welt hinaus«. In diesem Sinne zieht auch E. LUCKA, Religion der deutschen Mystiker, in: *Preußische Jahrbücher* 150, 1913, 50–65, hier: 51, eine scharfe Differenz zwischen »wirklicher Religion« und »historischer Tradition«.

[2] H. PLATZ, Vom Erwachen der »Mystik« um 1900, in: *Hochland. Katholische Monatsschrift für alle Gebiete des Wissens, der Literatur und Kunst* 34, 1936/1937, 324–337 u. 434–448, hier: 325.

[3] Zur Mystikrezeption in allgemein religionsgeschichtlicher Hinsicht vgl. E. LEHMANN, *Mystik im Heidentum und Christentum*, Leipzig u. a. 1908.

[4] Vgl. PLATZ, a.a.O., 326.

[5] H. BÜTTNER (Hg.), *Meister Eckharts Schriften und Predigten*, 2 Bde., 1. Bd. Jena 1903, 2. Bd. Jena 1909, verlegt bei Eugen Diederichs.

[6] G. LANDAUER (Hg.), *Meister Eckharts mystische Schriften*, verlegt beim Schnabel Verlag, Berlin 1903. Landauer war mit Margarete Susman befreundet und mit Simmel bekannt; ich verdanke diesen Hinweis Otthein Rammstedt.

[7] Vgl. beispielsweise L. ZIEGLER, Die philosophische und religiöse Bedeutung des Meisters Eckehart, in: *Preußische Jahrbücher* 115, 1904, 503–517, und F. RITTELMEYER, Meister Eckeharts Frömmigkeit, in: *Monatsschrift für Pastoraltheologie* IV, 1907/1908, 47–64.

[8] W. HERRMANN, *Der Verkehr des Christen mit Gott*, Stuttgart ²1892, 15.

und den Blick nicht rückwärts wenden, sondern einwärts nur zur Selbst- und Gottesschau«[1]. Aus dieser Haltung resultiert eine Institutionen- und Dogmenfeindlichkeit sowie eine Indifferenz dem Kulturleben gegenüber; durch die Mystik wird der Einzelne »*aus dem geschichtlichen Zusammenhang herausgehoben,* isoliert und gleichgültig gemacht gegen die sozialen, kirchlichen und staatlichen Verbände«[2]. Zugleich ist es aber ein Kennzeichen der Mystik, daß in ihr Subjekt und Objekt zusammenfallen. So schreibt etwa Emil Lucka, der im übrigen darin eine Parallele zu großen Kulturschaffenden – etwa Goethe, Bach und Kant – sieht: An den Mystikern ist zu erkennen, »daß höchste Persönlichkeit und höchste Gegenständlichkeit zusammenfallen, daß die große Persönlichkeit endlich nicht mehr zwischen sich und der Welt scheidet, daß sie alles Kleine, Eigenwillige, Subjective ausgeschieden hat und ganz objectiv – unpersönlich – göttlich geworden ist«[3]. In diesem Sinne wird an der Eckhartschen Mystik hervorgehoben, daß er die Transzendenz Gottes in die Immanenz und die religiösen Objekte in das Subjekt aufnimmt.[4]

Große Teile der Intellektuellen- und Künstlerszene waren von dieser Art Religiosität fasziniert. Das Mystikinteresse floß, vom Symbolismus des Auslandes kommend, in die deutsche Geisteslandschaft ein und inspirierte vor allem die Literatenreligion.[5] Beispielsweise Rudolf Kaßner, Rainer Maria Rilke, Hermann Stehr und Stefan George sind in diesem Zusammenhang zu nennen.[6] Simmel hat, wie der Briefwechsel bezeugt, bereits zu dem jungen Rilke seit 1898 persönlichen Kontakt. Beide standen in gegenseitigem Austausch[7], und auch Stefan George war im Hause Simmel häufiger Gast[8]. Zudem wurde der Belgier Maurice Maeterlinck, einer der führenden

---

[1] LASCH, Mystik und Protestantismus, 39.
[2] DERS., a.a.O., 41.
[3] LUCKA, a.a.O., 62.
[4] Vgl. LASCH, a.a.O., 38: »Nur um die Gemeinschaft mit Gott so innig als möglich zu gestalten, wandelt er [sc. Eckhart] die Transzendenz Gottes in die Immanenz und sucht er die religiösen Objekte in das Subjekt aufzunehmen.«
[5] Vgl. PLATZ, a.a.O., 330.
[6] Zu den verschiedenen Strömungen und Vertretern einer von der Mystik inspirierten Literatenreligion vgl. C. GROTTEWITZ, Steuern wir einer Epoche der Mystik zu?, in: *Die Gegenwart,* Bd. 41, 1892, 248–250, und TH. ACHELIS, Über die kulturgeschichtliche Bedeutung der Mystik, in: *Religion und Geisteskultur* 1, 1907, 158–166.
[7] Vgl. GASSEN/LANDMANN, Buch des Dankes, 119ff. Simmel reagiert beispielsweise auf Rilkes *Stundenbuch* mit den bereits angeführten Anmerkungen über Pantheismus.
[8] Vgl. H. SIMMEL, Auszüge aus den Lebenserinnerungen, in: K. GRÜNDER und H. BÖHRINGER (Hg.), *Ästhetik und Soziologie um die Jahrhundertwende,* a.a.O., 247–268, sowie M. LANDMANN, Georg Simmel und Stefan George, in: H.-J. DAHME und O. RAMMSTEDT (Hg.): *Georg Simmel und die Moderne. Neue Interpretationen und Materialien,* Frankfurt a. M. 1984, 147–173. Allerdings setzte sich Simmel von Georges religiösen, d.h. sektiererischen, Aktivitäten ab, wie auch Weber und Rickert; vgl. O. RAMMSTEDT u. M. POPP, Aufklärung und

Literatenphilosophen seiner Zeit, bald auch in Deutschland populär. Seine Schrift *Der Schatz der Armen*, 1896 übersetzt und bei Diederichs verlegt, war als eine Art Einführung in das mystische Denken gedacht.[1] Simmel, »stets von ausgesprochener Modernität«[2], rezensiert den französischen Philosophen bereits 1900, führt in wiederholt in seinen Arbeiten an[3], erwähnt ihn in einem Brief an Paul Ernst vom 1. Januar 1910[4] und hält im WS 1907/08 sogar eine Vorlesung über die »Philosophie des 19. Jahrhunderts, von Fichte bis Nietzsche und Maeterlinck«[5].

Das Interesse an der Mystik speist sich zu einem nicht unerheblichen Teil aus der zeitgenössischen Kulturkritik. So gibt beispielsweise Hermann Büttner als Motiv für die Beschäftigung mit Meister Eckharts Schriften an: »Es geht ein Suchen durch unsere Zeit, man beginnt die Schranken, die einem unpersönlichen Weltwissen gezogen sind, als Beengung zu fühlen, und über alle Möglichkeiten äußerer Lebenssteigerung und Lebensausstattung, wie sie eine hochgestiegene Kultur darbietet, hinaus sehnt man sich darnach, das Leben wieder an tiefere Gründe anzuschließen, es aus tieferen Quellen zu speisen.«[6] Der kirchlichen Lehre traut man nicht mehr zu, den geistigen Anforderungen gerecht zu werden, so daß man die Mystik scharf vom offiziellen Christentum trennt.[7] Vor allem Intellektuelle, die wieder ein religiöses Bedürfnis verspürten, empfanden die Religion in ihrer kirchlichen Form als »veraltet, als unwirksam, als unzulänglich, weil mit allzuviel Versagen belastet«[8].

Nach genauerer Analyse dieser Strömungen (und der Verbreitung der Schriften) kann man allerdings »vor dem Krieg bei einigen wohl von tiefansetzender Begeisterung, von treuherziger, wenn auch unzulänglicher Arbeit an den Mystikern, nicht aber von einer nennenswerten Bewegung

---

Propaganda: Zum Konflikt zwischen Georg Simmel und Friedrich Gundolf, in: *Simmel Newsletter* 5, 1995, 139–155, hier: 149.

[1] LASCH, a.a.O., 34f., zufolge wirken Maeterlincks Bücher »wie Erbauungsschriften und werben in gottentfremdeten Kreisen für einen stillehaltenden Schicksalsglauben und eine von Ewigkeitsgedanken sich nährende Weisheit«. Zur zeitgenössischen Rezeption Maeterlincks in Deutschland vgl. F. VON OPPELN-BRONIKOWSKI, Maurice Maeterlinck und der Mystizismus, in: *Nord und Süd* 85, 1898, 317–323, L. A. KRAPP, Der Symbolismus und sein bedeutendster Vertreter Maeterlinck als Dichter, in: *Die Kultur. Vierteljahrschrift für Wissenschaft, Literatur und Kunst* 5, 1904, 239–248, P. BUSCH, Maurice Maeterlinck, ein moderner »Prophet«, in: *Die Wahrheit* 40, 1906, 694–699.

[2] H. SCHMALENBACH nach den Aufzeichnungen Michael Landmanns in: GASSEN/LANDMANN, *Buch des Dankes*, 213.

[3] So z.B. in SHN, 175 und 370–372.

[4] Vgl. GASSEN/LANDMANN, *Buch des Dankes*, 74.

[5] Vgl. DIES., a.a.O., 348.

[6] BÜTTNER, a.a.O., I, XXXV.

[7] Vgl. DERS., a.a.O., I, XXVII.

[8] PLATZ, a.a.O., 335.

sprechen«[1]; ein Zustand, der sich erst nach 1918 änderte. Dennoch wurden bereits um 1900 die Mystiker bekannter, nicht zuletzt durch die verlegerische Initiative von Eugen Diederichs.[2] Durch solcherart Publikationen wurden Philosophen, Theologen, Philologen und Historiker, aber auch Schriftsteller angeregt, sich mit der Mystik zu beschäftigen. Über die wissenschaftliche Befassung hinaus wurde die Mystik »eine Lebensform, besser ein Weg, auf freie, nicht schul-, nicht methodengemäße Weise eine persönliche Welt- und Lebensanschauung zu gewinnen, freilich ohne Anschluß an geschichtliche Gegebenheiten [...], aus dem ›Ungegebenen‹, aus ›gestaltloser Tiefe‹, aus dem ›Grundlosen‹, aus ›alles zermalmender Skepsis‹, aus dem ›schöpferischen Chaos‹ usw.«[3]. Was die Mystik um 1900 interessant gemacht hat, ist das ihr eigene Gottesverständnis und das daraus resultierende Verhältnis von Gott und Ich. Friedrich Rittelmeyer zufolge scheint Eckhart in diesem Punkt »einer tiefen Sehnsucht unsrer Zeit merkwürdig entgegenzukommen«[4]. Auch Nietzsches Philosophie sei der Ausdruck einer »Erfahrung der inneren Unmöglichkeit, sich mit einem rein gegenständlichen, draußenstehenden Gott zurechtzufinden«[5]. Für Rittelmeyer besteht das »religiöse Sehnen« seiner Zeit darin, »nicht bloß einem äußeren Gott starr geschieden gegenüberzustehen und mit ihm in ein vielleicht recht inniges, aber doch trennendes Verhältnis zu treten, sondern teilzuhaben am Leben Gottes, aufgenommen zu werden in ein göttliches Geschehen, selbst ein Stück vom Leben Gottes zu sein oder zu werden«[6]. Zwar beruhe das religiöse Erleben wesentlich auf der Spannung zwischen Ich und Du; eine Spannung allerdings, die zur Einheit dränge. In dieser Bewegung spiele sich das »tiefste religiöse Sehnen« ab. Die Dynamik wiederum sei das Kennzeichen der Eckhartschen Mystik, weshalb der mittelalterliche Theologe für die Gegenwart interessant sei.[7]

---

[1] DERS., a.a.O., 333. In seiner Literaturbesprechung »Einige Bücher zur Mystik« bezeichnet J. Bernhart das neuerwachte Interesse an der Mystik als eine Modeerscheinung; J. BERNHART, Einige Bücher zur Mystik, in: *Hochland* 11, 1913/1914, 226–232, hier: 226; vgl. auch P. MEHLHORN, Neue Literatur zur Mystik, in: *Protestantische Monatshefte*, 1911, 238–242, hier: 238.
[2] Der Verleger hatte seit 1898 begonnen, Mystikerübertragungen und Mystikerneudrucke zu edieren und dies sogar als besondere Aufgabe seines Verlages anzusehen. Innerhalb weniger Jahre erschienen Maeterlincks *Schatz der Armen* (übersetzt von F. VON OPPELN-BRONIKOWSKI), *Eckharts Schriften und Predigten* (1903ff.; hgg. von H. BÜTTNER), *Angelus Silesius* (1905; hgg. von W. BÖLSCHE), *Ekstatische Konfessionen* (1909; hgg. von M. BUBER), *Heinrich Seuse, Deutsche Schriften*, 2 Bde. (1911; hgg. von W. LEHMANN), *Tauler* (1913; hgg. von W. LEHMANN), und das *Büchlein vom vollkommenen Leben* (hgg. von H. BÜTTNER).
[3] PLATZ, a.a.O., 445.
[4] RITTELMEYER, a.a.O., 61.
[5] Ebd.
[6] DERS., a.a.O., 62.
[7] Vgl. ebd. und J. HERZOG, Die Wahrheitselemente in der Mystik, in: *Die Christliche Welt* 27, Nr. 36, 1913, 842–846, hier: Sp. 846.

TEIL C
Simmels Religionstheorie im soziologischen Kontext

Während es in den ersten beiden Teilen um die werkgeschichtliche Erschließung und wissenschaftshistorische Kontextuierung der Religionstheorie Simmels ging, macht es sich der folgende Teil zur Aufgabe, sie auf ihren systematischen Gehalt hin zu interpretieren. Diese Absicht gründet in der mangelnden Befriedigung, sich auf die Rekonstruktion der Werkgeschichte hinsichtlich ihrer verschiedenen Schichten zu beschränken. Im übrigen könnte nicht von einer Religionstheorie gesprochen werden, gäbe es nicht einen systematischen Nukleus, der die ansonsten heterogenen Schichten zusammenhält. Diesen Nukleus, so die These des dritten Teils, stellt der soziologische Ansatz dar, der durch die kulturwissenschaftliche und lebensphilosophische Schicht angereichert und erweitert wird. Eine systematisierende Perspektive an die religionsbezogenen Arbeiten Simmels heranzutragen, bedeutet allerdings nicht, ihnen eine einheitliche Basis erst zu unterlegen. Die folgenden Ausführungen sollen vielmehr zeigen, daß den Arbeiten Simmels ein systematischer Kern durchaus inhärent ist und also offengelegt werden kann. Eine Rekonstruktion in systematischer Perspektive hat folglich eine Gratwanderung zwischen werkimmanenter Exegese und von Interpretationsinteressen geleiteter Lektüre zu unternehmen.

Die nachfolgende Interpretation geht in zwei Schritten vor. Zunächst soll die an keiner Stelle des Werkes explizit gemachte Kohärenz der Untersuchungen Simmels zu Themen der Religion herausgearbeitet werden. In einem zweiten Schritt werde ich versuchen, das Wechselwirkungsverhältnis zwischen Simmels soziologischem Ansatz und seiner Befassung mit Themen der Religion aufzuzeigen, so daß sich seine spätere Soziologie, insbesondere die erkenntistheoretische Fundierung durch die drei soziologischen Apriori, auch als eine Frucht religionsphilosophischen Räsonnements begreifen läßt. Den dritten Teil sowie die gesamten Untersuchung wird ein Kapitel abschließen, das Simmels Religionssoziologie in den Kontext aktueller religionssoziologischer Ansätze und Fragen stellt.

I. Der systematische Gehalt der Religionstheorie Simmels in soziologischer Perspektive

1989 hat Horst-Jürgen Helle zusammen mit Mitarbeitern Arbeiten Simmels zu Themen der Religion herausgegeben.[1] Abgesehen von Vorbehalten in editorischer und formaler Hinsicht[2], kommt diesem Unternehmen zweifelsohne das Verdienst zu, teilweise an versteckten Publikationsorten veröffentlichte, zugleich aber wichtige Texte Simmels zu Fragen der Religion vereint und somit einem breiteren Publikum zugänglich gemacht zu haben. Allerdings bleibt der – wohl in Anlehnung an das von Marianne Weber betriebene Editionsunternehmen der Schriften ihres Mannes – gewählte Titel *Gesammelte Schriften zur Religionssoziologie Georg Simmels* erklärungsbedürftig. Konnte die werkgeschichtliche Rekonstruktion im ersten Teil meiner Untersuchung zeigen, daß Simmels Beschäftigung mit Themen der Religion aus sehr verschiedenen Perspektiven von Soziologie *und* Psychologie, philosophischer Erkenntnistheorie, Ästhetik sowie Metaphysik erfolgt, so ist es zum mindesten nicht *unmittelbar* einsichtig, die Texte unter dem Etikett »Religionssoziologie« zu vereinen. Leider löst auch die Einleitung Helles diesen Erklärungsbedarf nicht ein. Dennoch erscheint mir die Möglichkeit dazu nicht unsinnig. Ich halte sie durchaus für plausibel, wobei die Plausibilität freilich durch eine spezifisch soziologische Lesart auch der nicht-soziologischen Texte erst erzeugt werden muß. Diese Aufgabe stellen sich die nachfolgenden Ausführungen. Während der erste Teil in werkgeschichtlich-diachroner Perspektive das Aufeinanderfolgen des psychologischen und soziologischen, kulturwissenschaftlichen und le-

---

[1] *Georg Simmel. Gesammelte Schriften zur Religionssoziologie*, hgg. und mit einer Einleitung von H.-J. HELLE in Zusammenarbeit mit A. HIRSELAND und H.-CH. KÜRN, Berlin 1989.

[2] Beispielsweise erscheint mir die Lösung, die beiden Fassungen der Religionsmonographie in *einem* Text zu vereinen, sie gleichsam palimpsestartig aufeinander zu projizieren, und die Unterschiede, Ergänzungen und Auslassungen durch ein kompliziertes System verschiedener Hervorhebungsmodi auszuweisen, – gelinde gesagt – äußerst unglücklich und wenig leserfreundlich. Zudem suggeriert das Unternehmen mit dieser Verfahrensweise textkritische Ambitionen, die jedoch nur teilweise eingelöst werden. Beispielsweise hätten auch Varianten aus Aufsätzen Berücksichtigung finden müssen, die in die beiden Fassungen der Religionsschrift eingegangen sind; vgl. hierzu das Variantenverzeichnis in GSG 10, 423–440. Schließlich ist nicht recht einzusehen, daß etwa eine längere mit dem Thema Religion befaßte Passage aus dem Aufsatz »Der Konflikt der modernen Kultur« in die Textsammlung Eingang gefunden hat, so wichtige Aufsätze wie »Die Persönlichkeit Gottes« und »Ein Problem der Religionsphilosophie« dagegen herausgelassen wurden.

bensphilosophischen Ansatzes als eine Entwicklung hin zu einem immer umfassenderen Verständnis von Religion nachgezeichnet und Psychologie, Soziologie sowie Philosophie in ihrem wechselseitigen Verhältnis zueinander dargestellt hat, kommt es in diesem Teil meiner Untersuchungen in systematisch-synchroner Perspektive darauf an, den soziologischen Ansatz als den Nukleus zu verstehen, in dem die Kulturwissenschaft und Lebensphilosophie bereits angelegt sind beziehungsweise aus dem sie sich – gleichsam entelechisch – entfalten. In diesem Sinne versuche ich, auch die nicht explizit soziologisch ausgerichteten Arbeiten soziologisch zu lesen. Dabei folge ich der Auffassung Michael Landmanns daß »Lebensphilosophie bei Simmel zugleich Kulturphilosophie« ist[1] und ergänze sie um die These, daß die Kulturwissenschaft bei Simmel zugleich auch – freilich in einem erweiterten Sinne – Soziologie ist[2]. Während also die werkgeschichtliche Rekonstruktion auf der diachronen Perspektive basiert, geht es im folgenden um die systematische Einheit der Simmelschen Religionstheorie auf synchroner Ebene. Die beiden Lesarten lassen sich schematisch folgendermaßen darstellen:

Werkgeschichtlich-diachrone Perspektive

	Soziologie	Kulturwissenschaft	Lebensphilosophie
Gegenstand	Vergesellschaftungsprozesse	Kultur	Leben
Leitdifferenz	Individuum/Gesellschaft	Subjektive/objektive Kultur	Form/Prozeß

---

[1] LANDMANN, Einleitung, 9.
[2] Diese Lesart vertritt auch RAMMSTEDT, Soziologie und/oder Kulturwissenschaft.

Systematisch-synchrone Perspektive

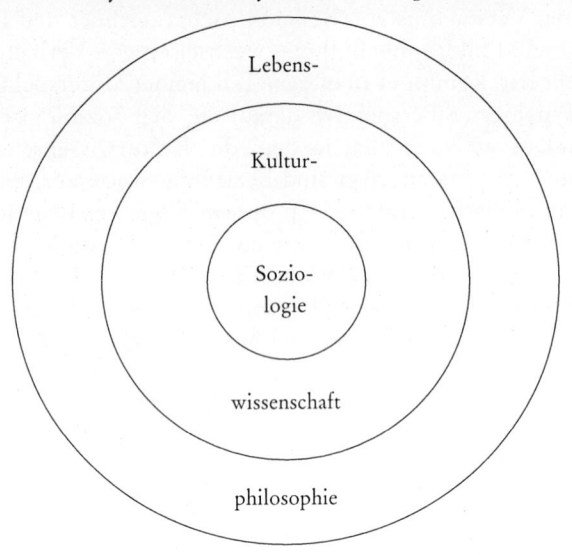

```
         Lebens-
      Kultur-
    Sozio-
    logie
      wissenschaft
         philosophie
```

Nachdem sich Simmel mit seinem soziologischen Programm weder international noch national hat durchsetzen können[1] und auch seine universitäre Karriere nicht den gewünschten Verlauf nimmt, betont er Kollegen gegenüber häufig, daß ihn die Soziologie im Grunde nicht mehr interessiere[2]. Abgesehen davon, daß Simmels Interessen nicht zuletzt professionsstrategisch ausgerichtet waren, wird man dieser Selbststilisierung wohl kaum uneingeschränkt Glauben schenken können. Zu stark war das ›soziologische Denken‹ beim frühen Simmel ausgeprägt, zu sehr die Wahrnehmung unterschiedlichster Sachverhalte auf die soziologische Perspektive hin sensibilisiert, als daß der spätere Kulturwissenschaftler und Lebensphilosoph von dieser Art zu denken und beobachten absehen konnte (und wohl auch wollte). »Auch wenn Simmel selbst sich von der Soziologie distanzierte, sein Engagement für ihre Anerkennung im Kanon der Wissenschaften bleibt bestehen.«[3] Und in der Tat macht sich die soziologische Schulung auch in der mittleren und späten Phase seines intellektuellen Schaffens bemerkbar. Analysen philosophischer Ansätze etwa bleiben nicht einem allgemeinen philosophiegeschichtlichen Interesse verhaftet, sondern wollen ihren Beitrag für die Konstitution des modernen Weltbildes erschließen.

---

[1] Vgl. RAMMSTEDT, Editorischer Bericht, 886ff.
[2] So äußert sich Simmel etwa Célestin Bouglé gegenüber in einem Brief vom 13. Dezember 1899, daß er nicht vorrangig Soziologe, sondern zuerst einmal Philosoph sei; vgl. RAMMSTEDT, Editorischer Bericht, 886.
[3] RAMMSTEDT, a.a.O., 891.

Und noch allem Sozialen scheinbar so abseitige Gegenstände wie Kunstwerke werden nicht zuletzt auf ihre soziale Dimension hin analysiert. Kurzum: Soziologie betreibt Simmel auch an denjenigen Stellen seines Werkes, die sich nicht als soziologisch gehalten ausgeben. Ganz in diesem Sinne formuliert Michael Landmann: »Noch als Philosoph des Individuums bleibt Simmel Soziologe.«[1] Durch diese Sichtweise sehe ich mich ermutigt, bei der folgenden systematischen Rekonstruktion auch die psychologischen, erkenntnistheoretischen, metaphysischen, kulturwissenschaftlichen und ästhetischen Bestandteile der Simmelschen Religionstheorie soziologisch ›in Beschlag‹ zu nehmen. Des weiteren sehe ich mich in meinem Vorhaben dadurch bestärkt, daß Simmel selbst die Religionswissenschaft als einen Bestandteil der Sozialwissenschaften auffaßt, aus denen die Soziologie im engeren Sinne ihr Material beziehen kann.[2] Und schließlich integriert Simmels soziologische Spätschrift *Grundfragen der Soziologie* die philosophische Perspektive in die »philosophische Soziologie«[3] und gibt damit einen Hinweis darauf, daß sich auch die um Fragen der Individualität kreisenden kulturwissenschaftlichen und lebensphilosophischen Arbeiten in soziologischer Perspektive lesen lassen[4]. Als ein philologisches Argument für die Plausibilität der primär soziologisch gehaltenen Lesart mag der im vierten Kapitel des werkgeschichtlichen Teils meiner Untersuchungen angeführte Exkurs zur Entstehungsgeschichte der beiden Auflagen der Religionsmonographie gelten, demzufolge die Schrift in der Fassung von 1912 alle drei Ansätze integriert, zugleich aber auf dem Gerüst des dezidiert religionssoziologischen Aufsatzes von 1898 basiert. Da der zweiten Auflage der *Religion* bei der Frage nach einem einheitlichen Religionsverständnis eine zentrale Bedeutung zukommt, unterziehe ich sie im folgenden einer systematischen Interpretation.

Als Martin Buber Simmel bittet, eine Studie über Religion für die Reihe *Die Gesellschaft* zu verfassen, kann Simmel, wie der werkgeschichtliche Exkurs zeigt, auf frühere Arbeiten zum Religionsproblem zurückgreifen. Die Religionsschrift verdient vor allem deshalb besondere Aufmerksamkeit, weil in ihr die Perspektiven von Psychologie, Soziologie, Kulturwissenschaft und Lebensphilosophie einen einheitlichen Fluchtpunkt gewinnen – und zwar auf soziologischer Basis.[5] Wie sich anhand einer werkge-

---

[1] LANDMANN, Georg Simmel und Stefan George, 171.
[2] Vgl. SOZ, 14.
[3] Vgl. GFSOZ, 68ff.
[4] Im übrigen gehe ich bei diesem in soziologischer Perspektive gehaltenen Systematisierungsversuch mit der Auffassung Dahmes konform, der Simmels Soziologie »als ein konstitutives Element seines ganzen Werkes« erachtet; vgl. DAHME, *Soziologie als exakte Wissenschaft*, 267.
[5] Ernst Troeltsch zählt Simmels Untersuchungen über Religion zur Religionspsychologie; vgl. E. TROELTSCH, Über den gegenwärtigen Stand der Religionsphilosophie, in: *Die Philoso-*

schichtlich-philologischen Rekonstruktion ihrer Genese zeigen läßt, kulminieren die verschiedenen Linien und Ansätze, die jeweils in den einzelnen Arbeiten verfolgt wurden, hier in einem einheitlichen Religionsverständnis, in dem sich die unterschiedlichen Herangehensweisen gegenseitig komplettieren. In die erste Auflage gehen, das zeigt eine Synopse, Textpassagen oder zumindest Gedankengänge aus allen zuvor publizierten Aufsätzen zu Themen der Religion ein, so daß sie als ein Systematisierungsversuch der vorhergehenden, heterogenen und fragmentarischen Texte gelten kann.[1]

Das Gerüst zur Abfassung der Monographie bildet der religionssoziologische Aufsatz von 1898; etwa zwei Drittel dieses Textes gehen mehr oder minder wörtlich an zentralen Stellen in die Religionsschrift ein. Dieser Sachverhalt ist sicherlich nicht nur dem bloß äußeren Umstand geschuldet, daß die Monographie als Band einer ›sozialpsychologischen‹ Reihe erscheinen sollte. Vielmehr lassen sich sachlich-systematische Gründe für eine *soziologisch* gehaltene Rahmenkonzeption angeben. Zwar wandte sich Simmel bald nach seiner Publikation »Zur Soziologie der Religion« spezifisch religionsphilosophischen Problemen zu, doch geschah dies nicht unter Ausblendung der soziologischen Perspektive und deren Resultate. Gerade die immer wieder angestellten erkenntnistheoretischen Reflexionen lassen Simmel bei den Konstitutionsbedingungen individuellen Bewußtseins ansetzen; wo es um die religiöse Kategorie als eine Bewußtseinsform geht, insbesondere aber dort, wo theologische beziehungsweise religionsphilosophische Topoi verhandelt werden. Der Kontinuität stiftende Zusammenhang der religionsphilosophisch orientierten Arbeiten ist in der Absicht zu sehen, den Problemkreis von Individualität angesichts des fragmentarischen Charakters menschlicher Existenzweise mit religiösen Aussagen in Beziehung zu setzen. Die Einsicht, daß Individualität problematisch wird, verdankt sich jedoch soziologischer Analyse und deren Erkenntnis der Abhängigkeit des Individuums von Vergesellschaftungsprozessen und den Zweckreihen der objektiven Kultur. Es sei in Erinnerung gerufen, daß

---

phie im Beginn des 20. Jahrhunderts. Festschrift Kuno Fischer, hgg. von W. WINDELBAND et al., Heidelberg ²1907, 423–486, hier: 466f. In den Literaturangaben zu »Wesen der Religion und der Religionswissenschaft« dagegen führt er Simmels *Religion* zum Abschnitt »Erkenntnistheorie der Religion« an; vgl. E. TROELTSCH, Wesen der Religion und der Religionswissenschaft, in: Ders., *Zur religiösen Lage, Religionsphilosophie und Ethik*, Gesammelte Schriften Bd. 2, Tübingen 1913. Obgleich Simmel terminologisch häufig zwischen Psychologie und Soziologie schwankt und das Religionsbuch in der *Sammlung sozialpsychologischer Monographien* erschienen ist, glaube ich doch, auch die psychologisch genannten bzw. anmutenden Teile unter die soziologische Perspektive subsumieren zu können. In dieser Auffassung fühle ich mich insbesondere durch Simmels eigene Ausführungen zur Verhältnisbestimmung von Individual- und Sozialpsychologie sowie Soziologie bestärkt; vgl. SOZ, 625–632 und 850–855.

[1] Vgl. dazu das Variantenverzeichnis zur Monographie in GSG 10, 423ff.

Simmel bereits in seinem frühen religionssoziologischen Aufsatz die religiöse Form gerade dort wirksam sieht, wo sich die Spannung zwischen sozialer Integration und personaler Individuation manifestiert. Darüber hinaus belegt die Aufnahme religionssoziologischer Explikationen in den erkenntnistheoretischen Aufsatz die Annahme, daß auch die philosophische Betrachtung die soziologische Perspektive stets im Hintergrund behält, sich teilweise sogar explizit auf sie bezieht.

Die abstrakte Problemlage einer Verhältnisbestimmung von Teil und Ganzem dient Simmel denn auch als Ausgangspunkt für die Monographie über Religion. Nachdem er seinen bereits andernorts erarbeiteten erkenntnistheoretischen Standpunkt dargelegt hat, werden drei Bereiche genannt, in denen Religion thematisch wird: Die Beziehung des Individuums zur äußeren Natur, zum Schicksal und zur Gesellschaft. Nach knapp gehaltenen Reflexionen zu den ersten beiden Feldern konzentriert sich der Autor auf den dritten Themenkomplex, nämlich auf die »Beziehungen des Menschen zur Menschenwelt und die Quellen der Religion, die in ihnen fließen«[1]. Die allgemeine Problematik des Verhältnisses von Teil und Ganzem konkretisiert sich in Vergesellschaftungsprozessen als Doppelstellung des Individuums zur Gesellschaft, und zwar in der »Beziehung eines Gliedes zum Ganzen, während das Glied doch selbst ein Ganzes zu sein verlangt«[2]. Die spezifisch religionssoziologische Perspektive gewinnt Simmel durch die Herstellung einer Analogie zwischen der Haltung des Individuums Gott gegenüber und dem Verhalten innerhalb von Vergesellschaftungsprozessen. Indem er das Analogieverhältnis zum primären Ausgangspunkt wählt, wird der frühe religionssoziologische Ansatz systematisiert. Standen in dem Aufsatz von 1898 noch alle drei Themenkreise – Glaube, Einheit, Analogie – auf gleicher Ebene als Beispiele für die Entwicklung der Religion aus sozialen Sachverhalten, so nimmt jetzt das strukturell vergleichbare Verhältnis zwischen dem Individuum zu Gott einerseits und dem zu einer sozialen Allgemeinheit andererseits eine heuristisch prioritäre Stellung ein, und Glaube wie Einheitsbegriff werden zu Konkretionen der abstrakten Relation. Es scheint, als ob gerade die religions*philosophische* Beschäftigung mit religiösen Vorstellungsinhalten Simmel zu dieser konzeptionellen Zuspitzung seines religions*soziologischen* Ansatzes geführt habe.

Simmel erläutert sein Verständnis von Analogie und konzeptualisiert den Begriff: »[N]icht eine zufällige Gleichheit unabhängiger Erscheinungen, sondern die Einheit einer seelischen Kategorie«[3] ist gemeint. Die Methode der Analogiebildung bedeutet somit einen Erkenntnismodus innerhalb einer der Welt gegenüber eingenommenen Attitüde. Gekoppelt mit der ana-

---

[1] REL 1906, 17.
[2] REL, 60 (REL 1906, 23); vgl. auch REL, 86ff.
[3] REL 1906, 33.

lytischen Unterscheidung von Inhalt und Form, sind dann die immanente Erscheinung am Material menschlicher Wechselwirkung und die transzendierende Ausgestaltung in religiöse Vorstellungsinhalte zwei Arten derselben Funktion von Religiosität, die sich lediglich in der Aufnahme verschiedener Stoffe unterscheiden.

Ebenfalls präziser als im Aufsatz von 1898 wird jetzt die Funktion der religiösen Kategorie im Bereich des Sozialen bestimmt, nämlich als Steigerung des Bewußtseins des Individuums innerhalb eines Vergesellschaftungsprozesses, so daß »das sozial Erforderte ein Festigkeitsmaß, eine Gefühlsbegleitung, eine Weihe erhält, die in einer sonst nicht erzielbaren Tonart seinen Notwendigkeitscharakter ausdrücken, und mit denen sich ein neuer Aggregatzustand der sozialen Norm entwickelt«[1]. Als Verdeutlichung dienen Simmel die bereits im religionssoziologischen Aufsatz von 1898 angeführten Fälle. Die religiöse Kategorie wirkt auf sozialem Feld dort, wo der gesellschaftliche Integrationsprozeß gleichzeitig einen Individuationsvorgang bedeutet: Die religiös gefärbten sozialen Prozesse bewirken »eine Einstellung des Subjektes in eine höhere Ordnung, die von ihm doch zugleich als etwas Innerliches und Persönliches empfunden wird«[2].

Der Blick auf die analoge Struktur von religiös gefärbten Vergesellschaftungsprozessen und dogmatischen Inhalten der Religion gewährt darüber hinaus einen Einblick in den Ausdifferenzierungsprozeß der Religion als einer eigenständigen idealen Welt. Die religiöse Kategorie gewinnt Gestalt in sozialen Prozessen, deren Transzendierung und Objektivierung dann die Welt der Religion entstehen läßt; diese wiederum kann als ausdifferenzierter Bereich auf die sozialen Prozesse in der oben genannten Weise der Bewußtseinssteigerung und damit als Ermöglichung der gleichzeitigen gesellschaftlichen Integration und personalen Individuation zurückwirken. Die These von der Beziehung zwischen Vergesellschaftungsprozessen und der ausdifferenzierten religiösen Vorstellungswelt als Wechselwirkung hatte Simmel bereits in dem religionssoziologischen Aufsatz von 1898 vertreten. In der Religionsmonographie von 1906 präzisiert er diese Aussage, indem er die Ergebnisse soziologischer Analyse mit denen erkenntnistheoretischer Reflexion synthetisiert: Die Funktion der Bewußtseinssteigerung kann die Religion erfüllen, weil der religiöse Glaube nicht auf seinen Inhalt abstellt, sondern den subjektiven Vorgang selbst bedeutet.[3] Von hier aus klären sich für Simmel die Begriffe »Glauben« und »Einheit«. Den Glauben bestimmt er als einen »Zustand der Seele, der zwar auf ein Außer-ihr bezüglich ist, diese Bezüglichkeit aber als ein inneres Merkmal seiner selbst

---

[1] REL 1906, 21.
[2] REL 1906, 29; vgl. auch SozRel, 269.
[3] Vgl. dazu bereits BERel, 19.

besitzt«[1], so daß er einmal als Einheitsband der Gesellschaft Integrationsfunktion und gleichzeitig, nämlich als Vereinheitlichung des Bewußtseins aufgrund seines intentionalen Charakters, Individuationsfunktion besitzt. In dem Gottesglauben löst sich dann der Prozeß des Glaubens von seiner Bindung an ein soziales Gegenüber und stellt in der transzendenten Form den Glauben schlechthin dar.

Der Begriff der Einheit wird zunächst (und vor allem in »primitiveren Epochen«) im sozialen Bereich thematisch. Die soziale Gruppe ist der Ort, an dem einzelne Elemente als eine Einheit wahrgenommen werden können. Zugleich wird die soziale Einheit jedoch problematisch, weil sich das Individuum selbst als eine Einheit begreifen möchte: »Daß die Freiheit des Individuums sich der Einheit des Ganzen zu entziehen trachtet, daß sie sich auch bei den engsten und naivsten Bindungen nicht so selbstverständlich durchsetzt wie die Einheit eines Organismus in seinen Bestandteilen, – gerade dies muß sie in das Bewußtsein emporgetrieben haben, als eine besondere Form oder Energie des Daseins.«[2] Der Einheitsbegriff wirft somit in besonderer Weise ein Licht auf das Analogieverhältnis zwischen Vergesellschaftungsprozessen und ausdifferenzierten religiösen Vorstellungsinhalten: »[D]aß die gliedmäßige Zugehörigkeit des Individuums zu seiner Gruppe immer irgend eine Mischung von zwangsmäßiger Bestimmtheit und persönlicher Freiheit bedeute, muß sich nun als die tiefste Formbeziehung zwischen sozialem und religiösem Leben enthüllen.«[3] Der soziale Konflikt zwischen Gesellschaft und Individuum, die beide beanspruchen, eine Einheit für sich zu sein, ist also *strukturell vergleichbar* mit der religiösen Frage nach dem Verhältnis, ob der göttliche Wille den Menschen total bestimmt, oder ob dem einzelnen Individuum eine gewisse Autonomie zukommt. Von dieser Einsicht aus wendet sich Simmel den dogmatischen Inhalten der Pantheismus-Theismus-Problematik und der damit verbundenen Frage nach der Persönlichkeit Gottes sowie dem Begriff vom Heil der Seele zu. Nicht, daß er die Gegenstände der religiösen Vorstellungswelt auf einen sozialgenetisch bedingten Sachverhalt reduzieren wollte; die Ursprungsfrage von Religion wie auch ihre monokausale Ableitung lehnte Simmel bereits in dem religionssoziologischen Aufsatz von 1898 ab, wenngleich die soziologische Perspektive auf Religion die Gefahr einer kausalen Herleitung nicht hinreichend abzuwehren vermochte. Wenn er jetzt sein heuristisches Verfahren der Analogiebildung näher erläutert, scheint es, als habe Simmel diese Gefahr erkannt und versuche, ihr gegenzusteuern. Religiös konnotierte soziale Sachverhalte und die ausdifferenzierte Welt der Religion haben in der religiösen Kategorie eine gemeinsame Quelle. Erst von die-

---
[1] REL 1906, 36.
[2] REL 1906, 43.
[3] REL 1906, 51.

ser Erkenntnis des Gemeinsamen aus kann der Unterschied zwischen beiden Phänomenen herausgearbeitet werden. Mit der Methode des Vergleichs ist Simmel somit in der Lage, an der religiösen Vorstellungswelt ihren substantiellen Gehalt *jenseits des Sozialen* aufzuzeigen: »Gott gegenüber handelt es sich nicht mehr um einzelne Inhalte, nicht bloß um Übereinstimmung oder Opposition unseres Handelns gegenüber seinem Willen, sondern um das *Prinzip* der Freiheit und des Fürsich-seins *überhaupt und in seiner rein inneren Bedeutung.*«[1]

Heuristischer Ausgangspunkt der Simmelschen Religionssoziologie ist somit der Aufweis von Analogien zwischen Vergesellschaftungsprozessen und religiösen Vorstellungen. Aufgrund struktureller Ähnlichkeiten schließt der Autor auf ein beiden Vergleichselementen zugrunde liegendes Gemeinsames, das er in der religiösen Kategorie identifiziert. Die komparative Perspektive läßt sich schematisch folgendermaßen darstellen:

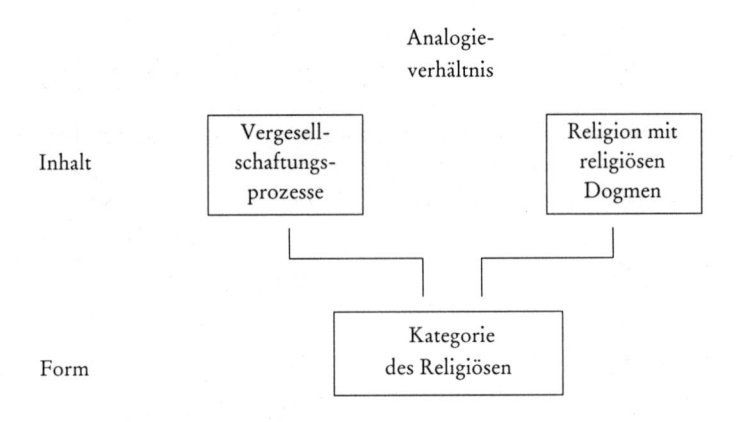

```
                        Analogie-
                        verhältnis

              ┌─────────────┐      ┌─────────────┐
              │ Vergesell-  │      │ Religion mit│
   Inhalt     │ schaftungs- │      │  religiösen │
              │  prozesse   │      │   Dogmen    │
              └──────┬──────┘      └──────┬──────┘
                     └──────────┬─────────┘
                          ┌─────┴──────┐
                          │ Kategorie  │
   Form                   │des Religiösen│
                          └────────────┘
```

Nun bleibt Simmel jedoch nicht bei dieser Vergleichsperspektive stehen, sondern schließt von ihr aus auf eine *Entwicklung* der Religion aus Vergesellschaftungsprozessen. Diese differenzierungstheoretische Perspektive läßt sich schematisch folgendermaßen darstellen:

---

[1] REL 1906, 56 (meine Hervorhebung).

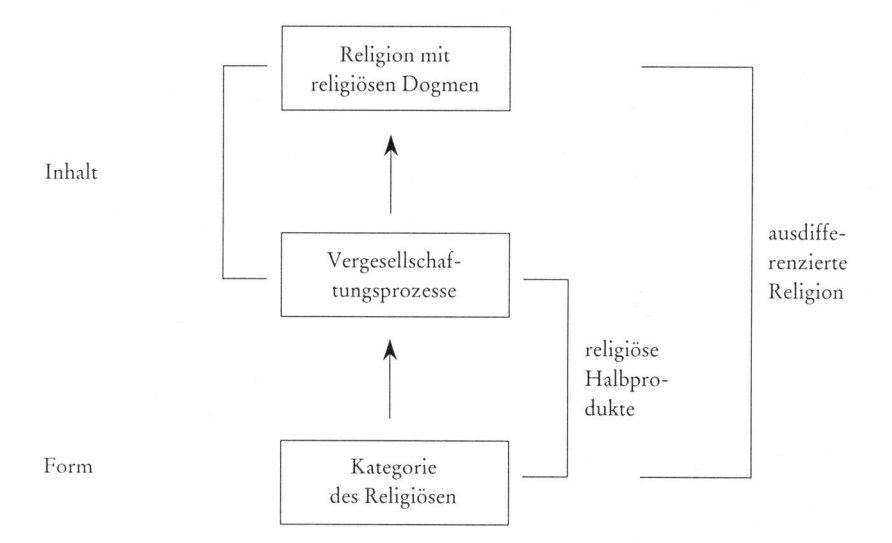

```
                    ┌─────────────────┐
                    │  Religion mit   │
                    │ religiösen Dogmen│
                    └─────────────────┘
                             ▲
Inhalt                       │                      ausdiffe-
                    ┌─────────────────┐             renzierte
                    │ Vergesellschaf- │             Religion
                    │  tungsprozesse  │
                    └─────────────────┘
                             ▲              religiöse
                             │              Halbpro-
                             │              dukte
Form                ┌─────────────────┐
                    │    Kategorie    │
                    │  des Religiösen │
                    └─────────────────┘
```

Modifiziert und um etwa ein Drittel erweitert, erscheint 1912 die zweite Auflage der *Religion*.[1] Die oben skizzierte soziologische Rahmenkonzeption wird beibehalten und durch philosophische Passagen ergänzt. Zunächst wird die Wahrheitsfrage in Abgrenzung zur theoretischen Erkenntnis und praktischen Erfahrung ausführlicher als in der ersten Auflage reflektiert. Dabei greift Simmel auf Überlegungen zurück, die er im Aufsatz »Ein Problem der Religionsphilosophie« von 1905 angestellt hatte. Auf der Basis der Unterscheidung zwischen Inhalt und Form, nach der die religiöse Kategorie prinzipiell jeden Inhalt aufzunehmen in der Lage ist, identifiziert er den Wahrheitscharakter religiöser Vorstellungen nicht in objektiven Aussagen, sondern in der Disposition menschlicher Existenz, die sich durch »Bedürfnisse nach der Ergänzung des fragmentarischen Daseins, nach der Versöhnung der Widersprüche im Menschen und zwischen den Menschen«[2] auszeichnet. Mit Hilfe des Lebensbegriffs stellt Simmel jetzt stärker auf den Prozeßcharakter der religiösen Funktion ab: »Das religiöse in seinem spezifischen Wesen, seinem reinen, von allem ›Ding‹ freien Dasein ist ein *Leben*; der religiöse Mensch ist einer, der auf eine bestimmte, nur ihm eigene Art *lebt*.«[3] Verdankt sich die Einsicht in den Formcharakter des Religiösen ursprünglich der Rezeption und Erweiterung der Kantischen Kategorienlehre, so wird diese Bestimmung jetzt lebensphilosophisch gewendet. Als Indizien für diesen Wandel lassen sich zahlreiche Ausdrücke

---
[1] Vgl. das Variantenverzeichnis in GSG 10, 423–440.
[2] REL, 46; vgl. auch PRph, 311.
[3] REL, 47.

aus dem semantischen Feld der Bewegung anführen, die zum Teil mit dem Lebensbegriff gekoppelt sind, wie zum Beispiel »Lebensbewegtheiten«[1], »autonome Lebenswelt«[2], »religiöser Prozeß«[3], »religiöse Strömung«[4], »religiöser Lebensprozeß«[5], »religiöses Leben«[6] et cetera. Die Form-Inhalt-Unterscheidung wird zwar nicht aufgegeben, aber durch den Gegensatz zwischen Leben (als Prozeß) und Form (als objektivem Gebilde) überlagert. Zudem werden die erkenntnistheoretischen Überlegungen durch die Einsicht ergänzt, nach der die *totale* Aufnahme sämtlicher Inhalte des Daseins durch eine Form als eine autonome Welt ein Idealzustand sei, den die historische Existenz eines Individuums niemals vollständig realisieren kann.[7]

Die bei der Ergänzung des Textes von 1906 gesetzten Schwerpunkte deuten auf eine stärkere Gewichtung der philosophischen Perspektive hin. Daraus wird man jedoch kaum den Schluß ziehen können, daß sich damit der gesamte Duktus zugunsten der Philosophie verschoben hat. Vielmehr wird deutlich, daß die religionsphilosophische Spekulation auf der *Basis* der soziologischen Analyse erfolgt. Bei der Thematisierung des soziologisch herausgearbeiteten Konflikts zwischen den widerstrebenden Ganzheitsansprüchen von Gesellschaft und Individuum fügt Simmel einen Passus ein, der die philosophische Sichtweise als eine erweiterte Soziologie im Sinne des kulturwissenschaftlichen Ansatzes erscheinen läßt. Bereits in der ersten Auflage mündet die Analogisierung sozialer Sachverhalte mit Inhalten der ausdifferenzierten Religion in die Einsicht, daß das den Vergesellschaftungsprozeß kennzeichnende Spannungsverhältnis zwischen zwangsmäßiger Bestimmtheit und persönlicher Freiheit sich »als die tiefste Formbeziehung zwischen sozialem und religiösem Leben enthüllen«[8] muß. Diese Erkenntnis festigt Simmel in der zweiten Auflage in einer Weise, nach der sich sowohl die analogische Methode als auch das Verhältnis von soziologischer und philosophischer Herangehensweise erhellen: Das »Sich-Verschlingen von Freiheit und Bindung ist eine der soziologischen Formungen, die zur Aufnahme und Ausgestaltung der an sich formlosen, bloß daseienden religiösen Grundbeschaffenheit wie vorgebildet sind«[9]. Die religiöse Einheit wird jetzt auf der vor-empirischen Ebene ungeschiedenen

---

[1] Ebd.
[2] REL, 46.
[3] REL, 48.
[4] Ebd.
[5] Ebd. und 113.
[6] REL, 112.
[7] Vgl. REL, 47. Zugleich wendet sich Simmel aber gegen die Annahme der Existenz einer ›unvollkommenen Religion‹; vgl. REL, 114.
[8] REL 1906, 51.
[9] REL, 89.

Lebens verortet, und diese Verlagerung dient als Begründung für ihr faktisches Vorkommen im Bereich interindividueller Beziehungen: »Diese Einheit, die noch gar keine Andersheit kennt, diese in sich beschlossene Zuständlichkeit des religiösen Seins findet nun in der Zweiheit und Verschlungenheit von Freisein und Gebundensein, wie die Empirie menschlicher Beziehungen sie zeigt, eine Gestaltungsmöglichkeit [...]. In die Kategorien von Freiheit und Bindung, die sie gleichsam vorgeahnt hat, kann ihre Strömung sich ergießen und sich mit ihnen ein Verhältnis zum Absoluten schaffen, zu dem sie sich nicht hinzutasten wüßte, fände sie solche, ihre Form hergebenden Inhalte nicht vor.«[1]

Was die systematisierende Integration der unterschiedlichen Schichten angeht, so kann folgende Bilanz gezogen werden: Indem die überarbeiteten und neu eingefügten Passagen der zweiten Auflage die lebensphilosophische Wende widerspiegeln, erweist sich die Fassung der Religionsmonographie von 1912 als ein Produkt, das sich aus allen vier Schichten des Gesamtwerks speist.[2] Damit stellt sie zugleich den Schlüssel zu einer vereinheitlichenden Perspektive für die sonst – methodisch wie inhaltlich – so verschiedenartigen Ansätze dar, die Simmel in den einzelnen Aufsätzen verfolgt. Als Ergebnis der Synthetisierung liegt eine Religionstheorie vor, der sich aus folgenden vier Konstitutionselementen zusammensetzt:

(1) Als Ausgangspunkt dient die *empirische Herleitung* von Religion aus dem Sozialen mittels des Differenzierungsparadigmas und der daraus resultierenden Unterscheidung von Religion als autonomer Vorstellungswelt und »Religioidem«[3], das bereits in Vergesellschaftungsprozessen vorzufinden ist.

(2) Um jedoch einen materialistischen Reduktionismus zu vermeiden, unternimmt Simmel eine *transzendentalphilosophische Verankerung* des Religiösen als einer apriorischen Bewußtseinskategorie. Auf diese Weise kann Religion zwar als aus dem Sozialen abgeleitet verstanden werden, gleichzeitig wird jedoch die religiöse Kategorie den Vergesellschaftungsprozessen vorgelagert: »Nicht das Empirische wird zum Religiösen übertrieben, sondern das im Empirischen liegende Religiöse wird herausgestellt.«[4]

(3) Der daraus resultierenden Erklärungsbedürftigkeit des faktischen Geltungsverlustes von Religion in der Moderne entspricht Simmel zum einen mit einer *geschichtsphilosophischen Relativierung* ihres universalen Deutungsanspruchs im Sinne des historistischen Diktums, daß die Geltung

---
[1] Ebd.
[2] Die Einschätzung des werkgeschichtlichen Stellenwertes der beiden Auflagen der *Religion* teile ich mit Geyer, Georg Simmel. Eine Religion der Immanenz, 186.
[3] Vgl. REL, 61.
[4] REL, 49.

eines Wertes an bestimmte Epochen gebunden ist; zum anderen und vor allem aber mit der zeitdiagnostischen Behauptung der »Religionsbedürftigkeit« des modernen Menschen; ein Bedürfnis freilich, das in der Moderne nicht mehr ohne weiteres, vor allem nicht in der klassisch-religiösen Form erfüllt werden kann.

(4) Dem empirischen Datum schließlich, daß Religiosität in der Moderne trotz des Geltungsverlustes Bestand hat, sich sogar einer gewissen Konjunktur erfreut, trägt er mit der *lebensphilosophischen Nuancierung* der religiösen Funktion als Prozeß Rechnung, die er als Zentrierung des individuellen Bewußtseins auf sich selbst angesichts der zunehmenden Fragmentierung aufgrund immer komplexer werdender Vergesellschaftungsprozesse begreift.

Die Synthetisierung der einzelnen Komponenten zu einer einheitlichen Religionstheorie wirft ein Licht auf das Verhältnis von Erkenntnistheorie, Empirie und Spekulation, von Soziologie und Philosophie in Simmels Werk. Der soziologisch arbeitende Religionsforscher stellt zunächst den doppelten Zusammenhang zwischen Gesellschaft und Religion heraus: Das Religiöse am Sozialen wie das Soziale am Religiösen. Einerseits erkennt er durch die Analogie zwischen der Beziehung des Einzelnen zu seiner Gruppe und dem Verhältnis zwischen dem Individuum zu seinem Gott, »daß das religiöse Verhalten nicht ausschließlich an die religiösen Inhalte gebunden, sondern eine allgemein menschliche Form ist, die sich nicht nur an transzendenten Gegenständen, sondern an manchen andern Gefühlsveranlassungen ganz ebenso realisiert«[1]. Andererseits vermag der soziologisch arbeitende Religionsforscher zu entdecken, »daß auch das in sich geschlossene religiöse Leben Momente enthält, die nicht spezifisch religiös, sondern sozial sind«[2]. Diese sozialen Momente aus der Verflechtung mit der religiösen Stimmung soziologisch herauszuarbeiten, birgt schließlich den Erkenntnisgewinn, »was denn an dem religiösen Verhalten als die rein religiösen – und als solche gegen alles Soziale gleichgültigen – Elemente gelten dürfe«[3]. Religion erweist sich in soziologischer Perspektive als etwas aus dem Bereich des Sozialen Abgeleitetes; die Religionsphilosophie dagegen kann auf die vom Sozialen losgelöste Autonomie der religiösen Vorstellungswelt abstellen. Aus der Warte einer philosophisch ausgerichteten Soziologie kann Simmel dann schreiben: »Alle rein sachlichen Bedeutsamkeiten, an denen unsere Seele irgendwie teilhat, [...] das Reich der Religion und der Natur – alles dies, soweit es zu unserem Besitz wird, hat innerlich und seinem Wesen nach mit ›Gesellschaft‹ nicht das mindeste zu schaf-

---

[1] GFSOZ, 19.
[2] Ebd.
[3] Ebd. In dem Aufsatz »Das Problem der Sociologie« von 1894 verfolgt Simmel die parallele Fragestellung, was denn an der Gesellschaft gesellschaftlich sei; vgl. PSoz, 57.

fen.«[1] Erst auf der Basis des soziologischen Differenzierungsparadigmas bestimmen sich Notwendigkeit und Gegenstand der religionsphilosophischen Perspektive, nämlich den Rückwirkungsmöglichkeiten der Religion als separierter Welt auf den Bereich des Sozialen nachzugehen. Diese Potenz für soziologisch analysierte Pathologien der modernen Gesellschaft zu aktivieren, wird vor dem Hintergrund soziologischer Analyse zur genuinen Aufgabe religionsphilosophischer Reflexion.[2]

Die Komplementarität der Perspektiven von Psychologie, Soziologie, Kulturwissenschaft und Lebensphilosophie dürfte somit hinreichend bestimmt sein. Daß alle Disziplinen gerade beim Gegenstand der Religion aufeinander verwiesen sind, hat seinen systematischen Grund in der von Simmel herausgearbeiteten Doppelstellung des Individuums als dem gemeinsamen Ausgangspunkt soziologischer Analyse wie religionsphilosophischer Spekulation. Das Innerhalb und Außerhalb im Verhältnis von Gesellschaft und Individuum stellt gleichsam eine Konkretion des Verhältnisses von Teil und Ganzem dar, das die Religion in abstrakterer, deshalb auch reinerer Form als Relation zwischen Gott und Welt beziehungsweise individueller Seele thematisiert. Soziologie und Philosophie erhellen somit wechselseitig zwei Seiten ein und desselben Sachverhaltes – gemäß dem Diktum, daß jede Form jeden Inhalt aufzunehmen in der Lage ist. Von der gemeinsamen Basis ausgehend, differenzieren sich dann Soziologie und Philosophie nach dem jeweilgen Erkenntnisinteresse: Während die Religionssoziologie das Religiöse an verschiedenen Vergesellschaftungsprozessen analysiert, stellt die Religionsphilosophie auf die reine Funktion der Religiosität innerhalb des Lebensprozesses ab. Die Soziologie arbeitet die religiöse Form als eine gesellschaftliche Integrationsfunktion heraus, die Philosophie legt die Betonung auf den einheitsbildenden Aspekt von Religion für das individuelle Bewußtsein. In der soziologisch analysierten und philosophisch reflektierten Doppelstellung des Individuums liegt die zweifache Leistung der religiösen Bewußtseinskategorie begründet: die gesellschaftliche Integrationsfunktion wie die Funktion der Individuation des einzelnen Bewußtseins.

Ohne die so bestimmte Komplementarität von soziologischer Analyse und philosophischer Reflexion explizit zu nennen, deutet Simmel dennoch das Aufeinanderverwiesensein beider Ansätze an, indem er die jeweiligen durch Aporien markierten Grenzen aufzeigt: Die soziologische Deskription gesellschaftlichen *Seins* läßt die Synthese von gesellschaftlicher Integra-

---

[1] GFSOZ, 72.
[2] Simmels Religionstheorie bietet somit interessante Anschlußmöglichkeiten für einen Dialog zwischen Soziologie und Theologie; zum Verhältnis zwischen den beiden Disziplinen vgl. F. X. KAUFMANN, *Theologie in soziologischer Sicht*, Freiburg i. Br. 1973, 13: »In vielen Fällen geht es um abweichende Interpretationen ein und desselben Phänomens in theologischer und soziologischer Perspektive!«

tion und Individuation des einzelnen Subjekts zwar nicht prinzipiell undenkbar erscheinen, mißt ihr aber für die Realisierungschance im Bereich des Sozialen utopischen Charakter bei.[1] Die Religionsphilosophie dagegen ist von den Sachzwängen empirischer Verhältnisse befreit und kann sich auf der Ebene des *Sollens* den spekulativen Vorstellungsinhalten widmen, die eine Lösung des abstrakten Problems der Relation von Teil und Ganzem in Form der Verhältnisbestimmung zwischen transzendentem Gott und immanenter Welt bieten.[2] Die Aporie religionsphilosophischer Überlegungen entsteht jedoch da, wo die reine Funktion der Religiosität, um sich überhaupt realisieren und historische Gestalt annehmen zu können, an die soziale Realität verwiesen ist. Aus diesem Grund wird, zumindest im Duktus der Religionsmonographie, die religionsphilosophische Perspektive wieder an die soziologische Ausgangsproblematik rückgebunden: Von der theistischen Konzeption eines personalen Gottes aus kann die religiöse Vorstellungswelt wieder auf die Vergesellschaftungsprozesse zurückwirken, indem sie die Synthese aus sozialer Integration und personaler Individuation gleichsam als regulative Idee jenseits des sozialen Raumes, aber doch auf ihn bezogen, in idealer und reiner Weise antizipiert. Der empirischen Einsicht: »Wir alle sind Fragmente, nicht nur des allgemeinen Menschen, sondern auch unser selbst«[3] wird das utopische Konzept einer Lösung der Paradoxie von Einheitlichkeit und Totalität des individuellen Bewußseins bei gleichzeitiger Gliedstellung des Einzelnen in sozialen Prozessen entgegengestellt, das in den transzendenten Vorstellungsinhalten der Religion und ihren Rückwirkungen auf Vergesellschaftungsprozesse Gestalt gewinnt. In diesem Sinne fußt Simmels Religionstheorie auf seiner Soziologie, die dann um philosophische Aspekte ergänzt und in eine soziologische Kulturwissenschaft überführt wird. Die Soziologie im engeren, formalen Sinn verhandelt die Wirkungen der religiösen Form auf die Sozi-

---

[1] Vgl. REL, 90f.

[2] Die doppelte Perspektive von Soziologie und Philosophie trägt auf diese Weise den veränderten Konstellationen im Wissenschaftskanon und dem daraus resultierenden »Arbeitsprogramm für die akademischen Wissenschaften« Rechnung; DAHME/KÖHNKE/RAMMSTEDT, *Die Herausbildung der Soziologie im Deutschland des 19. Jahrhunderts,* 190. Im Zuge der Etablierung der Soziologie als Wissenschaft wurde begonnen, zwischen Sein und Sollen zu unterscheiden; vgl. dazu näher O. RAMMSTEDT, Die Frage der Wertfreiheit und die Gründung der Deutschen Gesellschaft für Soziologie, in: L. CLAUSEN und C. SCHLÜTER (Hg.), *Hundert Jahre Gemeinschaft und Gesellschaft – Ferdinand Tönnies in der internationalen Diskussion,* Opladen 1991, 549–561. Während die Soziologie ihren Gegenstand ausschließlich in dem gesellschaftlichen Sein und seinen erfahrbaren Tatsachen findet und Werturteile ihr folglich nicht zustehen (vgl. Simmel 1892a: 9, 54, 72 et pass.), kommt der Philosophie in neukantianischer Interpretation als »Wertphilosophie« (Windelband) bzw. »Wertwissenschaft« (Rikkert) die Aufgabe zu, gesellschaftlichen Fehlentwicklungen mittels Entdeckung und Begründung sittlicher Normen und Werte gegenzusteuern.

[3] SOZ, 49.

alstruktur, die durch die Differenz von ›Individuum‹ und ›Gesellschaft‹ geprägt ist. Im Zuge des Differenzierungsprozesses bildet sich Religion dann zu einer idealen autonomen Welt mit eigenen Inhalten heraus. Simmels Perspektivenpluralismus basiert also auf der Unterscheidung von Sozialstruktur und Semantik; während die formale Soziologie die Sozialstruktur analysiert, ist die Philosophie für die Semantik zuständig. Da aber die religiösen Inhalte auf die Sozialstruktur zurückwirken, lassen auch sie sich als Gegenstand soziologischer Analyse fassen.

Wir haben uns allerdings zu vergegenwärtigen, daß es Simmel nicht darum geht, die religiösen Ideen als bloße Projektion sozialer Prozesse darzustellen. Es kommt ihm vielmehr darauf an, die rein formale Kategorie des Religiösen als Grundform des menschlichen Bewußtseins zu verstehen, die sich sowohl an sozialen Sachverhalten wie auch an genuin religiösen Ideen realisieren kann. Diese wiederum stehen miteinander in Wechselwirkung. Einerseits geben die interindividuellen Formen des sozialen Lebens oft den religiösen Vorstellungen ihren Inhalt.[1] Die soziale Einheitsbildung ruft eine religiöse Reaktion hervor, »denn in jener weisen Kräfte und Gestaltungen über die unmittelbare Sinnexistenz des Individuums hinaus und haben oft genug zu mystischer Deutung alles sozial-überindividuellen Lebens verlockt«[2]. Andererseits wirken die ins Transzendente verabsolutierten religiösen Ideen auch auf soziale Sachverhalte zurück, indem sie als deren Symbolisierung für ihren Bestand sorgen und das Engagement in sozialen Verhältnissen sogar noch steigern. Der Umschlag der religiös geformten sozialen Inhalte in transzendente Substanz geschieht dadurch, daß die religiöse Kategorie Einheit nicht anders herstellen kann, als den Schnittpunkt der auf Einheit zielenden Energien ins Jenseits zu verlegen. In der Transzendenz liegt die reinste, die am höchsten gesteigerte Realisierung dessen, was in der Gesellschaft fragmentarisch bleiben muß. Gott stellt nach dieser Perspektive also die Formel oder das Symbol dar für das gesellschaftliche Problem von Bindung und Freiheit des Individuums. Die Funktion der Religion besteht somit darin, die Einheit stiftende Wechselwirkung zwischen Individuum und Gesellschaft mit ihren semantischen Mitteln zu intensivieren sowie das Verhältnis von Individuum und Gesellschaft als Verschränkung von Inklusion und Exklusion auf spezifische Art zu thematisieren.

Von der Vergleichsperspektive aus kann die religiöse Semantik als eine besondere Reflexionsweise des Verhältnisses von Individuum und Gesellschaft verstanden werden. Da die Methode der Analogie jedoch darin besteht, das Gemeinsame in der *Differenz* zu sehen, muß es auch einen Unterschied geben. Dieser besteht darin, daß die reine Form der Religion den

---

[1] Vgl. REL, 85.
[2] REL, 85f.

Maßstab im Sinne einer Kantischen regulativen Zielidee vorgibt, an dem sich die Verwirklichung des Einheitsgedankens auszurichten hat. Religion wurzelt zwar im sozialen Leben, geht aber nicht in ihm auf. Als Form ist sie ein »Mehr-als-Leben«. Dieses »Mehr« verleiht der gesellschaftlichen Existenz des Einzelnen eine Ausrichtung auf einen Zielpunkt, der durch Transzendierung des Einheitsstrebens als eines Grundbedürfnisses der Seele zu der Figur des Absoluten von außen zurückwirkt. Die Wirkungen reichen vom intensivierten Engagement in sozialen Beziehungen bis hin zur Askese. Der Einheitsgedanke, der sich in der Wechselwirkung zwischen Hingabe und Empfangen in sozialen Interaktionsprozessen verwirklicht, wird in der religiösen Praxis der Askese und dem damit zusammenhängenden Verdienstgedanken gesteigert. Einerseits bindet das Opfer, das in der Verzichtsleistung der asketischen Praxis besteht, den Praktizierenden an die transzendente Gottheit, derentwegen er die Askese übt, denn: »Je mehr Opfer wir für eine Sache gebracht, ein je grösseres Kapital sozusagen wir in sie gesteckt haben, desto grösser ist auch unser Interesse an ihr; indem wir unser Persönliches ihr hingeben, schmelzen wir uns gewissermassen in sie ein, negiren die Schranke zwischen uns und ihr.«[1] Zugleich aber bewirkt das dem Asketen zukommende Verdienst eine Steigerung seiner Persönlichkeit[2], denn »das Besiegen eines inneren Widerstandes [scheint] ein Gefühl seelischer Erweiterung und Machtstärkung mit sich zu bringen«[3]. Somit kann die asketische Praxis als Steigerung von normalen sozialen Interaktionsprozessen gelten, in denen es immer um Geben und Nehmen, Bindung und Freiheit, Vergesellschaftung und Individuation geht. Indem die soziale Praxis des Gebens und Nehmens in die religiöse umschlägt, werden neue Handlungspotenzen erzeugt, die gewöhnliche Interaktionsprozesse nicht hervorzubringen imstande sind. Aber auch wenn es nicht zur Askese als einem Extremfall religiöser Praxis kommt, führt die religiöse Formung zur Intensivierung von Interaktionsprozessen. Dies ist beispielsweise in der religiös konzipierten Berufsethik der Fall. Wenn der Einzelne seine Tätigkeit als ihm auferlegte, religiös fundierte Pflichterfüllung auffaßt, übt er seinen Beruf um so gewissenhafter aus. Zugleich wird er in einem besonderen Grad an Bewußtheit in die Gesellschaft integriert und individualisiert, indem er seinen persönlichen Stellenwert innerhalb der gesamten Ordnung erhält.[4]

---

[1] EMI, 215.
[2] Vgl. EMI, 219.
[3] EMI, 220.
[4] Dieser Sachverhalt entspricht im übrigen Simmels drittem soziologischem Apriori. Im religiös orientierten Pflicht- und Berufsgedanken wirkt die zu transzendenten Inhalten gesteigerte religiöse Dogmatik auf die sozialen Verhältnisse, aus denen sie sich entwickelt hat, zurück, indem sie sie mit der ›reinen‹ Reflexion über das Problem von Freiheit und Bindung intensiviert.

II. Simmels soziologischer Ansatz vor dem Hintergrund seiner Religionstheorie

Wenn Vergesellschaftungsprozesse und religiöse Dogmen in einem Analogieverhältnis stehen, so läßt sich einerseits Religion, wie im vorangehenden Kapitel gezeigt, als etwas aus dem Sozialen Abgeleitetes verstehen. Aufgrund des Wechselwirkungsverhältnisses zwischen herausdifferenzierter Religion und Vergesellschaftungsprozessen kann man aber auch umgekehrt den Bereich des Sozialen als etwas aus der Religion Abgeleitetes begreifen. Diese Seite der analogen Beziehung hat Simmel im Blick, wenn er von der »unermeßlichen socialisierenden Wirkung der Religion«[1] spricht. Diese Relation dient ihm als methodische Basis für das Verfahren, anhand religiöser Sachverhalte auf soziologische Aussagen zu schließen. In diesem Zusammenhang sei an Simmels Argument erinnert, warum er häufig Analogien aus dem Bereich der Religion anführt: Neben der Politik und der Familie stellt sie ein Gebiet dar, auf denen »das Socialgebilde als solches früh in das Bewußtsein getreten ist«[2]. Religion ist somit wesentlich an der Herausbildung der »höheren Bewußtheit des modernen Geistes«[3] und an der damit einhergehenden Konstitution der soziologischen Perspektive beteiligt.

In diesem Sinne dient Simmel religionsgeschichtliches Material nicht nur dazu, soziologische Aussagen zu illustrieren, sondern auch dazu, soziologische Erkenntnis zu generieren. Beobachtungen über die Integrationsmechanismen der Herrnhuter Brüdergemeinde etwa führen zu der Einsicht, daß »das gemeinsame Verhalten zu einem Dritten den kollektivistischen Zusammenhalt bewirkt und stärkt«[4]; aufgrund der Organisationsprinzipien der Quäker schließt Simmel auf das soziologische Axiom einer »unveränderlichen Proportion zwischen dem Individuellen und dem Socialen«[5]; das christliche Dogma »vom absoluten Ich, von der persönlichen unsterblichen Seele«[6] wird als eine der wesentlichen Quellen für die Vorstellung von der allgemeinen Gleichheit identifiziert, die wiederum eine Konkretion der komplementären Beziehung zwischen extremem Individualismus und der

---

[1] SD, 153.
[2] SD, 138.
[3] SD, 116.
[4] SD, 153.
[5] SD, 173.
[6] SD, 183.

Idee der Menschheit darstellt; Konfessionsstreitigkeiten und das Phänomen des Renegatentums geben »mit die stärksten Beispiele« ab, anhand deren Simmel die soziologische Auffassung vom Kampf als einer Vergesellschaftungsform entwickelt[1]; im Zusammenhang der Erörterung über den Sachverhalt der Überstimmung wird die theologische Legitimationsfigur für die Einheitsbestrebung der kirchlichen Organisation, sich auf Gott als die höchste Instanz zu berufen, zum Prototyp aller Abstimmungsformen[2]; die Form der Über- und Unterordnung, bewirkt durch den Rekurs auf eine höhere Instanz, expliziert Simmel maßgeblich am Beispiel des christlichen Gottesbegriffs[3]. Diese Beispiele, die sich um zahlreiche andere ergänzen lassen, verdeutlichen nicht nur die ›unermeßliche sozialisierende Wirkung der Religion‹, sondern zeigen auch, daß ihre Analyse Simmel zur Generierung soziologischer Aussagen dienen.

Aufgrund des Zusammenhangs zwischen der Beobachtung religiöser Sachverhalte und der Konstitution soziologischer Erkenntnis vertrete und expliziere ich im folgenden die These, daß sich Simmels soziologische Erkenntnistheorie, wie sie in den drei soziologischen Apriori vorliegt, zu einem gewissen Teil älterer religionssoziologischer und seit der Jahrhundertwende von ihm angestellten religionsphilosophischen Erörterungen verdankt. Ohne daß vom Autor ein solcher Zusammenhang systematisch hergestellt wird, liegt er dennoch auf der Linie des behaupteten Analogieverhältnisses zwischen religiösen und sozialen Sachverhalten. Den Ausgangspunkt des werkgeschichtlichen Zusammenhangs bildet die im religionssoziologischen Aufsatz von 1898 und in der Religionsmonographie erläuterte Analogie zwischen den Beziehungen des Individuums zu seiner Gruppe und dem Verhältnis der einzelnen Seele zu Gott. Das *tertium comparationis* besteht in einem als tentativ beschriebenen Abhängigkeitsgefühl: »Das Individuum fühlt sich an ein Allgemeines, Höheres gebunden, aus dem es fließt, aber von dem es auch Hebung und Erlösung erwartet, von dem es verschieden und doch auch mit ihm identisch ist.«[4] Die Strukturgleichheit basiert auf der abstrakten Relation von Teil und Ganzem: »Die Selbständigkeit des Individuums im Verhältniß zu der Macht, von der es doch die Kraft der Selbständigkeit empfangen hat und die dieser Ziele und Wege bestimmt, ist hier wie dort die Frage.«[5] Auf der Vergesellschaftungsebene konkretisiert sich dieser Dualismus in Form der Doppelstellung des Individuums zur Gesellschaft, und zwar in der »Beziehung eines Gliedes zum Ganzen, während das Glied doch selbst ein Ganzes zu sein

---

[1] Vgl. SOZ, 284ff.
[2] Vgl. SOZ, 226ff.
[3] Vgl. SOZ, 201ff.
[4] SozRel, 281.
[5] SozRel, 283.

verlangt«[1]. Im Bereich der Religion manifestiert sich die Relation zwischen Teil und Ganzem in der Vorstellung von der Persönlichkeit Gottes gegenüber der einzelnen Seele. Gott »muß die Seele einschließen, die sich ihm hingibt, und während sie so ein Teil seiner ist und bleibt, tritt sie ihm doch gegenüber, um ihn zu glauben oder zu schauen, an ihm zu sündigen oder zu ihm zurückzukehren, mit ihm zu hadern oder ihn zu lieben«[2]. Im Gottesbegriff manifestiert sich somit »jene eigentümliche Trennung zwischen Teilen und Ganzem ..., die sich innerhalb des Menschen wiederholt«[3].

Nun kann die dem Sozialen und Religiösen gemeinsame Paradoxie aber nur von einer Seite aus betrachtet werden. Daß die Differenz von Teil und Ganzem dennoch sowohl auf sozialer wie auf religiöser Ebene analysiert werden kann, liegt an der »häufig beobachtete[n] Eigentümlichkeit komplizierter Gebilde: daß das Verhältnis eines Ganzen zu einem andern sich innerhalb der Teile eines dieser Ganzen wiederholt«[4]. Diese Erkenntnis kommt zunächst in den religionsphilosophischen Untersuchungen zum Tragen. Ihnen liegt als axiomatischer Ausgangspunkt zugrunde, »dass Religion als solche ein Vorgang im menschlichen Bewusstsein und weiter nichts ist«[5]. Auch wenn man ein Verhältnis zwischen Gott und der einzelnen Seele konzediert, »so ist uns doch nur die in der letzteren gelegne Seite desselben gegeben. Religion ist nicht dieses Verhältnis als ein Ganzes gedacht, als die Einheit, welche seine Elemente zusammenschließt. [...] Religion ist vielmehr nur das subjektive Verhalten des Menschen, durch welches er eine Seite jenes Beziehungsganzen bildet, oder vielleicht die subjektive Reaktion auf die Wirklichkeit desselben.«[6] Auf der Basis der Aussage, daß das Verhältnis eines Ganzen zu einem anderen sich innerhalb der Teile eines dieser Ganzen wiederholt, läßt sich die Beziehung zwischen Gott und Seele schematisch folgendermaßen darstellen:

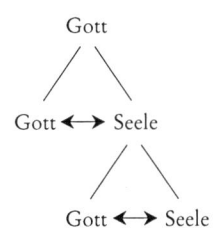

```
                    Gott
                   /    \
              Gott ←→ Seele
                   /    \
              Gott ←→ Seele
```

---

[1] REL, 60 (REL 1906, 23); vgl. auch REL, 86ff.
[2] PRph, 319.
[3] Ebd.
[4] SD, 115.
[5] BERel, 9.
[6] Ebd.

Der abstrakte Sachverhalt der Relation von Teil und Ganzem, den Simmel *zunächst* religionsphilosophisch reflektiert hat, geht dann in die erkenntnistheoretische Einleitung der *großen Soziologie* ein. Bereits in der *socialen Differenzierung* wird deutlich, daß es für die Soziologie *die* Gesellschaft als eine feststehende Größe nicht gibt. Ihr Gegenstand sind statt dessen Vergesellschaftungsprozesse, die auf der grundlegenden Differenz und dem Wechselwirkungsverhältnis von »Individuum« und »Gesellschaft« basieren. Da sich das Kollektive nur über die wahrgenommene Differenz zum Individuellen ins Bewußtsein bringt, geht Simmel bei seinen soziologischen Untersuchungen von den Positionen des Einzelnen aus, »wie sie ihm durch diejenige Wechselwirkung mit den anderen bereitet werden, die ihn mit diesen zu einem socialen Ganzen zusammenschließt«[1]. Gemäß dem Korrelationsverhältnis von »Individuum« und »Gesellschaft« vertritt er die These, »daß in jedem Menschen ceteris paribus gleichsam eine unveränderliche Proportion zwischen dem Individuellen und dem Socialen besteht«[2]. Auf der Basis der Aussage, daß das Verhältnis eines Ganzen zu einem anderen sich innerhalb der Teile eines dieser Ganzen wiederholt, läßt sich die Relation von »Gesellschaft« und »Individuum« schematisch und in *Strukturanalogie* zum Verhältnis zwischen Gott und Seele folgendermaßen darstellen[3]:

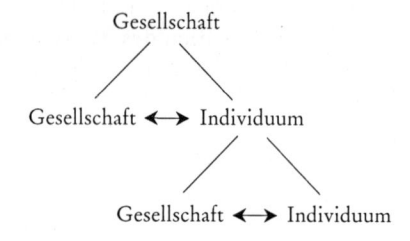

```
                    Gesellschaft
                    /          \
          Gesellschaft <—> Individuum
                    /          \
          Gesellschaft <—> Individuum
```

Allerdings ist die *sociale Differenzierung* noch nicht von der besonderen Perspektive auf Individualität geleitet; das ist erst nach einer ›erkenntnistheoretischen Wende‹ der Fall. Diesen werkgeschichtlichen Sachverhalt stellt Otthein Rammstedt heraus: »Sind Simmels Arbeiten zwischen 1905 und 1908 der erkenntnistheoretischen Wende verpflichtet, für die die Neufassung der ›Probleme er Geschichtsphilosophie‹ stand, so werden die vorher geschriebenen soziologischen Studien dieser Neuorientierung nun untergeordnet. Nicht mehr geht es um die soziale Vermittlung, sondern die

---

[1] SD, 138.
[2] SD, 173.
[3] Im übrigen wendet Simmel diese Denkfigur auch in seiner Kultur- und Lebensphilosophie an: Die Differenz von subjektiver und objektiver Kultur wiederholt sich auf der Ebene der subjektiven Kultur, und die Differenz von Sein und Sollen spiegelt sich in lebensphilosophischer Perspektive auf der Ebene des Seins.

›Freiheit des Geistes, die formende Produktivität‹ ist Simmel nun die ›universelle Tendenz, der sich die Besonderheit‹ seiner Untersuchungen einordnet, wie er in der Einleitung der ›Probleme der Geschichtsphilosophie‹ von 1905 hervorhebt. [...] Unter diesem Aspekt gerät die ›Ausbildung der Individualität‹ in den ›Untersuchungen über die Formen der Vergesellschaftung‹ [...] in den Fluchtpunkt der Betrachtungen.«[1] Aufgrund dieser neuen Perspektive ist Simmel dann auch gezwungen, die einzelnen Kapitel der *Soziologie* sozialphilosophisch einzurahmen, woraus der ›Exkurs über das Problem: Wie ist Gesellschaft möglich?‹ hervorgegangen ist.[2] Gegenstand des Exkurses sind bekanntlich die drei soziologischen Apriori. Das erste umfaßt den Sachverhalt der Typisierung. Aufgrund der Tatsache, daß jeder Mensch nur Fragmente seiner ideellen Individualität realisiert, ruht die »*Praxis des Lebens [...] auf der Umbildung jener gegebenen Fragmente zu der Allgemeinheit eines Typus und zu der Vollständigkeit der ideellen Persönlichkeit*«[3]. Das zweite Apriori thematisiert den Sachverhalt, »*daß jedes Element einer Gruppe nicht nur Gesellschaftsteil, sondern außerdem noch etwas*«, daß »*der Einzelne mit gewissen Seiten nicht Element der Gesellschaft ist*«[4]. Die beiden soziologischen Apriori zusammengenommen bilden »*die allgemeinste Ausgestaltung einer Grundform des Lebens überhaupt: daß die individuelle Seele nie innerhalb einer Verbindung stehen kann, außerhalb deren sie nicht zugleich steht, daß sie in keine Ordnung eingestellt ist, ohne sich zugleich ihr gegenüber zu finden*«[5]. Das entscheidende Argument für die Plausibilität meiner These ist nun, daß Simmel als Explikation der ›Grundform des Lebens‹ das Ergebnis seiner vorangegangenen religionsphilosophischen Erwägungen resümiert: »*Der religiöse Mensch fühlt sich von dem göttlichen Wesen völlig umfaßt, als wäre er nur ein Pulsschlag des göttlichen Lebens, seine eigne Substanz ist vorbehaltlos, ja in mystischer Unterschiedslosigkeit in die des Absoluten hingegeben. Und dennoch, um dieser Einschmelzung auch nur einen Sinn zu geben, muß er irgend ein Selbst-Sein bewahren, irgend ein personales Gegenüber, ein gesondertes Ich, dem die Auflösung in dies göttliche All-Sein eine unendliche Aufgabe ist, ein Prozeß nur, der weder metaphysisch möglich noch religiös fühlbar wäre, wenn er nicht von einem Fürsichsein des Subjekts ausginge: das Eins-Sein mit Gott ist in seiner Bedeutung durch das Anders-Sein als Gott bedingt.*«[6] Diese ›Grundform des Lebens‹ liegt sowohl den religiösen Vorstellungen als auch Vergesellschaftungsprozessen zugrunde; bei letzte-

---

[1] RAMMSTEDT, Editorischer Bericht, 902.
[2] Vgl. DERS., a.a.O., 903.
[3] SOZ, 49.
[4] SOZ, 51.
[5] SOZ, 53.
[6] SOZ, 54.

ren in Form der »Doppelstellung« des Individuums, als »*das Innerhalb und das Außerhalb zwischen Individuum und Gesellschaft*«[1].

Aufgrund der Strukturgleichheit zwischen beiden Relationen besteht auch eine Analogie zwischen dem Verhältnis von sozialen Gebilden zur Persönlichkeit einerseits und von Religion zu sozialen Prozessen andererseits. Die Persönlichkeit gibt sich an den sozialen Kreis hin und verliert sich in ihm, »um dann durch die individuelle Kreuzung der sozialen Kreise in ihr wieder ihre Eigenart zurückzugewinnen. [...] Schließt sie sich nun mit der Mannigfaltigkeit der Triebe und Interessen wieder an soziale Gebilde an, so ist das sozusagen ein Ausstrahlen und Wiedergeben dessen, was sie empfangen, in analoger, aber bewußter und erhöhter Form«[2]. In analoger Weise verhält es sich mit dem Zusammenhang von sozialen Prozessen und Religion als einem autonomen Kulturgebilde: Der Einzelne in einer Gemeinschaft verhält sich zu anderen in einer religioiden Weise. Daraus können sich die Inhalte und Institutionen der Religion entwickeln. »Ist diese Verselbständigung und Substantialisierung der Religion erst erfolgt, so wirkt sie von sich aus auf die unmittelbaren psychischen Verhältnisse der Menschen untereinander zurück und giebt ihnen die nun bewußte und benannte Färbung der Religiosität. Damit giebt sie ihnen aber nur zurück, was ihnen ursprünglich selbst verdankt.«[3] Auf diesen Zusammhang zwischen religiösen Vorstellungen und Vergesellschaftungsprozessen macht Simmel bereits in der *Moralwissenschaft* aufmerksam: »Wenn eine geklärte Gottesidee ihr Wesen darin hat, dass alle bunten Mannigfaltigkeiten, alle Gegensätze und Verschiedenheiten des Seins und des Sollens und insbesondere unserer inneren Lebensinteressen in ihm ihren Ursprung und zugleich ihre Einheit finden, so können wir nun ohne Weiteres die soziale Gesammtheit an seine Stelle setzen.«[4] Zusammen mit der Tatsache, daß Simmel diese Doppelstellung zuerst innerhalb der Religionsmonographie formuliert hat[5], sind der angeführte Passus innerhalb des Exkurses sowie die anderen angeführten Passagen als ein Beleg für die Behauptung anzusehen, daß eine wichtige Quelle für die soziologische Erkenntnistheorie, wie sie der *großen Soziologie* von 1908 vorangestellt ist, in den religionssoziologischen und -philosophischen Erörterungen liegt. Im Lichte der Rekonstruktion dieses werkgeschichtlichen Zusammenhanges kann Simmels soziologischer Ansatz somit als ein Säkularisat theologischer und religionsphilosophischer Denkfiguren gelten.

---

[1] SOZ, 56.
[2] SD, 241 und SOZ, 467.
[3] SozRel, 272.
[4] EMI, 423f.
[5] Vgl. REL, 60 (REL 1906, 23).

III. Die Relevanz des Simmelschen Religionskonzepts für die gegenwärtige Religionssoziologie

Es ist in der Regel ein Leichtes, einen soziologischen Klassiker als Vordenker aktueller Theoriestücke und Ansätze zu identifizieren. Diese Möglichkeit wird im Falle Simmels noch dadurch vereinfacht, daß er zahlreiche Gedanken ›andenkt‹, die von Soziologen späterer Generationen aufgenommen, expliziert und systematisiert worden sind. Ich erinnere nur an seine Wirkungen auf die Rollen-, Gruppen- und Konflikttheorie sowie an den jüngsten Einfluß auf die Kultursoziologie. Um theoriegeschichtliche Filiationen, Kontinuitäten und Entwicklungen in diesem Sinne soll es im folgenden allerdings nicht oder nur am Rande gehen. Worauf es mir vielmehr ankommt, ist zu zeigen, welches *›liegengelassene‹* Potential und welche *nicht vollzogenen* ›Anschlußmöglichkeiten‹ in Simmels Religionssoziologie zu entdecken sind, wenn man sie, wie in den beiden vorangegangenen Kapiteln erfolgt, auf ihren systematischen Gehalt hin erschließt.[1] In dieser Warte läßt sich Simmels Religionssoziologie als Versuch lesen, den religiösen Individualisierungsprozeß nicht nur zu beschreiben, sondern auch soziologisch auf eine Weise zu erklären, die von aktuellen Ansätzen in der Religionssoziologie abweicht oder sie zum mindesten ergänzt (2). Um diesen Erkenntnisgewinn offenzulegen, ist es jedoch zunächst angebracht, noch einmal auf die von Simmel gezogene Differenz von Religion und Religiosität einzugehen und seinen Religionsbegriff zu erörtern (1). Über die sozialstrukturelle Ebene hinaus läßt sich Simmels Religionssoziologie als ein ebenso eigenständiger Versuch verstehen, Religion und Gesellschaft beziehungsweise Sozialität auf gesellschafts- beziehungsweise sozialtheoretischer Ebene miteinander ins Verhältnis zu setzen (3). Und schließlich birgt Simmels Religionskonzept einen genuinen Beitrag zu einer soziologischen Kulturtheorie (4).

---

[1] In ähnlicher Weise hat z.B. Birgitta Nedelmann für das Gebiet einer Soziologie der Gefühle den Versuch unternommen, Simmel als einen eigenständigen Soziologen der Emotion zu entdecken; vgl. hierzu B. NEDELMANN, »Psychologismus« oder Soziologie der Emotionen? Max Webers Kritik an der Soziologie Georg Simmels, in: O. RAMMSTEDT (Hg.), *Simmel und die frühen Soziologen. Nähe und Distanz zu Durkheim, Tönnies und Max Weber*, Frankfurt a. M. 1988, 11–35, sowie B. NEDELMANN, Georg Simmel – Emotion und Wechselwirkung in intimen Gruppen, in: *Kölner Zeitschrift für Soziologie und Sozialpsychologie*, Sonderheft 25, 1983, 174–209.

1. Religion und Religiosität

Die meisten der älteren Definitionsbemühungen von Religion kreisen um ihr »Wesen« und sind darin auf einen substantiellen Religionsbegriff aus. Im Laufe dieses Jahrhunderts hat vornehmlich die Religionswissenschaft an solcherart Definitionsversuche angeknüpft. Im Gefolge Rudolf Ottos gründet etwa Mircea Eliade seine phänomenologisch gehaltene Religionstheorie auf den Begriff des Heiligen, das für die Kosmisierung der Welt zuständig ist.[1] In der Religionssoziologie hält vor allem Peter L. Berger an einem substantiell bestimmten Religionsbegriff fest.[2] In zahlreichen Diskussionen ist jedoch die Fragwürdigkeit substantieller Definitionsversuche deutlich geworden.[3] Die Aporien jeglicher Bemühungen, Religion auf diese Weise zu bestimmen, führten zu formaleren Konzeptualisierungen. In der Religionsphilosophie hat beispielsweise Paul Tillich den Vorschlag gemacht, Religion als »das, was uns unbedingt angeht«, zu verstehen.[4] Unter Bezugnahme auf Tillich bestimmt Heinz Robert Schlette Religion als »jenen Akt, in dem der Mensch sein Leben auf einen für ihn als absolut verbindlich geltenden ›Sinn‹ bezieht«; Talcott Parsons hat versucht, diesen Religionsbegriff für die Soziologie fruchtbar zu machen.[5] Auch die wissenssoziologische und sozialisationstheoretische Beschäftigung mit Religion, wie es etwa Thomas Luckmann tut, neigt dazu, »jegliche Form subjektiver Sinnkonstitution oder Identitätsfindung als religiösen Prozeß zu interpretieren, so daß lediglich das relationale Moment von individueller Sinnkonstitution und kultureller Sinnhaftigkeit noch als begriffsnotwendiges Merkmal übrig bleibt«[6]. Im Gefolge Durkheims versuchen auch andere funktionalistische Ansätze, auf inhaltliche Bestimmungen des Religionsbegriffs zu verzichten und machen Religion überall dort aus, wo bestimmte Leistungen, etwa die Integrationsfunktion, die Kompensationsfunktion, die Innovationsfunktion, die Kosmisierungsfunktion et cetera, erfüllt werden. Franz-Xaver Kaufmann beschreibt diese Entwicklung als eine »*inhaltliche Entleerung des Religionsbegriffs*«[7] und erklärt sie wissenssoziologisch als Widerspiegelung des modernen gesellschaftlichen Differenzierungsprozesses: »*Das Zerbrechen des Religionsbegriffs unter der Vielfalt der ihm zugeschriebenen Bedeutungen ist nur ein Symptom für das reale Zerbrechen*

---

[1] Vgl. M. ELIADE, *Das Heilige und das Profane*, Darmstadt 1977.
[2] Vgl. P. L. BERGER, *Zur Dialektik von Religion und Gesellschaft*, Frankfurt 1973.
[3] Vgl. den Überblick bei D. POLLACK, Was ist Religion? Probleme der Definition, in: *Zeitschrift für Religionswissenschaft* 3, 1995, 163–190.
[4] Vgl. P. TILLICH, *Systematische Theologie*, 3 Bde., Stuttgart 1955–1966, hier: Bd. 1, 18–22.
[5] Vgl. S. BRANDT, *Religiöses Handeln in moderner Welt. Talcott Parsons' Religionssoziologie im Rahmen seiner allgemeinen Handlungs- und Systemtheorie*, Frankfurt a. M. 1993, 240.
[6] KAUFMANN, Religion und Modernität, 57.
[7] Ebd.

derjenigen Zusammenhänge, auf die der archaisierende Religionsbegriff der allgemeinen Religionswissenschaft verweist;«[1] und man kann hinzufügen: Zusammenhänge, welche die Religionswissenschaft des 19. Jahrhunderts – darin ähnlich der Ethnologie – vielfach romantisierend und idealisierend imaginiert[2]. Die Sprengung des Religionsbegriffs durch seine Bedeutungsvielfalt deutet Kaufmann zufolge die »Auflösung einer einheitsstiftenden Macht«[3] an. Angesichts dieses Umstands stellt sich die Frage, »inwieweit der Religionsbegriff noch als organisierendes Konzept soziologischer Binnendifferenzierung taugt«[4]. Ein Konzept, das die Integrationsfunktion von Religion auf gesamtgesellschaftlicher und -kultureller Ebene behauptet, erscheint den modernen Differenzierungs- und Pluralisierungsprozessen gegenüber als zunehmend unangemessen. Dennoch ist, wie Kaufmann vorschlägt, am Terminus Religion als einem problemanzeigenden Begriff festzuhalten.[5] Die soziologisch relevante Frage, was in der Moderne an die Stelle der ehemals einheitsstiftenden Macht getreten ist, beantwortet er mit dem zu heuristischen Zwecken gemachten Vorschlag eines Religionskonzeptes, das eine »funktionale Mehrdimensionalität« von Religion behauptet. Im einzelnen unterscheidet er folgende Funktionen: (1) Identitätsstiftung; (2) Handlungsführung; (3) Kontingenzbewältigung; (4) Sozialintegration; (5) Kosmisierung; (6) Weltdistanzierung. Diesem Religionskonzept gemäß sind soziale Phänomene dann als religiös zu qualifizieren, wenn »sie *mehrere* der sechs genannten Funktionen *zugleich* erfüllen können«[6]. Zudem betont Kaufmann, daß der Gegenstand von Religionssoziologie »nur im Kontext konkreter Kultur- und Gesellschaftsformationen identifiziert und angemessen erörtert werden«[7] kann.

Meines Erachtens gibt Simmels Religionstheorie für die Diskussion um eine substantielle oder eine funktionale Definition von Religion einige Anregungen. Einerseits enthält sie eine funktionale Bestimmung von Religion. Religion hat die *Funktion*, Differenzerfahrungen zwischen psychischem Bewußtsein und Vergesellschaftungsprozessen zu thematisieren und mit ihren Symbolen zu vermitteln. Andererseits basiert diese funktionale Bestimmung auf *substantiellen* Vorgaben aus der Vorstellungswelt der christ-

---

[1] DERS., a.a.O., 61.
[2] Zur Spiegelung eigener Sehnsüchte in der Ethnologie des 19. Jahrhunderts vgl. F. KRAMER, *Verkehrte Welten. Zur imaginären Ethnographie des neunzehnten Jahrhunderts,* Frankfurt a. M. 1977.
[3] KAUFMANN, a.a.O., 62.
[4] DERS., a.a.O., 70.
[5] Vgl. DERS., a.a.O., 71, 84 et passim.
[6] DERS., a.a.O., 88.
[7] DERS., a.a.O., 72.

lichen Religion[1]; ohne die theologischen Topoi »Heil der Seele« und »Persönlichkeit Gottes« ist Simmels Religionstheorie nicht denkbar. In diesem Sinn basiert seine Religionssoziologie auf Vorgaben der christlichen Vorstellungswelt, und entsprechend gilt sie nur für diejenigen Vergesellschaftungsprozesse, die auf der christlich-abendländischen Geistesgeschichte basieren.

Mit Simmels Religionstheorie läßt sich zugleich eine Antwort auf die Frage nach der Unverzichtbarkeit von Religion geben, die sowohl in anthropologischer als auch in gesellschaftstheoretischer Hinsicht gestellt wird. Religion als eine anthropologische Konstante zu verstehen – sei es als Ausdruck eines Grunderlebnisses, sei es, wie etwa in der Tradition der philosophischen Anthropologie, als ein ›biologisches Bedürfnis‹ – ist angesichts der empirischen Verhältnisse wohl kaum noch haltbar; in der modernen Gesellschaft kann der Einzelne durchaus auf Religion verzichten. Will er jedoch das maßgeblich in der Neuzeit entwickelte Individualitätskonzept verwirklichen und seine Lebensführung daran ausrichten, ist er zwangsläufig auf subjektive Religiosität verwiesen. Bei dem Begriff subjektiver Religiosität im Sinne Simmels handelt es nicht so sehr um eine anthropologische Konstante, derzufolge jeder konkrete Mensch auf Religion angewiesen ist. Zwar hat das Christentum als die historische Religion des Abendlandes wesentlich zum neuzeitlichen und modernen Konzept von Individualität beigetragen. Was Simmel jedoch mit subjektiver Religiosität in der Moderne auch und vor allem meint, ist die Frage, wie sich das Individuum angesichts des gesellschaftlichen und kulturellen Differenzierungsprozesses behaupten kann. Insofern ist Subjektivität ein konstitutives, aber angesichts moderner Entwicklungen fraglich gewordenes Element des Humanum, und Religiosität thematisiert sie.

Auf gesellschaftstheoretischer Ebene ist objektive Religion und deren Semantik dann unverzichtbar, wenn es um die Transzendenz – oder systemtheoretisch gesprochen: um die Umwelt – von Gesellschaft geht. Da Niklas Luhmann gelegentlich das Individuum als den transzendenten Bezugspunkt von Gesellschaft bestimmt[2]; läßt sich der binäre Religionscode immanent/transzendent in die Differenz von »Gesellschaft« und »Individuum« übersetzen. Diese Sichtweise deckt sich mit Simmels Auffassung, derzufolge es in der religiösen Kommunikation als Teil von Vergesell-

---

[1] Simmels Religionstheorie weist somit eine gewisse Nähe auf zu Detlef Pollacks Versuch, den Religionsbegriff kombiniert, funktional *und* substantiell, zu bestimmen; vgl. D. POLLACK, Vom Tischrücken zur Psychodynamik. Formen ausserkirchlicher Religiosität in Deutschland, in: *Schweizerische Zeitschrift für Soziologie*, 1990, 107–134, und D. POLLACK, Was ist Religion? Probleme der Definition. Auf diese Parallele weist auch TYRELL, »Das Religiöse« in Max Webers Religionssoziologie, 176, Anm. 18, hin.

[2] Vgl. N. LUHMANN, Die Ausdifferenzierung der Religion, in: *Gesellschaftsstruktur und Semantik*, Bd. 3, Frankfurt a. M. 1989, 259–357, hier: 340.

schaftungsprozessen um die problematische Doppelstellung des »Individuums« zur »Gesellschaft« geht, und zwar um die prekäre »Beziehung eines Gliedes zum Ganzen, während das Glied doch selbst ein Ganzes zu sein verlangt«[1]. Ein Deutungsmuster, das diese Differenz mit Bezug auf Höchstrelevanz beanspruchende Werte in eine Identität überführt, aber auch bereits die bloße Thematisierung dieser als problematisch erachteten Differenz kann (zum mindesten in ihrem Kern) als religiös bezeichnet werden. Für den Einzelnen ist die Adaption solcherart religiöser Deutungsmuster optional geworden; er ist auf sie nur dann verwiesen, wenn er seine Lebensführung an einem emphatischen Konzept von Individualität ausrichten möchte. Die Vergesellschaftungsprozesse insgesamt aber sind auf religiöse Kommunikation angewiesen, weil nur in ihr die für sie konstitutive Differenz von »Individuum« und »Gesellschaft« thematisch wird. Diese Sachverhalte leiten über zu dem Verhältnis von Religion und Individualität (2) sowie Religion und Gesellschaft beziehungsweise Sozialität (3).

2. Religion und Individualität

Nachdem die Sozialstrukturanalyse einen umfassenden Individualisierungsprozeß registriert hat[2], verzeichnet seit einiger Zeit auch die religionssoziologische Forschung eine vergleichbare Entwicklung auf dem Gebiet der Religion.[3] Seit Ende der sechziger Jahre registriert die Religionssoziologie einen Pluralisierungsprozeß[4], den sie in einen Zusammenhang mit In-

---

[1] REL, 60. Mit dieser Doppelstellung nimmt Simmel eine Figur vorweg, die später von Paul Tillich expliziert wird; vgl. P. TILLICH, *Der Mut zum Sein*, Stuttgart ³1958.
[2] Vgl. statt der umfangreichen Literatur nur BECK, *Risikogesellschaft*, 121–248.
[3] Vgl. dazu M. WOHLRAB-SAHR (Hg.), *Biographie und Religion. Zwischen Ritual und Selbstsuche*, Frankfurt a. M. – New York 1995, sowie K. GABRIEL (Hg.), *Religiöse Individualisierung oder Säkularisierung. Biographie und Gruppe als Bezugspunkte moderner Religiosität*, Gütersloh 1996.
[4] Der Pluralisierungsprozeß wird häufig anhand des ökonomischen Marktmodells analysiert; vgl. zuerst P. L. BERGER, A Market Model for the Analysis of Ecumenicity, in: *Social Research*, Frühjahr 1963, 77ff., und DERS., Zur Dialektik von Religion und Gesellschaft, 132ff., zuletzt O. KALLSCHEUER, *Glaubensfragen. Über Karl Marx & Christus und andere Tote*, Frankfurt a. M. 1991, 235–257. Neuerdings wird zur Analyse dieser Entwicklung das Konzept des ›religiösen Feldes‹ herangezogen; vgl. P. BOURDIEU, *Rede und Antwort*, Frankfurt a. M. 1992 und die instruktive Adaption bei K. GABRIEL, Wandel des Religiösen, in: *Forschungsjournal Neue Soziale Bewegungen* 3/4, 1993, 28–36. Der Vorteil des zuletzt genannten Ansatzes dürfte darin liegen, angesichts des diffus werdenden Religionsbegriffs auf inhaltliche Bestimmungen zu verzichten und statt dessen die religiösen Akteure selbst Religion, ihre Inhalte und Grenzen, definieren zu lassen; vgl. GABRIEL, a.a.O., 28. Damit wird ein solcher Ansatz methodologischen Überlegungen gerecht, die Joachim Matthes wiederholt vorgebracht hat; vgl. etwa J. MATTHES, Auf der Suche nach dem Religiösen. Reflexionen zu

dividualisierungs- und Subjektivierungstendenzen stellt: Religion wird optional, damit mehr und mehr zur Sache des Individuums und *vice versa*[1]. Ich halte es allerdings für entscheidend, zwischen zwei Bereichen des religiösen Individualisierungsprozesses zu unterscheiden, nämlich zwischen dem Geltungs- und dem Objektbereich (Sozial- und Sachdimension). Und für diesen – in der Literatur nicht immer hinreichend markierten – Unterschied sowie für die Beziehungen beider Bereiche zueinander wird Simmels Religionstheorie relevant. Zunächst zur Individualisierung in Bezug auf die Geltung religiöser Aussagen, die man als Privatisierungsprozeß bezeichnen kann. Dieser wird darin gesehen, daß Religion mehr und mehr zur Sache des Einzelnen wird: Indem er wählt und aus den verschiedenen Angeboten religiöser Deutungsmuster individuell kombiniert[2], kommen religiöse Sinnbildungen erst im individuellen Bewußtsein zu verbindlicher Geltung. Diese Entwicklung dokumentiert die Religionssoziologie seit den sechziger Jahren – allerdings ohne expliziten Rekurs auf Simmel –, indem sie den »Übersetzungsprozeß« von religiösen Inhalten »aus den Faktenzusammenhängen außerhalb des Individuums in die ›Binnenwelt‹ seines Bewußtseins« nachzeichnet, wie Peter L. Berger formuliert.[3] Zuvor hatte schon Helmut Schelsky darauf hingewiesen, daß das moderne religiöse Bewußtsein im Medium der Dauerreflexion die objektivierten gegenständlich-eindeutigen Wahrheiten reflektierend von sich abstößt, »um sich mit immer neuen Kräften der Reflexion in seine unerschöpfliche und bodenlose Innerlichkeit zu wenden«[4]. In der Folge dieses Prozesses wird Religion zur Sache der subjektiven Überzeugung; der Einzelne hat sie selbst – vor sich und anderen – zu verantworten und zu legitimieren. Auch innerhalb der christlichen Großkirchen wird die »Bedeutung einer identitätsstiftenden Traditionsübernahme« mit dem Wunsch kombiniert, »auch in kirchlichen und religiösen Zusammenhängen auszuwählen und auf dem Hintergrund der eigenen Lebensgeschichte neu zusammenzufügen«[5]. Innerhalb des Rahmens einer religiösen Tradition wird großer Wert auf Entscheidungs-

---

Theorie und Empirie religionssoziologischer Forschung, in: *Sociologia Internationalis* 30, 1992, 129–142.

[1] Vgl. KAUFMANN, Religion und Modernität, 217: »Der funktionalen Differenzierung der Gesellschaft entspricht ... eine strukturelle Individualisierung.«

[2] Dieser Sachverhalt wird in der religionssoziologischen Literatur zumeist unter den Stichworten ›Bricolage‹ oder ›Flickenteppich‹ verhandelt, vgl. statt vieler: M. KRÜGGELER, Inseln der Seligen: Religiöse Orientierungen in der Schweiz, in: A. DUBACH und R. J. CAMPICHE (Hg.), *Jede(r) ein Sonderfall? Religion in der Schweiz. Ergebnisse einer Repräsentativbefragung,* Zürich – Basel 1993, 93–132, hier: 122ff., und GABRIEL, Wandel des Religiösen, 30ff.

[3] BERGER, Zur Dialektik von Religion und Gesellschaft, 158.

[4] H. SCHELSKY, Ist Dauerreflexion institutionalisierbar? Zum Thema einer modernen Religionssoziologie, in: *Zeitschrift für Evangelische Ethik* 1, 1957, 153–174, hier: 161.

[5] STUDIEN- UND PLANUNGSGRUPPE DER EKD, *Fremde Heimat Kirche. Ansichten ihrer Mitglieder,* Hannover 1993, 18.

III. Die Relevanz für die gegenwärtige Religionssoziologie

spielräume gelegt.[1] Zu diesem Ergebnis kommt auch eine Studie zur Religion in der Schweiz: »Normative Ansprüche religiöser Organisationen müssen von Individuen immer erst als eigene Verpflichtung und Leistung rekonstruiert werden.«[2]

Der Individualisierungstrend im Objektbereich (Sachdimension) kann als Subjektivierungsprozeß bezeichnet werden. Dieser besteht darin, daß der Einzelne mehr und mehr zur Sache der Religion, das Selbst zentraler Gegenstand religiöser Sinnbildung wird. Vor allem die Konjunktur asiatischer Religionen im Okzident[3], ›religioide‹ beziehungsweise religiös aufgeladene Meditations- und Therapiepraktiken[4] sowie die religiösen Segmente des »New Age«[5], die allesamt auf die Thematisierung des Selbst, auf »Selbsterfahrung« und »Selbstverwirklichung« als letzten Wert und damit auf die »Sakralisierung des Ich«[6] abzielen, sind hier zu nennen. Im Gefolge des Subjektivierungsprozesses von Religion treten Forschungen auf die wissenschaftliche Bildfläche, die das Verhältnis von Religion zu Biographie[7] und Identität[8] analysieren. In diesem Sinne identifiziert Franz-Xaver Kaufmann Identität und Selbstverwirklichung als »quasi religiöse Metaphern«[9] und sieht in der Selbstbehauptung durch Selbstreferenz eine neue Form der Re-

---

[1] Vgl. DIES., a.a.O., 18f.

[2] KRÜGGELER, Inseln der Seligen, 123.

[3] Vgl. F. USARSKI, Asiatische Religiosität als alternativkulturelles Phänomen, in: *Geographie Religionum*, Bd. 6, 1989, 87–102, M. BAUMANN, *Deutsche Buddhisten. Geschichte und Gemeinschaften*, Marburg 1993, und K. BITTER, *Konversionen zum tibetischen Buddhismus. Eine Analyse religiöser Biographien*, Göttingen 1988.

[4] Vgl. etwa A. HAHN, H. WILLEMS u. R. WINTER, Beichte und Therapie als Formen der Sinngebung, in: G. JÜTTEMANN, M. SONNTAG und CH. WULF (Hg.), *Die Seele. Ihre Geschichte im Abendland*, Weinheim 1991, 493–511, und A. HAHN, H. WILLEMS, Schuld und Bekenntnis in Beichte und Therapie, in: J. BERGMANN, A. HAHN und TH. LUCKMANN (Hg.), *Religion und Kultur*, Sonderheft 33 der Kölner Zeitschrift für Soziologie und Sozialpsychologie, Opladen 1993, 309–330.

[5] Vgl. H. KNOBLAUCH, Das unsichtbare Zeitalter. »New Age«, privatisierte Religion und kultisches Milieu, in: *Kölner Zeitschrift für Soziologie und Sozialpsychologie* 41, 1989, 503–525; H. KNOBLAUCH, *Die Welt der Wünschelrutengänger und Pendler*, Frankfurt a. M. 1991; H. STENGER, Der »okkulte« Alltag. Beschreibungen und wissenssoziologische Deutungen des New Age, in: *Zeitschrift für Soziologie* 18, 1989, 119–135; H. STENGER, Kontext und Sinn. Ein typologischer Versuch zu den Sinnstrukturen des »New Age«, in: *Soziale Welt* 41, 1990, 383–403.

[6] H. KNOBLAUCH, Die Verflüchtigung der Religion ins Religiöse. Vorwort zu TH. LUCKMANN, *Die unsichtbare Religion*, Frankfurt a. M. 1991, 7–41, hier: 31.

[7] Vgl. etwa die Beiträge in dem von M. WOHLRAB-SAHR herausgegebenen Band *Biographie und Religion*.

[8] Vgl. etwa H. MOL, *Identity and the Sacred. A Scetch for a new social scientific Theory of Religion*, Oxford 1976, und A. HAHN, Identität und Selbstthematisierung, in: A. HAHN und V. KAPP (Hg.), *Bekenntnis und Geständnis*, Frankfurt a. M. 1987, 9–24.

[9] KAUFMANN, *Religion und Modernität*, 193.

ligiosität[1]. Armin Nassehi macht dementsprechend in der Biographie das Bezugsproblem des Religionssystems aus.[2]

Simmels Religionstheorie ist in zweierlei Hinsicht für das Thema religiöse Individualisierung relevant. Zum einen läßt sich die in der Literatur nicht deutlich genug getroffene Unterscheidung zwischen der Sozial- und der Sachdimension mit seinem Religionskonzept herausarbeiten. Indem Simmel zwischen Vergesellschaftungsprozessen auf der einen und kulturellen Formen auf der anderen Seite unterscheidet, ist Religion und entsprechend der religiöse Individualisierungsprozeß in beiden Dimensionen zu verorten. Das Individuum als Zurechnungsinstanz kann entscheiden, ob und welche konkreten religiösen Vorstellungen Geltung haben sollen. Das Individuum als ›regulative Idee‹ wird dagegen selbst zum Gegenstand religiöser Sinnbildung. Auf dieser Ebene geht es um die Frage nach der Möglichkeit von Individualität angesichts zunehmender Fragmentarisierungsprozesse; und diese Frage hat aufgrund der Funktion von Religion religiösen Charakter.

Zum zweiten lassen die Arbeiten über religiöse Individualisierung in der Regel außer acht, daß dieser Prozeß nur vor dem Hintergrund der wesentlich christlich geprägten Kultur- und Geistesgeschichte zu verstehen ist.[3] Diesen Aspekt betont dagegen Simmel, indem er die individualitätskonstitutive Bedeutung des Christentums im allgemeinen herausstellt. Im besonderen reformuliert er die religiöse Semantik vom Heil der Seele und der Persönlichkeit Gottes religions- und kulturphilosophisch und analysiert ihre Rückwirkungen auf Vergesellschaftungsprozesse. Die individualitätskonstitutive Bedeutung des jüdischen und christlichen Monotheismus-Konzeptes bei gleichzeitiger Universalisierungstendenz stellt auch Franz-Xaver Kaufmann mit Bezugnahme auf Mircea Eliade heraus: »Bereits Jahwe ist nicht nur der Gott des Volkes Irsrael, sondern er spricht bereits den persönlichen Glauben des einzelnen – etwa Abrahams oder Hiobs – an. Gerade darin liegt in religionsvergleichender Sicht das grundsätzlich Neue des jüdisch christlichen ›Glaubens‹. […] Es ist das Interesse Gottes für das Heil und den Glauben *jedes* einzelnen Menschen, und zwar unabhängig von seiner Zugehörigkeit zu einem bestimmten sozialen Verband, was das *universalistisch wirkende Spezifikum der christlichen Gottesvorstellung* ausgemacht hat.«[4] Eine individualitätskonstitutive Bedeutung kann

---

[1] Ders., a.a.O., 170.

[2] Vgl. A. Nassehi, Religion und Biographie. Zum Bezugsproblem religiöser Kommunikation in der Moderne, in: M. Wohlrab-Sahr (Hg.), *Biographie und Religion. Zwischen Ritual und Selbstsuche,* Frankfurt a. M. – New York 1995, 103–126.

[3] Dieser Mangel mag in dem allgemeinen Umstand gründen, daß die neuere Religionssoziologie in auffälliger Distanz steht »zu derjenigen Form von Religion, die die westliche Kultur geprägt hat, dem Christentum.« Kaufmann, *Religion und Modernität,* 72.

[4] Ders., a.a.O., 67f.

die christliche Gotteskonzeption gerade deshalb haben, weil das Christentum »dem Inhalt seiner biblischen Botschaft nach keinerlei Legitimation für eine kollektive Identität im Sinne der postulierten integrativen Gesellschaftsfunktion bereithält«[1]. Religionskonzepte, welche die religionshistorische Dimension berücksichtigen, bleiben nicht inhaltsleer. In diesem Sinne knüpft auch Simmels Religionstheorie an Traditionsbestände des Christentums an.[2] Zugleich beschreibt sie einen Transformationsprozeß in den beiden oben angeführten Bereichen der Individualisierung. Kontinuität und Bruch zugleich zu berücksichtigen, wird ihm nur durch die Unterscheidung von Religiosität und Religion möglich. Der objektive Gehalt von Religion ist variabel und wird unter den Anforderungen verschiedener Kulturlagen unterschiedlich interpretiert. Das religiöse Bedürfnis aber knüpft an die Veränderung an und sichert damit gerade eine gewisse Kontinuität. Wenn die christliche Religion nicht im Laufe der Kulturgeschichte Individualität ausgebildet hätte, wäre das religiöse Bedürfnis überhaupt nicht entstanden und würde die Behauptung der fraglich gewordenen Individualität auch nicht einfordern. Das religiöse Bedürfnis als das Kontinuitätsmoment artikuliert sich gerade dann, wenn Religion – zum mindesten in ihrer überkommenen Gestalt – obsolet geworden zu sein scheint. Noch einmal stellt sich in diesem Licht die Frage nach der Unverzichtbarkeit von Religion für das Individuum. Der einzelne Mensch bedarf nicht unbedingt der Religion. Will er seine Lebensführung jedoch an dem modernen Konzept von Individualität ausrichten, meldet sich das religiöse Bedürfnis, und er ist an Religion – in welcher Gestalt auch immer – verwiesen. Die Unverzichtbarkeit von Religion ist somit, um es etwas paradox zu formulieren, optional geworden.

Mit gutem Recht also kann Simmel als ein früher Diagnostiker des Individualisierungsprozesses von Religion gelten. Vor allem die Kombination der religionstheoretischen Unterscheidung von Religion und Religiosität mit der kulturtheoretischen Differenz von objektiver und subjektiver Kultur eröffnet die Möglichkeit, den Transformationsprozeß von Religion in der Moderne zu beschreiben. Aber auch über den engeren religionssoziologischen Bereich hinaus ist Simmels Religionssoziologie, wie der zweite Abschnitt des dritten Teils gezeigt hat, in der Lage, nicht nur die religiösen Wurzeln moderner Individualität aufzudecken, sondern auch deren religiösen Bezugspunkt systematisch zu bestimmen. Die große Nähe von Religiosität und Individuation, Religion und Person, ist anthropologisch und so-

---

[1] DERS., a.a.O., 68.
[2] Somit trifft Simmel nicht die Kritik Detlef Pollacks an Luhmanns Ansatz, derzufolge die systemtheoretische Religionstheorie die Verbindlichkeit des Vergangenen leugne; vgl. D. POLLACK, *Religiöse Chiffrierung und soziologische Aufklärung. Die Religionstheorie Niklas Luhmanns im Rahmen ihrer systemtheoretischen Voraussetzungen*, Frankfurt a. M. 1988, 180.

zialtheoretisch von Thomas Luckmann behauptet worden. Zunächst unterscheidet der Autor das universale Phänomen Religion von seinen verschiedenen historischen Formen und fragt nach den »allgemeinen anthropologischen Bedingungen für das, was als Religion institutionalisiert werden kann«: »Welche Realität hat Religion als soziale Tatsache, noch bevor sie institutionalisiert wird?«[1] Zur Beantwortung dieser Frage definiert Luckmann die religiöse Gedankenwelt als ein symbolisches Universum, das heißt als ein verobjektiviertes Sinnsystem, das sich einerseits auf die Welt des Alltags bezieht und andererseits auf jene Welt, die als den Alltag transzendierend erfahren wird. Während subjektive Erfahrungen auf die schlichte Gegenwart beschränkt und bar jeden Sinnes sind, handelt es sich bei einem verobjektivierten Sinnsystem um einen sozialen Sachverhalt, der die subjektive Erfahrung in ein Deutungsschema integriert, dadurch mit Sinn ausstattet und sie somit ›transzendiert‹. Insofern Sinnbildung ein sozialer Sachverhalt ist, wird die Individuation des menschlichen Bewußtseins allein in intersubjektiven Vorgängen realisiert. Ein menschlicher, biologisch verfaßter Organismus wird zu einer Person, »indem er mit anderen einen objektiv gültigen, aber zugleich subjektiv sinnvollen, innerlich verpflichtenden Kosmos bildet«[2]. Und diesen Vorgang der Personwerdung des Organismus durch Transzendieren seiner Natürlichkeit nennt Luckmann einen religiösen. Insofern ist Religion ein universales anthropologisches Phänomen.

Nun verbleibt Religion allerdings nicht in dem Zustand eines universalen anthropologischen Phänomens, sondern nimmt stets Sozialgestalt an. Als die grundlegende Sozialform der Religion nennt Luckmann die »Weltansicht«, aus deren vorgegebenem und objektivem Sinnzusammenhang die individuelle Existenz ihren Sinn schöpft.[3] Unter einer Weltansicht ist ein »übergeordnetes Sinnsystem« zu verstehen, »in dem Kategorien von gesellschaftlicher Relevanz, wie etwa Zeit, Raum, Kausalität und Zweck, den spezifischeren Deutungsschemata übergeordnet sind, durch die die Wirklichkeit in Segmente aufgegliedert wird und die solche Segmente miteinander verknüpft«[4]. Innerhalb der Weltansicht kommt es zur Ausbildung einer vielschichtigen Bedeutungshierarchie, die in spezifischen Repräsentationen Gestalt annimmt. Während die Gewohnheiten des täglichen Lebens Teil einer vertrauten Welt sind, in der man sich durch routiniertes Handeln zurechtfinden kann, sind die Bedeutungsschichten, auf die sich die Welt des Alltags stützt, weder konkret noch unproblematisch. In dem Wirklichkeitsbereich, der die alltägliche Welt transzendiert, kann nicht gewohn-

---

[1] TH. LUCKMANN, *Die unsichtbare Religion*, Frankfurt a. M. 1991, 79.
[2] DERS., a.a.O., 87.
[3] Vgl. DERS., a.a.O., 89f.
[4] DERS., a.a.O., 90.

heitsmäßig gehandelt werden; deshalb wird er als andersartig und geheimnisvoll erfahren. Zugleich aber muß diese andere Wirklichkeitsschicht in und mit den Mitteln der alltäglichen Welt symbolisiert werden. Mit anderen Worten: »Die Bedeutungshierarchie, die eine ganze Weltansicht prägt und die die Grundlage der religiösen Funktion von Weltansichten ist, findet ihren Ausdruck in einer ausgegrenzten Sinnschicht, die allen anderen in der Weltansicht vorkommenden Sinnschichten übergeordnet ist. Mittels symbolischer Repräsenation verweist diese Schicht ausdrücklich auf einen Wirklichkeitsbereich, der jenseits der alltäglichen Wirklichkeit angesiedelt ist. Diese Schicht kann deshalb zu Recht als Heiliger Kosmos bezeichnet werden.«[1] Während die ganze Weltansicht eine universale und unspezifische Sozialform der Religion darstellt, ist der Heilige Kosmos als eine spezifische, historische Sozialform der Religion zu verstehen. Auf seiner Grundlage kommt es dann zur institutionellen Spezialisierung der Religion in Form einer genau umschriebenen Lehre, der Ausbildung von religiösen »Vollzeit-Rollen« mit übertragenen Sanktionsvollmachten, der Durchsetzung dogmatischer und ritueller Konformität und der Entstehung einer religiösen Organisation. Die christliche Religion und Kirchen sind in dieser Perspektive als Sonderfälle des Heiligen Kosmos und dessen Institutionalisierung zu begreifen.

Luckmanns Religionstheorie befindet sich, wie diese knappe Skizze zeigt, in großer Nähe zum Religionskonzept Simmels. Auch Luckmann ist in der Lage, Religiosität *vor* ihrer Institutionalisierung als ein soziales Phänomen zu analysieren und die Konstitution der Person im Sozialisationsprozeß als einen religiösen Sachverhalt zu beschreiben. Wie wir sahen, beschreibt Luckmann den grundlegenden Sozialisationsvorgang der Personwerdung als religiös. Die subjektiven Erlebnisse des Einzelnen auf psychischer Ebene werden durch gesellschaftlich bereitgestellte Deutungsmuster zu Erfahrungen transformiert und somit ›transzendiert‹. Religion hat es also mit dem doppelten Prozeß der Sozialisation und Individuation zu tun. Insoweit liegt Luckmanns Ansatz auf der Linie Simmels. Allerdings birgt die Religionstheorie Luckmanns das Problem, Religion und Sozialität in eine allzu große Nähe zu bringen, indem sie den Sozialisationsvorgang *per se* als religiös qualifiziert. Damit ist ein inflationierter, wenig konturierter und blasser Gebrauch des Begriffs Religion verbunden, mit der Folge, daß Religion und Sozialität nicht mehr zu unterscheiden sind. Wenn Sozialisation grundsätzlich religiös ist und der Sozialisationsprozeß zugleich nicht nur auf die Primärsozialisation beschränkt wird, ist letztlich alles Soziale religiös, und das Soziale und das Religiöse wären synonyme Bezeichnungen ein und desselben Sachverhaltes. Statt dessen bietet es sich mit Simmels Konzept an, den Religionsbegriff für denjenigen sozialen Sachverhalt zu reser-

---
[1] DERS., a.a.O., 98.

vieren, in dem es um die *Thematisierung* (und möglicherweise um ein Lösungsangebot) der *Differenzerfahrung* von Individuum und Gesellschaft geht. In Simmels Perspektive ist der Sozialisationsprozeß ›religioid‹, er stellt ein ›religiöses Halbprodukt‹ dar. Er ist selbst noch nicht Religion, sondern kann *empirischer Ausgangspunkt* religiöser Sinnbildung werden. Dies ist dann der Fall, wenn das Verhältnis von »Individuum« und »Gesellschaft« *thematisch* wird. Insofern ist als Bezugspunkt von Religion die Biographie und die personale Identität anzugeben.[1] Hier geht es darum, den objektiven und daher kontingenten Lebenslauf in einen sinnvollen und konsistenten Zusammenhang zu bringen. Das bedeutet allerdings nicht, daß Religion als ein spezifisches Deutungsmuster nur auf den Bereich des ›Privaten‹ beschränkt bliebe. Sie tritt auch dann in Funktion, wenn es um das Individuum als Akteur in politischen, wirtschaftlichen und anderen sozialen Prozessen geht und das Verhältnis des Individuums zu den autonomen gesellschaftlichen Teilbereichen thematisch wird. Des weiteren ist Religion als ein spezifisches Deutungsmuster nicht auf bloße Interpretationsleistung beschränkt. Zwar geht es in der Religion wesentlich um die Ausbildung eines konsistenten Sinnzusammenhanges zur Interpretation kontingenter Ereignisse auf kognitiver und evaluativer Ebene. Es liegt aber ebenso auf der Hand, daß es sich in den Fällen der Beziehung des Individuums zu Zweckreihen (Simmel) oder Handlungsketten (Norbert Elias) einzelner gesellschaftlicher Teilbereiche um die ethische Dimension von Religion handelt. Hier geht es um die Frage nach Möglichkeiten und Grenzen eines Freiheit beanspruchenden und für seine Handlungen verantwortlichen Subjektes im Gegenüber zu autonom gewordenen sozialen Prozessen mit einer eigenen Rationalität. Dieser Aspekt leitet über zu der Frage nach dem Verhältnis von Religion und Gesellschaft beziehungsweise Sozialität.

3. Religion und Gesellschaft beziehungsweise Sozialität

In der religionssoziologischen Theoriebildung wird in der Regel, mit Ausnahme des Luckmannschen Ansatzes, nicht das Verhältnis von Religion und Sozialität, sondern die Beziehung zwischen Religion und Gesellschaft verhandelt. Daß Religion nicht in soziologischer Perspektive aufgeht und somit mehr als ein soziales Phänomen ist, wird in denjenigen religionssoziologischen Ansätzen behauptet, denen ein religionsphänomenologischer Ausgangspunkt zugrunde liegt. So betont etwa Joachim Wach: Jede religi-

---

[1] Vgl. auch U. OEVERMANN, Ein Modell der Struktur von Religiosität. Zugleich ein Strukturmodell von Lebenspraxis und sozialer Zeit, in: M. WOHLRAB-SAHR (Hg.), *Biographie und Religion. Zwischen Ritual und Selbstsuche*, Frankfurt a. M. – New York 1995, 27–102.

III. Die Relevanz für die gegenwärtige Religionssoziologie

onssoziologische Forschung habe zu berücksichtigen, »daß in den soziologischen Bezügen, in die die Religion *eingeht*, von ihrem *eigentlichen Wesen*, ihrer Idee und Intention jeweils nur ein bestimmtes Maß leben kann«[1]. Die in dieser Formulierung implizierte Differenz zwischen sozialer Erscheinung und dem ›Wesen‹ der Religion basiert auf einem Religionsbegriff, demzufolge die religiöse Substanz im »Erlebnis des Heiligen« besteht. Wach erläutert dazu: »Dieser Religionsbegriff betont den objektiven Charakter des religiösen Erlebnisses im Gegensatz zu psychologischen Theorien von seiner rein subjektiven illusionären Natur.«[2] Im Anschluß an Wach wendet sich auch Gustav Mensching gegen die Reduktion von Religion auf einen sozialen Sachverhalt. Seiner Meinung nach könne Religionssoziologie nie beanspruchen, »das umfassende und komplexe Phänomen Religion und Religionsgeschichte rationalistisch aus Einzelmomenten, die im Phänomenkomplex auftreten, erklären zu wollen. Dieser Versuch führt, weil er die geschichtlichen Verhältnisse umkehrt, notwendig zu tendenziöser und entstellender Darstellung.«[3] Statt dessen versteht er unter Religionssoziologie »die *Lehre von den soziologischen Phänomenen im Bereich der Religion und den soziologischen Beziehungen der Religion*«[4]. Entsprechend definiert er Religion als »erlebnishafte Begegnung des Menschen mit der *Wirklichkeit* des Heiligen und antwortendes Handeln des vom Heiligen bestimmten Menschen«[5]. In der soziologischen Analyse, ja in der empirischen Dimension überhaupt, geht diese Wirklichkeit des Heiligen dieser Position zufolge keineswegs auf. Entsprechend weist Thomas F. O'Dea darauf hin, that the »embodiment of the ultimate in empirical symbols causes a diminution of the sense of ultimacy itself«[6].

Der wissenschaftstheoretische Status von Definitionen der genannten Art ist der einer Realdefinition, die etwas über das »Wesen« des zu definierenden Gegenstands aussagen möchte.[7] Man geht davon aus, daß der transzendente Bezugspunkt von Religion – etwa Gott, andere überpositive Wesen oder abstrakter: das Heilige – auch unabhängig von seinen empirischen Realisierungen, das heißt Symbolisierungen in Sprache und Handlungen, existiert. Religionssoziologie in diesem Sinne hat empirisches und damit beobachtbares soziales Handeln zum Gegenstand, das sich auf eine transzendente, nicht-soziale und überhaupt nicht-empirische Dimension bezieht. Religion gilt ihr *primär* als etwas Außergesellschaftliches, das soziale

---

[1] J. WACH, Artikel Religionssoziologie, in: A. VIERKANDT (Hg.), *Handwörterbuch der Soziologie,* Stuttgart 1931, 479–494, hier: 479 (meine Hervorhebung).
[2] J. WACH, *Religionssoziologie,* Tübingen 1951, 22.
[3] G. MENSCHING, *Soziologie der Religion,* Bonn 1947 (2. Aufl. 1968), 17.
[4] Ebd.
[5] DERS., a.a.O., 22 (meine Hervorhebung).
[6] TH. F. O'DEA, *The Sociology of Religion,* Englewood Cliffs 1966, 93.
[7] Vgl. auch G. KEHRER, *Einführung in die Religionssoziologie,* Darmstadt 1988, 18.

Folgen zeitigt. Diese Art von Soziologie hält den transzendenten Bezugspunkt für ebenso real wie das beobachtbare Handeln, insofern letzteres als *Manifestation* der religiösen Substanz gilt. Mit anderen Worten: Wenn Menschen ihre soziologisch beobachtbaren Handlungen an einem nichtempirischen, transzendenten Bezugspunkt ausrichten, so kann anhand der unter anderem sozialen Folgen, die dieser bewirkt, auf seine Realität geschlossen werden.

Die zu dieser Position entgegengesetzte Haltung wurde zuerst und prominent von Émile Durkheim vertreten. Der französische Soziologe definiert Religion als »*ein solidarisches System von Überzeugungen und Praktiken, die sich auf heilige, d. h. abgesonderte und verbotene Dinge, Überzeugungen und Praktiken beziehen, die in einer und derselben moralischen Gemeinschaft, die man Kirche nennt, alle vereinen, die ihr angehören*«[1]. Trotz der verwendeten Unterscheidung von heilig und profan ist der Durkheimsche Ansatz den phänomenologisch inspirierten religionssoziologischen Ansätzen Wachs und Menschings diametral entgegengesetzt. Während letztere eine Realdefinition von Religion aufstellen, beschränkt sich Durkheim auf eine Nominaldefinition.[2] Er behauptet nicht, daß bestimmte soziale Handlungen heilig oder Manifestationen des metaphysisch vorausgesetzten beziehungsweise erschlossenen Heiligen *sind*. Die Definition zielt vielmehr auf den *gesellschaftlichen* Sachverhalt, daß Menschen bestimmte Handlungen und kommunizierte Überzeugungen auf eine fundamentale Differenz gründen. Diesen *empirisch vorfindbaren* Differenzierungsvorgang *bezeichnet* Durkheim als den Unterschied zwischen Sakralem und Profanem. Das Heilige in seiner Differenz zum Profanen wird also nicht substantiell bestimmt, sondern in funktionaler Perspektive als ein empirischer, näherhin als ein sozialer Sachverhalt aufgefaßt. Da sich Durkheim zufolge kein Element der Differenz von heilig und profan auf etwas außerhalb des Sozialen beziehen kann, ist Gott keine transzendente, metaphysische Instanz, sondern lediglich der »symbolische Ausdruck der Kollektivität«[3], die »transfigurierte und symbolisch gedachte Gesellschaft«[4].

In der gegenwärtigen Soziologie sollte unumstritten sein, daß »auf der *Inner*gesellschaftlichkeit des Religiösen zu bestehen«[5] ist. Auch wenn Religion – insbesondere in Form der Erlösungsreligiosität – dazu tendiert, sich aus der Gesellschaft herauszudefinieren, so muß die Soziologie dennoch darauf beharren, »daß Religion dies, etwa kommunikativ, *in* der Welt, *in*

---

[1] É. Durkheim, *Die elementaren Formen des religiösen Lebens,* Frankfurt a. M. 1981, 75.
[2] Vgl. Kehrer, a.a.O., 17.
[3] Durkheim, *Erziehung, Moral und Gesellschaft,* 151.
[4] Ders., Bestimmung der moralischen Tatsache, 105.
[5] H. Tyrell, Religionssoziologie, in: *Geschichte und Gesellschaft* 22, 1996, 428–457, hier: 432.

III. Die Relevanz für die gegenwärtige Religionssoziologie

der Gesellschaft tut«[1]. Diese Auffassung entspricht der erkenntnistheoretischen Position, derzufolge die religionssoziologische Forschung und Theoriebildung von einem »methodologischen Atheismus«[2] – oder genauer formuliert: von einem »methodologischen Agnostizismus« – geleitet sein muß; Soziologie der Religion darf keine religiöse Soziologie sein. Als ihr Ausgangspunkt gilt daher die Hypothese »etsi deus non daretur«. Wohlgemerkt handelt es sich dabei um eine *Hypothese*. Die Existenz Gottes oder überpositiver Entitäten sind damit keinesfalls in Abrede gestellt; nur darf die Beantwortung der Frage nach ihrem Realitätsstatus *in soziologischer Perspektive* keine Rolle spielen. Soziologie beschreibt vielmehr den Sachverhalt, daß es Menschen gibt, die von der Existenz Gottes beziehungsweise überpositiver Entitäten sprechen und sie bestimmten Praktiken als Motiv zugrundelegen. Mit dieser »metaphysischen Enthaltsamkeit« unterscheidet sich bereits die klassische deutsche Soziologie um die Jahrhundertwende von der älteren Soziologie – etwa Comtescher Provenienz –, der klassischen Religionskritik, manchen religionsphilosophischen Positionen und der Theologie.[3] Religionssoziologische Ansätze – wie etwa die angeführten phänomenologisch orientierten –, die ein sich in sozialen Handlungen manifestierendes »Wesen« der Religion konstatieren, lassen sich in diesem erkenntnistheoretischen Minimalkonsens nicht unterbringen und besitzen daher, soweit ich sehe, auch keine Relevanz mehr für aktuelle religionssoziologische Positionen.

Auf der anderen Seite ist das soziologische Religionsverständnis Durkheims ebenso wenig haltbar, weil Religion und Gesellschaft sowie deren Funktionen in allzu großer Nähe stehen und sie deshalb nicht mehr unterscheidbar sind.[4] Im Gefolge Durkheims hat »sich eine funktionale Definition des Religionsbegriffs (z.B. durch Integration) entwickelt, die Mühe hat, die Funktion der Religion zu unterscheiden von der Funktion, die das Gesellschaftssystem selbst erfüllt«[5]. Im übrigen ist die Integrationsfunktion von Religion dermaßen betont worden, so daß ihre ebenso bestehende Konflikträchtigkeit kaum zur Kenntnis genommen wurde. Auf diesen Sachverhalt hat aber neben Max Weber auch bereits Simmel aufmerksam gemacht. Seine Konzepte von Streit und Konkurrenz erlauben es, auch desintegrative Wirkungen von Religion als Vergesellschaftungsprozesse zu begreifen.

---

[1] Ebd.
[2] BERGER, Zur Dialektik von Religion und Gesellschaft, 98, 169ff.
[3] Vgl. TYRELL, Von der »Soziologie *statt* Religion« zur »Soziologie *der* Religion«.
[4] Somit birgt Durkheims Ansatz dasselbe Problem wie Luckmanns Religionstheorie, in der Religion und Sozialität nahezu identisch sind.
[5] N. LUHMANN, Grundwerte als Zivilreligion. Zur wissenschaftlichen Karriere eines Themas, in: DERS., *Soziologische Aufklärung 3. Soziales System, Gesellschaft, Organisation*, Opladen 1981, 93–308, 301.

Wenn also einerseits die soziologische Rede von ›Religion *und* Gesellschaft‹ keinen Sinn macht, andererseits aber auch nicht an Durkheims Religionsverständnis angeknüpft werden kann, stellt sich die Frage, wie sich Religion als ein innergesellschaftlicher Sachverhalt begreifen läßt, ohne Religion und Gesellschaft in ein Identitätsverhältnis zu bringen. Hartmann Tyrell hält ein soziologisches Vorgehen für angemessen, das die Religion von ihrer ›innergesellschaftlichen Umwelt‹ unterscheidet und beide dann zueinander ins Verhältnis setzt.[1] Dies läßt sich mit im Anschluß an Max Weber oder Niklas Luhmann auf Differenz hin tun, indem man religiöse Kommunikation auf den Gegensatz transzendent/immanent gegründet sieht oder indem man »in der modernen Kultur des ›okzidentalen Rationalismus‹ der Religion den spezifischen (und abweichenden) Part der Repräsentanz des ›Irrationalen‹«[2] zuweist. Man kann Religion von ihrer innergesellschaftlichen Umwelt aber ebenso mit Rekurs auf Simmel unterscheiden. Indem Simmel zwischen religiösen Halbprodukten innerhalb sozialer Prozesse und der aus dem Bereich des Sozialen (im formalen, gesellschaftsstrukturellen Sinn) *herausdifferenzierten* Religion als einer kulturellen Form unterscheidet, kann sein Ansatz Religion als einen innergesellschaftlichen Sachverhalt begreifen und sie zugleich von anderen Vergesellschaftungsprozessen im engeren Sinne unterscheiden. Ebenso, wie sein Soziologiekonzept dem Umstand Rechnung trägt, daß das Individuelle zwar Bestandteil des Sozialen ist (erstes Apriori), in ihm aber keinesfalls aufgeht (zweites Apriori), ist Religion in soziologischer Perspektive Bestandteil von Gesellschaft und transzendiert sie zugleich. Religion kann nur dann als das »Jenseits der Gesellschaft«[3] mißverstanden werden, wenn man außer acht läßt, daß es sich bei ihr um die Thematisierung und die Vermittlung des Zugleich von Innerhalb und Außerhalb der Gesellschaft handelt. Der »religiöse Trieb«, das »religöse Apriori« ist Simmels Religionstheorie zufolge eine für das Abendland wesentliche Konstante im beschriebenen Sinne, auf der Vergesellschaftungsprozesse aufbauen. Religion als eine autonome Welt des Geistes steht dann außerhalb der formalen Vergesellschaftungsprozesse im engeren Sinne, wirkt aber auf sie zurück. Indem Religion die Differenz von psychischem Bewußtsein und Vergesellschaftungsprozessen kommuniziert und mit ihren Symbolen Vermittlungsbemühungen unternimmt[4], ist sie als ein sozialer Sachverhalt zu begreifen und zugleich

---

[1] Vgl. TYRELL, Religionssoziologie, 432f.
[2] DERS., a.a.O., 433.
[3] So der Titel der von Dahm, Drehsen und Kehrer verfaßten religionssoziologischen Einführung.
[4] Diese Funktionsbestimmung von Religion gibt die Erklärung dafür ab, warum Individualität, Identität, Biographie und Religion in einem so engen Verhältnis stehen und warum zahlreiche Therapieformen in der Lage sind, als ein funktionales Äquivalent für Religion zu gelten. Im übrigen weist die Religionstheorie Simmels eine große Nähe zu kommunitaristi-

von anderen Vergesellschaftungsprozessen, die keine Differenzerfahrung zwischen »Individuum« und »Gesellschaft« thematisieren, zu unterscheiden.

Schließlich birgt Simmels Konzept den Vorteil, nicht nach dem Verhältnis von Religion und Gesellschaft, sondern nach der Beziehung zwischen Religion und Sozialität und damit nach der Emergenz von Religion zu fragen.[1] Die Unterscheidung der religiösen Kategorie von Religion als kultureller Objektivation hat den Vorzug, den Blick auf religiöse Halbprodukte vor beziehungsweise nach der Differenzierung lenken zu können und somit den Gegenstandsbereich der Religionssoziologie zu erweitern. Dabei muß man nicht von einer bereits vollzogenen Differenzierung ausgehen, um dann Kopplungs- und Fusionsphänomene zwischen dem Religionssystem und anderen gesellschaftlichen Teilbereichen zu beschreiben. Statt dessen ist man in der Lage, die Emergenz von Religion aus dem Bereich des Sozialen heraus verstehen und die dem Sozialen immanente Religiosität berücksichtigen zu können. Eine an der Unterscheidung von Religion und Religiosität orientierte Religionssoziologie ist in der Lage, sowohl dem Differenzierungsprozeß Rechnung zu tragen, in dessen Verlauf Religion zu einem autonomen gesellschaftlichen Teilbereich wird, als auch dem Diffundierungstrend von Religion zu genügen, demzufolge Religion nicht mehr eindeutig – sowohl in semantischer wie in institutioneller Hinsicht – auszumachen ist.

In dieser Perspektive ist es möglich, die Emergenz von Religion und ihre sozialen Konstitutionsbedingungen in den Blick zu bekommen, ohne auf die evolutionäre ›Ursprungsfrage‹ rekurrieren zu müssen. Neben den von Simmel selbst genannten Beispielen ›religiöser Halbprodukte‹ lassen sich ›religiode Vergesellschaftungsprozesse‹ mit Disposition zur Religion überall dort identifizieren, wo es um den Ausgleich von Nähe und Distanz geht – also vor allem in Intimverhältnissen. Vertrauen, Glauben, Schenken, Verzeihen und Versöhnen können auf diese Weise als ›religiode Interaktionsformen‹ begriffen werden. Indem die religiöse Kategorie den Konflikt zwischen Teil und Ganzem vermittelt und damit Einheit stiftet, ermöglicht sie freie Vergemeinschaftungsformen. Solcherart sozialer Prozesse bilden die Grundlage, auf der sich dann Religion als eine eigene Vorstellungswelt herausbilden und reproduzieren kann; sie stellen die Referenz für religiöse Symbolisierungen dar. Vor diesem Hintergrund muß Religion Gegenstand

---

schen Konzepten auf, die um einen Ausgleich von individuellen und sozialen Interessen bemüht sind. Auf der Linie der Simmelschen Religionssoziologie liegt es auch, wenn kommunitaristische Grundpositionen auf ihren (implizit) religiösen Gehalt beleuchtet werden; vgl. etwa J. VON SOOSTEN, Sünde und Gnade und Tugend und Moral, in: CH. ZAHLMANN (Hg.), *Kommunitarismus in der Diskussion. Eine streitbare Einführung*, Berlin 1992, 48–56.

[1] Zum Plädoyer für die Frage nach dem Verhältnis von Religion und Sozialität statt Religion und Gesellschaft siehe TYRELL, Religionssoziologie, 431ff.

einer soziologischen Kulturtheorie sein, die den Rückwirkungsmöglichkeiten von religiöser Semantik auf Vergesellschaftungsprozesse nachgeht.

4. Religion und Leben

Nach dem Abflauen der gesellschaftstheoretischen Metadiskurse, sei es neomarxistischer, sei es systemtheoretischer Provenienz, erfährt seit einiger Zeit die Kulturtheorie auch in der Soziologie wieder eine gewisse Konjunktur. Dieser Umstand mag mit der allgemeinen Kulturlage zusammenhängen, als deren Signum nicht zuletzt die Verabschiedung aller Großentwürfe nach Art des *grand recit* herausgestellt wird.[1] Die daraus resultierenden Probleme wurden in den letzten fünfzehn Jahren insbesondere anhand der Verhältnisbestimmung von Moderne und Postmoderne diskutiert. Allerdings diagnostiziert Simmel – neben anderen seiner Zeitgenossen – bereits um die Jahrhundertwende, also auf einem der Höhepunkte von Modernisierungsprozessen und der Reflexion von Modernitätserfahrungen, vieles von dem, was heute unter dem Etikett »Postmoderne« verhandelt wird. Von daher stellt sich die Frage, ob die Einläutung einer nachmodernen Epoche sinnvoll ist, wenn viele, wenn nicht gar die meisten ihrer Kennzeichen bereits für die Moderne gelten. Es drängt sich der Verdacht auf, daß die Elemente dessen, was gegenwärtig unter Postmoderne verhandelt wird, vielmehr genuine Bestandteile der Moderne und Modernitätserfahrungen selbst sind und gleichsam nur ihre Schattenseite darstellen.

Bereits Simmels Kulturtheorie diagnostiziert die Autonomie der einzelnen gesellschaftlichen Teilbereiche, den Rationalitätspluralismus und die Inkommensurabilität der verschiedenen Rationalitätsmuster. Ein einheitliches Rationalitätskonzept, etwa das traditioneller Religion (im übrigen aber auch das moderner Wissenschaft), kann nicht mehr als Einheitsgarant einer in sich homogenen Kultur fungieren. Als Korrelat dieser Eigendynamik der »Zweckreihen« stellt Simmel den Individualisierungsprozeß, aber auch die Fragmentarisierung des Individuums heraus, das die Neuzeit und der Beginn der Moderne doch zugleich maßgeblich konstituiert hat. Der Konflikt zwischen objektiver und subjektiver Kultur ist der zentrale diagnostische Kern der Simmelschen Kulturtheorie. Die objektive Kultur droht überhandzunehmen, zugleich aber bleibt die moderne Kultur auf das Individuum im emphatischen Sinne als eine ›regulative Idee‹ angewiesen. Gerade weil es in der Moderne kein verbindliches Deutungsmuster mehr gibt, das

---

[1] Vgl. J.-F. LYOTARD, *Das postmoderne Wissen. Ein Bericht*, Graz u. a. 1986. In diesem Zusammenhang spricht KAUFMANN, *Religion und Modernität*, 70, von der Systemtheorie als »Spekulationen über das, was die Welt im Innersten zusammenhält« und grenzt sie von einer kulturtheoretischen Perspektive ab.

III. Die Relevanz für die gegenwärtige Religionssoziologie

die einzelnen Funktionsbereiche und präskriptiven Rollen übergreift und synthetisiert, muß der Einzelne in seiner Biographie erst die Einheit der Lebenspraxis herstellen.[1] Angesichts dieser Zeitdiagnose geht es um die Frage, ob eine individuelle und konsistente Lebensführung in der Moderne noch beziehungsweise wieder möglich ist und gegebenenfalls wie sie unter den Bedingungen fortschreitender Differenzierungsprozesse realisiert werden kann.

Die Bedeutung der Simmelschen Religionssoziologie im Kontext seines gesamten Denkansatzes für aktuelle (religions)soziologische Debatten ist unlöslich mit dem Selbstverständnis der Soziologie verbunden, ob sie sich – zwar unter anderem, aber immerhin auch noch – als eine Wissenschaft vom Menschen versteht und an den kulturellen Verständigungsbemühungen um die *conditio humana* festhält, die in der soziologischen Thematisierung klassischerweise an das Dual von Individuum und Gesellschaft gebunden ist. Ist die Soziologie an den Fragen nach der *conditio humana* weiterhin interessiert, dann bleibt sie in bezug auf das Problem, trotz der soziologischen Einsicht in die Autonomie und Eigengesetzlichkeit der gesellschaftlichen Teilbereiche Möglichkeiten personaler Freiheit und Selbstbestimmung zu benennen, auf Simmels Religionstheorie verwiesen und muß sich als eine soziologische Kulturwissenschaft in dessen Sinne begreifen.[2]

An dieser Stelle kommt Religiosität in Form des ›individuellen Gesetzes‹ ins Spiel. Der religiöse Aspekt der Lebensführung liegt darin, daß sie als *individuelle* nicht willkürlich und kontingent erscheinen darf, sondern einen Unbedingtheitscharakter erhalten muß. Einen Grund hat die individuelle Existenz zunächst nur in sich selbst, sie transzendiert sich dann aber im Sinne der immanenten Transzendenz zu einer metaphysischen Instanz. Dabei kommt es immer darauf an, die Basis der individuellen Existenz nicht dualistisch zu verstehen. Während das christliche und buddhistische (und daran angelehnt auch das Schopenhauersche) Askeseverständnis Wirklichkeit und Wert dichotomisiert, versteht Simmel Askese in einem formalen Sinne als einen Akt der Selbstkonstitution im Spannungsfeld von Freiheit und (Selbst-)Beschränkung (»Selbstbeherrschung«). In diesem Sinne steht *vor* der Handlungsdurchführung die Frage nach der Einheit des

---

[1] Vgl. KAUFMANN, a.a.O., 19–23.

[2] Der Artikel von RAMMSTEDT, Zweifel am Fortschritt und Hoffen aufs Individuum, läßt sich als ein Beleg dafür lesen, daß die Frage nach der *conditio humana* zu den impiziten Konstitutionsbedingungen der klassischen Soziologie gehört. Zur Möglichkeit einer soziologischen Theorie, welche die Frage nach der *conditio humana* mittels einer subjektorientierten Perspektive konstruktiv mitführt, vgl. O. RAMMSTEDT, Zur soziologischen Reorientierung am Subjekt, in: H. MOSER (Hg.), *Politische Psychologie: Politik im Spiegel der Sozialwissenschaften*, Weinheim und Basel 1979, 259–286, sowie O. RAMMSTEDT, Subjektivität und Sozialwissenschaften, in: J. A. SCHÜLEIN u. a., *Politische Psychologie: Entwürfe zu einer historisch-materialistischen Theorie des Subjekts*, Frankfurt a. M. 1981, 39–75.

handelnden Subjekts. Die Einheitsfrage aber ist in erster Linie ein ästhetisches Problem – etwa des Lebensstils, der Lebensform. Insofern der Religion die Aufgabe der Konstitution des Individuums als einer einheitlichen Entität zukommt, ist sie primär ein ästhetisches Unternehmen, und Ästhetik stellt eine Art von »Metaethik« dar. Dieses metaethische Konzept einer religiös vermittelten einheitlichen Lebensführung weist große Nähe auf zu dem, was in der Philosophie in jüngster Zeit wieder unter dem Terminus »Lebenskunst« verhandelt wird, insbesondere aber zu Michel Foucaults Ethik der ästhetischen Selbstkonstitution und zu seinem Programm einer freien (Inter-)Subjektivität.

Erörterungen von Fragen der Lebenskunst haben in der Philosophie zwar eine lange Tradition, von der Antike über die Renaissance bis zur Neuzeit, gewinnen aber erst in letzter Zeit wieder an Aktualität. Lebenskunst, das ist »diese schon als Wort obsolet gewordene elementare Fähigkeit, mit sich selbst umzugehen und hauszuhalten«[1]. Als ihr Anliegen bestimmt Wilhelm Schmid: »Anzuleiten zur rechten Lebensführung und zur Gestaltung des Lebens«.[2] Solcherart existentielle Orientierung wird gerade in der modernen, pluralistischen Kultur wichtiger denn je. »Angesichts der universellen Zerstreuung, die den extensiven Möglichkeiten der Existenz entspricht, stellt sich die dringlicher werdende Frage nach existentieller Reduktion und Formen von Intensität [...], denn was in Frage steht, ist schließlich die Seinsweise des Menschen inmitten unerhörter Entwicklungen der Zeit, neuer Technologien, im Horizont der ökologischen Bedrohung des Planeten und des Blicks auf den Planeten von außen.«[3] Mit dem Terminus ›Lebenskunst‹ stellt sich zugleich die Frage nach der Möglichkeit einer philosophischen Lebensform. »Es handelt sich um den neuerlichen Versuch zur Verknüpfung von Denken und Existenz, um die Reflektion [sic!] und das Experiment eines Andersdenkens und Anderslebens, das auch alle außerphilosophischen Bereiche umfaßt«[4], wie Schmid in seiner Foucault-Interpretation formuliert. Lebenskunst ist also Praxis und Reflexion in einem. In dieser Auffassung steht das Thema Lebenskunst in großer Nähe zum Simmelschen Programm einer ›philosophischen Kultur‹ und seinem metaethischen Konzept des ›individuellen Gesetzes‹.

Die gegenwärtig wohl prominenteste Beschäftigung mit Fragen der Lebenskunst stellt das Spätwerk von Michel Foucault dar. Der französische Philosoph begann sich im Verlauf seiner Beschäftigung mit Moral zuneh-

---

[1] BLUMENBERG, *Arbeit am Mythos*, 13.
[2] W. SCHMID, *Auf der Suche nach einer neuen Lebenskunst. Die Frage nach dem Grund und die Neubegründung der Ethik bei Foucault*, Frankfurt a. M. 1991, 19.
[3] DERS., a.a.O., 19f.
[4] DERS., a.a.O., 20.

mend für die Arbeiten Max Webers zu interessieren.[1] Hätte er das in den siebziger Jahren in Frankreich noch nicht weitverbreitete Werk Simmels rezipiert, wären ihm gewiß die parallelen Fragestellungen zwischen seinen genealogischen Arbeiten zur Ethik und Simmels Studien von der *Moralwissenschaft* bis zum »individuellen Gesetz« aufgefallen. Auch Foucault stellt keine normative Ethik auf, sondern ist an der »Kultur seiner selber« interessiert, an den Formen der Selbstkonstitution und Selbsttransformation. Innerhalb dieses Zusammenhanges kommt der Askese eine zentrale Bedeutung zu. Foucault entschränkt den Begriff von den christlichen Konnotationen der Entsagung und faßt ihn grundsätzlich als Arbeit des Individuums an sich selbst.[2] »Die Askese ist weniger Verzicht als Mittel, sich mit etwas auszustatten; sie reduziert nicht, sie stattet aus.«[3] Sie meint den »Einfluß des Selbst auf sich selber«[4], aber auch das Bemühen, »sich von sich selber zu lösen«[5]; sie ist im weitesten Sinne »Selbstformungstätigkeit«[6]. Der Terminus Askese ist somit ein Sammelbegriff zur Beschreibung aller Praktiken der Selbstkonstitution und Selbsttransformation.

In diesem formalen Sinne stellt Askese ein Wissen des Subjekts um sich selbst dar[7], und Philosophie überhaupt wird Foucault – nach antikem Vorbild – zur asketischen Praxis, zu einer »Übung seiner selber, im Denken«[8]. So stellt für Foucault denn auch im Arsenal der asketischen Selbstpraktiken

---

[1] Vgl. DERS., a.a.O., 38; zum Verhältnis zwischen Foucault und Weber in systematischer Hinsicht vgl. B. SMART, *Foucault, Marxism and Critique*, London – Boston 1983, J. O'NEIL, The disciplinary Society: from Weber to Foucault, in: *The British Journal of Sociology* 37, 1986, S. BREUER, Foucaults Theorie der Disziplinargesellschaft, in: *Leviathan* 3, 1987, B. S. TURNER, The Rationalization of the Body: Reflections on Modernity and Discipline, in: S. LASH und S. WHIMSTER (Hg.), *Max Weber, Rationality and Modernity*, Hemel Hempstead 1987, C. GORDON, The Soul of the Citizen. Max Weber and Michel Foucault on Rationality and Government, in: S. LASH und S. WHIMSTER (Hg.), *Max Weber, Rationality and Modernity*, Hemel Hempstead 1987, und F. ORTEGA, *Michel Foucault. Rekonstruktion der Freundschaft*, München 1997; zusammenfassend A. HONNETH, Zur philosophisch-soziologischen Diskussion um Michel Foucault, in: E. ERDMANN, R. FORST und A. HONNETH (Hg.), *Ethos der Moderne. Foucaults Kritik der Aufklärung*, Frankfurt a. M. 1988, 22f.
[2] Vgl. M. FOUCAULT, *Der Gebrauch der Lüste*. Sexualität und Wahrheit Bd. 2, Frankfurt a. M. 1986 16. Zugleich besteht jedoch eine gewisse Neigung Foucaults zu bestimmten Formen der christlichen Askese, worauf ORTEGA, *Michel Foucault*, hinweist. Einige Interpreten Foucaults stellen sein Interesse an der christlichen Selbstentsagung heraus; vgl. etwa J. BERNAUER, The Prisons of Man: Introduction to Foucault's negative Theology, in: *International Philosophical Quaterly* 27, 1987, 377ff.
[3] M. FOUCAULT, *Freiheit und Selbstsorge*, Sexualität und Wahrheit Bd. 1, Frankfurt a. M. 1985, 56.
[4] DERS., a.a.O., 10.
[5] FOUCAULT, *Der Gebrauch der Lüste*, 15.
[6] M. FOUCAULT, Zur Genealogie der Ethik. Nachwort zu H. DREYFUS und P. RABINOW, *Jenseits von Strukturalismus und Hermeneutik*, Frankfurt a. M. 1987, 277.
[7] Vgl. DERS., *Freiheit und Selbstsorge*, 56.
[8] DERS., *Der Gebrauch der Lüste*, 16.

das Schreiben ein zentrales Medium dar. Der Essay – »zu verstehen als eine verändernde Erprobung seiner selber und nicht als vereinfachende Aneignung des andern zu Zwecken der Kommunikation – ist der lebende Körper der Philosophie, sofern diese jetzt noch das ist, was sie einst war: eine Askese, eine Übung seiner selber, im Denken«[1]. Dem Schreiben entspringt eine selbsttransformatorische Kraft, und hierin liegt, wie Foucault autobiographisch bemerkt, ein wesentliches Motiv, Texte zu produzieren: »When I write, I do it above all to change myself.«[2] Diese Auffassung korrespondiert mit Simmels Goethe-Interpretation, in der er die Einheit von Werk und Existenz nachzeichnet und auf den Begriff der »Selbstbeherrschung« zu sprechen kommt, der im übrigen Foucaults Rede von der »Selbstregierung« entspricht.

Eine weitere Parallele liegt in der Betonung beider Autoren, daß mit der Selbstbezüglichkeit nicht *per se* Idiosynkrasie einhergehe. Trotz aller Subjektemphase stellt Foucault heraus, daß der Imperativ der Lebenskunst, man solle sich um sich selbst kümmern, keine idiosynkratische Subjektivität bedeutet. In den ersten beiden Jahrhunderten unserer Zeitrechnung habe »er eine gesellschaftliche Praktik konstituiert, die zu zwischenindividuellen Beziehungen, Austauschprozessen und Kommunikationen, ja manchmal zur Entstehung von Institutionen Anlaß gab«[3]. Die Sorge um sich meint somit keinen Solipsismus, sondern erscheint »als eine Intensivierung der gesellschaftlichen Beziehungen«[4]. Diese Auffassung korrespondiert mit Simmels Persönlichkeitsverständnis im Sinne des »individuellen Gesetzes«, das auch und gerade die sozialen und kulturellen Entäußerungsformen einschließt und ihre für das Selbst konstitutive Bedeutung betont.

Daß das Problem einer einheitlichen Lebensführung in der Moderne eine Frage der Lebenskunst ist, arbeitet in religions- und kultursoziologischer Perspektive auch Franz-Xaver Kaufmann heraus. Der Autor macht eine ihm zufolge im 19. Jahrhundert entstandene Denktradition aus, die dem

---

[1] Ebd. In der deutschen Ausgabe wird »essai« unglücklicherweise mit »Versuch« wiedergegeben, so daß die Bedeutung des Essays als asketischer Praxis an dieser Stelle nicht zum Ausdruck kommt. Auf diesen Sachverhalt bin ich durch ORTEGA, *Michel Foucault*, aufmerksam gemacht worden.

[2] M. FOUCAULT, *Remarks on Marx*, New York 1991, 27.

[3] M. FOUCAULT, *Die Sorge um sich*. Sexualität und Wahrheit Bd. 3, Frankfurt a. M. 1986, 62.

[4] DERS., a.a.O., 74. In diesem Sinne schreibt auch SCHMID, Auf der *Suche nach einer neuen Lebenskunst*, 382: »Die Form der ›Selbstreflexion‹ des ethischen Subjekts, die *Sorge um sich*, hat ... nichts mit den modernen Formen der Selbstvergessenheit zu tun, sie ist kein Egoismus. Anstelle eines *esoterischen* Begriffs des Selbst (Rückzug auf sich selbst, Entdeckung des wahren Selbst, Erforschung der Seele) geht es in der Sorge um sich um einen *exoterischen* Begriff des Selbst (nach außen und dem Anderen zugewandt, das Selbst als ein Kunstwerk, das zu produzieren ist und das sich in Praktiken der Leiblichkeit konstituiert).«

Künstlertum sakrale Eigenschaften zuspricht. Er äußert die Vermutung, daß die »erfolgreiche soziale *Dramatisierung des Künstlertums, die in etwa mit einer Entdramatisierung der kirchenvermittelten Religion parallel läuft,* [...] zentral mit den sich im Zuge der Modernisierung verändernden Bedingungen der Identitätsbildung zusammenhängt«[1]. Vor diesem Hintergrund interpretiert er den Künstler am Beispiel von Joseph Beuys als einen Menschen, »der den Engpaß zwischen der Skylla des entfremdeten Konformismus und der Charybdis einer beliebigen Freiheit durchquert hat, der es geschafft hat, zum autonomen Individuum zu werden. Indem er das Wagnis der Abweichung mit der konsequenten Radikalität des eigenen Stils verbindet, wird er zum ›Kreator‹, zum Schöpfer einer neuen Ordnung – zum mindesten für sich selbst, zu seinem eigenen Gesetzgeber«.[2] In dieser Formulierung findet Simmels Konzept vom individuellen Gesetz deutlichen Anklang. Unter Zuhilfenahme Simmels metaethischen Programms und seiner Attitüdenlehre bin ich allerdings geneigt, etwas anders zu formulieren: Der Künstler *kreiert* nicht eine neue Existenz, sondern *entdeckt* sie, legt sie durch alle äußeren und inneren Divergenzen hindurch frei und *entfaltet* seinem individuellen Gesetz gemäß eine einheitliche Lebensführung, die Person und objektiviertes Werk gleichermaßen umfaßt. Der Künstler ist folglich nicht nur auf sich selbst verwiesen, sondern verdankt den Ausgangspunkt seiner selbst und seines Werkes etwas außer ihm Bezüglichen und darin Unverfügbarem. Für sich genommen mag letzteres als kontingent erscheinen. Einmal zum Ausgangspunkt gemacht, ist es jedoch seiner Zufälligkeit enthoben.

Der Künstler realisiert in exzeptioneller, aber zugleich paradigmatischer Weise die gemäß dem individuellen Gesetz geführte Existenzform; insofern ist er das »*exemplarische Individuum*«[3], wie Kaufmann formuliert. Die Möglichkeit einer solchermaßen geführten Existenz ist jedoch keinesfalls auf Künstlerpersönlichkeiten beschränkt, worauf bereits Simmel in seiner Goethe-Interpretation hinweist. Die Forderung von Joseph Beuys, daß jeder Mensch ein Künstler sein solle, interpretiert Kaufmann als eine Entschränkung des Kunstbegriffs, derzufolge die Ästhetik »ihres partikulären, auf den Kunstbetrieb reduzierten Charakters entkleidet und ihrem Potential nach zur verlebendigenden Therapie«[4] wird. Die von Kaufmann vorgelegte religionssoziologische Interpretation des Werkes von Joseph Beuys, die den Künstler als einen ›homo religiosus‹ herausstellt, kann somit als ein Beispiel für die religiöse Grundierung einer gemäß dem individuellen Gesetz geführten Existenz verstanden werden.

---

[1] KAUFMANN, *Religion und Modernität*, 193.
[2] DERS., a.a.O., 194.
[3] Ebd.
[4] Ebd.

Was das Verhältnis von zeitdiagnostischer Beschreibung und philosophischem Entwurf einer Existenzweise angeht, so haben wir zu bedenken, daß Simmels lebensphilosophisch erweiterte Religionstheorie nicht auf philosophischer Spekulation im üblichen Sinne der Konstruktion von Begriffen basiert, sondern Verdichtungen einer modernen Erfahrung darstellt, der Erfahrung eines bleibenden Bedürfnisses nämlich nach Ausgleich der Divergenzen und Dissonanzen des empirischen Lebens. Vor diesem Erfahrungshintergrund erscheint Individualität nicht nur im sozialstrukturellen Sinne als Zurechnungsinstanz von Entscheidungen, sondern als ein »Kulturideal«, als ein Strukturierungsangebot moderner Sinn- und Deutungsmuster. Insofern ist Simmels religiös grundiertes Individualitätskonzept Ausdruck von Modernitätserfahrungen und stellt zugleich einen Versuch dar, der zunehmenden Fragmentarisierung gegenzusteuern; es ist genealogische Analyse und Entwurf in einem. Entsprechend ist für den modernen »Kulturmenschen« angesichts der modernen Zeitlage, »die nach ihren Strukturprinzipien auf seine Persönlichkeit keine Rücksicht nimmt«, das Christentum »nur dann noch not-wendig, wenn es zum Aufbau von Selektivität und Selbstreferentialität beiträgt«[1].

Allerdings ist die Realisierung einer religiösen Lebensführung im Sinne des individuellen Gesetzes nicht unproblematisch. Eine religiös grundierte, selbstbezüglich – oder in Simmels Worten: zentripetal – geführte Existenz kann Gefahr laufen, in einen Solipsismus zu münden. Die meisten der heutigen Praktiken, die am Konzept der »Selbstverwirklichung« orientiert sind, richten sich nicht an einem lebensphilosophisch gehaltenen Individualitätskonzept im Sinne Simmels aus, das auch den Entäußerungsformen Rechnung trägt und sie mit einschließt. Sie sind viel eher als eine idiosynkratische Subjektivität zu begreifen, die mit Letztwertqualitäten geheiligt wird. Diese Gefahr wird auch in der religionssoziologischen Literatur thematisiert. So heißt es etwa bei Andreas Feige: »Die Individualisierung der Wertorientierungen und das auf diese individualisierten Orientierungen abgestimmte und damit partikularistisch strukturierte Sozialgefüge laufen auf ein *Leitbild* vom Menschen hinaus, das sich einen selbstbewußten, sich selbst verantwortenden, damit auch einen selbst handelnden und insoweit freien Menschen vorzustellen hat. Auch wenn das Leitbild und das tatsächliche, keineswegs immer autonome Handeln nicht zur Deckung zu bringen sind: Durch dieses Selbstbild geraten die Umwelten der Individuen leicht zur bloßen Kulisse ihrer Selbstdarstellung; die Verbindlichkeit kollektiver Orientierungen läßt nach, ebenso die Zugriffsmöglichkeiten auf Solidari-

---

[1] Ders., a.a.O., 170.

III. Die Relevanz für die gegenwärtige Religionssoziologie

tät.«[1] Gegenüber einem individualisierten Religionsverständnis, demzufolge »Selbstverwirklichung« den eigentlichen religiösen Prozeß darstellt, gibt Franz-Xaver Kaufmann zu bedenken: »Derartige ›Selbstreverenz‹ scheitert ... sowohl an der Unumgänglichkeit der Mitmenschen als auch an der unhintergehbaren Abhängigkeit der individuellen Existenz von Lebensbedingungen außerhalb ihrer Kontrolle, welche nicht selten ein Scheitern aller biographischen Entwürfe bewirken. ›Selbstverwirklichung‹ als letzter Wert wird notwendigerweise zur Selbsttäuschung, da sie den Gegebenheiten des Lebens nicht genügend Rechnung trägt.«[2] Zentripetalität im Sinne Simmels dagegen meint nicht die in sich selbst verbleibende Persönlichkeit. Es sei daran erinnert, daß die vom individuellen Leben ausgehende Idealbildung nicht zwangsläufig mit ihrem Inhalt zu ihm zurückkehren muß. »Sie kann sich vielmehr, ohne ihre Quelle zu verleugnen, und durch sie gerade getrieben, in soziale, altruistische, geistige, künstlerische Gestaltungen ergießen und in diesen ihren jeweiligen Endzweck sehen«.[3] Eine religiös grundierte, individuell geführte Existenz muß und kann somit nicht nur um sich selbst kreisen oder gar in sich selbst verbleiben; es kommt nur darauf an, daß ihr Endzweck ein selbst-bestimmter ist. Ohne explizit auf Simmels »individuelles Gesetz« zu rekurrieren, aber doch in dessen Sinne formuliert Kaufmann: »*Wer den Anspruch aufrechterhält, sein Leben als personalen Prozeß zu gestalten, dem wird Selbstreferenz als ich-transzendierende Leistung und damit auch eine neue Form der Askese zugemutet, welche darin besteht, bewußt auf all das zu verzichten, was nicht zu dem je eigenen Leben paßt.*«[4]

Schließlich bleibt die Frage, ob ein religiös geführtes Leben nicht zwangsläufig auf Objektivationen und institutionelle Formen hinauslaufen muß oder andernfalls in Orientierungskrisen mündet. Auf dieses Problem macht Karl Gabriel aufmerksam: »Im Prozeß religiöser Individualisierung [...] mischen sich auf komplexe Weise befreiende Ablösungen aus zwanghaft aufrechterhaltenen Symbolsystemen mit Verlusterfahrungen orientierender Welt- und Selbstdeutungen.«[5] Dieser Sachverhalt steht auch bereits Simmel vor Augen, wenn er schreibt: »Jene Unmöglichkeit, die kirchlich

---

[1] A. FEIGE, *Kirchenmitgliedschaft in der Bundesrepublik Deutschland. Zentrale Perspektiven empirischer Forschungsarbeit im problemgeschichtlichen Kontext der deutschen Religions- und Kirchensoziologie nach 1945*, Gütersloh 1990, 375f.
[2] F.-X. KAUFMANN, Selbstreferenz oder Selbstreverenz? Die soziale und religiöse Ambivalenz von Individualisierung, in: *Ehrenpromotion Franz-Xaver Kaufmann. Eine Dokumentation*, hgg. von der Pressestelle der Ruhr-Universität Bochum in Zusammenarbeit mit der Fakultät für Katholische Theologie, Bochum 1993, 25–46, hier: 41f.
[3] IGz, 226.
[4] KAUFMANN, a.a.O., 43.
[5] K. GABRIEL, *Christentum zwischen Tradition und Postmoderne*, Freiburg i. Br. u. a. 1992, 145.

überlieferten Religionen noch länger zu bewahren, während der religiöse Antrieb aller ›Aufklärung‹ zum Trotz weiterbesteht [...] – gehört zu den tiefsten inneren Schwierigkeiten unzähliger moderner Menschen; die Steigerung dieses Lebens zu einem völligen Selbst-Genügen, die Verwandlung gleichsam des Transitivums Glauben in ein Intransitivum ist ein bestechender Ausweg, der aber auf die Dauer in keinen geringeren Widerspruch verwickelt«.[1] Der Konflikt zwischen objektiver und subjektiver Kultur, zwischen Religion-Haben und Religiös-Sein, bleibt somit ein prinzipiell unversöhnbarer, in dieser Polarität aber gerade ein wesentliches Movens kultureller Entwicklung. Angesichts zunehmender Asymmetrie der beiden Pole zugunsten der objektiven Kultur den Blick auf die Möglichkeiten von Individualität gerichtet zu haben, ist das bleibende Verdienst des Simmelschen Werkes im allgemeinen wie auch seiner Religionstheorie im besonderen.

---

[1] KMK, 171.

Siglen- und Literaturverzeichnis

1. Schriften Georg Simmels

Die verwendeten Arbeiten Simmels sind, sofern erschienen, nach der *Georg Simmel-Gesamtausgabe* zitiert. Für die Texte werden folgende Siglen verwendet, die sich am von Klaus Christian Köhnke erstellten *Integriertem Titel-, Stichwort- und Siglenverzeichnis zur Georg Simmel-Gesamtausgabe* orientieren:

ALeo	Das Abendmahl Leonardo da Vincis (1905), in: Aufsätze und Abhandlungen 1901–1908, Bd. 1, hgg. von R. KRAMME, A. RAMMSTEDT und O. RAMMSTEDT (Gesamtausgabe Bd. 7), Frankfurt a.M. 1995, 304–309.
BERel	Beiträge zur Erkenntnistheorie der Religion (1901), in: Aufsätze und Abhandlungen 1901–1908, Bd. 1, hgg. von R. KRAMME, A. RAMMSTEDT und O. RAMMSTEDT (Gesamtausgabe Bd. 7), Frankfurt a.M. 1995, 9–20.
BgrTrK	Der Begriff und die Tragödie der Kultur (1911), in: Das individuelle Gesetz. Philosophische Exkurse, hgg. und eingeleitet von M. LANDMANN, Neuausgabe mit einem Nachwort von K. CH. KÖHNKE, Frankfurt a.M. 1987, 116–147.
CKst	Das Christentum und die Kunst (1907), in: Aufsätze und Abhandlungen 1901–1908, Bd. 2, hgg. von A. CAVALLI und V. KRECH (Gesamtausgabe Bd. 8), Frankfurt a.M. 1993, 264–275.
CoSocyRel	A contribution to the sociology of religion (1905/06), in: The American Journal of Sociology 15, 1909/10, 289–320.
DiskTro	Diskussionsrede zum Vortrag von Ernst Troeltsch, ›Das stoisch-christliche Naturrecht und das moderne profane Naturrecht‹ 1910 (1911), in: Verhandlungen des Ersten Deutschen Soziologentages vom 19.-22. Oktober 1910 in Frankfurt a.M. Tübingen 1911, 204–206.
EMI	Einleitung in die Moralwissenschaft. Eine Kritik der ethischen Grundbegriffe, 1. Band (1892), hgg. von K. CH. KÖHNKE (Gesamtausgabe Bd. 3), Frankfurt a.M. 1989.
EMII	Einleitung in die Moralwissenschaft. Eine Kritik der ethischen Grundbegriffe, 2. Band (1893), hgg. von K. CH. KÖHNKE (Gesamtausgabe Bd. 4), Frankfurt a.M. 1991.
FcLb	Der Fragmentcharakter des Lebens. Aus den Vorstudien zu einer Metaphysik (1916), in: Logos. Internationale Zeitschrift für Philosophie der Kultur 6, 1916/17, 29–40.

FoIs	Die beiden Formen des Individualismus (1901), in: Aufsätze und Abhandlungen 1901–1908, Bd. 1, hgg. von R. KRAMME, A. RAMMSTEDT und O. RAMMSTEDT (Gesamtausgabe Bd. 7), Frankfurt a.M. 1995, 59–56.
Gh	Das Geheimnis. Eine sozialpsychologische Skizze (1907), in: Aufsätze und Abhandlungen 1901–1908, Bd. 2, hgg. von A. CAVALLI und V. KRECH (Gesamtausgabe Bd. 8), Frankfurt a.M. 1993, 317–323.
GFSOZ	Grundfragen der Soziologie (Individuum und Gesellschaft). 4., unveränd. Aufl. Berlin 1984 (Orig. 1917).
Gft	Die Gesellschaft zu zweien, in: Aufsätze und Abhandlungen 1901–1908, Bd. 2, hgg. von A. CAVALLI und V. KRECH (Gesamtausgabe Bd. 8), Frankfurt a.M. 1993, 348–354.
GgsLbRel	Die Gegensätze des Lebens und der Religion (1904/05), in: Aufsätze und Abhandlungen 1901–1908, Bd. 1, hgg. von R. KRAMME, A. RAMMSTEDT und O. RAMMSTEDT (Gesamtausgabe Bd. 7), Frankfurt a.M. 1995, 295–303.
GMoK	Das Geld in der modernen Cultur (1896), in: Aufsätze und Abhandlungen 1894–1900, hgg. von H.-J. DAHME und D. FRISBY (Gesamtausgabe Bd. 5), Frankfurt a.M. 1992, 178–196.
GOE	Goethe. 3. Aufl. Leipzig 1918 (Orig. 1913).
GSG	Georg Simmel-Gesamtausgabe, Hg. von Otthein RAMMSTEDT, Frankfurt a.M. 1989ff.
HlSle	Vom Heil der Seele (1902/03), in: Aufsätze und Abhandlungen 1901–1908, Bd. 1, hgg. von R. KRAMME, A. RAMMSTEDT und O. RAMMSTEDT (Gesamtausgabe Bd. 7), Frankfurt a.M. 1995, 109–115.
HPH	Hauptprobleme der Philosophie (1910), in: Hauptprobleme der Philosopie (1910) Philosophische Kultur (1911/²1919), hgg. von R. KRAMME und O. RAMMSTEDT (Gesamtausgabe Bd. 14), Frankfurt a.M. (im Erscheinen), 7–157.
IGz	Das individuelle Gesetz. Ein Versuch über das Prinzip der Ethik, in: Das individuelle Gesetz. Philosophische Exkurse, hgg. und eingeleitet von M. LANDMANN, Neuausgabe mit einem Nachwort von K. CH. KÖHNKE. Frankfurt a.M. 1987, 174–230.
Is	Individualismus (1917), in: Marsyas 1, 1917/19, 33–39.
JPhths	(anonym: G. S.:) Theistische Phantasien eines Fin-de-sièclisten, in: Jugend 3, 1898 II, 508.
KA	Kant. Sechzehn Vorlesungen, gehalten an der Berliner Universität, in: Kant (1904/³1913/⁴1918), Die Probleme der Geschichtsphilosophie, 2. Fassung (1905/³1907), hgg. von K. RÖTTGERS und G. OAKES (Gesamtausgabe Bd. 9), Frankfurt a.M. 1997, 7–226.
KaGoe 1899	Kant und Goethe (1899), in: Aufsätze und Abhandlungen 1894–1900, hgg. von H.-J. DAHME und D. FRISBY (Gesamtausgabe Bd. 5), Frankfurt a.M. 1992, 445–478.

KAGOE	Kant und Goethe (1906, 3. Aufl. 1916), in: Philosophie der Mode (1905) Die Religion (1906/²1912) Kant und Goethe (1906/³1916) Schopenhauer und Nietzsche (1907), hgg. von M. BEHR, V. KRECH und G. SCHMIDT (Gesamtausgabe Bd. 10), Frankfurt a.M. 1995, 119–166.
KMK	Der Konflikt der modernen Kultur. Ein Vortrag (1918), in: Das individuelle Gesetz. Philosophische Exkurse, hgg. und eingeleitet von M. LANDMANN, Neuausgabe mit einem Nachwort von K. CH. KÖHNKE. Frankfurt a.M. 1987, 148–173.
KrK	Die Krisis der Kultur (1916), in: Frankfurter Zeitung vom 13. Februar 1916.
KstRo	Die Kunst Rodins und das Bewegungsmotiv in der Plastik (1909), in: Nord und Süd 129, Jg. 33, 1909, 189–196.
LBA	Lebensanschauung. Vier metaphysische Kapitel. München – Leipzig 1918.
MetT	Zur Metaphysik des Todes (1910), in: Logos. Internationale Zeitschrift für Philosophie der Kultur 1, 1910/11, 57–70.
Mi	Michelangelo. Ein Kapitel zur Metaphysik der Kultur, in: Logos. Internationale Zeitschrift für Philosophie der Kultur 1, 1910/11, 207–227.
MSkmmj	Mit Simmel kann man mich jagen!
NlFLi	Über die Liebe (Fragment), in: Fragmente und Aufsätze aus dem Nachlaß und Veröffentlichungen der letzten Jahre, hgg. und mit einem Vorwort von G. KANTOROWICZ, München 1923, 47–123.
NlFrht	Das Individuum und die Freiheit, in: Brücke und Tür. Essays des Philosophen zur Geschichte, Religion, Kunst und Gesellschaft. Im Verein mit M. Susman hg. von M. LANDMANN. Stuttgart 1957, 260–269.
NlMet	Aus Georg Simmels nachgelassener Mappe ›Metaphysik‹, hg. von Gertrud Simmel, in: Aus unbekannten Schriften. Festgabe für Martin Buber zum 50. Geburtstag. Berlin 1928, 221–226.
NlTb	Aus dem nachgelassenen Tagebuch, in: Fragmente und Aufsätze aus dem Nachlaß und Veröffentlichungen der letzten Jahre, hgg. und mit einem Vorwort von G. KANTOROWICZ, München 1923, 1–46.
NlSd	Anfang einer unvollendeten Selbstdarstellung, in: Buch des Dankes an Georg Simmel. Briefe, Erinnerungen, Bibliographie. Zu seinem 100. Geburtstag am 1. März 1958 hg. von K. GASSEN und M. LANDMANN. Berlin 1958, 9–10.
PeGo	Die Persönlichkeit Gottes. Ein philosophischer Versuch (1911), in: Zeitschrift für Theologie und Kirche 21, 1911, 251–269.
PeSlK	Persönliche und sachliche Kultur (1900), in: Aufsätze und Abhandlungen 1894–1900, hgg. von H.-J. DAHME und D. FRISBY (Gesamtausgabe Bd. 5), Frankfurt a.M. 1992, 560–582.
PG	Die Probleme der Geschichtsphilosophie. Eine erkenntnistheoretische Studie, 2. Fassung (1905), in: Kant (1904/³1913/⁴1918), Die

	Probleme der Geschichtsphilosophie, 2. Fassung (1905/³1907), hgg. von K. RÖTTGERS und G. OAKES (Gesamtausgabe Bd. 9), Frankfurt a.M. 1997, 227–419.
PHG	Philosophie des Geldes (1900, 2. Aufl. 1907), hgg. von D. P. FRISBY und K. CH. KÖHNKE (Gesamtausgabe Bd. 6), Frankfurt a.M. 1989.
PHK	Philosophische Kultur. Gesammelte Essais (1911, 2. Aufl. 1919), in: Hauptprobleme der Philosopie (1910) Philosophische Kultur (1911/²1919), hgg. von R. KRAMME und O. RAMMSTEDT (Gesamtausgabe Bd. 14), Frankfurt a.M. 1996, 159–459.
PRelLa	Das Problem der religiösen Lage (1911), in: Hauptprobleme der Philosopie (1910) Philosophische Kultur (1911/²1919), hgg. von R. KRAMME und O. RAMMSTEDT (Gesamtausgabe Bd. 14), Frankfurt a.M. 1996, 367–384.
PRph	Ein Problem der Religionsphilosophie (1905), in: Aufsätze und Abhandlungen 1901–1908, Bd. 1, hgg. von R. KRAMME, A. RAMMSTEDT und O. RAMMSTEDT (Gesamtausgabe Bd. 7), Frankfurt a.M. 1995, 310–320.
PsyDk	Psychologie der Diskretion (1906), in: Aufsätze und Abhandlungen 1901–1908, Bd. 2, hgg. von A. CAVALLI und V. KRECH (Gesamtausgabe Bd. 8), Frankfurt a.M. 1993, 108–115.
PSoc	Das Problem der Sociologie (1894), in: Aufsätze und Abhandlungen 1894–1900, hgg. von H.-J. DAHME und D. FRISBY (Gesamtausgabe Bd. 5), Frankfurt a.M. 1992, 52–61.
Pthm	Vom Pantheismus (1902/03), in: Aufsätze und Abhandlungen 1901–1908, Bd. 1, hgg. von R. KRAMME, A. RAMMSTEDT und O. RAMMSTEDT (Gesamtausgabe Bd. 7), Frankfurt a.M. 1995, 84–91.
RB	Rembrandt. Ein kunstphilosophischer Versuch, Leipzig 1916.
RBS	Rembrandtstudien, Basel 1953.
RbRelKst	Rembrandts religiöse Kunst (1914), in: Frankfurter Zeitung vom 30. Juni, 1. Juli 1914.
REL 1906	Die Religion. (Die Gesellschaft. Reihe sozialpsychologischer Monographien Bd. 2), Frankfurt a.M. 1906.
REL	Die Religion (2. Aufl. 1912), in: Philosophie der Mode (1905) Die Religion (1906/²1912) Kant und Goethe (1906/³1916) Schopenhauer und Nietzsche (1907), hgg. von M. BEHR, V. KRECH und G. SCHMIDT (Gesamtausgabe Bd. 10), Frankfurt a.M. 1995, 39–118.
RelGrg	Religiöse Grundgedanken und moderne Wissenschaft. Eine Umfrage, in: Nord und Süd 128, 1909, 366–369.
RelThC	De la religion au point de vue de la théorie de la connaissance (1903), in: Morale Générale, Bd. 2, Paris 1903, 319–337.
RoPl	Rodins Plastik und die Geistesrichtung der Gegenwart (1902), in: Aufsätze und Abhandlungen 1901–1908, Bd. 1, hgg. von R. KRAMME, A. RAMMSTEDT und O. RAMMSTEDT (Gesamtausgabe Bd. 7), Frankfurt a.M. 1995, 92–100.

SD	Über sociale Differenzierung. Sociologische und psychologische Untersuchungen (1890), in: Aufsätze 1887–1890, Über sociale Differenzierung, Die Probleme der Geschichtsphilosophie (1892), hgg. von H.-J. DAHME (Gesamtausgabe Bd. 2), Frankfurt a.M. 1989, 109–295.
ShÄ	Schopenhauers Ästhetik und die moderne Kunstauffassung (1906), in: Aufsätze und Abhandlungen 1901-1908, Bd. 2, hgg. von A. CAVALLI und V. KRECH (Gesamtausgabe Bd. 8), Frankfurt a.M. 1993, 87–107.
SHN	Schopenhauer und Nietzsche. Ein Vortragszyklus (1907), in: Philosophie der Mode (1905) Die Religion (1906/²1912) Kant und Goethe (1906/³1916) Schopenhauer und Nietzsche (1907), hgg. von M. BEHR, V. KRECH und G. SCHMIDT (Gesamtausgabe Bd. 10), Frankfurt a.M. 1995, 167–408.
SOZ	Soziologie. Untersuchungen über die Formen der Vergesellschaftung, hgg. von O. RAMMSTEDT (Gesamtausgabe Bd. 11), Frankfurt a.M. 1992.
SozÄ	Soziologische Aesthetik (1896), in: Aufsätze und Abhandlungen 1894–1900, hgg. von H.-J. DAHME und D. FRISBY (Gesamtausgabe Bd. 5), Frankfurt a.M. 1992, 197–214.
SozRel	Zur Soziologie der Religion (1898), in: Aufsätze und Abhandlungen 1894–1900, hgg. von H.-J. DAHME und D. FRISBY (Gesamtausgabe Bd. 5), Frankfurt a.M. 1992, 266–286.
Tkst	Vom Tode in der Kunst. Nach einem Vortrag (1915), in: Frankfurter Zeitung vom 2. April 1915.
VfoId	Vorformen der Idee. Aus den Studien zu einer Metaphysik (1916), in: Logos. Internationale Zeitschrift für Philosophie der Kultur 6, 1916/17, 103–141.
WdlKfo	Wandel der Kulturformen (1916), in: Berliner Tageblatt vom 27. August 1916.
WsK	Vom Wesen der Kultur (1908), in: Aufsätze und Abhandlungen 1901–1908, Bd. 2, hgg. von A. CAVALLI und V. KRECH (Gesamtausgabe Bd. 8), Frankfurt a.M. 1993, 363–373.
XSpi	(Pseudonym: Paul Liesegang) Etwas vom Spiritismus, in: Vorwärts vom 12. Juli 1892.

2. Sonstige Literatur

ACCARINO, B., Vertrauen und Versprechen. Kredit, Öffentlichkeit und individuelle Entscheidung bei Georg Simmel, in: H.-J. DAHME und O. RAMMSTEDT (Hg.), Georg Simmel und die Moderne. Neue Interpretationen und Materialien, Frankfurt a. M. 1984, 116–146.

ACHELIS, TH., Religion und Wissenschaft, in: Deutsches Protestantenblatt 33, 1900, Nr. 33, 258–260, Nr. 34, 265–267.

– Religion und Wissenschaft, in: Die Christliche Welt. Evangelisches Gemeindeblatt für Gebildete aller Stände 15, Nr. 4, 1901, 69–74.

– Über die kulturgeschichtliche Bedeutung der Mystik, in: Religion und Geisteskultur 1, 1907, 158–166.

ADAIR-TOTEFF, CH., The »Antinomy of God«: Simmel on Meister Eckhart and Nietzsche, in: Simmel Newsletter 3, 1993, 10–16.

ANDREAS-SALOMÉ, L., Religion und Cultur. Religionspsychologische Studie, in: Die Zeit, Nr. 183 vom 2. April 1898, 5–7.

ARON, R., Die deutsche Soziologie der Gegenwart, Stuttgart 1953.

ASTER, E. VON, Zum Begriff der Religion, in: Religion und Geisteskultur 2, 1908, 183–206.

AUGUSTINUS, A., Bekenntnisse, aus dem Lateinischen übersetzt von A. Hofmann, Kempten u. München 1914.

BARTH, P., Philosophie der Geschichte als Soziologie, Bd. 1: Grundlegung und kritische Übersicht, Leipzig 1895.

BAUHOFER, O., Das Metareligiöse. Eine kritische Religionsphilosophie, Leipzig 1930.

BAUMANN, M., Deutsche Buddhisten. Geschichte und Gemeinschaften, Marburg 1993.

BECHER, H. J., Georg Simmel. Die Grundlagen seiner Soziologie, Stuttgart 1971.

BECK, U., Risikogesellschaft. Auf dem Weg in einer andere Moderne, Frankfurt a. M. 1986.

BEHR, M., V. KRECH und G. SCHMIDT, Editorischer Bericht, in: Georg Simmel, Philosophie der Mode (1905). Die Religion (1906/²1912). Kant und Goethe (1906/³1916). Schopenhauer und Nietzsche (1907), hgg. von M. BEHR, V. KRECH und G. SCHMIDT (Georg Simmel-Gesamtausgabe, Bd. 10), Frankfurt a. M. 1995, 409–421.

BERGER, P. L., A Market Model for the Analysis of Ecumenicity, in: Social Research, Frühjahr 1963, 77ff.

– Zur Dialektik von Religion und Gesellschaft, Frankfurt 1973.

BERNAUER, J., The Prisons of Man: Introduction to Foucault's negative Theology, in: International Philosophical Quaterly 27, 1987.

BERNHART, J., Einige Bücher zur Mystik, in: Hochland 11, 1913/1914, 226–232.

BIEDERMANN, A. E., Christliche Dogmatik, Berlin ²1884.

BITTER, K., Konversionen zum tibetischen Buddhismus. Eine Analyse religiöser Biographien, Göttingen 1988.

BLUMENBERG, H., Geld oder Leben. Eine metaphorologische Studie zur Konsistenz der Philosophie Georg Simmels, in: H. BÖHRINGER und K. GRÜNDER (Hg.), Ästhetik und Soziologie um die Jahrhundertwende: Georg Simmel, Frankfurt a. M. 1976, 121–134.

– Arbeit am Mythos, Frankfurt a. M. 1979.

BOHLIN, T., Das Grundproblem der Ethik. Über Ethik und Glauben, Uppsala 1923.

BOHNER, H., Untersuchungen zur Entwicklung der Philosophie Georg Simmels, Diss. Freiburg i. Br. 1930.

BOUGLÉ, C., The Sociology of Georg Simmel, in: L. A. COSER (Hg.), Georg Simmel, Englewood Cliffs, N. J. 1965, 58–63 (franz. Original 1912).
BOURDIEU, P., Rede und Antwort, Frankfurt a. M. 1992.
BRAASCH, E., Das psychologische Wesen der Religion, in: Zeitschrift für wissenschaftliche Theologie 37, 1894, 161–174.
BRANDT, S., Religiöses Handeln in moderner Welt. Talcott Parsons' Religionssoziologie im Rahmen seiner allgemeinen Handlungs- und Systemtheorie, Frankfurt a. M. 1993.
BREUER, St., Foucaults Theorie der Disziplinargesellschaft, in: Leviathan 3, 1987.
BRINTON, G., Religions of primitive Peoples, New York 1897.
BRUSOTTI, M., Die »Selbstverkleinerung des Menschen« in der Moderne. Studie zu Nietzsches »Zur Genealogie der Moral«, in: Nietzsche-Studien 21, 1992, 81–136.
BUBER, M., Briefwechsel aus sieben Jahrzehnten, Bd. I: 1897–1918, hgg. und eingeleitet von G. SCHAEDER, Heidelberg 1972.
BUSCH, P., Maurice Maeterlinck, ein moderner »Prophet«, in: Die Wahrheit 40, 1906, 694–699.
BÜTTNER, H. (Hg.), Meister Eckharts Schriften und Predigten, 2 Bde., Jena 1903/09.
CAVALLI, A., Max Weber und Georg Simmel: Sind die Divergenzen wirklich so groß?, in: G. WAGNER und H. ZIPPRIAN (Hg.), Max Webers Wissenschaftslehre. Interpretation und Kritik, Frankfurt a. M. 1994, 224–238.
CHANTEPIE DE LA SAUSSAYE, P. D., Lehrbuch der Religionsgeschichte, 2 Bde., Freiburg i. Br. 1887–1889, 2., völlig neu bearb. Aufl. in Verbindung mit E. BUCKLEY et al., Freiburg i. Br. 1896–1897; 3., vollst. neu bearb. Aufl. in Verbindung mit anderen, Tübingen 1905.
CHRISTIAN, P., Einheit und Zwiespalt. Zum hegelianisierenden Denken in der Philosophie und Soziologie Georg Simmels, Berlin 1978.
CHRISTLIEB, M., Individualismus und Religion, in: Wartburgstimmen. Halbmonatsschrift für das religiöse, künstlerische und philosophische Leben des deutschen Volkstums und die staatspädagogische Kultur der germanischen Völker, II, 1904, 1. Bd., Nr. 9, 562–569.
CLEMEN, C., Der Begriff der Religion und seine verschiedenen Auffassungen, in: Theologische Studien und Kritiken. Zeitschrift für das gesamte Gebiet der Theologie 69, 1896, 472–505.
COHEN, H., Der Begriff der Religion im System der Philosophie, Gießen 1915.
COHN, J., Religion und Kulturwerte, Philosophische Vorträge, Nr. 6, Berlin 1914.
COSER, L. A., Masters of sociological Thought. Ideas in historical and social Context, New York 1971.
– Theorie sozialer Konflikte, Neuwied am Rhein und Berlin 1965.
DAHM, K. W., V. DREHSEN und G. KEHRER, Das Jenseits der Gesellschaft. Religion im Prozess sozialwissenschaftlicher Kritik, München 1975.
DAHME, H.-J., Soziologie als exakte Wissenschaft. Georg Simmels Ansatz und seine Bedeutung in der gegenwärtigen Soziologie, 2 Bde., Stuttgart 1981.
– K. CH. KÖHNKE und O. RAMMSTEDT, Die Herausbildung der Soziologie im Deutschland des 19. Jahrhunderts, Typoskript Bielefeld 1988.
DORNER, A., Über das Wesen der Religion, in: Theologische Studien und Kritiken 56/1, 1883, 217–277.
DREHSEN, V., Religion – der verborgene Zusammenhalt der Gesellschaft: Emile Durkheim und Georg Simmel, in: K. W. DAHM, V. DREHSEN und G. KEHRER: Das Jenseits der Gesellschaft. Religion im Prozess sozialwissenschaftlicher Kritik, München 1975, 57–88.

Drews, P., Harnacks Vorlesungen über das Wesen des Christentums, in: Die Christliche Welt. Evangelisches Gemeindeblatt für Gebildete aller Stände 14, 1900, Nr. 46, 1082–1085.
Dunkmann, K., Soziologie der Religion, in: K. Dunkmann (Hg.), Lehrbuch der Soziologie und Sozialphilosophie, Berlin 1931, 285–307.
Durkheim, É., Zur Definition religiöser Phänomene, in: J. Matthes, Religion und Gesellschaft: Einführung in die Religionssoziologie, Reinbek bei Hamburg 1967, 120–141.
– Bestimmung der moralischen Tatsache, in: Ders., Soziologie und Philosophie, Frankfurt a. M. 1976, 84–117.
– Die elementaren Formen des religiösen Lebens, Frankfurt a. M. 1981.
– Erziehung, Moral und Gesellschaft. Vorlesung an der Sorbonne 1902/1903, Frankfurt a. M. 1984.
Meister Eckhart, Die deutschen und lateinischen Werke, hgg. im Autrage der Deutschen Forschungsgemeinschaft. Die deutschen Werke, hgg. und übersetzt von J. Quint, Stuttgart 1958ff.; Die lateinischen Werke, mehrere Herausgeber, Stuttgart 1964ff.
Eliade, M., Das Heilige und das Profane, Darmstadt 1977.
Enckendorff, M. L., Über das Religiöse, München und Leipzig 1919.
Eucken, R., Religion und Kultur, in: Religion und Geisteskultur 1, 1907, 7–12.
Evans-Pritchard, E. P., Theorien über primitive Religionen. Mit einer Vorlesung Sozialanthropologie gestern und heute als Einleitung, Frankfurt a. M. 1968.
Faath, U., Mehr-als-Kunst. Zur Kunstphilosophie Georg Simmels, Würzburg 1998.
Faltenlöser, B., Simmel als philosophischer Autist, in: Die Bewegung. Internationale Zeitschrift für Hospitalismusforschung 26, 1987, 211-227.
Feige, A., Kirchenmitgliedschaft in der Bundesrepublik Deutschland. Zentrale Perspektiven empirischer Forschungsarbeit im problemgeschichtlichen Kontext der deutschen Religions- und Kirchensoziologie nach 1945, Gütersloh 1990.
Firsching, H., Émile Durkheims Religionssoziologie – *made in Germany*? Zu einer These von Simon Deploige, in: V. Krech und H. Tyrell (Hg.), Religionssoziologie um 1900, Würzburg 1995, 351–363.
Flotow, P. von, Geld, Wirtschaft und Gesellschaft. Georg Simmels Philosophie des Geldes als ökonomisches Werk, Frankfurt a. M. 1995.
Fornelli, N., Der neue religiöse Individualismus, in: Jahrbuch moderner Menschen 1908, 117–123.
Foucault, M., Freiheit und Selbstsorge. Sexualität und Wahrheit Bd. 1, Frankfurt a. M. 1985.
– Der Gebrauch der Lüste. Sexualität und Wahrheit Bd. 2, Frankfurt a. M. 1986.
– Die Sorge um sich. Sexualität und Wahrheit Bd. 3, Frankfurt a. M. 1986.
– Zur Genealogie der Ethik. Nachwort zu H. Dreyfus und P. Rabinow, Jenseits von Strukturalismus und Hermeneutik, Frankfurt a. M. 1987.
– Remarks on Marx, New York 1991.
Frazer, J. G., Der goldene Zweig. Eine Studie über Magie und Religion, Köln und Berlin 1968.
Frisby, D. P. und K. Ch. Köhnke, Editorischer Bericht, in: Georg Simmel, Philosophie des Geldes, hgg. von D. P. Frisby und K. Ch. Köhnke (Gesamtausgabe Bd. 6), Frankfurt a. M. 1989, 725–729.
Frischeisen-Köhler, M., Georg Simmel, in: Kant-Studien 24, 1920, 1–51.
Gabriel, K., Christentum zwischen Tradition und Postmoderne, Freiburg i. Br. u. a. 1992.

- Wandel des Religiösen, in: Forschungsjournal Neue Soziale Bewegungen 3–4, 1993, 28–36.
- (Hg.), Religiöse Individualisierung oder Säkularisierung. Biographie und Gruppe als Bezugspunkte moderner Religiosität, Gütersloh 1996.

GASSEN, K. und M. LANDMANN (Hg.): Buch des Dankes an Georg Simmel. Briefe, Erinnerungen, Bibliographie, Berlin 1958.

GERHARDT, U., Immanenz und Widerspruch. Die philosophischen Grundlagen der Soziologie Georg Simmels und ihr Verhältnis zur Lebensphilosophie Wilhelm Diltheys, in: Zeitschrift für philosophische Forschung 25, 1971, 276–292.
- Georg Simmels Bedeutung für die Geschichte des Rollenbegriffs in der Soziologie, in: H. BÖHRINGER u. K. GRÜNDER (Hg.), Ästhetik und Soziologie um die Jahrhundertwende: Georg Simmel, Frankfurt a. M. 1976, 71–89.

GERSON, H., Die Entwicklung der ethischen Anschauung bei Georg Simmel, Diss. Berlin 1932.

GEYER, C.-F., Georg Simmel. Eine Religion der Immanenz, in: Zeitschrift für philosophische Forschung 45/2, 1991, 186–208.

GORDON, C., The Soul of the Citizen. Max Weber and Michel Foucault on Rationality and Government, in: S. LASH und S. WHIMSTER (Hg.), Max Weber, Rationality and Modernity, Hemel Hempstead 1987.

GÖRLICH, CH. F., Gruppe, soziale, in: Historisches Wörterbuch der Philosophie, Bd. 3, Basel 1974, 929–933.

GRAF, F. W., Kulturprotestantismus. Zur Begriffsgeschichte einer theologischen Chiffre, in: Archiv für Begriffsgeschichte XXVIII, 1984, 214–268.
- Max Weber und die protestantische Theologie seiner Zeit, in: Zeitschrift für Religions- und Geistesgeschichte 39, 1987, 122–147.
- Die »kompetentesten« Gesprächspartner? Implizite theologische Werturteile in Max Webers »Protestantischer Ethik«, in: V. KRECH und H. TYRELL (Hg.), Religionssoziologie um 1900, Würzburg 1995, 209–248.

GROTTEWITZ, C., Steuern wir einer Epoche der Mystik zu?, in: Die Gegenwart, Bd. 41, 1892, 248–250.

HAAS, A. M., Nim dîn selbes wâr. Studien zur Lehre von der Selbsterkenntnis bei Meister Eckhart, Johannes Tauler und Heinrich Seuse, Freiburg/Schweiz 1971.

HAAS, A. M., sermo mysticus. Studien zur Theologie und Sprache der deutschen Mystik, Freiburg/Schweiz 1979.
- Seinsspekulation und Geschöpflichkeit in der Mystik Meister Eckharts, in: W. STROLZ (Hg.), Sein und Nichts in der abendländischen Mystik, Freiburg i. Br. 1984.
- Mystik als Aussage. Erfahrungs-, Denk- und Redeformen christlicher Mystik, Frankfurt a. M. 1996.

HABERMAS, J., Theorie des kommunikativen Handelns, Band 2: Zur Kritik der funktionalistischen Vernunft, Frankfurt a. M. 1988.

HACK, V., Das Wesen der Religion nach A. Ritschl u. A. E. Biedermann. Unter besonderer Berücksichtigung der psychologischen Bestimmungen, Leipzig 1911.

HAHN, A., Identität und Selbstthematisierung, in: A. HAHN und V. KAPP (Hg.), Bekenntnis und Geständnis, Frankfurt a. M. 1987, 9–24.
- Verstehen bei Dilthey und Luhmann, in: Annali di Sociologia 8, I, 1992, 421–441.
- Tod und Zivilisation bei Georg Simmel, in: K. FELDMANN und W. FUCHS-HEINRITZ (Hg.), Der Tod ist ein Problem der Lebenden. Beiträge zur Soziologie des Todes, Frankfurt a. M. 1995, 80–95.

- H. Willems und R. Winter, Beichte und Therapie als Formen der Sinngebung, in: G. Jüttemann, M. Sonntag und Ch. Wulf (Hg.), Die Seele. Ihre Geschichte im Abendland, Weinheim 1991, 493–511.
- und H. Willems, Schuld und Bekenntnis in Beichte und Therapie, in: J. Bergmann, A. Hahn und Th. Luckmann (Hg.), Religion und Kultur, Sonderheft 33 der Kölner Zeitschrift für Soziologie und Sozialpsychologie, Opladen 1993, 309–330.

Häring, Th., Der christliche Glaube, Calw 1906.

Harnack, A. von, Lehrbuch der Dogmengeschichte, 3 Bde., Bd. I: 1886, Bd. II: 1887, Bd. III: 1890, Freiburg i. Br.
- Das Wesen des Christentums. Sechzehn Vorlesungen vor Studierenden aller Facultäten im Wintersemester 1899/1900 an der Universität Berlin, Leipzig ⁴1901.

Hartmann, E. von, Die Religion des Geistes. Zweiter systematischer Teil der Religionsphilosophie, 3. Aufl. (Ausgewählte Werke, Bd. VI: Religionsphilosophie, Teil II), Bad Sachsa 1907 (Orig. 1882).

Heberle, R., The Sociology of Georg Simmel. The Forms of social Interaction, in: H. E. Barnes (Hg.), Introduction to the History of Sociology, Chicago 1948, 249–273.

Heer, J., Der Religionsbegriff Albrecht Ritschls, Zürich 1884.

Helle, H.-J., Dilthey, Simmel und Verstehen. Vorlesungen zur Geschichte der Soziologie, Frankfurt a. M. u. a. 1986.
- Soziologie und Erkenntnistheorie bei Georg Simmel, Darmstadt 1988.
- Einleitung, in: Georg Simmel. Gesammelte Schriften zur Religionssoziologie, hgg. und mit einer Einleitung von H.-J. Helle in Zusammenarbeit mit A. Hirseland und H.-Ch. Kürn, Berlin 1989, 7–35.

Henrich, D., Die Einheit der Wissenschaftslehre Max Webers, Tübingen 1952.

Herrmann, W., Der Verkehr des Christen mit Gott, Stuttgart ²1892.

Herzog, J., Die Wahrheitselemente in der Mystik, in: Die Christliche Welt. Evangelisches Gemeindeblatt für Gebildete aller Stände 27, Nr. 36, 1913, 842–846.

Hessen, J., Religionsphilosophie, 2. Bd., System der Religionsphilosophie, München – Basel ²1955.

Honigsheim, P., Max Weber: His Religious and Ethical Background and Development, in: Church History XIX, 1950, 219–39.
- Simmel, in: Handwörterbuch der Sozialwissenschaften, Bd. 9, Tübingen 1956, 270–272.

Honneth, A., Zur philosophisch-soziologischen Diskussion um Michel Foucault, in: E. Erdmann, R. Forst und A. Honneth (Hg.), Ethos der Moderne. Foucaults Kritik der Aufklärung, Frankfurt a. M. 1988.

Hübinger, G., Protestantische Kultur im wilhelminischen Deutschland. Zum Forschungsstand, in: Internationales Archiv für Sozialgeschichte der deutschen Literatur 16, 1991, 174–199.
- Kulturprotestantismus, Bürgerkirche und liberaler Revisionismus im wilhelminischen Deutschland, in: W. Schieder (Hg.), Religion und Gesellschaft im 19. Jahrhundert, Schriftenreihe des Arbeitskreises für moderne Sozialgeschichte, Bd. 54, Stuttgart 1993, 272–299.
- Kulturprotestantismus und Politik. Zum Verhältnis von Liberalismus und Protestantismus im wilhelminschen Deutschland, Tübingen 1994.

Hübner-Funk, S., Georg Simmels Konzeption von Gesellschaft, Köln 1982.

Jaeschke, W., Artikel Religionsphilosophie, in: J. Ritter und K. Gründer (Hg.), Historisches Wörterbuch der Philosophie, Bd. 8, Darmstadt 1992, 748–763.

Jelke, R., Religionsphilosophie, Leipzig 1927.

JELLINEK, G., Die Erklärung der Menschen- und Bürgerrechte. Ein Beitrag zur modernen Verfassungsgeschichte, Leipzig 1895.
JEVONS, F. B., An Introduction to the History of Religion, London 1896.
JOHACH, H., Handelnder Mensch und objektiver Geist. Zur Theorie der Geistes- und Sozialwissenschaften bei Wilhelm Dilthey, Meisenheim 1974.
– Diltheys Philosophie des Subjekts und die Grundlegung der Geistes- und Sozialwissenschaften. Zur Aktualität der »Einleitung in die Geisteswissenschaften«, in: Dilthey-Jahrbuch 2, 1984, 92–127.
KAFTAN, J., Das Wesen der christlichen Religion, Basel 1881.
– Dogmatik, 5. und 6. verb. Aufl. Tübingen 1909 (1. Aufl. 1897).
KALLSCHEUER, O., Glaubensfragen. Über Karl Marx & Christus und andere Tote, Frankfurt a. M. 1991.
KANDLER, M., Rezension zu Gerhard Schulze: Die Erlebnisgesellschaft. Kultursoziologie der Gegenwart, in: Simmel Newsletter 3, 1993, 170–173.
KARADY, V., Strategien und Vorgehensweisen der Durkheim-Schule im Bemühen um die Anerkennung der Soziologie, in: W. LEPENIES (Hg.), Geschichte der Soziologie. Studien zur kognitiven, sozialen und historischen Identität einer Disziplin, Bd 2., Frankfurt a. M. 1981, 206–262.
KATZER, E., Dogmatik und Erkenntnistheorie, in: Religion und Geisteskultur 8, 1914, 188–202.
KAUFMANN, F.-X., Theologie in soziologischer Sicht, Freiburg i. Br. 1973.
– Religion und Modernität. Sozialwissenschaftliche Perspektiven, Tübingen 1989.
– Selbstreferenz oder Selbstreverenz? Die soziale und religiöse Ambivalenz von Individualisierung, in: Ehrenpromotion Franz-Xaver Kaufmann. Eine Dokumentation, hgg. von der Pressestelle der Ruhr-Universität Bochum in Zusammenarbeit mit der Fakultät für Katholische Theologie, Bochum 1993, 25–46.
KAUP, P., Gesellschaft, in: Historisches Wörterbuch der Philosophie, Bd. 3, Basel 1974, 459–466.
KEHRER, G., Einführung in die Religionssoziologie, Darmstadt 1988.
KIPPENBERG, H. G., Max Weber im Kreise von Religionswissenschaftlern, in: Zeitschrift für Religions- und Geistesgeschichte 45, 1993, 348–366.
– Max Weber und die vergleichende Religionswissenschaft, in: Revue Internationale de Philosophie 192/2, 1995, 127–153.
KNEVELS, W., Simmels Religionstheorie, Leipzig 1920.
KNOBLAUCH, H., Das unsichtbare Zeitalter. »New Age«, privatisierte Religion und kultisches Milieu, in: Kölner Zeitschrift für Soziologie und Sozialpsychologie 41, 1989, 503–525.
– Die Verflüchtigung der Religion ins Religiöse. Vorwort zu TH. LUCKMANN, Die unsichtbare Religion, Frankfurt a. M. 1991, 7–41.
– Die Welt der Wünschelrutengänger und Pendler, Frankfurt a. M. 1991.
KOBEL, E., Untersuchungen zum gelebten Raum in der mittelhochdeutschen Dichtung, Züricher Beiträge zur deutschen Sprach- und Stilgeschichte 4, Zürich o. J.
KOHN, H., Martin Buber. Sein Werk und seine Zeit, Wiesbaden 1979.
KÖHNKE, K. CH., Entstehung und Aufstieg des Neukantianismus. Die deutsche Universitätsphilosophie zwischen Idealismus und Positivismus, Frankfurt a. M. 1986.
– Integriertes Titel-, Stichwort- und Siglenverzeichnis zur Georg Simmel-Gesamtausgabe, Beiträge der Georg Simmel-Gesellschaft, Nr. 3.1, Bielefeld 1989.
– Die Wechselwirkung zwischen Diltheys Soziologiekritik und Simmels soziologischer Methodik, in: Dilthey-Jahrbuch für Philosophie und Geschichte der Geisteswissenschaften 6, 1989, 303–326.

- Soziologie als Kulturwissenschaft: Georg Simmel und die Völkerpsychologie, in: Archiv für Kulturgeschichte 72, 1990, 223–232.
- Der junge Simmel in Theoriebeziehungen und sozialen Bewegungen, Frankfurt a. M. 1996.
- und R. Kramme: Philosophische Kultur als Programm. Eine wissenschaftshistorische Analyse des LOGOS 1910 bis 1924 (1933). Abschlußbericht zum gleichlautenden DFG Forschungsprojekt, Bielefeld 1995.

Koigen, D., Georg Simmels soziologischer Rationalismus, in: Archiv für Sozialwissenschaft und Sozialpolitik 31, 1910, 908–924.

König, K., Das Kulturproblem und die Religion, in: Die Grenzboten II, 1910, 151–162.

Kracauer, S., Georg Simmel, in: Logos 9, 1920, 307–338.

Kramer, F., Verkehrte Welten. Zur imaginären Ethnographie des neunzehnten Jahrhunderts, Frankfurt a. M. 1977.

Kramme, R., Philosophische Kultur als Programm, in: K. Ch. Köhnke und R. Kramme, Philosophische Kultur als Programm. Eine wissenschaftshistorische Analyse des LOGOS 1910 bis 1924 (1933). Abschlußbericht zum gleichlautenden DFG Forschungsvorhaben, Bielefeld 1995, 59–97.
- »... einen wirklichen philosophischen Klassiker ...«. Zur Publikationsgeschichte von Simmels »Hauptprobleme der Philosophie«, in: Simmel Newsletter 5, 1995, Nr. 2, 155–172.
- A. Rammstedt und O. Rammstedt, Editorischer Bericht, in: Georg Simmel, Aufsätze und Abhandlungen 1901–1908, Bd. 1. hgg. von R. Kramme, A. Rammstedt und O. Rammstedt (Gesamtausgabe Bd. 7), Frankfurt a. M. 1995, 351–365.

Krapp, L. A., Der Symbolismus und sein bedeutendster Vertreter Maeterlinck als Dichter, in: Die Kultur. Vierteljahrschrift für Wissenschaft, Literatur und Kunst 5, 1904, 239–248.

Krech, V., »Geld oder Leben« oder »Geld zum Leben«? Anmerkungen zu zwei Rezeptionsvarianten der Philosophie des Geldes, in: Simmel Newsletter 3, 1993, 174–180.
- Zwischen Historisierung und Transformation. Diagnosen zur religiösen Lage bei Max Weber, Georg Simmel und Ernst Troeltsch, in: V. Krech und H. Tyrell (Hg.), Religionssoziologie um 1900, Würzburg 1995, 313–349.
- und H. Tyrell, Religionssoziologie um die Jahrhundertwende. Zu Vorgeschichte, Kontext und Beschaffenheit einer Subdisziplin der Soziologie, in: Dies. (Hg.), Religionssoziologie um 1900, Würzburg 1995, 11–78.
- und G. Wagner, Wissenschaft als Dämon im Pantheon der Moderne. Eine Notiz zu Max Webers zeitdiagnostischer Verhältnisbestimmung von Wissenschaft und Religion, in: G. Wagner und H. Zipprian (Hg.), Max Webers Wissenschaftslehre. Interpretation und Kritik, Frankfurt a. M. 1994, 755–779.

Krüggeler, M., Inseln der Seligen: Religiöse Orientierungen in der Schweiz, in: A. Dubach und R. J. Campiche (Hg.), Jede(r) ein Sonderfall? Religion in der Schweiz. Ergebnisse einer Repräsentativbefragung, Zürich – Basel 1993, 93–132.

Küenzlen, G., Unbekannte Quellen der Religionssoziologie Max Webers, in: Zeitschrift für Soziologie 7, 1978, 215–227.
- Die Religionssoziologie Max Webers. Eine Darstellung ihrer Entwicklung, Berlin 1980.

Landmann, M., Bausteine zur Biographie, in: K. Gassen und M. Landmann (Hg.), Buch des Dankes an Georg Simmel. Briefe, Erinnerungen, Bibliographie, Berlin 1958, 11–33.

- Georg Simmel. Konturen seines Denkens, in: H. BÖHRINGER und K. GRÜNDER (Hg.), Ästhetik und Soziologie um die Jahrhundertwende: Georg Simmel, Frankfurt a. M. 1976, 3–17.
- Georg Simmel und Stefan George, in: H.-J. DAHME und O. RAMMSTEDT (Hg.), Georg Simmel und die Moderne. Neue Interpretationen und Materialien, Frankfurt a. M. 1984, 147–173.
- Einleitung, in: G. Simmel, Das individuelle Gesetz. Philosophische Exkurse, hgg. und eingeleitet von M. LANDMANN. Neuausgabe mit einem Nachwort von K. CH. KÖHNKE, Frankfurt a. M. 1987, 7–29.

LANDAUER, G., Meister Eckharts mystische Schriften, Berlin 1903.
LANG, A., Myth, Ritual and Religion, 3 Bde., London 1887–1901.
LASCH, G., Mystik und Protestantismus, in: Religion und Geisteskultur 5, 1911, 34–52.
LAßWITZ, K., Wirklichkeiten. Beiträge zum Weltverständnis, Berlin 1900.
LEESE, K., Die Krisis und Wende des christlichen Geistes. Studien zum anthropologischen und theologischen Problem der Lebensphilosophie, Berlin 1932.
LEHMANN, E., Mystik im Heidentum und Christentum, Leipzig u. a. 1908.
LEISEGANG, H., Deutsche Philosophie im XX. Jahrhundert, Breslau 1928.
- Religionsphilosophie der Gegenwart, Berlin 1930.

LENK, K., Das tragische Bewußtsein in der deutschen Soziologie, in: Kölner Zeitschrift für Soziologie und Sozialpsychologie 16, 1964, 257–287.
LEWKOWITZ, A., Religiöse Denker der Gegenwart. Vom Wandel der modernen Lebensanschauung, Berlin 1923.
LICHTBLAU, K., Zur Logik der Weltbildanalyse in Georg Simmels Philosophie des Geldes, in: Simmel Newsletter 3, 1993, 99–108.
- Kausalität oder Wechselwirkung? Max Weber und Georg Simmel im Vergleich, in: G. WAGNER und H. ZIPPRIAN (Hg.), Max Webers Wissenschaftslehre. Interpretation und Kritik, Frankfurt a. M. 1994, 527–562.
- Zum metadisziplinären Status von Simmels »Philosophie des Geldes«, in: Simmel Newsletter 4, 1994, 103–110.
- Kulturkrise und Soziologie um die Jahrhundertwende. Zur Genealogie der Kultursoziologie in Deutschland, Frankfurt a. M. 1996.

LIEBERSOHN, H., Fate and Utopia in German Sociology, 1870–1923, Cambridge and London 1988.
LIEBESCHÜTZ, H., *Von Georg Simmel zu Franz Rosenzweig. Studien zum Jüdischen Denken im deutschen Kulturbereich*, Tübingen 1970.
LILIENFELD, P. VON, Gedanken über die Socialwissenschaft der Zukunft, Bd. V: Religion betrachtet vom Standpunkte der real-genetischen Socialwissenschaft oder Versuch einer natürlichen Theologie, Hamburg 1881.
LOOSE, G., Die Religionssoziologie Georg Simmels, Diss. Leipzig 1933.
LUKÁCS, G., Georg Simmel (1918), in: K. GASSEN und M. LANDMANN (Hg.), Buch des Dankes an Georg Simmel. Briefe, Erinnerungen, Bibliographie, Berlin 1958, 171–176.
LUCKA, E., Religion der deutschen Mystiker, in: Preußische Jahrbücher 150, 1913, 50–65.
LUCKMANN, TH., Neuere Schriften zur Religionssoziologie, in: Kölner Zeitschrift für Soziologie und Sozialpsychologie 12, 1960, 315–326.
- Über die Funktion der Religion, in: P. KOSLOWSKI (Hg.), Die religiöse Dimension der Gesellschaft. Religion und ihre Theorien, Tübingen 1985, 26–41.
- Die unsichtbare Religion, Frankfurt a. M. 1991.

LUHMANN, N., Funktion der Religion, Frankfurt a. M. 1977.

- Grundwerte als Zivilreligion. Zur wissenschaftlichen Karriere eines Themas, in: DERS., Soziologische Aufklärung 3. Soziales System, Gesellschaft, Organisation, Opladen 1981, 93–308.
- Ökologische Kommunikation. Kann die moderne Gesellschaft sich auf ökologische Gefährdungen einstellen?, Opladen 1986.
- Die Ausdifferenzierung der Religion, in: Gesellschaftsstruktur und Semantik, Bd. 3, Frankfurt a. M. 1989, 259–357.

LYOTARD, J.-F., Das postmoderne Wissen. Ein Bericht, Graz u. a. 1986.
MACKENZIE, J. S., Rezension von Georg Simmel, Einleitung in die Moralwissenschaft, in: Mind 1, 1892, 544–551.
MAHLMANN, R., Homo Duplex. Die Zweiheit des Menschen bei Georg Simmel, Würzburg 1983.
MAIER, H., Psychologie des emotionalen Denkens, Tübingen 1908.
MATTHES, J., Auf der Suche nach dem Religiösen. Reflexionen zu Theorie und Empirie religionssoziologischer Forschung, in: Sociologia Internationalis 30, 1992, 129–142.
- Artikel Religionssoziologie, in: W. FUCHS et al. (Hg.), Lexikon zur Soziologie, 3., völlig neu bearb. u. erw. Aufl. 1994, 555.

MAYER, E. W., Zum Stand der Frage nach dem Wesen der Religion, in: Theologische Rundschau 13, 1910, 1–15, 45–63.
MEAD, G. H., Geist, Identität und Gesellschaft aus der Sicht des Sozialbehaviorismus. Mit einer Einleitung hgg. von CH. W. MORRIS, Frankfurt a. M. ⁹1993.
MEHLHORN, P., Neue Literatur zur Mystik, in: Protestantische Monatshefte, 1911, 238–242.
MEHLIS, G., Einführung in ein System der Religionsphilosophie, Tübingen 1917.
MEIER, K., Gibt es einen »Bruch« in Durkheims früher Religionssoziologie?, in: V. KRECH und H. TYRELL (Hg.), Religionssoziologie um 1900, Würzburg 1995, 129–157.
MEINECKE, F., Rezension von Georg Simmel, Die Probleme der Geschichtsphilosophie, in: Historische Zeitschrift 73, 1894, 71–73.
MENDES-FLOHR, P. R., Von der Mystik zum Dialog: Martin Bubers geistige Entwicklung bis hin zu »Ich und Du«, Königstein/Ts. 1979.
MENSCHING, G., Soziologie der Religion, Bonn 1947 (2. Aufl. 1968).
MILL, J. ST., System der deduktiven und induktiven Logik. Eine Darlegung der Grundsätze der Beweislehre und der Methoden wissenschaftlicher Forschung, Bd. 2. Unter Mitwirkung des Verfassers übersetzt und mit Anmerkungen versehen von TH. GOMPERZ (Gesammelte Werke, Bd. 3), 2. deutsche Aufl. Leipzig 1885.
MOJSISCH, B., Meister Eckhart. Analogie, Univozität und Einheit, Hamburg 1983.
MOL, H., Identity and the Sacred. A Scetch for a new social scientific Theory of Religion, Oxford 1976.
MONTINARI, M., Nietzsche lesen, Berlin/New York 1982.
MÜLLER, H., Georg Simmel als Deuter und Fortbilder Kants, Diss. Leipzig 1935.
MÜLLER, H., Lebensphilosophie und Religion bei Georg Simmel, Berlin 1960.
NASSEHI, A., Gesellschaftstheorie, Kulturphilosophie und Thanatologie, in: Sociologia Internationalis 31, 1993, 1–21.
- Religion und Biographie. Zum Bezugsproblem religiöser Kommunikation in der Moderne, in: M. WOHLRAB-SAHR (Hg.), Biographie und Religion. Zwischen Ritual und Selbstsuche, Frankfurt a. M. – New York 1995, 103–126.
- und G. WEBER, Tod, Modernität und Gesellschaft. Entwurf einer Theorie der Todesverdrängung, Opladen 1989.

NATORP, P., Religion der Vernunft innerhalb der Grenzen der Humanität. Ein Kapitel zur Grundlegung der Sozialpädagogik, Freiburg i. Br. 1894.
NEDELMANN, B., Strukturprinzipien der soziologischen Denkweise Georg Simmels, in: Kölner Zeitschrift für Soziologie und Sozialpsychologie 32, 1980, 559–573.
- Georg Simmel – Emotion und Wechselwirkung in intimen Gruppen, in: Kölner Zeitschrift für Soziologie und Sozialpsychologie, Sonderheft 25, 1983, 174–209.
- »Psychologismus« oder Soziologie der Emotionen? Max Webers Kritik an der Soziologie Georg Simmels, in: O. RAMMSTEDT (Hg.), Simmel und die frühen Soziologen. Nähe und Distanz zu Durkheim, Tönnies und Max Weber, Frankfurt a. M. 1988, 11–35.
NIEMEIER, G., Die Methoden und Grundauffassungen der Religionsphilosophie der Gegenwart, Stuttgart 1930.
NITZSCH, F., Lehrbuch der evangelischen Dogmatik, Freiburg i. Br. u. a. 1892.
O'DEA, TH. F., The Sociology of Religion, Englewood Cliffs 1966.
OEVERMANN, U., Ein Modell der Struktur von Religiosität. Zugleich ein Strukturmodell von Lebenspraxis und sozialer Zeit, in: M. WOHLRAB-SAHR (Hg.), Biographie und Religion. Zwischen Ritual und Selbstsuche, Frankfurt a. M. – New York 1995, 27–102.
OGBURN, W. F., On cultural and social Change. Selected Papers, Chicago u. a. 1964.
OLDENBERG, H., Buddha. Sein Leben, seine Lehre, seine Gemeinde, Berlin 1881.
O'NEIL, J., The disciplinary Society: from Weber to Foucault, in: The British Journal of Sociology 37, 1986.
OPPELN-BRONIKOWSKI, F. VON, Maurice Maeterlinck und der Mystizismus, in: Nord und Süd 88, 1898, 317–323.
ORTEGA, F., Michel Foucault. Rekonstruktion der Freundschaft, München 1997.
ORSUCCI, A., Die geschichtliche Entwicklung des Farbensinns und die »Linguistische Archäologie« von L. Geiger und H. Magnus. Ein Kommentar zum Aphorismus 426 von Morgenröthe, in: Nietzsche-Studien 22, 1993, 243–256.
- Ethik und Biologie in der zweiten Hälfte des neunzehnten Jahrhunderts. Anmerkungen zu Simmels Einleitung in die Moralwissenschaft, in: Simmel Newsletter 3, 1993, 52–61.
OTTO, R., Das Heilige. Über das Irrationale in der Idee des Göttlichen und sein Verhältnis zum Rationalen, Breslau [7]1922.
PARSONS, T., The Theoretical Development of the Sociology of Religion, in: DERS., Essays in Sociological Theory Pure an Applied, New York 1949, 52–66.
PAULI, A., Protestantische Kultur, in: Noris. Bayrisches Jahrbuch für protestantische Kultur 1908, 7–22.
PERPEET, W., Kulturphilosophie, in: Archiv für Begriffsgeschichte XX, 1976, 42–99.
- Kulturphilosophie um die Jahrhundertwende, in: H. BRACKERT und F. WEFELMEYER (Hg.), Naturplan und Verfallskritik. Zu Begriff und Geschichte der Kultur, Frankfurt a. M. 1984, 364–409.
PFEIFER, Analogien zwischen Naturerkenntniss und Gotteserkenntniss, den Beweisen für Gottes Dasein und naturwissenschaftlicher Beweisführung, mit Bezugnahme auf Kant's Kritik der Gottesbeweise, in: Philosophisches Jahrbuch 3, 1890, 390–402, und 4, 1891, 9–21.
PFEIFFER, F. (Hg.), Deutsche Mystiker des vierzehnten Jahrhunderts. Zweiter Band: Meister Eckhart, 2. unveränderte Ausgabe, anastatischer Neudruck der Ausgabe von 1857, Göttingen 1906.
PFLEIDERER, O., Grundriß der christlichen Glaubens- und Sittenlehre, Berlin 1893.

PICKERING, W. S. F., Durkheim's Sociology of Religion. Themes and Theories, London u. a. 1984.
PLATZ, H., Vom Erwachen der »Mystik« um 1900, in: Hochland. Katholische Monatsschrift für alle Gebiete des Wissens, der Literatur und Kunst 34, 1936/1937, 324-337 u. 434-448.
POLANYI, M., Implizites Wissen, Frankfurt a. M. 1985.
POLLACK, D., Religiöse Chiffrierung und soziologische Aufklärung. Die Religionstheorie Niklas Luhmanns im Rahmen ihrer systemtheoretischen Voraussetzungen, Frankfurt a. M. 1988.
- Vom Tischrücken zur Psychodynamik. Formen ausserkirchlicher Religiosität in Deutschland, in: Schweizerische Zeitschrift für Soziologie, 1990, 107-134.
- Was ist Religion? Probleme der Definition, in: Zeitschrift für Religionswissenschaft 3, 1995, 163-190.
PRZYWARA, E., Gott. Fünf Vorträge über das religionsphilosophische Problem, in: DERS., Religionsphilosophische Schriften (Schriften, Bd. II), Einsiedeln 1962, 245-372.
RAMMSTEDT, O., Die aktuelle Bedeutung von Simmels Soziologie, Manuskript Bielefeld.
- Zur soziologischen Reorientierung am Subjekt, in: H. MOSER (Hg.), *Politische Psychologie: Politik im Spiegel der Sozialwissenschaften,* Weinheim und Basel 1979, 259-286.
- Subjektivität und Sozialwissenschaften, in: J. A. SCHÜLEIN u. a., Politische Psychologie: Entwürfe zu einer historisch-materialistischen Theorie des Subjekts, Frankfurt a. M. 1981, 39-75.
- Zweifel am Fortschritt und Hoffen aufs Individuum. Zur Konstitution der modernen Soziologie im ausgehenden 19. Jahrhundert, in: Soziale Welt 36, 1985, 483-502.
- Die Frage der Wertfreiheit und die Gründung der Deutschen Gesellschaft für Soziologie, in: L. CLAUSEN und C. SCHLÜTER (Hg.), Hundert Jahre Gemeinschaft und Gesellschaft – Ferdinand Tönnies in der internationalen Diskussion, Opladen 1991, 549-561.
- Editorischer Bericht, in: G. Simmel, Soziologie. Untersuchungen über die Formen der Vergesellschaftung, hgg. von O. RAMMSTEDT (Gesamtausgabe Bd. 11), Frankfurt a. M. 1992, 877-905.
- Programm und Voraussetzungen der »Soziologie« Simmels, in: Simmel Newsletter 2, 1992, 3-21.
- Soziologie und/oder Kulturwissenschaft. Georg Simmels theoretische Zugänge zum Gesellschaftlichen, in: B. SCHÄFERS (Hg.), Soziologie in Deutschland. Entwicklung – Institutionalisierung und Berufsfelder – Theoretische Kontroversen, Opladen 1995, 99-107.
- Das Durkheim-Simmelsche Projekt einer »rein wissenschaftlichen Soziologie« im Schatten der Dreyfus-Affäre, in: *Zeitschrift für Soziologie* 26, 1997, 444-457.
- und M. POPP, Aufklärung und Propaganda: Zum Konflikt zwischen Georg Simmel und Friedrich Gundolf, in: Simmel Newsletter 5, 1995, 139-155.
REHBERG, K.-S., »Philosophische Anthropologie« und die »Soziologisierung« des Wissens vom Menschen. Einige Zusammenhänge zwischen einer philosophischen Denktradition in Deutschland, in: *Kölner Zeitschrift für Soziologie und Sozialpsychologie,* Sonderheft 23, 1981, 160-198.
REISCHLE, M., Die Frage nach dem Wesen der Religion. Grundlegung zu einer Methodologie der Religionsphilosophie, Freiburg 1889.
RENDTORFF, T., Der Kulturprotestantismus, in: W. SCHMIDT (Hg.), Gesellschaftliche Herausforderung des Christentums, München 1970, 9-18.

RICHTER, R., Religionsphilosophie, Leipzig 1912.
RICKERT, H., System der Philosophie, Bd. 1: Allgemeine Grundlegung der Philosophie, Tübingen 1921.
RITSCHL, A., Die christliche Lehre von der Rechtfertigung und Versöhnung, 3 Bde., Bonn 1. Aufl. 1870–1874, 2. Aufl. 1882–1883, 3. Aufl. 1888–1889.
– Geschichte des Pietismus. 3. Bd.: Der Pietismus in der lutherischen Kirche des 17. und 18. Jahrhunderts, Zweite Abteilung, Bonn 1886.
RITTELMEYER, F., Meister Eckeharts Frömmigkeit, in: Monatsschrift für Pastoraltheologie IV, 1907/1908, 47–64.
ROLFFS, E., Harnacks »Wesen des Christentums« und die religiösen Strömungen der Gegenwart, in: Die Christliche Welt. Evangelisches Gemeindeblatt für Gebildete aller Stände 15, 1901, 929–936, 958–966, 1049–1057, 1073–1079.
ROSKOFF, G., Das Religionswesen der rohesten Naturvölker, Leipzig 1880.
SAVRAMIS, D., Artikel Religionssoziologie, in: G. REINHOLD (Hg.), Soziologielexikon, München u. Wien 1991, 480ff.
SCHAEDER, G., Martin Buber: Hebräischer Humanismus, Göttingen 1966.
SCHELER, M., Vom Ewigen im Menschen, Bern und München 1933 (Orig. 1921).
SCHELSKY, H., Ist Dauerreflexion institutionalisierbar? Zum Thema einer modernen Religionssoziologie, in: Zeitschrift für Evangelische Ethik 1, 1957, 153–174.
SCHIMANK, U., Theorien gesellschaftlicher Differenzierung, Opladen 1996.
SCHLEIERMACHER, F., Über die Religion. Reden an die Gebildeten unter ihren Verächtern. Zum Hundertjahr-Gedächtnis ihres ersten Erscheinens in ihrer ursprünglichen Gestalt neu hgg. im Jahre 1899. In dritter Auflage 1913 mit neuer Einleitung, einer Beigabe von DE WETTE und einem Sachregister versehen von R. OTTO, Göttingen 1913.
– Der christliche Glaube nach den Grundsätzen der evangelischen Kirche im Zusammenhang dargestellt (1830/31). Auf Grund der zweiten Auflage und kritischer Prüfung des Textes neu hgg. und mit Einleitung, Erläuterungen und Register versehen von M. REDEKER, Berlin 1960.
– Brouillon zur Ethik 1805, in: Schleiermachers Werke, Bd 2: Entwürfe zu einem System der Sittenlehre. Nach den Handschriften Schleiermachers neu herausgegeben und eingeleitet von O. BRAUN, 2. Neudruck der 2. Aufl. Leipzig 1927, Aalen 1981.
– Der christliche Glaube nach den Grundsätzen der evangelischen Kirche im Zusammenhang dargestellt (1821/22), hgg. von H. PEITER, Studienausgabe in zwei Bänden, Berlin – New York 1984.
SCHLUCHTER, W. (Hg.), Max Webers Studie über Hinduismus und Buddhismus. Interpretation und Kritik. Frankfurt a. M. 1984.
– (Hg.), Max Webers Sicht des antiken Christentums. Interpretation und Kritik. Frankfurt a. M. 1985.
– (Hg.), Max Webers Sicht des Islams. Interpretation und Kritik. Frankfurt a. M. 1987.
– Religion und Lebensführung, Bd. 1: Studien zu Max Webers Kultur- und Werttheorie, Bd. 2: Studien zu Max Webers Religions- und Herrschaftssoziologie, Frankfurt a. M. 1991.
SCHMALENBACH, H., Simmel, in: Sozialistische Monatshefte 25, 1919, 283–288.
SCHMID, W., Auf der Suche nach einer neuen Lebenskunst. Die Frage nach dem Grund und die Neubegründung der Ethik bei Foucault, Frankfurt a. M. 1991.
SCHMIDT, E. L., Vom Wesen der Mystik, in: Monatshefte der Comeniusgesellschaft für Philosophie und Geschichte XVII, 1908, Heft IV, 201–211.
SCHNABEL, P. E., Die soziologische Gesamtkonzeption Georg Simmels. Eine wissenschaftshistorische und wissenschaftstheoretische Untersuchung, Stuttgart 1974.

Schneckenburger, M., Vorlesungen über die Lehrbegriffe der kleineren protestantischen Kirchenparteien. Aus dessen handschriftlichem Nachlass herausgegeben von K. B. Hundeshagen, Frankfurt a. M. 1863.

Schrader-Klebert, K., Der Begriff der Gesellschaft als regulative Idee. Zur transzendentalen Begründung der Soziologie bei Georg Simmel, in: Soziale Welt 19, 1968, 97–118.

Schultze, R., Die Religion. Ein (sic!) philosophische Skizze, in: Zeitschrift für Missionskunde und Religionswissenschaft XVI, 1901, 257–261, 289–305, 335–338, 358–365.

Schulze, G., Die Erlebnisgesellschaft. Kultursoziologie der Gegenwart, Frankfurt a. M. – New York 1992.

Schulze, M., Ursprung und Wesen der Religion, in: Deutsch-evangelische Blätter. Zeitschrift für den gesamten Bereich des deutschen Protestantismus XXXI, 1906, 145–157.

Schumann, F. K., Religion und Wirklichkeit. Kritische Prolegomena zu einer Religionsphilosophie, Leipzig 1913.

Schütz, A. und Th. Luckmann, Strukturen der Lebenswelt, 2 Bde., Frankfurt a. M. 1979–1984.

Schwarz, C., Das Wesen der Religion, Halle 1847.

Schwerdtfeger, J., Auf der Suche nach dem Individualitätskonzept Georg Simmels, in: G. Boehm und E. Rudolph (Hg.), Individuum. Probleme der Individualität in Kunst, Philosophie und Wissenschaft, Stuttgart 1994, 122–150.

Séguy, S., Aux enfances de la sociologie des religions: Georg Simmel, in: Archives de Sociologie des Religions 17, 1964, 5–11.

Siebeck, H., Lehrbuch der Religionsphilosophie, Freiburg i. Br. und Leipzig 1893.
– Zur Religionsphilosophie. 3 Betrachtungen. Der Fortschritt der Menschheit. Religion und Entwicklung. Naturmacht und Menschenwille, Tübingen 1907.

Simmel, H., Auszüge aus den Lebenserinnerungen, in: K. Gründer und H. Böhringer (Hg.), Ästhetik und Soziologie um die Jahrhundertwende: Georg Simmel, Frankfurt a. M. 1976, 247–268.

Smart, B., Foucault, Marxism and Critique, London – Boston 1983.

Smith, W. Robertson, Lectures on the Religion of the Semites. First Series: The Fundamental Institutions. New Edition London 1894 (Orig. 1889; dtsch.: Die Religion der Semiten. Autorisierte Übersetzung aus dem Englischen nach der zweiten Auflage der Lectures on the Religion of the Semites, Freiburg i. Br. u. a. 1899).

Söderblom, N., Die Religionen der Erde, Halle 1905.

Soosten, J. von, Sünde und Gnade und Tugend und Moral, in: Ch. Zahlmann (Hg.), Kommunitarismus in der Diskussion. Eine streitbare Einführung, Berlin 1992, 48–56.

Spencer, H., Principien der Sociologie, 4 Bde., Stuttgart 1877ff.

Spieß, P., Die Religion und das Kulturbewußtsein, in: Zeitschrift für Theologie und Kirche 20, 1910, 232–244.

Steffes, J. P., Religionsphilosophie, Kempten – München 1925.

Steinmann, Th., Gedanken über subjektive und objektive Religion, in: Die Christliche Welt. Evangelisches Gemeindeblatt für Gebildete aller Stände 21, Nr. 52, 1907, 1276–1277.

Stenger, H., Der »okkulte« Alltag. Beschreibungen und wissenssoziologische Deutungen des New Age, in: Zeitschrift für Soziologie 18, 1989, 119–135.
– Kontext und Sinn. Ein typologischer Versuch zu den Sinnstrukturen des »New Age«, in: Soziale Welt 41, 1990, 383–403.

STERN, F., Kulturpessimismus als politische Gefahr. Eine Analyse nationaler Ideologie in Deutschland, Bern 1963.
STRAUBINGER, H., Einführung in die Religionsphilosophie, Freiburg i. Br. 1929.
STUDIEN- UND PLANUNGSGRUPPE DER EKD, Fremde Heimat Kirche. Ansichten ihrer Mitglieder, Hannover 1993.
SUSMAN, M., Die geistige Gestalt Georg Simmels, Tübingen 1959.
TIELE, C. P, Einleitung in die Religionswissenschaft. Gifford-Vorlesungen gehalten in der Universität zu Edingburgh, autorisierte deutsche Ausgabe von G. Gehrlich, I. Teil: Morphologie, Gotha 1899.
TILLICH, P., Systematische Theologie, 3 Bde., Stuttgart 1955–1966.
– Der Mut zum Sein, Stuttgart ³1958.
TIMM, H., Theorie und Praxis in der Theologie Albrecht Ritschls und Wilhelm Herrmanns. Ein Beitrag zur Entwicklungsgeschichte des Kulturprotestantismus, Studien zur evangelischen Ethik, Bd. 1, Gütersloh 1967.
TREIBER, H., Im Westen nichts Neues: Menschwerdung durch Askese. Sehnsucht nach Aksese bei Weber und Nietzsche, in: H. G. KIPPENBERG und B. LUCHESI (Hg.), Religionswissenschaft und Kulturkritik. Beiträge zur Konferenz The History of Religions and Critique of Culture in the Days of Gerardus van der Leeuw (1890–1950), Marburg 1991, 283–323.
– Max Weber und die russische Geschichtsphilosophie. Ein erster Blick in Webers »ideale Bibliothek«, in: V. KRECH und H. TYRELL (Hg.), Religionssoziologie um 1900, Würzburg 1995, 249–288.
TROELTSCH, E., Die Selbständigkeit der Religion, in: Zeitschrift für Theologie und Kirche 5, 1895, 361–436, und 6, 1896, 71–110, 167–218.
– Über den gegenwärtigen Stand der Religionsphilosophie, in: W. WINDELBAND u. a. (Hg.), Die Philosophie im Beginn des 20. Jahrhunderts. Festschrift Kuno Fischer, Heidelberg ²1907, 423–486.
– Der Begriff des Glaubens, in: Religion und Geisteskultur 1, 1907, 191–201.
– Die Bedeutung des Protestantismus für die Entstehung der modernen Welt, Historische Bibliothek Bd. 24, München und Oldenburg 1911.
– Wesen der Religion und der Religionswissenschaft, in: DERS., Zur religiösen Lage, Religionsphilosophie und Ethik, Gesammelte Schriften Bd. 2, Tübingen 1913.
– Der Historismus und seine Probleme, Tübingen 1922.
– Glaubenslehre. Nach Heidelberger Vorlesungen aus den Jahren 1911 und 1912. Mit einem Vorwort von M. TROELTSCH, München und Leipzig 1925.
TURNER, B. S., The Rationalization of the Body: Reflections on Modernity and Discipline, in: S. LASH und S. WHIMSTER (Hg.), Max Weber, Rationality and Modernity, Hemel Hempstead 1987.
TYLOR, E. B., Primitive Culture. Researches into the Development of Mythology, Philosophy, Religion, Language, Art, and Custom, 2 Vol. 4. Edition, revised, London 1903 (Orig. 1871).
TYRELL, H., »Das Religiöse« in Max Webers Religionssoziologie, in: Saeculum 43, 1992, 172–230.
– Von der »Soziologie *statt* Religion« zur Religionssoziologie, in: V. KRECH und H. TYRELL (Hg.), Religionssoziologie um 1900, Würzburg 1995, 79–127.
– Religionssoziologie, in: *Geschichte und Gesellschaft* 22 (1996), 428–457.
ULLRICH, P.-O., Immanente Transzendenz. Georg Simmels Entwurf einer *nach*christlichen Religionsphilosophie, Frankfurt a. M. – Bern 1980.
USARSKI, F., Asiatische Religiosität als alternativkulturelles Phänomen, in: Geographie Religionum, Bd. 6, 1989, 87–102.

VIERKANDT, A., Programm einer formalen Gesellschaftslehre, in: Kölner Vierteljahreshefte für Sozialwissenschaften 1, H. 1, 1921, 56–66.
VIËTOR, L., Religion und Kultur, in: *Religion und Geisteskultur* 6, 1912, 141–153.
– Das Verhältnis von Religion und Kultur in der protestantischen Ethik, in: Theologische Studien und Kritiken 86, 1913, 300–315.
WACH, J., Artikel Religionssoziologie, in: A. VIERKANDT (Hg.), Handwörterbuch der Soziologie, Stuttgart 1931, 479–494.
– Religionssoziologie, Tübingen 1951.
WAGNER, F., Geld oder Gott. Zur Geldbestimmtheit der kulturellen und religiösen Lebenswelt, Stuttgart 1984.
WEBER, M., Gesammelte Aufsätze zur Religionssoziologie, Bd. I, fotomechanische 9. Auflage Tübingen 1988 (zuerst Tübingen 1920).
WIEHN, E. R., Zu Martin Bubers Sammlung »Die Gesellschaft«. Ein fast vergessenes Stück Soziologiegeschichte in Erinnerung an den 25. Todestag ihres Herausgebers 1990, in: Jahrbuch für Soziologiegeschichte 1991, 1992, 183–208.
WIESE, L. VON, Zur Methodologie der Beziehungslehre, in: Kölner Vierteljahreshefte für Sozialwissenschaften 1, H. 1, 1921, 47–55.
– Soziologie. Geschichte und Hauptprobleme, Berlin 1967.
– und H. BECKER: Systematic Sociology. On the basis of the Beziehungslehre and Gebildelehre, New York 1932.
WIESEHÖFER, W. PH., Der unmetaphysische Mensch. Untersuchungen zur Anthropologie im Frühwerk Georg Simmels, Diss. Tübingen 1975.
WINCKELMANN, J., Die Herkunft von Max Webers »Entzauberungs«-Konzeption. Zugleich ein Beitrag zu der Frage, wie gut wir das Werk Max Webers kennen können, in: Kölner Zeitschrift für Soziologie und Sozialpsychologie 32, 1980, 12–53.
WINDELBAND, W., Das Heilige (Skizze zur Religionsphilosophie), in: DERS., Präludien, 3., verm. Aufl., Tübingen 1903, 414–450.
WOBBERMIN, G., Systematische Theologie nach religionspsychologischer Methode. Erster Band: Die religionspsychologische Methode in Religionswissenschaft und Theologie; zweiter Band: Das Wesen der Religion; dritter Band: Wesen und Wahrheit des Christentums, Leipzig 1913–1925.
WOHLRAB-SAHR, M. (Hg.), Biographie und Religion. Zwischen Ritual und Selbstsuche, Frankfurt a. M. – New York 1995.
WÜNSCH, G., Wirklichkeitschristentum. Über die Möglichkeit einer Theologie des Wirklichen, Tübingen 1932.
ZAHN-HARNACK, A. VON, Adolf von Harnack, Berlin 1936.
ZELLER, F., Das Christentum und die Kultur, in: Reich Christi 10, 1907, 7–19.
ZIEGLER, L., Die philosophische und religiöse Bedeutung des Meisters Eckehart, in: Preußische Jahrbücher 115, 1904, 503–517.
ZÖCKLER, O., Theologia naturalis. Entwurf einer systematischen Naturtheologie vom offenbarungsgläubigen Standpunkte aus, Frankfurt a. M. und Erlangen 1860.
– Biologie und Theologie, in: Evangelische Kirchenzeitung, 1886, Nr. 34, 713–748.
– Geschichte der Beziehungen zwischen Theologie und Naturwissenschaft mit besondrer Rücksicht auf die Schöpfungsgeschichte, 2 Bde., Gütersloh 1877ff.

Namenverzeichnis

erstellt von Silke Riese

Abraham 258
Accarino, B. 136
Achelis, Th. 172, 224
Adair-Toteff, Ch. 211
Andreas-Salomé, L. 209
Aron, R. 32
Astarte 189
Aster, E. von 200
'Athtar 189
Aubenque, P. VI
Augustinus, A. 185f., 220

Baal 187, 189
Bach, J. S. 224
Barklay, R. 179
Barnes, H. E. 55
Barth, P. 192
Bastian, A. 174
Bauhofer, O. 5
Baumann, M. 257
Becher, H. J. 27
Beck, U. 2, 255
Becker, H. 32
Behr, M. 66, 92, 106
Bendemann, M. von *Siehe* Susman, M.
Berger, P. L. 252, 255f. 265
Bergmann, J. 257
Bernauer, J. 271
Bernhart, J. 226
Besenstock, S. V
Beuys, J. 273
Biedermann, A. E. 171, 172
Bitter, K. 257
Blumenberg, H. 97, 119, 270
Bock, W. VI
Boehm, G. 9
Bohlin, T. 5
Bohner, H. 8
Böhringer, H. 9, 55, 119, 224
Bölsche, W. 226
Bouglé, C. 28, 195, 230
Bourdieu, P. 255
Braasch, E. 171, 198

Brackert, H. 86
Brandt, S. 25
Braun, O. 183
Breuer, St. 271
Brinton, G. 172
Brusotti, M. 167
Buber, M. 159–161, 210, 226, 231
Buckley, E. 189
Buddha 22, 169
Busch, P. 225
Büttner, H. 223, 225f.

Campiche, R. J. 256
Carlyle, Th. 193
Cassirer, E. 111
Cavalli, A. 16
Chantepie de la Saussaye, P. D. 189
Christian, P. 32
Christlieb, M. 198, 203
Clausen, L. 242
Clemen, C. 171, 173
Cohen, H. 203f.
Cohn, J. 204
Comte, A. 16, 56, 201, 265
Coser, L. A. 9, 28, 67, 81

Dahm, K. W. 3, 266
Dahme, H.-J. 9, 27–30, 32f., 63, 136, 164, 192, 224, 231, 242
Deploige, S. 187
Diederichs, E. 223, 225f.
Dilthey, W. 88f.
Dorner, A. 170f., 173, 199
Drehsen, V. 3, 5, 266
Drews, P. 176
Dreyfus, H. 194, 271
Dubach, A. 256
Dunkmann, K. 3
Durkheim, É. 1–3, 6, 26, 94, 166, 169, 170, 187, 190, 193–196, 251f., 264–266

Eckhart, Meister 107, 149, 162, 210–226
Eliade, M. 252, 258

Elias, N. 262
Enckendorff, M. L. Siehe Simmel, Gertrud
Erdmann, E. 271
Ernst, P. 225
Eucken, R. 204f.
Evans-Pritchard, E. P. 172

Faath, U. 8
Feige, A. 274f.
Feldmann, K. 152
Feuerbach, L. 107, 117f., 146, 173
Fichte, J. G. 225
Firsching, H. 187, 194
Fischer, K. 232
Flotow, P. von 115
Fornelli, N. 203
Forst, R. 271
Foucault, M. 270–272
Frazer, J. G. 172
Frisby, D. P. 87
Frischeisen-Köhler, M. 4, 8
Fuchs-Heinritz, W. 1, 152

Gabriel, K. 255f., 275
Gassen, K. 2, 4, 95, 176, 210, 224f.
Gehrlich, G. 170
Geiger, L. 167
George, St. 224, 231
Gerhardt, U. 55, 89
Gerhard-Teuscher, U. VI
Gerson, H. 8
Geyer, C. F. 5, 239
Goethe, J. W. von 66, 92f., 96–100, 105, 109, 121, 123, 136–142, 148f., 193, 211, 216, 223f., 272f.
Gordon, C. 271
Görlich, Ch. F. 28
Graf, F. W. 166, 201f.
Gregor VII. 84
Grottewitz, C. 224
Gründer, K. 1, 9, 55, 119, 177, 204, 224
Gumplowicz, L. 28
Gundolf, F. 225

Haas, A. M. 215, 218f., 220–222
Habermas, J. 56, 124
Hack, V. 171
Hahn, A. 88, 152, 257
Halévy, E. 194
Häring, Th. 199
Harnack, A. von 175, 176f., 201f.

Hartmann, E. von 170
Heberle, R. 55
Heer, J. 171
Hegel, G. W. F. 32, 53, 122, 153, 165, 173
Helle, H. J. 3, 89, 194, 228
Henrich, D. 139
Herder, J. G. 206
Herrmann, W. 202, 223
Herzog, J. 226
Hessen, J. 5
Hiob 258
Hirseland, A. 194, 228
Hoffmannsthal, H. von 161
Hofmann, A. 186
Honigsheim, P. 9, 166
Honneth, A. 271
Hübinger, G. 201f.
Hübner-Funk, S. 27
Hundeshagen, K. B. 178, 180

Jaeschke, W. 204
Jahwe (Jehova) 73, 258
Jelke, R. 5
Jellinek, G. 85
Jesus (Christus) 37, 255 22, 77f., 177f.
Jevons, F. B. 172
Johach, H. 88
Jüttemann, G. 257

Kaftan, J. 171, 199
Kallscheuer, O. 255
Kandler, M. Siehe Schlegel, M.
Kant, I. 4, 8, 29, 56–58, 66, 91–93, 96–100, 105, 107–109, 111, 114, 120f., 125f., 131f., 138, 141, 164, 171, 173, 191, 193, 203f., 206, 211–213, 224, 237, 242, 244
Kapp, V. 257
Karady, V. 166
Karl II. 79
Kaßner, R. 224
Katzer, E. 173
Kaufmann, F.-X. V, 1, 21, 241, 252f., 256–258, 268f., 272f., 275
Kaup, P. 28
Kehrer, G. 3, 263f., 266
Keyserling, H. Graf 161
Kippenberg, H. G. 140, 166, 198
Kluge, R. VI
Knevels, W. 5
Knoblauch, H. 257

Kobel, E. 221
Kohn, H. 159
Köhnke, K. Ch. V, 9–12, 26, 86f., 89, 93, 126, 132, 164, 208, 242
Koigen, D. 28
König, K. 207
Koslowski, P. 152
Kracauer, S. 4, 8
Kramer, F. 253
Kramme, R. V, 93, 106, 109, 194, 208
Krapp, L. A. 225
Krech, V. 26, 66, 88, 92, 106, 112, 140, 166f., 187
Krüggeler, M. 256f.
Küenzlen, G. 166, 198
Kürn, H.-Ch. 194, 228

Landauer, G. 223
Landmann, M. 2, 4, 8f., 59, 94f., 121, 174, 176, 210, 224f., 229, 231
Lang, A. 173
Lasch, G. 223–225
Lash, S. 271
Laßwitz, K. 172
Leese, K. 5
Lehmann, E. 223
Lehmann, W. 226
Leisegang, H. 5
Lenk, K. 90
Leo d. Gr. 79
Léon, X. 94, 109
Lepenies, W. 166
Lewkowitz, A. 5
Lichtblau, K. 2, 16, 91, 167f.
Liebersohn, H. 90
Liebeschütz, H. 211
Lilienfeld, P. von 32, 191f.
Loose, G. 3
Luchesi, B. 140
Lucka, E. 223, 224
Luckmann, Th. 1, 151, 252, 257, 260–262, 265
Luhmann, N. 1, 19, 88, 123, 254, 259, 265f.
Lukács, G. 2
Lyotard, J.-F. 268

Mackenzie, J. S. 28
Maeterlinck, M. 224–226
Magnus, H. 167
Mahlmann, R. 45
Maier, H. 200

Marx, K. 255, 268, 272
Matthes, J. 1, 26, 255
Mauss, M. 26
Mayer, E. W. 173, 200
Mead, G. H. 45, 56
Mehlhorn, P. 226
Mehlis, G. 204
Meier, K. 166
Meinecke, F. 28
Melkarth 189
Mendes-Flohr, P. R. 159
Mensching, G. 263f.
Michelangelo 86
Mill, J. St. 192f.
Mojsisch, B. 217
Mol, H. 257
Montinari, M. 167
Morris, Ch. W. 45
Moser, H. 269
Müller, H. 5, 8, 119, 123f., 168

Nassehi, A. 152, 258
Natorp, P. 56
Nedelmann, B. 27, 251
Niemeier, G. 5
Nietzsche, F. 16, 66, 92f., 96–98, 100, 104f., 109, 118, 121f., 124, 140, 167, 206, 211f., 215, 218, 225f.,
Nitzsch, F. 171
Novalis 223

O'Dea, Th. F. 263
O'Neil, J. 271
Oevermann, U. 262
Ogburn, W. F. 123
Oldenberg, H. 169, 193
Oppeln-Bronikowski, F. von 225f.,
Orsucci, A. 167
Ortega, F. 271, 272
Otto, R. 173, 182, 252

Parsons, T. 3, 252
Paul III. 49
Pauli, A. 205
Peiter, H. 173
Perpeet, W. 86
Pfeiffer, F. 216, 219, 220, 223
Pfleiderer, O. 170
Pickering, W. S. F. 166
Platz, H. 223–225
Plinius d. J. 79
Plotin 214

Polanyi, M. 167
Pollack, D. 252, 254, 259
Popp, M. 224
Przywara, E. 5

Quint, J. 215, 221

Rabinow, P. 271
Rade, M. 202
Rammstedt, A. 109, 177, 202
Rammstedt, O. V, 2f., 26, 31, 63, 75, 86, 90f., 109, 128, 136, 164, 177, 194, 223f., 229f., 242, 248f., 251, 269
Redeker, M. 182
Reinhold, G. 1
Reischle, M. 173
Rehberg, K.-S. 7
Rembrandt 122f., 150f., 211, 213, 216, 218f., 222
Rendtorff, T. 202
Reuter, H.-R. VI
Richter, R. 204
Rickert, H. 88, 106, 160, 162, 204, 210, 224, 242
Riese, S. VI, 277
Rilke, R. M. 95, 224
Ritschl, A. 171–173, 177f., 202
Rittelmeyer, F. 223, 226
Ritter, J. 204
Rodin, A. 125, 143
Rolffs, E. 176
Rosenzweig, F. 211
Roskoff, G. 172
Rudolph, E. VI, 9

Sandon 189
Savramis, D. 1
Schaeder, G. 159
Schäfers, B. 2
Scheler, M. 5
Schelsky, H. 256
Schieder, W. 201
Schimank, U. 2
Schlegel, M. V, 2
Schleiermacher, F. 171–173, 181–185, 197, 200, 202, 206
Schlette, H. R. 252
Schluchter, W. 132, 166
Schlüter, C. 242
Schmalenbach, H. 8, 225
Schmid, W. 270, 272
Schmidt, E. L. 223

Schmidt, G. 66, 92, 106
Schmidt, W. 202
Schnabel, P. E. 27
Schneckenburger, M. 178–180
Scholz, H. 5
Schopenhauer, A. 16, 57, 66, 92f., 96–98, 100–105, 109, 121f., 211, 218, 223, 269
Schrader-Klebert, K. 29
Schülein, J. A. 269
Schultze, R. 198f.
Schulze, G. 2
Schulze, M. 199
Schumann, F. K. 5
Schütz, A. 151
Schwarz, C. 171
Schwerdtfeger, J. VI, 9
Séguy, S. 3
Seuse, H. 220, 226
Siebeck, H. 197, 198, 201, 206
Silesius, A. 149, 212, 226
Simmel, Gertrud 177
Simmel, H. 224
Smart, B. 271
Smith, W. Robertson 172, 186–191
Söderblom, N. 172
Sombart, W. 2, 159, 207
Sonntag, M. 257
Soosten, J. von 267
Spencer, H. 32, 63, 97, 124, 134, 138, 163, 172, 174, 180, 191, 201
Spieß, P. 204
Spinoza, B. de 212
Steffes, J. P. 5
Stehr, H. 159, 224
Steinmann, Th. 197
Stenger, H. 257
Stern, F. 90
Straubinger, H. 5
Strauß, D. 206
Strolz, W. 215
St. Simon, 201
Susman, M. 4, 119, 162, 210f., 223

Tauler, J. 220, 226
Tertullian 24
Tiele, C. P. 170
Tillich, P. 252, 255
Timm, H. 202
Tönnies, F. 3, 242, 251
Trajan 79
Treiber, H. 140, 167

Troeltsch, E. 1–3, 6, 8, 44, 112, 171f., 202, 205, 210, 231
Troeltsch, M. 202
Turner, B. S. 271
Tylor, E. B. 172
Tyrell, H. V, 26, 88, 112, 166f., 185, 187, 194, 254, 264–267

Ullrich, P.-O. 5, 217, 222
Usarski, F. 257

Vierkandt, A. 32, 263
Viëtor, L. 205–207
Voltaire 77

Wach, J. 3, 262–264
Wagner, F. 83
Wagner, G. V, 16
Weber, G. 152
Weber, Marianne 139, 228
Weber, Max 1–3, 6, 16, 28, 44, 112, 130, 132, 139, 166–168, 194, 198, 224, 251, 254, 265f., 271
Wefelmeyer, F. 86
Weiss, K. 215

Wette, de 182
Whimster, S. 271
Wiehn, E. R. 159f.,
Wiese, L. von 9, 32
Wiesehöfer, W. Ph. 45
Willems, H. 257
Winckelmann, J. 166
Windelband, W. 204, 232, 242
Winter, R. 257
Wismann, H. VI
Wobbermin, G. 5
Wohlrab-Sahr, M. 255, 257f., 262
Wulf, Ch. 257
Wünsch, G. 5

Zahlmann, Ch. 267
Zahn-Harnack, A. von 176
Zarathustra 22, 206
Zeller, F. 205
Ziegler, L. 223
Zinzendorf, N. L. Graf von 177f.
Zipprian, H. 16
Zöckler, O. 191
Zwingli, U. 85

Sachverzeichnis

Abhängigkeitsgefühl *Siehe* Gefühl der Abhängigkeit
Ahnenverehrung 174
Altruismus 22, 38–41, 104, 134, 211, 219, 275
Analogie 12, 14, 16f., 22, 28, 32, 35f., 39–41, 43, 58f., 61, 63f., 66, 68, 72f., 95, 115, 155, 157, 175, 181, 185f., 191–193, 195, 217, 221, 233, 235f., 240, 245f., 250
– bildung, Methode der 32, 33, 35, 37, 60, 63, 73, 75, 95, 170, 183, 190–194, 233, 235, 243
– schluß 32, 191, 192, 193
Animismus 174
Anthropologie 6f., 102, 146, 269
Antike 62, 97, 169, 187, 270f.
Apriori, soziologische 120, 148, 218, 227, 244, 246, 249, 266
Askese 20, 23f., 70, 101–104, 126, 140–142, 221, 244, 269, 271–275 *Siehe auch* Verzicht, Beschränkung
Astarte 189
Ästhetik 6, 8f., 55, 57, 86, 91, 99, 101f., 119, 121, 147, 155, 168, 171, 206, 208, 224, 228, 231, 270, 273
Atheismus 45, 265
Attitüde, geistige 93, 100, 105, 108, 167, 193, 213, 233, 273

Bedürfnis, religiöses 4, 54, 96, 98, 101, 115f., 145–147, 173, 200f., 207f., 225, 237, 240, 254, 259, 274
Begriffe, ihr Verhältnis zur Wirklichkeit 31, 123, 131f.
Beruf 48, 148, 244
Berufsethik 244
Beschränkung 125, 127–130, 136f., 142 *Siehe auch* Askese, Verzicht
Bindung 24, 38, 63, 82, 84f., 127–130, 136, 235, 238f., 243, 244
Biographie 4, 136, 174, 255, 257f., 262, 266, 269
Brahmanismus 113

Buddhismus 166, 169, 257, 269

Christentum 20, 43, 49, 51, 71f., 74, 77, 82f., 85, 95–98, 104f., 122, 142, 150, 152, 166, 169, 175f., 201f., 205, 210f., 223, 225, 254, 258f., 274f.
conditio humana 269
cultural lag 123

Differenzierung, soziale 2, 21, 34, 36, 38, 43, 47f., 50, 52f., 61–64, 67, 84, 120, 203, 209, 239, 241, 243, 252–254, 267, 269

Egoismus 22f., 38–40, 128, 135, 184, 272
Ekstase 46, 68, 112, 179, 214, 221
Emergenz, soziale 30, 65, 164
Endzweck 23f., 54, 68, 87, 89f., 96–99, 103f., 118, 128, 132, 134, 163, 208, 218f., 275
Entsagen *Siehe* Askese
Entzauberung 156
Erkenntnistheorie, soziologische 14, 28, 34, 60, 246, 248, 250
Erlösung 24, 58, 64, 98, 101–103, 146, 154, 169, 173, 214, 246
Esoterik 272
Ethik 16f., 20, 38–41, 57, 105, 120, 124f., 130–134, 148, 155, 171, 189, 211, 270f.
Eudämonismus 23, 57, 61, 69, 184
Evolutionstheorie 38, 60, 63, 71, 97

Fasten 19, 24
Fetischismus 74, 174
Form, religiöse 41, 51, 53, 60–62, 110, 214, 218, 233, 240–242, 244
Form-Inhalt-Unterscheidung 31–33, 53, 60, 62f., 65, 92, 110f., 122–124, 142, 213, 216, 238, 241
Form-Prozeß-Unterscheidung 124, 134, 142, 147, 157, 238
Freiheit 38, 44, 49, 52, 76, 85, 120, 123, 125–130, 137, 155, 157, 162, 180, 202,

Sachverzeichnis

210, 221f., 235, 238f., 243, 244, 249, 262, 269, 271, 273
Freiheitsbegriff 20, 125f., 130, 222
Frömmigkeit 17, 143, 151, 173, 177, 180, 182, 185, 198, 223
Funktion, religiöse 50, 111, 114, 144, 146–148, 154f., 170, 186, 237, 240, 242

Gefühl 13, 18, 23–25, 40f., 45f., 51, 71, 73, 75, 78, 104, 125f., 155, 170f., 204
- der Abhängigkeit 37, 58, 64, 173f., 178, 182–185, 200, 246
- der Leere 54
- der Sicherheit 46
- religiöses 23, 37, 61, 77, 82, 110, 112, 117, 143f., 147, 150, 171–174, 181f., 184f., 198, 208, 214, 223, 234, 240
Gefühlsintensivierung 24, 46, 178
Gelassenheit 221f.
Gesellschaft *Siehe* Individuum und Gesellschaft, Verhältnis von
Gesetz, individuelles 125, 130f., 136, 139, 143, 146, 155–157, 269–275
Gewissen 49f., 71, 180
Glaube 5, 14f., 23, 40, 43f., 47, 54, 63, 100, 111, 113, 146, 156, 170f., 173, 182f., 185f., 197, 199, 208f., 216, 219, 222, 230, 233–235, 258, 267, 276
Gnade 70, 149, 220f.
Gott 5, 18f., 23, 39, 41, 48, 58, 63f., 68, 72–74, 78, 83f., 95, 97, 99f., 107, 114, 139, 143, 149, 156, 171, 175f., 179, 182, 184, 187, 193, 206, 209f., 212–214, 216f., 219–224, 226, 236, 240, 242f., 246f., 249, 258, 263–265
- als höchstes Prinzip 37, 41, 71, 73–75
- als Persönlichkeit *Siehe* Persönlichkeit Gottes
- sein Verhältnis zur Welt 99, 107, 112–114, 117, 149, 212, 241
Gottes Allmacht 112
- begriff 17, 18, 39, 73, 74, 145, 193, 246, 247
- glauben 186, 235
- idee 36, 37, 107, 187, 193, 250
- liebe 41, 213
- vorstellung 41, 64, 72f., 75, 107, 112–114, 117f., 169, 171, 174, 188, 213, 258
- Willen 18, 20, 37, 41, 156, 235, 236

Halbprodukte, religiöse 66, 109, 148, 184f., 190, 239, 250, 257, 262, 266f.

Handlungsfreiheit 126f., 129
Häresie 21, 79–81
Heilige, das 173, 194, 204, 252, 263f.
Henotheismus 40
homo duplex 45, 127, 129, 133f., 142

Ich, das 22, 39, 42, 56, 97, 99, 102f., 110, 117, 126f., 135f., 145, 154–156, 214, 216, 220f., 245, 249, 257
Idealbildung 20, 54, 109, 134, 219, 275
Individualisierung 2, 6, 22, 32, 34–36, 45, 47, 50, 55, 69, 75f., 83–85, 95, 120, 251, 255–259, 268, 274f.
Individualismus 28, 38, 44, 56, 76, 83, 85, 112, 139, 140, 156, 181, 198, 203, 245
Individualität 6, 16, 21, 34f., 38, 44f., 47, 55f., 75f., 82f., 85, 102, 106, 120, 125f., 128, 131, 133–135, 140f., 143, 164, 177f., 197, 209, 214, 218f., 231f., 248f., 254f., 258f., 274, 276
Individuation, personale 35, 102, 114, 116, 197, 201, 233, 234f., 241f., 244, 259–261
Individuum, seine Doppelstellung 42, 75, 101, 104, 211, 215, 218f., 221, 233, 241, 246, 250, 255
Individuum und Gesellschaft, Verhältnis von 12–14, 28f., 34f., 37–39, 44f., 55, 67, 71, 131, 163, 165, 232–235, 238, 241, 243, 246, 248, 250–255, 262, 267, 269
Integration, soziale 19, 36, 43f., 72, 79, 233–235, 241f., 245, 252f., 265

Judentum 4, 19, 40, 72, 74, 113, 166, 187

Katholizismus 4, 22, 45, 47–49, 55, 67, 74, 79–82, 84
Kirche 4, 23, 30, 43f., 47f., 50f., 67, 74–81, 84f., 172f., 175, 177, 182, 202, 204, 210, 223, 256, 261, 264
Kollektivismus 38, 83
Konkurrenz 32, 67–69, 79, 265
- losigkeit in der Religion 69–71
Kontingenz 116, 126, 146, 153, 156
Kosmopolitismus 83, 184
Kosmos, heiliger 261
Kultur, Begriff der 86f., 89f., 206
- Gradmesser der 38, 41
- Konflikt der 90, 121–123, 130, 144, 268, 276

304 Sachverzeichnis

- Lage der *Siehe* Lage, kulturelle
- moderne 54, 92, 94, 122–124, 130, 137, 205, 266, 268
- objektive 87, 89f., 91, 109, 111, 121–124, 130, 142, 147, 163f., 197, 216, 218, 232, 259, 268, 276
- philosophische 9, 86, 93, 270
- subjektive 87, 89f., 109, 121–124, 130, 142, 147, 164, 197, 202, 216, 229, 259, 268, 276
- ideal 89, 124, 202, 208, 274
- pessimismus 90, 207
- protestantismus 201–203, 205
- soziologie 2, 251
- theorie 119, 251, 268
- wert 89, 94f., 109, 111f., 118, 120, 123, 142f., 145, 164, 207

Kunst 34, 61, 88, 90, 101f., 122–124, 137f., 146–151, 164, 198, 200f., 204, 222, 273

Lage, kulturelle 50, 54, 92, 95, 97f., 105, 109, 268
Lage, religiöse 96, 145–147, 157, 162, 182, 203
Leben als Einheit 130, 134, 144, 155
- individuiertes 134–137, 140f., 152, 154f.
- modernes 90, 92, 144, 157
- religiöses 48, 104, 144–147, 149f., 217 *Siehe* auch Religion des Lebens
- soziales 32, 59, 60, 62–64, 131
Lebensanschauung 91, 140, 148f., 216, 226 *Siehe* auch Weltanschauung, Weltbild
- begriff 92, 104, 121f., 124, 145, 164f., 211, 216–218, 237f.
- form 20, 52, 62, 77, 124f., 131, 135, 141f., 146, 150, 157, 175, 187f., 226, 270
- führung 124, 132, 148, 150, 157, 254f., 259, 269f., 272–274
- gefühl, modernes 92f.
- Gegensätze des 82, 97, 105, 114f., 124, 134, 142f., 147
- kunst 141, 270, 272
- prozeß 131, 133f., 136, 140f., 144f., 147f., 153f.
- stil 87
- welt 88, 124, 144, 238
Leiden 20, 23, 101–104, 142, 155, 169
Liebe 40, 69, 143, 172, 174, 176, 213

Materialismus 58, 64f., 92, 239
Menschheit, Idee der 30, 56, 85, 104f., 246
Metaphysik 16, 86, 93f., 99, 101, 107, 152, 228
Mittelalter 30, 52, 73, 78f.
Moderne 2, 51, 54, 83, 87, 90, 95f., 109, 112, 115f., 136, 143, 148, 155, 167, 221, 224, 239f., 253f., 258f., 268f., 271f.
Monotheismus 39f., 44f., 64, 74, 83f., 118, 169, 258
Moral 16, 19f., 38, 40, 50–53, 58f., 61, 88, 100, 123f., 147f., 155, 167, 180, 194, 222, 264, 267, 270
Mystik 4, 99, 107f., 159, 210–226

Nationalreligion 73, 74, 81
Natur 87, 99f., 108, 137f., 145f., 148f., 183, 233, 240
Neuzeit 97, 205, 254, 268, 270
Nominalismus 58, 263f.
Normen, soziale 18–20, 22, 42, 69, 103, 126f., 130, 234, 242

Öffentlichkeit 78, 82f.
Opfer 23f., 212, 244
Orden 80, 85

Pantheismus 39, 95, 99, 112f., 118, 160, 224, 235
Patriotismus 147f., 183f.
Persönlichkeit 18f., 38, 41f., 45, 55, 63, 75, 85, 91, 101, 105, 107, 112, 116, 124, 134f., 138, 140f., 145, 156, 164, 201f., 206, 208, 212, 219, 224, 228, 249f., 274f.
- Gottes 84f., 112, 116–118, 143, 162, 202, 228, 235, 242, 247, 254, 258
- Steigerung der 24, 90, 244
Persönlichkeitsbegriff 116–118, 143, 272
- ideal 116f.
- konstitution 36, 90, 173
Pessimismus 24, 54, 102–104, 207
Pflicht 19, 40–42, 53, 128–130, 135f., 139f., 244
Pietismus 37, 72, 77, 177f., 245
Pluralisierung 69, 253, 255
Pluralismus 50, 77, 270
Politik 30, 34f., 84, 123, 148, 201f., 245, 269

Polytheismus 44f., 64, 74, 83, 169
Priesterstand 48f., 59
Protestantismus 22, 50, 55, 67, 80, 168, 202, 205

Quäker 44-47, 75f., 178-181, 245

Realismus 58, 263f.
Recht 34, 45, 59, 61, 88, 123, 128
Reformation 48, 205
Reich Gottes 70, 96, 98, 105, 142, 176, 202
Religion als anthropologische Konstante 201, 254, 259, 260
– als Form *Siehe* Form, religiöse
– Definition der 195, 252f., 263-265
– des Lebens 145-147, 149, 209, 217, 222 *Siehe* auch Leben, religiöses
– Doppelstellung der 82, 95, 114f., 144
– Emergenz von 59, 267 *Siehe* auch Ursprung der Religion
– Erkenntnistheorie der 15, 53, 66, 94, 109-111, 116, 170, 194-196, 232, 234, 265
– Funktion der 19, 21, 36f., 78, 95, 97f., 111, 114f., 150, 152, 157, 201, 234f., 241, 243, 252f., 265-267
– Lage der *Siehe* Lage, religiöse
– objektive im Unterschied zur subjektiven 16, 59, 94, 109, 111, 145-147, 151, 156, 165, 195, 197-201, 217, 222, 234, 259, 276
– Ursprung der 59, 61, 64f., 174, 195, 198f., 235, 267 *Siehe* auch Emergenz von Religion
Religionsgeschichte 22, 33, 37, 40, 45, 48, 52, 64, 71-73, 77, 82f., 85, 113, 150, 158, 169f., 175, 177f., 189f., 199, 203, 245, 263
– kritik 51, 115, 118, 201, 265
– wissenschaft 33, 170, 231, 252, 253
Religiosität als Funktion *Siehe* Funktion, religiöse
– Kategorie der 15f., 51, 60, 66, 110f., 114, 144-147, 150f., 165, 184f., 197, 198-201, 203, 209, 216, 222, 234, 254, 269
Renaissance 36, 49, 270
Renegatentum 67f., 246

Säkularisierung 53f., 82, 97-99, 205, 250
Schicksal 51, 136f., 143, 145f., 217, 233

Schuld 22, 24, 52, 103
Seele 14, 51, 58, 65, 69, 82, 85, 89f., 96-99, 101, 105, 111-114, 118, 121f., 124f., 142, 145, 147, 156f., 169, 174, 179, 182, 185f., 208, 213-216, 218-223, 234, 240, 244, 249, 257, 272
– Begriff der 211, 214f., 217
– Bewegung der 150, 218, 219, 221
– Einheit der 12, 108, 110, 113, 208, 213, 218
– Gleichgewicht der 127f.
– Heil der 40, 70, 85, 96, 98, 103, 113, 118, 142, 155-157, 160, 201, 202, 211, 215, 218, 235, 254, 258
– ihr Verhältnis zu Gott 18, 68, 84, 99, 107, 112-114, 117, 185, 187, 190, 203, 210-216, 219-223, 233, 241, 246f.
– Totalisierungsvermögen der 106-108, 212, 216
– Wert der 57, 85, 104f., 176, 202, 211
Seelenfünklein 212, 219, 220
– schichten 215, 219, 220
Sein und Sollen, Verhältnis von 19-21, 58, 96, 125, 130, 133, 135f., 149f., 157, 164, 193, 242, 248, 250
Sekte 37, 43f., 47, 72, 74-81, 85, 140, 177, 210
Selbst, das 45, 69, 142, 221, 249, 257, 271f.
– Konstitution des 269-271
Selbstbeherrschung 126, 269, 272
– beschränkung 142, 269
– bewußtsein 117, 183, 185
– erkenntnis 220
– transformation 271
– verwirklichung 221, 257, 271, 274f.
Sozialisation(sprozeß) 19, 24, 34, 41f., 45, 130, 261, 262
Spiritualismus 92
Stammesreligion 74, 81, 186, 187
Stimmung, religiöse *Siehe* Gefühl, religiöses
Stoa 23, 83
Symbol, religiöses 72, 77, 96, 118, 142f., 148, 151, 194, 198, 243, 253, 260-264, 266f., 275
Technik 87, 88, 90, 123, 198, 207f.
Teil-Ganzes-Verhältnis 22, 71, 106, 115-118, 184, 214, 216, 218, 233, 241f., 246-248, 255, 267
Theismus 99, 113, 118, 235, 242

Tod 23, 151–154
Totemismus 74, 174
Transzendenz 68, 85, 100, 104, 109–111, 114–116, 146f., 151, 218, 235, 240, 242–244, 254, 263f., 266
– immanente 146, 218, 222, 224, 269

Über- und Unterordnung 32, 63, 67, 72f., 246
unio mystica 221
Universalisierung 47, 55, 81f., 84, 258
Universalreligion 83
Unsterblichkeit 56, 85, 100, 154f., 245
Utilitarismus 57
Utopie 242

Verdienst 22–25, 128, 244
Verzicht 103, 130, 137, 141f., 169, 244, 271 *Siehe* auch Askese, Beschränkung
Virginität 24
Völkerpsychologie 86, 132, 195

Wechselwirkung 12, 15, 28f., 32, 34–36, 59, 61f., 64, 68f., 87, 89, 95f., 116, 122, 142, 152, 183, 195, 201, 227, 234, 243f., 245, 248
Weltanschauung 20, 39, 83, 85, 91f., 96–99, 105, 109, 140, 148, 171, 211 *Siehe* auch Weltbild, Lebensanschauung
– bild 51, 91–93, 96–99, 100, 102, 107, 109, 114, 121, 143, 148, 150, 230 *Siehe* auch Lebensanschauung, Weltanschauung
– bildanalyse 86, 91, 95, 97
– religion 74, 81, 85
Werturteil 53f., 166, 242
– wissenschaft 204, 242
Wille 45, 53, 101–103, 122, 126f., 170, 173, 204, 219
Willensfreiheit 126
Wirklichkeit und Wert, Verhältnis von 125, 137f., 142f., 148f., 218, 269
Wirtschaft 30, 34, 61, 88, 96, 148
Wissenschaft 16, 31, 33, 34, 50, 51, 61, 88, 90, 108, 123, 126, 131, 158, 163, 169, 170, 198, 200, 222, 268
– ihr Verhältnis zur Religion 50
Würde 41f.

Zentrifugalität 105, 127, 129, 136, 157, 211, 218, 219, 221
Zentripetalität 84, 105, 127, 129, 136, 155, 157, 211, 218, 221, 274, 275
Zölibat 49, 84
Zweck-Mittel-Verhältnis 23f., 68f., 87, 97f., 121f., 130, 132, 164
Zweckreihen 88–91, 97, 120–123, 130, 141, 232, 262, 268